普通高等院校基础课"十四五"应用型精品教材

心理与成长

大学生心理健康引航

第2版

主编 贾楠
参编 任文芳 刘小萌 彭波 鲍艳丹

Psychology and Growth

机械工业出版社
CHINA MACHINE PRESS

本书紧扣立德树人根本要求，立足大学生的自身发展和实际需要，以提高大学生的心理素质为目标，借鉴了近年来国内外心理研究的成果，以大学生在成长成才过程中常见的心理健康问题、自我意识与培养、人格发展与心理健康、生涯规划及能力发展、学习心理、情绪管理、人际交往、恋爱心理、压力管理与挫折应对、生命教育与心理危机应对等为主题，进行了详尽的阐述和诠释。

本书融入了编者多年来的教育和研究经验，在第1版基础上结合广大师生的用书反馈进行了完善和修订，构建了大学生心理健康与个人成长领域知识体系，精心选编了贴近大学生的案例，注重教材的启发性和互动性，让读者能更深入地理解相关知识，并掌握解决实际问题的能力。

本书可作为普通高等学校各类专业研究生、本科生和专科生的心理公共课程教材。

图书在版编目（CIP）数据

心理与成长：大学生心理健康引航 / 贾楠主编.
2版. -- 北京：机械工业出版社，2025.7（2025.9重印）. -- ISBN 978-7-111-78661-0

I．G444

中国国家版本馆CIP数据核字第2025YD9148号

机械工业出版社（北京市百万庄大街22号　邮政编码100037）
策划编辑：贾　萌　　　　　　　　　责任编辑：贾　萌　章承林
责任校对：李　霞　马荣华　景　飞　责任印制：张　博
北京机工印刷厂有限公司印刷
2025年9月第2版第2次印刷
185mm×260mm・16.5印张・438千字
标准书号：ISBN 978-7-111-78661-0
定价：55.00元

电话服务　　　　　　　网络服务
客服电话：010-88361066　机　工　官　网：www.cmpbook.com
　　　　　010-88379833　机　工　官　博：weibo.com/cmp1952
　　　　　010-68326294　金　书　网：www.golden-book.com
封底无防伪标均为盗版　机工教育服务网：www.cmpedu.com

前　言

在高等教育的广阔领域中，大学生心理健康与个人成长教育占据着举足轻重的地位。步入大学殿堂的莘莘学子，正站在人生发展的新起点，面临着学业、社交、自我认知、职业规划等多方面的挑战与机遇。心理健康作为大学生全面发展的重要基石，不仅关系到他们在校期间的学习与生活质量，更深刻影响着其未来的社会适应能力与人生道路。

本书致力于为大学生精心打造一本兼具系统性、实用性与思想深度的心理健康与个人成长教育宝典。我们深刻领悟到，大学生心理健康与个人成长教育绝不应局限于理论知识的单向传输或简单说教，而是应当扎根于科学的心理学知识土壤，紧密贴合大学生丰富多彩且充满变化的实际生活场景。在教学实践中，应巧妙引导他们积极主动地探索内心深处的自我，以包容和理解的胸怀去接纳他人，让他们在面对纷繁复杂的困境时能够沉稳应对，逐步培育出健全而坚韧的人格特质以及卓越的心理调适能力，进而实现育心与育德的有机融合，使心理健康与个人成长教育和思想政治教育同向同行，协同发力。

在编写过程中，我们从当代大学生常见的心理问题与困惑出发，依托心理学领域的经典理论与最新研究成果，精心构建教材内容体系。全书分为"关怀健康""关注自我""关爱成长"三篇，具体包括12章，涵盖了心理健康导论、心理咨询、心理困惑及异常心理、自我意识与培养、人格发展与心理健康、生涯规划及能力发展、学习心理、情绪管理、人际交往、恋爱心理、压力管理与挫折应对、生命教育与心理危机应对等多个重要主题，并将课程思政内容融入每章，启发学生不断反思与总结自己的心理成长历程，真正实现心理健康与课程思政的内化与践行。本书每章开篇由学习目标开始，并由案例进行导入，引发学生进行相关思考。正文中引入心理故事、心理知识、心理训练、心理实践、心理自测、案例点击等模块。每章的最后总结梳理了心书推荐、素养提升、思考启迪、心理测试、知识导图、课后习题、参考文献等内容，增强了本书的思想性、系统性、趣味性和实用性，通过深入浅出的讲解，帮助学生理解心理健康，使学生在轻松、愉快的氛围中受到良好的启迪和引导，从而促进学生的成长。

本书的编写团队由一批长期从事大学生心理健康与个人成长教育教学和研究工作的专业教师组成。团队教师具有丰富的教学经验与扎实的专业知识，在编写过程中倾注了大量的心血与精力。同时，我们也参考了国内外众多心理健康与个人成长教育领域的优秀教材与研究文献，在此向相关作者表示衷心的感谢。

大学生心理健康与个人成长教育是一项长期而艰巨的任务，需要学校、家庭、社会以及大学生自身的共同努力。我们希望本书能够成为大学生心理健康与个人成长道路上的良师益友，为他们点亮心灵的灯塔，指引他们走向健康、快乐、成功的人生彼岸。让我们携手共进，为培养德智体美劳全面发展的社会主义建设者和接班人贡献力量！

编者

2024 年 12 月

目 录

前 言

第一篇 关怀健康

第一章 健康从"心"开始——大学生心理健康导论 /2
第一节 心理学概述 /3
第二节 健康与心理健康 /8
第三节 大学生心理健康 /10
第四节 大学生心理健康的维护和促进 /17

第二章 心灵陪伴与守护——大学生心理咨询 /24
第一节 心理咨询概述 /24
第二节 心理咨询的理论与方法 /32
第三节 认识大学生心理咨询 /39

第三章 走出心灵的沼泽——大学生心理困惑及异常心理 /49
第一节 大学生常见的心理困惑及其调适 /49
第二节 正常心理与异常心理概述 /53
第三节 大学生常见的心理疾病及其应对 /56

第二篇 关注自我

第四章 我是谁——大学生的自我意识与培养 /66
第一节 自我意识概述 /67

第二节　大学生自我意识的发展　/73

第三节　大学生自我意识偏差及其调适　/76

第四节　大学生的自我教育　/79

第五章　培养健全的人格——大学生人格发展与心理健康　/88

第一节　人格概述　/88

第二节　大学生的人格特征　/96

第三节　人格发展异常的表现与评估　/98

第四节　大学生人格完善的途径和调适方法　/106

第三篇　关爱成长

第六章　我的生涯我做主——大学期间生涯规划及能力发展　/116

第一节　大学生生涯规划概述　/117

第二节　大学生能力概述及提升途径　/121

第三节　大学期间生涯规划的制定与管理　/124

第七章　学海摆渡的灯塔——大学生学习心理　/135

第一节　大学生心理机制与学习特点　/135

第二节　大学生学习能力的培养及潜能开发　/139

第三节　大学生常见的学习心理障碍及调适　/142

第八章　揭秘情绪魔方——大学生情绪管理　/149

第一节　情绪概论　/150

第二节　大学生的情绪特点及其影响　/156

第三节　培养良好的情绪　/159

第四节　不良情绪的表现及调适　/164

第九章　心灵交汇的桥梁——大学生人际交往　/173

第一节　人际关系概述　/174

第二节　大学生人际交往的类型及影响因素　/176

第三节 大学生人际交往原则及技巧 /182
第四节 大学生人际关系障碍及调适 /188

第十章 解锁爱情密码——大学生恋爱心理 /196

第一节 爱情的心理实质 /196
第二节 大学生恋爱心理发展 /202
第三节 大学生恋爱心理问题及调适 /204
第四节 培养健康的恋爱观和择偶观 /207

第十一章 宝剑锋从磨砺出——大学生压力管理与挫折应对 /214

第一节 压力和挫折概述 /215
第二节 大学生压力和挫折的产生与特点 /217
第三节 压力和挫折对大学生心理的影响 /222
第四节 压力管理与挫折应对 /227

第十二章 生命的考验与成长——大学生生命教育与心理危机应对 /235

第一节 生命概述 /236
第二节 大学生生命教育 /241
第三节 大学生心理危机应对 /244

第一篇　关怀健康

第一章　健康从"心"开始
——大学生心理健康导论

◎ 学习目标

（1）认识心理活动的特点和实质；
（2）了解大学生心理发展的特点；
（3）掌握大学生心理健康的标准；
（4）了解影响大学生心理健康的主要因素。

◎ 案例导入

小张是一名大学一年级的学生。他来自一个小县城，上中学时学习成绩名列前茅，是班里的佼佼者，经常得到老师和同学的赞赏。进入大学后，他发现身边的同学个个都很优秀，有的同学多才多艺，有的同学能言善辩，而自己却没有任何特长，就连中学时引以为豪的成绩现在也只是中等。小张感到自己处处不如别人，担心同学们看不起自己，生活中变得越来越不开心。

【思考】

（1）小张该如何调整自己的心态？
（2）如何正确地认识和评价自我？

案例中的小张同学有着很强的自尊心和上进心，但是每个人的精力有限、优势各异，盲目地与别人攀比，无可避免地会感到挫败和失望，影响自己的心理状态。良好的心理素质、健康的心理状态是我们生活的重要保障，每名大学生都需要客观地认识自己，树立积极的心态，保持健康的心理状态。

促进大学生心理健康发展是学校教育的重要目标之一。一方面，只有通过积极的教育措施，才能预防不健康的心理，防止产生心理疾病，保证大学生成为有理想、有道德、有文化、有纪律的一代新人；另一方面，心理健康又是学生有效开展学习和工作的必要条件。在学习和工作中，如果学生能够心情舒畅、精神振奋，就可以发挥更大的主观能动性，取得事半功倍的成效。相反，如果学生情绪紧张、焦虑不安、心烦意乱、灰心绝望，那么学习和工作则往往事倍功半。

第一节　心理学概述

一、心理学的概念

心理学是研究人的行为和心理活动规律的科学。心理学既具有自然科学的性质，也具有社会科学的性质，是一门中间科学或称边缘科学。

心理学的英文"psychology"一词来源于希腊语词根 psyche 和 logos，意思是"关于灵魂的科学"。长期以来，人们对心理现象的探究采用的是思辨和总结个人经验的方法，并试图从哲学角度加以阐释。直到 19 世纪中后期，随着生物学、生理学等自然科学和实验方法的飞速发展，人们对心理现象的研究引进了实验方法，心理学才从哲学中脱离出来，成为一门独立的科学。1879 年，德国心理学家威廉·冯特在莱比锡大学建立了世界上第一个心理学实验室，标志着科学心理学的诞生。

二、心理学的研究对象

心理学是研究心理现象的科学。它既研究动物的心理，也研究人的心理，以人的心理现象为主要研究对象。心理现象主要包括个体心理和社会心理。

（一）个体心理

人是作为个体而存在的，个人所具有的心理现象称为个体心理。个体心理异常复杂，概括起来可以分为心理过程和个性心理两个方面。

1. 心理过程

心理过程即人的心理活动发生、发展的过程，是大脑反映客观现实的过程，包括认识过程、情感过程和意志过程三个方面。认识、情绪和意志之间不是彼此孤立的，它们既有区别又有联系，是统一心理活动的三个不同方面。具体来看，认识是情绪和意志的前提，意志对认识和情绪又起着控制和调节的作用。

（1）认识过程。认识也叫认知，是指人们获得知识或应用知识的过程，这是人们最基本的心理过程。人脑接受外界输入的信息，经过脑的加工处理，转换成内在的心理活动，进而支配人的行为，这就是认识过程。它包括感觉、知觉、记忆、思维、想象等。

人们获得知识的过程开始于感觉和知觉。感觉是对事物个别属性和特征的认识，如感觉到颜色、明暗、粗细等。而知觉是对事物整体属性的认识，如我们吃苹果时，不仅可以尝到它的味道，还可以看到它的颜色、大小，摸到它的光滑度等，形成对苹果的整体认识。知觉是在感觉的基础上产生的，但不是感觉的简单相加。感觉和知觉都是对事物外部现象的认识，属于感性认识阶段。

人们通过感知获得的经验能够在头脑中积累和保存，并在需要时再现出来，这就是记忆。记忆使得人们能够把过去和现在的经历联系起来，加以对照，从而认识到事物的本质和事物之间的内在联系，这就是思维，它主要表现在概念形成和问题解决的活动中，是认识的高级形式。

人们在反映客观事物时，还可以在感觉、知觉、记忆和思维的基础上创造出事物的新形象，如作家塑造一个人物形象、工程师设计一部新的机器等，都包含着复杂的想象活动。

● **心理知识**

艾宾浩斯遗忘曲线

艾宾浩斯首先提出"遗忘曲线"，它是指人的记忆保持情况与时间之间的函数曲线。在严格的实验研究基础上,他描绘出了表示遗忘进程的曲线,即著名的艾宾浩斯遗忘曲线,如图 1-1 所示。

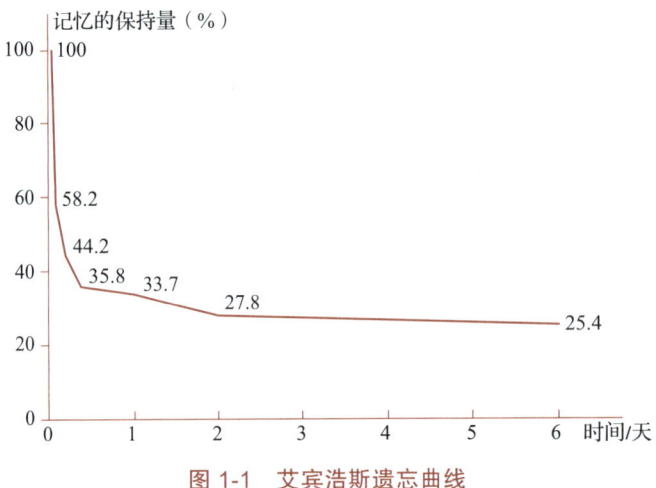

图 1-1　艾宾浩斯遗忘曲线

遗忘曲线图中的竖轴表示记忆的保持量,横轴表示记忆时间。曲线揭示了遗忘的一般规律,即识记后短期内遗忘较多,较长时间后遗忘减缓,新近形成的记忆比历时较久的记忆更容易被遗忘。艾宾浩斯指出,遗忘的进程是不均匀的。由图 1-1 可以得出,新学的知识如果不在一天内进行复习,大部分就会被遗忘。这也提醒我们,学习时要勤于复习,而且越早复习效果越好。

资料来源:李娟娟. 超实用心理学:揭秘经典的心理学研究[M]. 北京:中国法制出版社,2020.

(2)情感过程。人在认识事物、获取知识的过程中,会形成对事物的态度,引起满意、不满意、喜欢、讨厌、憎恨等主观态度体验,这就是心理活动的情感过程。情感在认识的基础上产生,又对认识产生巨大的影响,成为调节和控制认识活动的一种内在因素。积极的情感能够激发人们认识的积极性,而消极的情感会使人消沉,挫伤人们认识与创造的热情。

● 心理知识

积极情绪的作用

心理学家在实验中,分别调动被试者的积极情绪、消极情绪或中性情绪,并通过两项完全不同的任务考察他们。一项任务是让被试者追踪周围的信息,以测量他们视觉注意的范围;另一项任务是让被试者根据给定的三个词语(例如"割草机""原子""外国的")给出一个相关的词,以测量他们的语言创造力。

结果显示,当个体处于积极情绪状态时,视觉注意范围更广,在语言任务中也更富有创造性。

资料来源:符丹. 大学生积极心理发展与自我成长[M]. 西安:陕西师范大学出版总社,2023.

(3)意志过程。意志是有意识地支配、调节行为,通过克服困难,以实现预定目标的心理过程。意志是人的意识能动性的体现,即人不仅能认识客观世界,还能根据对客观事物及其规律的认识自觉地改造世界。

2. 个性心理

人的心理过程具有共同的特点。例如，认识事物总是先由感觉、知觉出发，进而到思维。但是由于每个人的先天素质和后天环境影响不同，心理过程在每个人身上产生和发展时，总是带有个人的特征，从而形成了不同的个性心理。个性心理包含个性心理倾向和个性心理特征。

（1）个性心理倾向。个性心理倾向包含人的需要、动机、兴趣、信念、价值观等，它们是个性心理的动力结构，是人的行为的潜在动力。

需要反映的是有机体内部的一种不平衡状态，它表现在有机体对内部环境或外部生活条件的一种稳定的要求，并成为有机体活动的源泉。这种不平衡状态包括生理的和心理的不平衡，如血液中水分的缺乏，会产生喝水的需要；失去亲人，会产生爱的需要；社会秩序不良，会产生安全的需要。心理学家马斯洛认为，人的需要由以下五个层次构成：生理需要、安全需要、社交需要、尊重需要和自我实现需要。这五种需要是逐级递增的，需要的层次越低，它的力量越强、潜力越大；在高级需要出现之前，必须先满足低级需要。

动机是在需要的基础上产生的。当某种需要没有得到满足时，它就会推动人们去寻找需要满足的对象，从而产生活动的动机。动机是由一种目标或对象所引导、激发和维持的个体活动的内在心理过程或内部动力。动机是一种内部心理过程，而不是心理活动的结果，动机对人的行为具有一定的激活、指向、维持和调整功能。

（2）个性心理特征。个性心理特征包含能力、气质和性格，是个性心理差异性的集中表征，比较稳定地反映了个体的特点。

能力的概念很复杂，一般认为，能力作为一种心理特征，是指顺利完成某种活动的心理条件。如一位作家所具有的观察能力、语言能力、想象力等，都属于能力范畴，这些能力是保障一位作家顺利完成写作的心理条件。

气质是表现在心理活动的强度、速度、灵活性与指向性方面的一种稳定的心理特征，即我们平时说的脾气、秉性。人的气质是先天形成的，受神经系统活动过程的特性制约。气质是人的天性，无好坏之分。它不能决定人的社会价值，也不直接具有社会道德评价含义。

性格是一种与社会最密切相关的人格特征，它主要体现在对自己、对别人、对事物的态度和所采取的言行上。性格表现了一个人的品德，如有的人大公无私，有的人自私自利。性格是在社会生活中逐渐形成的，有好坏之分，能直接反映出一个人的道德风貌。

心理过程和个性心理互相制约、密切相关。人的个性心理是在心理过程中形成和发展起来的，而已经形成的个性又会制约和影响人的心理过程的进行。

（二）社会心理

人是独立的个体，同时也是社会的实体，人作为社会中的一员，总是生活在各种社会团体中，与他人结成各种各样的关系，如亲属关系、朋友关系、同事关系等。由于社会团体的客观存在，便产生了团体心理或社会心理。心理学在研究个体心理的基础上，还要研究团体需要、团体价值、团体规范等社会心理内容。

三、心理的实质

人们在相当长的时期曾将心脏视为心理活动的器官，直到19世纪，随着解剖学、临床医学和神经科学的发展，才逐渐明确了心理活动是脑的机能，是脑对客观现实的主观反映。

（一）心理活动是脑的机能

心理活动是脑的机能，脑是心理活动的器官。正常发育的大脑为心理的发展提供了物质基础，离开大脑这一物质基础，任何心理现象都不会发生。

无机物和植物没有心理，无神经系统的动物也没有心理，心理现象是随着神经系统的产生而出现的，并随着神经系统的发展而不断完善，由初级不断发展到高级。

无脊椎动物发展到环节动物（如蚯蚓）阶段时，开始出现了感觉的心理现象，由于它们的神经系统非常简单，因而只有感觉现象。脊椎动物进化出了脊髓和大脑，神经系统有了较大程度的发展，它们能认识到事物的各种属性，而不只是事物的个别属性，即有了知觉的心理现象。灵长类动物如大猩猩、猴子等的大脑结构越发复杂，它们能够认识事物的外部联系，但还不能认识事物的本质和事物之间的内在联系，心理发展到了思维萌芽阶段。到了人类，人的神经系统更加复杂，出现了大脑皮层，有了思维，能够认识到事物的本质和事物之间的内在联系，这正是人的心理和动物心理的本质区别。人的心理是心理发展的最高阶段。

（二）心理是脑对客观现实的主观反映

1. 心理反映的内容来自客观现实

健全的大脑给心理现象的产生提供了物质基础，但大脑只是心理活动的器官，具有反映外界事物而产生心理的机能，心理并不是人脑本身所固有的。心理现象是客观事物作用于人的感觉器官，通过大脑活动而产生的。比如，对于感觉过程而言，人的感觉器官和脑的感觉中枢具备了产生感觉的条件，但是看到什么、听到什么、闻到什么，这些内容都不是由人的主观意志决定的，而是取决于外界环境中的客观事物。

所以，客观现实是心理的源泉和根本，离开客观现实来考察人的心理，心理就变成了无源之水、无本之木。对人来说，客观现实既包括自然界，也包括人类社会，还包括人类自己。

2. 心理是对客观现实主观、能动的反映

心理反映的内容是客观的，但这种反映不是被动消极的，绝不像镜子反映物像一般呆板和固定。人对客观事物的反映是根据个体的需要、兴趣、信念、活动任务而有选择地进行的，这种反映具有主观性。

人不仅能够认识世界，还能积极主动地改造世界。在反映客观现实的过程中，个体能根据实践不断调整自己的行动，使反映更符合客观规律，这些都体现了心理反映的能动性。

3. 人的心理是在实践活动中发生和发展的

人的心理，是人脑和客观现实相互作用的结果，这种相互作用是通过实践活动来实现的。人在实践活动中会接触到各式各样的客观事物，客观事物不断地作用于人脑，使人产生各种各样的心理活动。

实践活动是把人脑和客观现实联系起来的桥梁。实践活动促进了人类心理的产生和发展，人的心理发展水平又影响着实践活动的质量。

四、心理学的研究领域

心理学的研究范围十分广泛，研究内容也十分复杂。现代心理学已形成一个学科体系，由众多的心理学分支组成，这些分支大致分为两大领域，即基础研究领域和应用领域。

（一）基础研究领域

基础研究领域主要研究心理现象发生、发展的基本规律，包括普通心理学、生理心理

学、发展心理学、社会心理学等。

1. 普通心理学

普通心理学是科学心理学的基础，主要研究心理现象（如感觉、知觉、记忆、思维、需要、动机等）发生和发展的一般规律，各种心理现象之间的相互联系等。普通心理学的内容概括了各分支学科的研究成果，同时又为各分支学科提供了理论基础。

2. 生理心理学

生理心理学是研究心理现象和行为产生的生理机制的科学。它主要研究感觉、学习和记忆、动机和情绪等各种心理现象的神经机制，以及内分泌腺对行为的调节机制等。生理心理学研究有助于科学解释心理现象，对临床实践具有重要指导作用。

3. 发展心理学

发展心理学是研究心理的种系发展和个体心理发展规律及各年龄阶段心理特征的科学。发展心理学有广义和狭义之分。广义的发展心理学包括比较心理学、民族心理学和个体发展心理学；而狭义的发展心理学是指个体发展心理学，研究个体从出生到成熟，再到衰老的生命全过程各阶段的心理特点和规律。

4. 社会心理学

社会心理学是系统研究社会心理与行为的基本过程及其变化发展规律的科学。具体地说，它的研究范围包括：大群体中的心理，如民族心理、社会情绪；小群体中的社会心理，如群体气氛、群体团结、人际关系等；个体的心理，如社会认知、社会态度、社会动机等；群体心理与个体心理的关系，如从众现象。

（二）应用领域

应用领域涵盖广泛，以下对常见的几类进行简单介绍。

1. 教育心理学

教育心理学研究教育过程中学与教的心理规律，揭示教育教学与心理发展的相互关系。其研究主题主要包括：受教育者道德品德的形成和发展的规律；学生掌握知识、技能的学习心理及其规律；受教育者在学习过程中能力的形成与发展；学生的个体差异及其测量与评定；教育者的心理品质及形成规律。

2. 工业心理学

工业心理学研究工商业领域中人的心理与行为规律，主要包括管理心理学、工程心理学、人事心理学和消费心理学等分支学科。

3. 医学心理学

医学心理学主要研究疾病的诊断、治疗、护理、预防中的心理学问题，主要包括病理心理学、临床心理学、药理心理学、护士心理学、咨询心理学、心理治疗学等分支学科。

4. 司法心理学

司法心理学也叫法制心理学，主要研究与司法活动有关的心理活动规律。其分支学科主要包括刑事心理学、犯罪心理学、诉讼心理学、审判心理学等。

此外，军事心理学、运动心理学、环境心理学等也属于应用心理学领域。

第二节　健康与心理健康

人类自从诞生以来，就开始追求健康。但是健康的内涵究竟是什么？不同的时代有不同的解释。随着科学技术与社会文化的发展，人们对健康概念的认识逐步趋向全面和完善。

一、科学的健康观

（一）健康的科学定义

健康是每个人所向往的。世界卫生组织（WHO）前总干事哈夫丹·马勒博士曾指出："必须让每个人认识到，健康并不代表一切，但失去了健康，便丧失了一切。"

1948年，世界卫生组织提出，健康是一种生理、心理与社会适应都趋于完满的状态，而不仅仅是没有疾病和不处于虚弱的状态。1989年，世界卫生组织进一步深化了健康的概念，指出健康不仅仅是指身体无疾病，健康应包括躯体健康、心理健康、道德健康以及社会适应良好，并要求人们从这四个方面综合评价一个人的健康。

为了加深人们对健康的认识，世界卫生组织还提出了健康的10条标准：
（1）精力充沛，能从容不迫地应对日常工作和生活，而不感到过分疲劳和紧张；
（2）积极乐观，心胸开阔，勇于承担责任；
（3）精神饱满，情绪稳定，善于休息，睡眠良好；
（4）应变能力强，能适应外界环境的各种变化；
（5）抵抗能力强，能抵抗一般性感冒和传染病；
（6）体重适当，身材匀称；
（7）眼睛炯炯有神，善于观察；
（8）牙齿清洁，无龋齿，无痛感，无出血现象；
（9）头发有光泽，无头屑；
（10）肌肉和皮肤富有弹性，步伐轻松自如。

（二）亚健康概念

20世纪80年代初，世界卫生组织提出了"亚健康"这个崭新的概念，即一种介于健康与疾病之间的"第三状态"，又称为"次健康""疾病前状态""第三状态""灰色状态""潜临床状态""半健康"等。

从医学上来说，处于"第三状态"的人，虽然各项体检指标均为正常，也无法证明有某种器质性疾病，但与健康人相比却又显得生活质量差、工作效率低、极易疲劳，许多人常有食欲缺乏、睡眠质量不佳、腰酸腿痛、疲乏无力等症状。从心理健康的角度来看，处于"第三状态"的人，虽然没有明显的精神疾病与心理障碍，但无论如何其状态都应该归为一种心理的非健康状态，外在表现为：工作效率不高、情绪低落、反应迟缓、失眠多梦、白天困倦、注意力不集中、记忆力减退、烦躁、焦虑等。

二、心理健康的界定

（一）心理健康的概念

心理健康是健康的重要组成部分，人们不仅要关心自己的身体健康，还应关注自己的心理健康。随着社会的发展，心理健康的观念越来越被人们所接受，也越来越受到人们的重视。那么，什么是心理健康呢？

迄今为止，关于心理健康还没有一个完全统一的概念。世界心理卫生联合会将心理健康定义为："身体、智力、情绪十分调和；适应环境，人际关系中彼此能谦让；有幸福感；在工作和职业中能充分发挥自己的能力，过着有效率的生活。"

2016年，国家卫生计生委、中宣部等22部门以国卫疾控发〔2016〕77号联合发布的《关于加强心理健康服务的指导意见》将心理健康定义为："心理健康是人在成长和发展过程中，认知合理、情绪稳定、行为适当、人际和谐、适应变化的一种完好状态。"

总体来说，心理健康是指一种持续的、积极的心理状态。在这种状态下，个体能够与社会环境保持良好的协调与适应，其生命充满活力，能充分发挥其身心潜能。

正确理解心理健康需要注意以下几个问题：第一，心理健康绝不仅限于没有心理疾病，它还要求个体具有良好的社会适应能力，具有追求更高境界和最大发展趋向的能力；第二，心理健康不是一种永恒的完美状态，人的心理随着环境的变化而产生相应的改变是正常现象，但这种变化应该是适度的、适时的和良性的反应；第三，心理健康是一种相对的状态，是一个动态的发展过程。

心理知识

心理健康的10条标准

马斯洛和密特尔曼提出心理健康的10条标准：
（1）有充分的安全感；
（2）对自己有较充分的了解，并能恰当地评价自己的能力；
（3）自己的生活和理想切合实际；
（4）与周围环境保持良好的接触；
（5）保持自身人格的完整与和谐；
（6）具备从经验中学习的能力；
（7）保持适当且良好的人际关系；
（8）适度地表达与控制自己的情绪；
（9）在集体允许的前提下，有限度地发挥自己的个性；
（10）在社会规范的范围内，适度地满足个人的基本需求。

（二）心理健康的等级

根据国内外心理健康专家的研究，我们大致可将人的心理健康水平分为3个等级。
（1）一般常态：表现为经常感到心情愉快，适应能力强，善于与别人相处，能较好地完成与同龄人发展水平相适应的活动，具有调节情绪的能力。
（2）轻度失调：表现为不具有同龄人所应具有的愉快，与他人相处略感困难，生活自理有些吃力，若主动调节或通过专业人员帮助，可恢复常态。
（3）严重病态：表现为严重的适应失调，不能维持正常的生活、工作，如不及时治疗将会恶化，有成为精神病患者的风险。

（三）界定心理健康标准时应遵循的基本原则

（1）心理活动与外部环境一致性原则，即一个人的所思所想、所作所为是否正确地反映外部世界，有无明显的差异。

（2）心理过程完整性和协调性原则，即人在心理活动中，认识、情感、意志这三项过程内容是否完整，是否协调一致。

（3）个性心理特征稳定性原则，即人的个性心理特征在外部环境没有重大的改变的前提下，人的气质、性格、能力等个性特征相对稳定，行为表现出一贯性。

由此可见，在具体界定心理健康的标准时，一般应该从环境适应能力、挫折耐受能力、情绪调控能力、社会交往能力、自我意识水平等方面提出明确的标准。

三、生理健康和心理健康的辩证关系

无数科学事实和实践经验都证明，人的生理活动和心理活动是密切相关、彼此依存的。不存在无生理活动的心理活动，也不存在无心理活动的生理活动，正如一张纸的正反面一样。因此，人的生理健康与心理健康是辩证统一的。

（一）生理健康是心理健康的基础

心理健康必须以正常的身体，尤其是以健康的大脑和神经系统为基础。身体不健康、患有疾病或有生理缺陷都会影响人的心理状态，使人处于焦虑、低落、烦恼、抑郁之中，既影响认识、情感和意志等心理过程，又阻碍人格的健康发展和人际关系的和谐。

（二）心理健康对生理健康有重要的影响

保持心理健康能够对身体健康起到良好的促进作用，如果心理上有问题，则可能诱发诸多身体疾病。人们所熟知的甲亢、类风湿性关节炎等一系列心身疾病是心理健康影响生理健康的最好例证。所谓心身疾病（psychosomatic disease），是指心理及社会因素在疾病的发生、发展过程中起重要作用的一类躯体疾病，与一般的躯体疾病相比，虽然某些症状相似，但发病原因是不同的。临床报告也指出，青年学生在应考期间，因精神负担过重，思想过度紧张、焦虑甚至恐惧，加之身体极度疲劳，饮食规律常被打破，容易诱发急性胃炎、急性胃溃疡。因此，长寿学者胡兰夫德指出："一切对人不利的影响中，最能使人短命和夭亡的是不良的情绪和恶劣的心境。"

> **心理知识**
>
> 有医学研究表明，情绪不好时，体内 MKT 细胞的活性就会下降，因而就不能战胜体内病毒，容易形成疾病。研究者还发现，老年人在丧偶后的半年里，死亡率比同龄人高出 5 倍，这是因为悲观情绪影响了机体，进而破坏了免疫功能。情绪不好时，人体内会分泌出一种"有毒的"激素，这些激素聚集起来，对人体产生不利影响。
>
> 资料来源：张爽，李飞. 大学生心理健康教育［M］. 北京：北京理工大学出版社，2022.

由此可见，生理健康和心理健康的辩证统一是现代健康观念的根本，健全的心理依托于健康的身体，健康的身体又有赖于健全的心理。

第三节　大学生心理健康

青年期是从少年向成年人转变的过渡期，也是从少年心理向成人心理过渡的关键期。大

学生是最富有理想、朝气,文化层次较高的青年群体。要了解大学生的心理健康问题,就必须熟悉大学生的心理发展特点。

一、大学生心理发展的特点

(一)大学生心理发展的一般特点

1. 智力发展达到高峰,但易带有主观性

人的智力构成是多方面的,具体包括观察力、记忆力、想象力、思维力和注意力。大学生的各项智力因素已达到成熟状态,思维特点正从一般性的逻辑思维向辩证思维过渡,思维的独立性、批判性和创造性水平都显著提高。不过,由于缺乏社会阅历和知识储备,思维还没有达到完全成熟的水平,大学生在看待问题时容易陷入非黑即白的思维,批判性有余而全面性和建设性不足,易出现主观片面、固执己见的倾向,这需要在实践中不断地进行修正。

2. 情绪逐渐稳定,但波动性仍较大

相对于中学生而言,大学生的情绪内容趋向深刻和丰富,情绪体验强烈且富有激情,情绪的表达趋于隐蔽,情绪的变化也逐渐趋于稳定。但大学生对情绪的管理能力还相对较弱,情绪带有明显的波动性,有时一旦情绪爆发,自己难以控制,容易表现出狂热和冲动,从一个极端走向另一个极端,情绪有时会表现出大喜大怒、大起大落的两极性。

3. 意志力提高,但发展不够平衡

大学生意志的自觉性、坚韧性、自制性和果断性都有了较大的发展,意志品质也呈现出较高的水平,但发展不够平衡,表现为:自觉性有很大的提高,但也表现出一定的惰性;独立意识增强,独立性明显提高,但伴有依赖性、逆反性;做事果断性增强,但带有一定的冲动性。这一时期,大学生的各种意志品质迅速发展,但仍有较大的可塑性。

4. 自我意识增强,但容易出现偏差

随着生活经验的不断丰富和对外界认识的不断提高,大学生开始关注自己的内部世界,渴望认识自我、肯定自我、发展并完善自我。大学生的自我意识迅速发展,但并不成熟,主要表现为:自我认识的自觉性和主动性明显提高,但自我评价具有片面性,容易表现出过度的自我接受和自我拒绝;自我体验的形式呈现出丰富性、敏感性和深刻性等特点,但其内容则显现出自尊和自卑共存的特点;自我控制能力较中学生有所提高,但仍然相对较弱,自我完善的愿望强烈但行动落后于想法。

(二)不同阶段大学生心理发展的特点

大学生从入学到毕业一般要经历3~5年,由于不同年级所面临的发展课题不同,心理状态也表现出不同发展趋向和特征。

1. 过渡适应阶段

大学新生以"胜利者"的喜悦进入大学后,突出的问题主要是如何适应大学的学习生活,如何建立起新的人际关系。面对生活环境的变迁、学习方式的改变、人际关系的变化,原有的心理平衡被打破,他们需要逐步适应新的生活,建立新的心理结构,达到新的心理平衡,开始真正的大学生活。这一时期的心理矛盾主要表现为自豪感和自卑感交织、新鲜感和恋旧感交织、轻松感和紧张感交织、奋发感和被动感交织。这个时期一般是在大学一年级。

2. 稳定发展阶段

当新生适应了大学生活，达到新的心理平衡后，大学生活进入了相对稳定的时期，这是大学生成才定型的关键时期。这一时期，大学生极强的可塑性得到充分展示，竞争意识增强，能力得到锻炼和提升，每个人都按自身独特的方式塑造着自己。这个时期是大学生人生观形成时期，也是实现大学教育目标的关键时期。这个时期一般是在大学二年级至三年级。

3. 趋于成熟阶段

经过 3～5 年的大学生活，大学生的世界观、人生观逐步形成，心理逐渐成熟，他们的心理特点与成人的心理特点有许多相近之处。但是，这个时期是大学生从学生时代向职业生涯过渡的阶段，他们又面临新的心理挑战，如在继续升学还是就业之间进行选择，以及在求职择业中承受双向选择的压力，这些使他们的心理又掀起波澜。这个阶段，他们的心理特点主要是有紧迫感、责任感和忧虑感。

（三）大学生的心理发展任务

1. 罗伯特·J. 哈维格斯特的发展任务观

不同的人生发展阶段具有不同的发展任务。"发展任务"的创始人罗伯特·J. 哈维格斯特认为，发展任务是个体在人生各个阶段必须获得的知识、技能、态度等。罗伯特·J. 哈维格斯特就青年期的发展任务进行了系统论述，并提出了 10 项青年期的发展任务：

（1）学习与同龄人之间建立新的、熟练的交往方式；
（2）学习作为男性或女性的社会任务及角色，发展独立性；
（3）认识自己的身体构造；
（4）从精神上独立于父母及其他成人；
（5）具有在经济上自立的自信；
（6）选择职业并为其做准备；
（7）为结婚及家庭生活做准备；
（8）发展作为社会成员所必须具备的知识和态度，发展人生观；
（9）追求并完成负有社会责任的行动；
（10）学习作为行动指南的价值观和伦理体系。

2. 亚瑟·W. 奇克林的发展任务观

美国学者亚瑟·W. 奇克林经过几十年对大学生发展的潜心研究，提出了大学生的 7 个发展任务，其主要内容有：

（1）发展能力。通过大学期间的学习与锻炼，大学生可以发展多方面的能力，如智力、体力、社交能力等，从而使自己更有信心将这些能力表现出来。

（2）管理情绪。大学生要学着认识自己的各种情绪，并以恰当的方式来处理情绪。

（3）由自主迈向互相帮助。作为大学生，学会独立自主、承担责任是非常重要的。在学习独立的同时，也要学习互相帮助、互相包容、友善待人。

（4）发展成熟的人际关系。与别人建立关系对学生的生活有很大影响，建立成熟的人际关系有两个重点：容忍及欣赏别人与自己的不同；有能力与别人发展亲密关系。

（5）确立自我身份。确立自我身份包括接纳自己的外貌、背景等，了解自己的优缺点，确立正面的自我形象，建立积极的自我评价，懂得尊重自己及他人。

（6）发展人生目标。发展人生目标包括不断提高能力、制订计划、设定方向和目标。具体来说，包括以下几个方面：一是职业上的计划和期望；二是个人兴趣；三是对人际关系及家庭责任的承担。

（7）建立完整人格。大学生的价值信念是引导他们行为的方向，也是他们为人处世的原则。大学生完整人格所包含的价值信念包括行为与价值一致、顾及别人的利益、尊重别人的意见，同时能够肯定自己的价值观和信念。

二、大学生心理健康的标准

（一）大学生心理健康的标准概述

综合考虑国内外学者对心理健康及其依据的多种论述，根据大学生这一特殊群体的年龄特征、心理特征和社会角色特征，本书归纳出当代大学生心理健康的8条基本标准。

一是智力正常。智力是个体认知方面不同能力的综合体，主要包括观察力、记忆力、抽象逻辑思维能力、想象力和实践活动能力，其中抽象逻辑思维能力是智力的核心。智力是大学生学习、生活与工作的基本心理条件，是适应周围环境变化所必需的心理保证，也是衡量大学生心理健康的首要标准。一般来说，衡量大学生的智力是否正常，关键在于其是否正常地、充分地发挥了自我效能。大学生智力正常且充分发挥的标准是有强烈的求知欲和浓厚的探索兴趣；智力结构中各要素在其认知活动和实践活动中能积极协调地参与，正常地发挥作用，并且乐于学习。

二是情绪健康。情绪是人对客观事物的态度体验及引发的相应的行为反应，是以个体的愿望和需要为中介的一种心理活动。情绪健康的标志是情绪稳定和心情愉快。这是大学生心理健康的一个重要指标，因为情绪在心理状态中起着核心作用，情绪异常往往是心理疾病的先兆。大学生情绪健康应包括以下内容：愉快情绪多于负性情绪，乐观开朗、富有朝气，对生活充满希望；情绪较稳定，善于控制与调节自己的情绪，既能克制又能合理宣泄自己的情绪，情绪的表达既符合社会的要求又符合自身的需要，在不同的时间和场合能恰如其分地进行情绪表达；情绪反应与环境相适应，反应的强度与引起情境相符合。

三是意志健全。意志是有意识地支配、调节行为，克服困难，以实现预定目的的心理过程。意志健全者在行动的独立性、果断性、坚定性和自制力等方面都表现出较高的水平。意志健全的大学生在各种活动中都有明确的目标，能适时地做出决定并采取有效的方式解决所遇到的问题，能在困难和挫折面前采取合理的反应方式，能在行动中控制情绪并信守承诺，而不是盲目行动、畏惧困难、顽固执拗。

四是人格完善。人格是一个人在与其所处的环境相互作用过程中所表现出来的独特的思维模式、行为方式和情感反应特征。人格反映了一个人总的心理面貌，具有稳定性、独特性、整合性和功能性。人格完善就是指有健全统一的人格，即个人的所想、所说、所做都是协调一致的。人格完善包括人格结构的各要素完整统一；具有正确的自我意识，不产生自我同一性混乱，以积极进取的人生观作为人格的核心，并以此为中心把自己的需要、目标和行动统一起来。

五是自我评价正确。正确的自我评价是大学生心理健康的重要条件，大学生在进行自我观察、自我认定、自我判断和自我评价时，能做到自知，恰如其分地认识自己，摆正自己的位置，既不因自己在某些方面高于别人而自傲，也不因某些方面低于别人而自卑，面对挫折与困境，能够自我悦纳，喜欢自己，接受自己，自尊、自强、自制，自爱适度，正视现实，积极进取。

🔘 **心理故事**

一只破水桶的用途

一个农夫有两只水桶。他每天都用一根扁担挑着两只水桶去河边打水。

两只水桶中有一只有一道裂缝，因此每次到家时，这只水桶总是会漏得只剩下半桶水，而另一只水桶却总是满满的。就这样，两年时间，日复一日，农夫天天都从河里担一桶半水回家。

一天，在河边，有裂缝的这只水桶终于鼓起勇气向主人开了口："我觉得很惭愧，因为我有裂缝，一路上漏水，只能担半桶水到家。"农夫回答它说："你注意到了吗？你那一侧的路边开满了花，而另一侧却没有花。我从一开始就知道你有裂缝，于是在你那一侧的路上撒了花籽。我每天担水回家的路上，你就给它们浇水。两年了，我经常从路边采摘鲜花来装扮我的餐桌。如果不是因为你所谓的缺陷，我怎么会有美丽的鲜花来装扮我的家呢？"

资料来源：张志会. IQ 智商：智慧启蒙故事［M］. 沈阳：辽宁少年儿童出版社，2016.

六是人际关系和谐。良好而深厚的人际关系，是事业成功与生活幸福的前提。和谐的人际关系，既是大学生心理健康不可缺少的条件，也是大学生获得心理健康的重要途径。其表现为：乐于与人交往，既有广泛而深厚的人际关系，又有知心朋友；在交往中保持独立而完整的人格，有自知之明，不卑不亢；能客观评价别人和自己，善取人之长补己之短，宽以待人，乐于助人，积极的交往态度多于消极态度，交往动机端正。

七是社会适应正常。个体应与客观现实环境保持良好秩序，既要进行客观观察以获得正确认识，以有效的办法应对环境中的各种困难，不退缩，又要根据环境的特点和自我意识的情况努力进行协调，或改变环境以适应个体需要，或改变自我以适应环境。

八是心理行为符合大学生的年龄特征。大学生是处于特定年龄阶段的特殊群体，大学生应具有与年龄和角色相适应的心理行为特征。如果一个人的心理行为经常严重偏离自己的年龄特征，一般是心理不健康的表现。

（二）正确理解心理健康的标准

心理健康的标准是一种理想尺度，它一方面为人们提供了衡量心理是否健康的依据；另一方面也为人们指出了提高心理健康水平的努力方向。正确认识和运用大学生心理健康标准应注意以下几个问题。

一是相对性。事实上，大学生心理健康与不健康并无明显界限，两者间的演变是一个连续化的过程。如果将正常比作白色，将不正常比作黑色，那么，在白色与黑色之间存在着一个巨大的缓冲区域——灰色区域，大多数人都散落在这一区域内。对于多数大学生而言，在人生的发展过程中出现心理问题是很正常的，从良好的心理状态到严重的心理疾病之间有一个广阔的过渡带。在许多情况下，异常心理与正常心理、变态心理与常态心理之间没有绝对的界限，只是程度的差异而已，出现问题不必大惊小怪，应积极加以矫正。与此同时，个体灰色区域也是存在的，大学生应增强自我保健意识，及时进行自我调整。

二是整体协调性。把握心理健康的标准，应以心理活动为本考察其内外关系的整体协调性。从心理过程看，健康的人的心理活动是一个完整统一的协调体，这种整体协调保证了个体在反映客观世界过程中的高度准确性和有效性。事实表明，认识是心理健康的起点，意志行为是人格面貌的归宿，情感是认识与意志之间的中介因素。因而，心理不健康与有不健康的心理和行为表现不能等同。心理不健康是指一种持续的不良状态。偶尔出现一些不健康的心理和行为并不等于心理不健康，更不等于已患心理疾病。因此，不能仅凭一时一事而简单地给自己或他人下心理不健康的结论。

三是发展性。心理健康的状态不是固定不变的，而是动态的变化过程。随着人的成长、经验的积累和环境的改变，心理健康状况也会有所改变。事实上，不健康的心理可能是人在发展中不可避免的发展性问题，随着个体的心理成长逐渐调整，进而趋于健康。

如果每个人在自己现有的基础上能够做不同程度的努力，那么，每个人都可以追求自身心理发展的更高层次，从而不断发挥自身的潜能。大学生心理健康的基本标准是，他们能够进行有效的学习和生活。如果连正常的学习和生活都难以维持，就应该及时调整。

三、影响大学生心理健康的因素

人的心理健康是一个极为复杂的动态过程，影响心理健康的因素也是复杂、多样的，既有社会环境、家庭环境、学校环境等外界的环境因素，也有个体自身的生理因素和心理因素。

（一）社会环境

社会环境的影响主要来自社会物质、网络技术和社会舆论三个方面。

1. 社会物质

随着国民经济水平的提升，人们的物质生活水平更加优越。目前，大部分学生来自独生子女家庭，他们从小到大都独享父母的爱。这对大学生的成长是一把双刃剑，一方面可以让其体验到更多的爱和关注；另一方面，过多的关注有时也会变成压力，他们可能需要承担父母更多的期待和学业压力。

2. 网络技术

随着网络技术的发展，互联网的可获得性越来越高，内容上也出现了爆炸式增长的现象。互联网的兴起对大学生的心理健康产生了很大影响，一方面，这在一定程度上扩大了学生的交往范围，拓宽了学生的知识面和视野，丰富了学生的学习方式和学习内容，有助于学生形成新的思维模式；另一方面，互联网对大学生的心理健康也存在潜在的负面影响，如部分学生过度使用网络，导致学习效率下降、生活能力减弱，人际交往能力也随之不断退化。

3. 社会舆论

社会舆论也会在成长着的大学生心中留下深层的心理积淀。正确的舆论有利于大学生心理健康成长，错误的舆论会对大学生心理的健康成长产生不良影响。

（二）家庭环境

家庭环境的影响主要包括家庭的情绪氛围、父母的教养态度、家庭结构的变化和家庭经济状况四个方面。家庭是人生的奠基石，父母是孩子的第一任老师，家庭环境对学生成长与成才的影响是长久而深远的。

1. 家庭的情绪氛围

良好的家庭情绪氛围是良好心理素质形成的前提。家庭成员之间的语言及人际氛围，直接影响着家庭中每个成员的心理。民主、和谐的家庭氛围有利于大学生的心理健康发展，有助于他们从容解决在学习生活中遇到的各种问题，与他人发展良好的人际关系，形成随和、诚恳、乐观等良好的个性特征；反之，如果家庭气氛紧张，家庭成员之间相互敌视、经常吵架，则会使学生产生恐惧、焦虑等消极情绪，形成敏感多疑、冷漠、孤僻等不良的个性特征。

2. 父母的教养态度

父母的教养态度和教育方法直接影响孩子的行为和心理。根据戴安娜·鲍姆林德提出的著名教养方式理论，存在四种不同的教养方式，即权威型（高温暖、高控制）、专制型（低温暖、高控制）、放纵型（高温暖、低控制）和忽视型（低温暖、低控制）。研究表明，民主、平等而非命令、居高临下的，开明而非专制的，潜移默化而非一味娇宠的教育方法，有利于学生心理的健康发展。

3. 家庭结构的变化

家庭结构的变化如变为单亲家庭、重新组合家庭等必然会对大学生的心理有一定影响。

4. 家庭经济状况

家庭经济状况不良特别是困难家庭的学生，易产生心理不适感。

（三）学校环境

校园的教育环境、学习环境、生活环境对大学生的心理健康有着直接而深刻的影响。

1. 教育环境

在高校教育实践中有时过于注重专业教育和智力教育，忽视人文素质教育和心理健康教育，这在一定程度上影响着大学生的心理健康。

2. 学习环境

与中学相比，大学的学习环境发生了巨大变化。中学时，大部分学生习惯于老师的详细讲解和辅导，自学能力较差，依赖性较强；而在大学，脱离了老师、家长的严厉监督，学生需要培养学习的自觉性、自主性和自制力。一些学生因为大学课程相对减少、课余时间相应增多而放松对自己的要求，不能及时掌握大学的学习方法，从而陷入迷茫状态。

3. 生活环境

从中学到大学，大学生的生活环境发生了很大变化。例如从家乡来到异地城市，从在家生活到集体宿舍生活，从被父母照料到自己独立应对各种琐事等，都会对大学生的心理健康产生一定影响。

◆ 心理实践

我的生命线

活动目的：了解过去生活中重要事件对自己的影响。

活动过程：

（1）请每个同学在白纸上画一条直线，用这条直线的长度代表你的生命的长度。思考一下，你期待自己活到多少岁？将直线的一端视为你的生命的开始，在另一端写上你期待活到的年龄。

（2）在这条"生命线"中找到你现在的年龄点，并标记下来，写下你现在的年龄。

（3）回顾你过往生命历程中发生的重大事件，在直线上方写出两到三件对你有积极影响的事件，并在直线相应位置上标明年龄和关键词；在直线下方写出两到三件对你有消极影响的事件，并在直线相应位置上标明年龄和关键词。

分享与讨论：

思考一下这些事件对你的影响，以及你是如何成为今天的你的。

资料来源：王丽，胡惠庆. 生涯规划体验手册［M］. 北京：北京理工大学出版社，2020.

（四）大学生自身因素

大学生自身因素是影响和制约大学生心理健康的主要内因，包括生理因素和心理因素。

1. 生理因素

少数大学生因为遗传等因素的影响，在长相、身材、身高等方面存在一些缺陷，或是身体素质较差，患有疾病等，这些生理性缺陷可能会使个体出现个性缺陷，如心胸狭窄、自卑、敏感多疑等，当然也可能促使个体更加努力和奋进。

2. 心理因素

心理因素，尤其是人格因素，对一个人的心理健康具有较大的影响。例如，对于同样的挫折事件，不同个性的人有着不同的反应，有的人可能无法承受，消极应对，从此自暴自弃；有的人则可能正视现实，加倍努力。

影响大学生心理健康的不良人格倾向主要包括应对方式、自我概念、归因方式、社会支持以及人际关系等方面的缺陷。

第四节 大学生心理健康的维护和促进

大学生的心理健康与否，不仅关系到学生个人的学习、生活、发展和高等教育目标的实现，更关系到民族与国家的未来。因此，大学生心理健康的维护与促进显得非常必要且重要。

一、大学生心理健康的自身关注

（一）培养健全、良好的个性

不良的个性容易诱发心理疾病，而良好的个性对心理失调具有"免疫"能力。大学生培养健全、良好的个性品质，提高人格境界，有利于促进身心健康发展。个性是心理现象的重要组成部分，是指在个体思想和行为中表现出来的比较稳定的特征和倾向，是心理活动长期积累的结晶。它包括个体的认知素质、情感品质、意志品质、兴趣素质、性格品质等。大学生要维护与促进自身的心理健康，必须注重良好个性品质的培养。具体而言，应注意以下几点。

（1）树立正确的人生观和世界观。只有树立正确的人生观和世界观，才能对社会、对人生、对世界的事物有正确的认识和了解，并采取适当的态度和行为反应，做到冷静而稳妥地处理事情。

（2）通过多种途径正确认识自我，并培养悦纳自我的态度，做到自信、自尊、自重和自豪。

（3）培养宽广的胸怀，保持乐观情绪，做到心胸宽广、豁达大度。

（4）培养多方面的兴趣和爱好。珍惜学习机会，热爱自己所学的专业，并注意保持广泛的兴趣，发展自己的想象力和创造力。

（5）磨炼意志，迎难而上，培养良好的意志品质。一方面，要有勇敢面对逆境的心理准备，对挫折有正确的认识，不断提高对挫折的承受能力，在挫折面前不惊慌失措，采取理智的应对方法，化消极因素为积极因素；另一方面，要能够根据实际情况，不断调整自己的需要和心理期望。

虽然大学生的个性在进入大学之前已基本定型，具有稳定性，但是个性又具有可塑性，大学生可以通过大学的教育教学活动、文体活动、社会实践活动和自我教育活动等，进一步培养健全、良好的个性。

心理故事

空船的启示

有一个年轻的农夫，他正划着小船到另外一个村子里去，他想把自家的农产品卖到那个村子里。当时天气炎热，农夫划着小船苦不堪言，他很想在天黑之前到达那个村子。突然，农夫看到前方有一只小船沿河而下向自己冲过来，眼看两只船就要迎面相碰了。农夫朝那只船吼叫，但是那只船并没有改变方向，仿佛是故意要撞农夫的船。

农夫大吼："快点让开，白痴，再不让开你就要撞上我的船了。"可惜，对面的船的主人对农夫的吼叫充耳不闻，结果冲过来的船撞上了农夫的船。农夫愤怒地推开这只船，骂道："你这个白痴，会不会驾驶船啊，这么宽的河道，你居然会撞到我的船。"

当农夫想找这只船的主人评理时，他吃惊地发现，小船上竟然空无一人。原来让他对着大吼大叫的不过是一只挣脱绳索沿河漂流的空船。农夫一下子若有所悟。

资料来源：姚尧. 心理学与心理调节术［M］. 6版. 北京：中国法制出版社，2022.

（二）保持健康的生活方式

生活方式是指人们在日常生活中遵循的行为规范。为完成繁重的学习任务，提高身体素质，大学生一定要养成健康的生活方式。

对大学生而言，健康的生活方式主要包括：

（1）规律作息，早睡早起，保持充足睡眠；

（2）平衡膳食，坚持吃早餐；

（3）科学用脑，劳逸结合，有张有弛，避免用脑过度；

（4）适量运动，积极参加体育锻炼。

（三）保持健康的情绪

情绪对于心理健康来说至关重要。几乎每一种心理疾病都有其情绪上的表现。稳定而良好的情绪状态，能够使人心情开朗、轻松安定、精力充沛，对生活充满乐趣与信心。相反，如果一个人情绪波动剧烈、患得患失、喜怒无常，易处于不良的情绪状态中，而自己又不会调节和控制，就会导致心理失衡和心理危机。大学生情感丰富而易冲动，更应学会管理自己的情绪，保持健康的情绪。

（1）认识和觉察情绪。由于我们经常压抑自己的感觉，或者认为有情绪是不好的，所以我们经常忽略自己的感受。情绪管理的第一步就是先要认识和觉察自己的情绪，而不是躲避或者推脱。情绪没有好坏之分，只要是我们的真实感受，我们就要去正视它、接受它。我们只有认清自己的情绪，才能掌握情绪、管理情绪，而不会被情绪左右。

（2）妥善管理情绪。情绪管理是指个体通过一定的方式，调控和安抚自己的情绪，使之适时、适地、适度。个体要学会几种自我疏导、自我排遣的方式，比如可以通过深呼吸、静坐冥想、运动、到郊外散心、听音乐等方式让心情平静下来，也可以通过大哭一场、找人聊天、涂鸦、写日记等方式来宣泄情绪，改变心情。

（四）掌握自我心理调节的方法

自我心理调节是指通过自己的认识、言语、思维等活动来调节和改善自己的心理状态，以保持和维护心理健康的过程。自我心理调节是自我心理保健的核心，离开了自我调节，心理保健也就无从谈起。大学生有意识地运用自我调节方法，对克服心理障碍、预防心理疾病的发生不仅是必要的，而且是可行的。大学生常用的自我心理调节的方法有以下几种。

（1）自我暗示法。自我暗示法是指借助积极合理的言行，对自己施加影响以达到调节自己心理状态的方法。比如，在面临失败和挫折时，我们可用"失败乃成功之母"来暗示和激励自己。

● 心理训练

积极的自我对话

消极的自我对话只会让心情更糟，无助于缓解负面情绪。检查一下你是如何与自己交谈的。如果过于消极，试着用更积极的心态重新组织语言。

消极的自我对话	比较好的做法
如果我搞砸了，就会很糟糕。 ⇒	我是一个强者，我能应对挑战。
对这种事，我不知道怎么办。 ⇒	这对我来说是一种新体验，我会学到很多。
每个人都会看到我的弱点。 ⇒	如果我能展现出我的强项，它们将更加引人注目。
我不知道该怎么做。 ⇒	以前出现过这样的问题，并不意味着一直会这样。

（2）合理宣泄法。合理宣泄法是指采取不危害他人、社会和自己的方式，将内心痛苦或怨恨发泄出来，以缓解或消除不良情绪，使心理恢复正常的方法。比如，在极度痛苦、悲伤时放声大哭、诉诸笔端、找亲朋好友"一吐为快"、进行高强度的劳动与体育运动等。

● 心理知识

写出来

2011年，美国心理学家让即将面临考试的学生写下他们对考试的想法和感受。结果显示，所有学生的考试成绩都有提高，尤其是那些最容易受考试压力影响的学生。写出来是释放焦虑的一个好方法。

资料来源：英国DK出版社. 压力心理学[M]. 安林红, 秦广萍, 译. 北京：电子工业出版社, 2019.

（3）自我代偿法。自我代偿法是指当自己某一需要不能满足时，通过别的途径满足需要，或改变原有目标，用另一种目标取代的方法。比如，长相不出众的同学，可发奋学习，在学业上出类拔萃；未能担任学生干部，可通过各种途径展示自己的才华，以弥补遗憾，提高自尊和自信等。

（4）自我升华法。自我升华法是指将自己不为社会认可的动机或需要转变为符合社会要求的动机或需要，将消极心理和行为转变为积极心理和行为的方法。比如，不少大学生把嫉妒升华为奋发努力、积极进取的行为。

（5）幽默化解法。幽默化解法是指自己在遇到挫折或处于尴尬处境时，用机智有趣或可笑而意味深长的语言、行为来化解困境、消除误会，缓解紧张气氛，放松情绪，从而维持心理平衡的方法。比如，某校一女生上台演讲，在一阵热烈的掌声中不慎绊倒在地，下面一阵哄笑，这位女生迅速站起来说："谢谢大家的掌声，都把我倾倒了。"全场掌声骤起，演讲顺利进行。

二、学校心理健康教育体系的构建

（一）开设心理健康教育课程

在学校心理健康教育中，应充分发挥课堂教学在大学生心理健康教育中的主渠道作用，面向大学生开设心理健康教育课程，帮助大学生从科学的角度理解心理问题，系统地了解必要的心理学知识，如正确认识自我与完善自我，有效调节与管理情绪，增强人际沟通，培养与塑造良好的个性等。

（二）开展心理咨询

心理咨询可分为个体心理咨询和团体心理咨询。个体心理咨询采用一对一的形式，学生可以就自己遇到的问题向咨询师寻求帮助。团体心理咨询是咨询师面对一群具有相同心理困惑的人而采取的方式。团体心理咨询在某些情况下效果非常好，因为对某些人来说，他们需要来自他人的支持。例如，把具有相同人际交往障碍的学生组成一个小组，在这个小组中，他们可以获得一种支持性力量，觉得自己不再孤单，从而增强克服障碍的决心。同时，心理咨询中心还可以开设热线电话，使有困难的学生及时得到帮助。

（三）开展网络心理健康教育

随着高科技的发展，普及单一课堂教育已经不能有效解决大学生普遍存在的心理问题，而网络化教育不分时间、不分地点、没有强制性的这些特点使其更容易被大学生接受，更有利于帮助他们解决有关学习、生活等方面的一系列心理压力问题。网络心理健康教育是对课堂教育的丰富和补充，可以使高校心理健康教育逐步普及并走向完善。网络心理健康教育的具体方法可以有多种形式，如在网上开设心理学方面的课程、举办网上心理健康专题讲座、在网上进行心理健康测试等。

（四）建立三级心理健康防护网

1. 心理健康的三级功能

现代的心理健康学本质上是为了促进人的身心健康和发展，提高人的适应能力和生活质量。传统的心理健康"三级预防""防治心理疾病"观念已经转变为现代的心理健康"三级功能""增进心理健康和发展"的观念。

（1）心理健康的初级功能主要是防治心理疾病。当代大学生由于在校受教育时间长，缺乏社会生活经验，心理成熟滞后于生理成熟，受价值多元化的影响，容易产生各种心理矛盾和冲突。当面临的心理冲突较大、持续时间过长时，可能会引发一系列的生理、心理反应，严重的会导致心理疾病。心理健康的初级功能是指及时发现大学生的心理问题，采取相应的措施进行矫正和治疗。

（2）心理健康的中级功能主要是完善心理调节。大学生在学习、交友、恋爱、择业等过程中经常会遇到挫折，产生心理困扰。大学生心理发展尚未成熟，自我调节能力还有待提高，这些困扰在一定程度上影响着大学生的正常生活和健康成长。中级功能就是指导大学生深化对自己、他人和社会的了解，掌握自我调节的方法，提高挫折承受力，增强社会适应能力。

（3）心理健康的高级功能主要是发展健康的个体和社会。大学生由于自身存在的局限或不足，影响自己的适应与发展，阻碍潜力的发挥。高级功能就是帮助大学生认清自己的潜力，保持良好的心境，充分发挥自己的潜能，使自己拥有成功的人生。

2. 心理预防的三级网络

大学生心理健康工作必须有一定的制度和组织保证，必须形成全校师生人人关心心理健康的共识。近年来，许多高校积极努力，逐步建立了三级心理健康防护网。

（1）班级保健网。由心理健康教育工作者在学生中通过各种途径普及心理健康知识，培训一个心理健康骨干，如宿舍心理联络员、班级心理健康委员、心理健康社团骨干等。他们生活在学生中，可以及时发现出现心理问题的同学，并介绍、推荐有困扰的学生去寻求专业帮助。

（2）院级保健网。对院、系与学生关系密切的人员，如辅导员、班主任、学生处的工作人员，进行心理健康专题培训，使他们初步了解大学生的心理健康状况，学会区分思想问题与心理问题，并具有解决一般心理问题的能力，使学生能够得到及时帮助。如果遇到难题，他们应知道寻求专业机构的帮助。

（3）校级保健网。以学校心理健康教育机构为主，如大学生心理咨询中心，培训专业人员，以帮助那些有严重心理困扰的学生，并通过心理健康普查，了解学生的心理健康状况，有针对性地、有计划地提出切实可行的心理健康教育方案。

心书推荐

《真实的幸福》
[美] 马丁·塞利格曼

《真实的幸福》是积极心理学之父马丁·塞利格曼的著作，是每个人提升幸福感不可不读的经典作品。全书以一种通俗而又不失科学的方式告诉我们，什么是真正的幸福，以及怎样才能变得更加幸福。如果你想变得更幸福一些，不妨照着书中的建议来试试，相信幸福一定就在你的眼前！

素养提升

传统文化中促进心理和谐的主要策略

1. 注重"天人合一"，重视发挥自然对心灵的安顿价值

"天人合一"是传统文化中的一个重要哲学命题，强调人、社会和宇宙是一个完整的、

有机联系的整体——"以天地万物为一体者也"。人的生理活动和心理活动与大自然息息相关，同时受到社会环境的影响。因此，人要把自己的成长发展与自然万物联系起来，把自己的终极价值与天地联系起来，以充实心灵，进而达到人与社会、人与自然的和谐状态。

2. 强调道德对心理健康的促进作用

"君子坦荡荡"，品德高尚的人内心坦荡。因此，人要注重内省修身，以建立起正确的心灵秩序，"尽己之心""尽物之心"，自觉将个体自我与社会大我融通发展，使个体价值与整体价值和谐一致，在社会的接纳和认可中收获内心的和谐。

3. 看重家庭对个体及社会的支撑作用

"天下之本在国，国之本在家"。由家庭到家族，再到社会和国家，家国同构、家国一体的理念渗透在中国社会的方方面面。一个人的家庭生活状态，家庭成员之间的相互关系对个体的心理状态影响巨大。因此，优化家庭生态环境，挖掘家庭资源和心理支撑力量，或对整个家庭进行帮助和疏导，对于维护个人的心理健康具有重要意义。

4. 超越物累，抱朴守真，过一种富有诗意的生活

传统文化尤其是道家文化提倡质朴、恬静的生活态度，主张自然无为、抱朴守真，强调超脱人世的一切束缚和限制，保持内心的平静，做求得与自然合一的"真人"。这就启迪人们超越物累，自觉从精神层面丰富自己，把自己从各种功名利禄中解放出来，正视和接纳自己的缺点和不足，按照自己的天性去生活，以使自己向着道德完善、精神崇高的方向发展，求得精神的丰富和自由，收获真正的快乐与幸福。

资料来源：陈发祥，潘莉，黄志斌. 新编大学生心理健康教育：慕课版［M］. 北京：中国民主法制出版社，2023.

◉ 思考启迪

党的二十大报告指出，坚持和发展马克思主义，必须同中华优秀传统文化相结合。只有植根本国、本民族历史文化沃土，马克思主义真理之树才能根深叶茂。中华优秀传统文化源远流长、博大精深，是中华文明的智慧结晶，其中蕴含的天下为公、民为邦本、为政以德、革故鼎新、任人唯贤、天人合一、自强不息、厚德载物、讲信修睦、亲仁善邻等，是中国人民在长期生产生活中积累的宇宙观、天下观、社会观、道德观的重要体现，同科学社会主义价值观主张具有高度契合性。我们必须坚定历史自信、文化自信，坚持古为今用、推陈出新，把马克思主义思想精髓同中华优秀传统文化精华贯通起来、同人民群众日用而不觉的共同价值观念融通起来，不断赋予科学理论鲜明的中国特色，不断夯实马克思主义中国化时代化的历史基础和群众基础，让马克思主义在中国牢牢扎根。

资料来源：https://www.gov.cn/xinwen/2022-10/25/content_5721685.htm。

◉ 心理测试

生活满意度量表

生活满意度量表由 Diener 和 Robert 等人于 1985 年编制，广泛应用于评价个体对自己生活质量的主观体验，是衡量个人生活质量的常用量表。

请花一些时间想想是什么让你的生活对你来说很重要。请如实、准确地回答下列问题，作答时请记住，这些是非常主观的问题，没有正确或错误的答案。请从以下选项中选出一个最符合你的实际情况的选项来回答。

题目	完全不符合	大部分不符合	有些不符合	说不清	有些符合	大部分符合	完全符合
1. 我的生活中的大多数方面接近我的理想	1	2	3	4	5	6	7
2. 我的生活条件很好	1	2	3	4	5	6	7
3. 我对自己的生活感到满意	1	2	3	4	5	6	7
4. 迄今为止我在生活中得到了想得到的重要东西	1	2	3	4	5	6	7
5. 如果我能回头重走人生路，我几乎不想改变任何东西	1	2	3	4	5	6	7

计分与评定：

量表由 5 个题目组成，每个题目有 7 个判断等级，从"完全不符合"到"完全符合"，分别用数字 1～7 表示。得分越高，表明生活满意度水平越高。

资料来源：彭凯平，孙沛，倪士光. 中国积极心理测评手册 [M]. 北京：清华大学出版社，2022.

知识导图

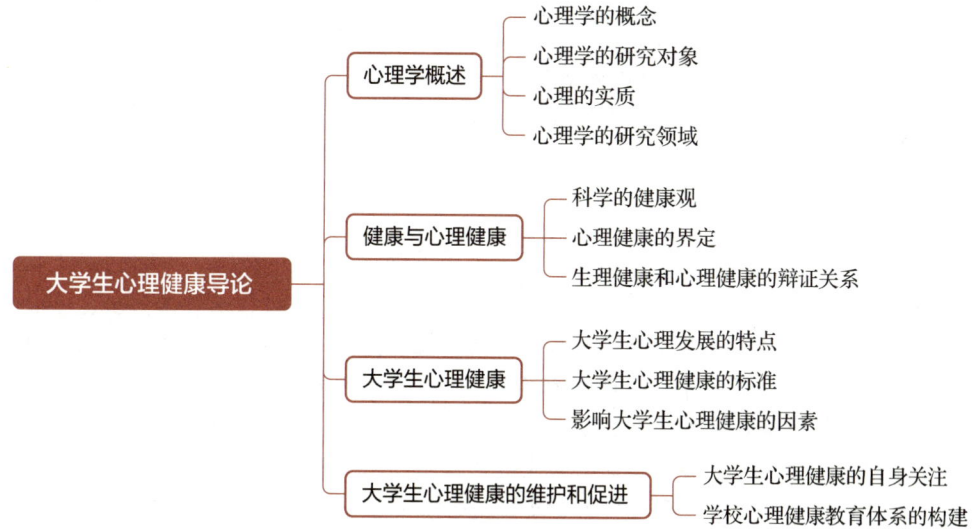

课后习题

1. 如何科学地理解健康？
2. 结合自己的学习、生活实际，谈谈生理健康与心理健康有怎样的关系。
3. 大学生心理健康的标准有哪些？
4. 如何维护和促进自身的心理健康？

参考文献

［1］彭凯平，孙沛，倪士光. 中国积极心理测评手册 [M]. 北京：清华大学出版社，2022.

［2］毕清波. "互联网+"视域下大学生核心素养研究 [M]. 北京：北京工业大学出版社，2021.

［3］贾楠，乔凯平. 心理与成长：大学生心理健康指导 [M]. 北京：机械工业出版社，2021.

第二章　心灵陪伴与守护
——大学生心理咨询

◉ 学习目标

（1）使学生了解心理咨询的基本概念和作用；
（2）了解心理咨询的主要理论与方法，掌握心理咨询的内容和类型；
（3）建立正确的心理咨询观念及自助、求助的意识。

◉ 案例导入

新生的独白

高考结束后我就憧憬着大学的生活，认为那将是自由的、轻松的、美好的，会认识很多新朋友，会学习很多新知识，也会体验不同的生活。但是，当我步入大学后，我发现很多事情好像和自己预想的不一样——食堂的饭菜不合口，公共浴室洗澡不适应，集体宿舍生活不方便，还要面对性格各异的同学、适应自主灵活的学习方式，这些都让我感觉很陌生、孤独、焦虑，特别想念父母，想念之前的朋友，想回家。晚上躺在床上辗转反侧，连续几天都睡不着，食欲也不好，能倾诉的人都不在身边，我该怎么办？

【思考】

（1）如果你是这位同学，你会如何解决这些困扰？
（2）你是否会寻求心理咨询的帮助？

第一节　心理咨询概述

在当今快节奏、高压力、高标准、严要求的社会环境中，新时代的大学生作为社会未来发展的栋梁，正面临着前所未有的挑战与机遇。随着学业和就业的压力增加、人际关系的逐渐复杂以及个人情感世界的波动，许多大学生在追求知识与成长的同时，也不得不面对一系列的心理困扰。这些困扰若得不到及时、有效的解决，不仅可能影响个人的学业成绩、人际关系和生活质量，还可能对其长远的心理健康和人格发展造成影响。因此，了解并掌握心理健康知识，正视自身心理需求，勇于寻求专业的心理咨询帮助，是当代大学生不可或缺的一项技能。

一、理解心理咨询

（一）心理咨询的定义

关于心理咨询的定义，中外不同专家学者各有各的观点，以下是一些具有代表性的观点。

罗杰斯将心理咨询解释为：通过与个体持续的、直接的接触，向其提供心理帮助并力图促使其行为、态度发生变化的过程。他强调了咨询过程中咨询师与来访者之间关系的重要性，以及这种关系如何促进来访者的自我接纳和成长。

威廉森等将心理咨询解释为：A、B两个人在面对面的情况下，受过心理咨询专门训练的A，向在心理适应方面出现问题并祈求解决问题的B提供援助的过程。这里的A是咨询师，B是求助者。这一定义明确了咨询师的专业性和来访者的求助需求。

陈仲庚认为，心理咨询就是帮助人们去探索和研究问题，使他们能决定自己应该做些什么。心理咨询应明确三个问题：①待解决问题的性质；②咨询师的技术；③所要达到的目标。

朱智贤主编的《心理学大词典》对心理咨询是这样定义的：对心理失常的人，通过心理商谈的程序和方法，使其对自己与环境有一个正确的认识，以改变其态度与行为，并对社会生活形成良好的适应。心理失常，有轻度的，有重度的，有属于机能性的，有属于机体性的。心理咨询以轻度的、属于机能性的心理失常为范围。

马建青在《辅导人生——心理咨询学》一书中认为：心理咨询定义为运用有关心理科学的理论和方法，通过解决咨询对象（即来访者）的心理问题（包括发展性心理问题和障碍性心理问题）来维护和增进身心健康，促进个性发展和潜能开发的过程。

钱铭怡在《心理咨询与心理治疗》一书中将心理咨询定义为：咨询师通过人际关系，应用心理学方法，帮助来访者自强自立的过程。她指出，对心理咨询的理解必须依据四点：第一，咨询的要素之一是人际关系，有良好的人际关系才可能达到帮助来访者的目的；第二，咨询是在心理学有关理论指导下的活动；第三，咨询是一个过程，往往不是一次会谈就能解决问题；第四，咨询的目的是帮助来访者自强自立，而不是包办解决来访者的各种问题。

李维主编的《心理学百科全书》对心理咨询的定义做了如下说明：咨询者就访谈对象提出的心理障碍或要求加以矫正的行为问题，运用相应的心理学原理及其技术，借助一定的符号，与访谈者一起进行分析、研究和讨论，揭示引起心理障碍的原因，找出行为问题的症结，探索解决的可能条件和途径，协商出摆脱困境的对策，最后使来访者增强信心，克服障碍，维护心理健康。

中外不同专家学者对心理咨询的定义虽然各有侧重，但均强调了心理咨询在帮助来访者解决心理问题、促进个人成长和适应环境方面的重要作用。

综上所述，心理咨询是指咨询师运用心理学的有关理论与方法，通过特殊的人际关系，帮助来访者解决心理问题，增进身心健康，提高适应能力，促进个性发展与潜能发挥的过程。

（二）心理咨询的特征

1. 心理咨询是一种帮助性人际关系

心理咨询所建立的是一种帮助性人际关系，在这种人际关系中，咨询师与来访者（求助者）扮演着不同的角色。咨询师可以帮助来访者更深入地了解自己，从而更好地生活。来访者在咨询过程中需要接收新的信息，学习新的行为，学会调整情绪以及解决问题的技能。在此过程中，咨询师要意识到自己作为帮助者的角色，而来访者也不能过分依赖咨询师。

2. 心理咨询的目的是消除心理问题

在今天激烈的人际竞争中，人们背负着沉重的精神压力，心理亚健康和健康水平低的人越来越多。每一个背负心理伤痛的人都在饱受煎熬，严重者甚至付出了生命的代价。心理咨询师的职责是帮助人们缓解和消除心理问题，让人们重回健康的精神家园，享受生活的快乐和幸福。

3. 心理咨询是一项专业化服务

心理咨询与日常生活中的"聊天"有很大区别。咨询师必须是受过严格专业训练、拥有这项服务所必需的知识和技能（尤其是具有接受他人和理解他人的态度和能力），并得到权威机构认可的专业人员。无论是咨询师还是来访者，都应该清楚地意识到这一点。

4. 心理咨询是一种社会服务

党的二十大报告明确指出要"重视心理健康和精神卫生"，体现了新时代对人民群众心理健康的关注，为未来的心理健康工作指明了方向。心理咨询作为一种社会服务，可以在学校、医院、社区、企事业单位等领域，为个人、家庭、组织提供个体或团体的指导和咨询服务，以预防和消除不良行为，促进心理健康，提高生活质量，也能帮助人们在个人、社会、教育、职业等诸多方面实现有效的发展，而不限于某个领域或某些问题。

(三) 心理咨询的对象

心理咨询的对象是在日常生活中遇到某种精神压力引起心理冲突而寻求帮助的正常人，被称为来访者、求助者。

心理咨询的对象可具体分为三大类：一是精神正常，但遇到了与心理有关的现实问题并请求帮助的人群；二是精神正常，但心理健康水平较低，产生心理障碍导致无法正常学习、工作、生活并请求帮助的人群；三是特殊对象，即临床治愈或潜伏期的精神障碍患者。精神正常人群在现实生活中会面临很多问题，如环境适应问题、择业求学问题、恋爱交友问题、情绪压力问题等。他们面对上述自我发展问题时，需要做出理想的选择，以便顺利地度过人生各个阶段。这时，心理咨询师可从心理学角度向其提供帮助，这类咨询叫作发展心理咨询。另外，有些人长期处在困惑、内心冲突当中，或遭遇较为严重的心理创伤，尽管他们的精神是正常的，但心理健康水平显著降低，出现了不同程度的心理障碍。这时，心理咨询师所提供的帮助叫作健康心理咨询。

《中华人民共和国精神卫生法》明确规定：心理咨询人员不得从事心理治疗或者精神障碍的诊断、治疗。也就是说精神病性疾病、神经症、人格障碍等不在心理咨询师工作的范围之内。对于临床治愈或潜伏期的精神障碍患者进行心理咨询和治疗，能够帮助其恢复社会功能，防止疾病复发，但必须严格限制在一定条件之内，必要时需要与精神科医生协同工作。

二、心理咨询与心理治疗

(一) 心理治疗的定义

《美国精神病学词汇表》将心理治疗定义为：在这一过程中，一个人希望消除症状，或解决生活中出现的问题，或因寻求个人发展而进入一种含蓄的或明确的契约关系，以一种规定的方式与心理治疗专家相互作用。心理治疗专家弗兰克认为，心理治疗是受过专业训练的、为社会所认可的治疗师通过一系列目的明确的接触或交往，对患有疾病或遭受痛苦并寻求解脱的人所施加的一类社会性影响。美国精神科医师沃尔培格认为，从临床观点来说，心理治疗是一种"治疗"工作，即由治疗师运用心理学方法，来治疗与病人心理有关的问题。治疗师必须是受过训练的专家，他们尽心与病人建立治疗性关系，试图消除病人心理与精神上的症状，并使病人获得人格上的成长与成熟。

我国心理学家陈仲庚认为，心理治疗是治疗师与来访者之间的一种合作努力的行为，是一种伙伴关系；治疗是关于人格和行为的改变过程。研究者曾文星、徐静认为，心理治疗是应用心理学的原则与方法，通过治疗师与被治疗者之间的相互关系，治疗病人的情绪、认知以及与行为有关的问题。治疗的目的在于解决病人所面对的心理困难，减少焦虑、忧郁、恐慌等症状，改善病人的非适应行为，包括对人、对事的看法及人际关系等，并促进病人人格的成熟，使其能以较有效且适当的方式来处理心理问题以适应生活。钱铭怡教授把心理治疗定义为：心理治疗是在良好的治疗关系的基础上，由经过专业训练的治疗师运用心理治疗的有关理论和技术，对来访者进行帮助的过程，以消除或缓解来访者的问题或障碍，促进其人格向健康、协调的方向发展。

从以上介绍的有关心理治疗的定义中不难发现，这些定义虽不尽相同，各有侧重，但都或多或少地涉及如下内容：心理治疗是一个过程；心理治疗涉及治疗师与来访者（患者）之间的关系；心理治疗是治疗师运用有关心理治疗的理论和方法，消除或控制患者的心理问题或心理障碍，改善患者的心理与适应方式，促进其人格发展与成熟。

综上所述，心理治疗是由经过严格专业训练的治疗师，根据患者的特殊心理病理，运用心理治疗的有关理论和技术，通过持续的人际互动，消除或控制患者的心理障碍，恢复和增进其身心健康的过程。

（二）心理咨询与心理治疗的关系

心理咨询与心理治疗看起来很相似，两者之间的关系是怎样的呢？关于两者之间的理论关系，主要观点有以下三种。

第一种观点认为心理咨询与心理治疗含义相同，没必要进行区分。从心理咨询的角度出发，心理治疗可以被看作是"障碍性咨询"或"治疗性咨询"，即也属于心理咨询的范畴。目前来看，这一观点显然是不准确的。在实际开展业务方面，我国法律法规已经对两者做出了明确区分。

第二种观点认为心理咨询与心理治疗是两回事。持该观点的研究者试图给心理咨询与心理治疗赋予不同的含义，但这是一项比较困难的任务。因为心理咨询与心理治疗的联系十分紧密，虽然能够区分出若干不同，其共性仍是显而易见的；虽然能在理论上找到若干差异，其在实践中的联系通常是无法避免的。

第三种观点认为心理咨询与心理治疗既有区别又有联系。在这方面，哈恩的话非常具有代表性，"就我所知，极少有咨询工作者和心理治疗师对于已有的在心理咨询与心理治疗之间的明确的区分感到满意……意见最一致的几点可能是：①心理咨询与心理治疗是不能完全区分开的；②咨询师的实践在心理治疗师看来是心理治疗；③心理治疗师的实践又被咨询师看作是咨询；④尽管如此，心理咨询和心理治疗还是不同的"。

我国心理学家陈仲庚也持有类似观点，他指出：在关系的性质上，在改变和学习过程上，在指导的理论上两者都是相似的。如果要求两位专家，其中一位是心理治疗师，另一位是心理咨询师，各列出他们实施专业工作时的理论基础，你会发现所列出的原则和依据十分相似，或有许多重叠之处。从这些方面来看，心理治疗和心理咨询即使不是完全相同，至少也是很相似的。

在实际工作中，心理咨询与心理治疗的具体区别如下：前者以发展性咨询为主，后者以障碍性治疗为主；前者内容以疑惑、不适为主，后者以障碍、疾病为主；前者针对的是轻度的心理问题，后者针对的问题在程度上相对重些；前者可以在非医疗环境中开展，后者应当在医疗环境中进行。

二者还有如下相同或相似之处。

首先，心理咨询与心理治疗都强调在良好的人际关系氛围中，运用心理学方法解决心理或精神方面的问题。这一共同点可以从学者们关于心理治疗的定义中得到证明。如陈仲庚指出，心理治疗是治疗师与来访者之间的一种努力合作的行为，是一种伙伴关系。曾文星、徐静认为，心理治疗是指应用心理学的方法来治疗患者的心理问题，其目的在于通过治疗师与患者建立的关系，善用患者寻求痊愈的愿望与潜力，改善患者的心理与适应方式，以减缓患者的症状与痛苦，并帮助患者促进人格的成熟。美国精神科医师沃尔培格认为，心理治疗是针对情绪问题的一种治疗方法，它指的是由一位经过专门训练的人员以慎重细密的态度与来访者建立起一种业务性的联系，用以消除、矫正或缓和现有的症状，改善异常行为方式，促进积极的人格成长和发展。可以看出，心理咨询与心理治疗在咨访关系的建立、解决问题及从业人员的要求等方面都是一致的。

其次，心理咨询与心理治疗所依据的理论和方法是一致的。在心理咨询与心理治疗中，传统的三大理论体系是：精神分析、行为主义和人本主义。此外，20世纪20年代在日本兴起的森田疗法，及20世纪中期兴起的理性情绪疗法、系统式家庭治疗等各种理论，在心理咨询和心理治疗中都是通用的。

● 心理知识

如何建立良好的咨访关系

心理咨询师与来访者建立良好的咨访关系，是咨询工作的基础，也是咨询成功的关键。建立良好的咨访关系主要从尊重、热情、真诚、共情和积极关注五个方面进行。

尊重：心理咨询师应尊重来访者的个人选择、价值观和生活方式，不对其进行评判。在咨询过程中，心理咨询师应保持开放和接纳的态度，倾听来访者的声音，理解其需求和感受；尊重来访者的隐私，确保咨询内容的保密性，让其感受到安全并产生信任。

热情：心理咨询师应以热情的态度迎接来访者，营造温馨、舒适和友好的咨询环境。心理咨询师还应通过微笑、点头等肢体语言，以及亲切、温暖的话语，表达关心和支持。在咨询过程中，心理咨询师应保持耐心和细心，愿意倾听来访者的故事，与其共同面对问题。

真诚：心理咨询师应以真诚的态度与来访者交流，不掩饰或伪装自己。在咨询过程中，心理咨询师应展现真实的自我，与来访者建立真实、坦诚的关系；真诚地表达自己的想法和感受，以及对来访者问题的看法和建议。

共情：心理咨询师应尝试站在来访者的角度理解其需求和感受，与其产生情感上的共鸣。心理咨询师应通过倾听、反馈，表达对其情感的理解和关注。共情有助于建立深厚的情感联系，增强来访者对心理咨询师的信任感。

积极关注：心理咨询师应关注来访者的积极方面，给予肯定和鼓励。在咨询过程中，心理咨询师应挖掘来访者的优点和潜力，帮助其看到问题积极的一面。积极关注有助于激发来访者的内在动力，促进其发展和成长。

资料来源：中国就业培训技术指导中心，中国心理卫生协会. 心理咨询师：国家职业资格三级［M］. 北京：中国劳动社会保障出版社，2017.

三、心理咨询的基本原则

心理咨询的方式和内容是多样的，面对众多的咨询问题和不同的咨询对象，心理咨询要坚持一些基本原则。这些原则是指导心理咨询工作的一些基本原理，是咨询工作的规律概括和经验总结，也是对心理咨询过程的一般要求，对心理咨询工作具有指导意义。

（一）来访者自愿原则

所谓来访者自愿原则，是指每一次咨询都是以来访者愿意使自己有所改变为前提的，咨询师不能以任何形式强迫来访者接受或维持心理咨询。心理咨询师在向来访者提供咨询服务时，应尊重来访者自己的意愿，这是确立咨访关系的先决条件。有人也将这一原则叫作"来者不拒，去者不追"原则："来者不拒"是指对来访者积极提供可能的心理帮助；"去者不追"是指在咨询过程中，当来访者要求退出或离开时，心理咨询师应做好结束工作，不能勉强来访者继续进行心理咨询服务，也不应主动去找对方。

（二）价值中立原则

价值中立原则是指在咨询过程中，心理咨询师要尊重来访者的价值信念体系，不要以自己的价值观念为准则，对来访者的行为准则进行武断、任意的价值判断。尽管人们对这一原则的理解不太一致，但咨询心理学家都一致同意尊重来访者的价值准则，咨询师在心理咨询过程中应保持客观、中立的立场，不能以任何方式向来访者强行灌输某一价值准则，或强迫来访者接受自己的观点和态度。

（三）保密性原则

保密性原则是心理咨询中非常重要的原则，它要求心理咨询师尊重和尽可能地保护来访者的隐私，未经来访者同意，咨询师不能以任何方式向任何人或机构泄露来访者的信息。心理咨询开始前，咨询师有责任向来访者说明心理咨询工作的保密性原则以及这一原则在使用时的限制。

心理咨询中需要保密的内容包括：心理咨询过程中来访者暴露的内容，以及与来访者接触的过程。在未征得来访者同意的情况下，心理咨询师不得随意透露上述信息，心理咨询师也不得随意打探与咨询无关的个人隐私。

但是，保密性原则不是无限度、无条件的。出现以下情况时心理咨询师可以打破保密性原则，执行保密例外。

（1）来访者同意将保密信息透露给他人。
（2）司法机关要求心理咨询师提供保密信息。
（3）出现针对心理咨询师的伦理或法律诉讼。
（4）心理咨询中出现法律规定的保密问题限制情形，如报告虐待儿童、老人等。
（5）来访者可能对自身或他人造成即刻伤害或死亡威胁。
（6）来访者患有危及生命的传染性疾病。

当遇到以上保密例外情况时，心理咨询师应将信息披露程度控制在最小范围内。遵守保密性原则体现了心理咨询师的诚信。在心理咨询中，尊重来访者的自主性，避免对来访者造成伤害，使来访者获得安全感，有利于建立良好的咨访关系。

(四) 助人自助原则

心理咨询是心理咨询师对来访者进行心理帮助的过程，其根本目标是促进来访者自我成长，增强来访者的独立性，使其能够独立面对和处理生活中的各种问题。"助人自助"既包括心理咨询师帮助来访者发现问题、解决问题的助人过程，也包括来访者自我成长，健全人格发展的自助过程。心理咨询师要相信来访者是解决自己的问题的"专家"，他们不仅拥有获得心理健康的愿望，还具备自我实现的潜能。因此，心理咨询师在咨询过程中要更多地鼓励、启发、支持来访者，发掘来访者身上的力量与资源，充分调动来访者的积极性、主动性和创造性，激发来访者主动投入心理自助的过程中，进一步增强来访者自我解决心理问题的信心。

四、心理咨询的基本任务

(一) 正确认识主客观世界

每个个体都生活在外部客观世界中，却有着各自不同的内部主观世界，两个世界通过人的认知和实践活动连接起来。外部的客观世界是不随人的意志而改变的，是自然而然运作的；内部的主观世界则是由以往积累的经验构成的，是依靠人的意志来编排的。这两个世界之间本身存在着矛盾。当人们对这种矛盾缺乏明确认识，采取不恰当的方式应对时，会导致无法适应环境，从而产生认知困惑，烦躁不安，甚至对自己的生存价值产生怀疑。心理咨询的作用就是帮助来访者了解和认清自己的主观世界和客观世界，使两个世界相统一，提升其积极适应的能力，使其生活更充实、更惬意。

(二) 健全完善的自我认知

常言道："人贵有自知之明。"但由于认知的局限性、经验的片面性，以及个人需求的不合理性，个人容易产生片面、错误的自我评估，导致"自知不明"。正确认识自我，实事求是地评价自我，是自我调节和人格完善的重要前提，是心理健康的重要因素。心理咨询能帮助来访者进行自我探索，对自己的性格、能力等做出更加客观、恰当的评价，实现认识自我、接纳自我、完善自我，进而超越自我。

(三) 纠正不合理的观念

来访者有时会确信自己的需要和动机是正确、合理的，认为自己很清楚自己需要的是什么，并且认为自己对事物的观察和理解是正确的。但实际上，他们存在认知上的偏差。心理咨询可以帮助来访者认识到自己存在不合理的观念，正是自己的错误观念将其引入无法摆脱的困境。与此同时，它还能帮助来访者与自己不合理的观念进行辩论，最终纠正自己的错误思维和观念，并用合理的观念代替不合理的观念。

(四) 学会面对和应对现实

学会面对现实是生活的真谛。有的人因逃避现实而产生心理问题，有的人因遭遇失败而自暴自弃，有的人因沉溺过去而无法自拔，有的人因坠入不切实际的想象而脱离现实。心理咨询可以帮助来访者立足当下，汲取过去的经验和教训，满怀对未来的美好希望，有信心、有勇气去面对现实，也可以帮助他们提高应对现实问题的能力，并采取积极的策略应对现实中出现的各种困难，学会自立自强。

● 心理训练

正念练习

正念是一种对自身感受和经验保持非判断态度的意识形式，练习者能够清醒地认识到自己的存在，认清当下正在发生的事情。正念练习在减轻焦虑、提高心理适应性和生理疼痛控制等方面有着很好的应用。如果你想练习正念，核心练习是进行简单的呼吸冥想。在日常生活中，找一段不会被打扰的时间，安静平和地练习。

（1）找一个舒适的地方盘腿坐下。不要躺下，因为你需要保持警觉。背挺直，但要放松，闭上眼睛。

（2）让自己保持平静。周围会有声音，体内会有感觉，脑子里会飘过一些想法。让它们发生，不要试图忽视它们，也不要继续思考，就让它们自然地来来去去。

（3）将注意力集中在呼吸上。感受吸气和呼气，以及呼吸产生的感觉和节奏。

（4）如果走神了，不要担心，这样的情况经常会出现。静静地让注意力重新回到呼吸上，持续 5～10 分钟。如果你喜欢，可以进行更长的时间，然后慢慢放松注意力，睁开眼睛。

即使只是做简短的正念练习，只要坚持经常做，也可以让你变得更冷静，对自身的感觉和对周边环境的感知更加敏锐。除正念本身以外，不要有其他目标，不要强迫自己做到所谓的"正确"：只是去享受这个过程，让一切顺其自然。经常做冥想练习，可以显著提高你的压力应对与情绪管理能力。

资料来源：英国DK出版社. 压力心理学［M］. 安林红，秦广萍，译. 北京：电子工业出版社，2019.

（五）建立良好的人际关系

任何个体都有发自人性的依附本能，彼此理解是满足此类本能的必要条件。如果现实生活中的冲突打破了人性的内在平衡，使依附本能被淹没在冲突之中，就会让人的心理产生扭曲，体验到孤独、嫉妒、怨恨，甚至导致严重的心理问题。心理咨询能够帮助来访者唤起自己的依附本能，让其学会接受他人、悦纳他人，理解群体对自己的重要性，提高处理人际关系的能力，从而有助于建立良好的人际关系。

（六）构建有效的行为模式

有时来访者已经意识到了自己存在不合理的思维和观念，甚至已经形成了合理的想法，但仍然不能行动起来。其实，这恰恰是建立"合理有效行为模式"的最佳时机。在心理咨询过程中，心理咨询师通过启发、鼓励和支持，帮助来访者重建认知方式，建立新的、合理的、有效的行为模式，以此来摆脱困扰，达到新的心理平衡。

● 心理故事

过　桥

有一天，几个学生向心理学家弗洛姆请教：心态对一个人会产生怎样的影响？

他微微一笑，什么也不说，就把他们带到一间黑暗的房子里。在他的引导下，学生们很快就穿过了这个伸手不见五指的神秘房间。接着，弗洛姆打开房间里的一盏灯。在这昏黄的灯光下，学生们才看清楚房间里的布置，不禁吓出了一身冷汗。原来，这个房间的地面就是一个很深、很大的水池，池子里蠕动着各种毒蛇，有好几条毒蛇正高高地昂着头，朝他们吐着蛇信子。在蛇池的上方，有一座很窄的木桥，他们刚才就是从这座木桥上走过来的。弗洛姆看着他们，问："现在，你们还愿意再次走过这座木桥吗？"大家你看看我，我看看你，都不作声。

片刻后，终于有三个学生犹犹豫豫地站了出来。第一个学生上去后，特别小心地挪动着双脚，速度比第一次慢了好多；第二个学生战战兢兢地踩在木桥上，身子不由自主地颤抖着，才走到一半就挺不住了；第三个学生索性俯身，慢慢地趴在木桥上爬了过去。

"啪"，弗洛姆又打开了房内的另外几盏灯，强烈的灯光一下子把整个房间照耀得如同白昼。学生们揉揉眼睛再仔细看，才发现在木桥的下方装着一道安全网，只是因为网线的颜色极淡，他们刚才都没有看出来。弗洛姆大声地问："你们当中还有谁愿意现在就通过这座木桥？"学生们没有作声，弗洛姆问道："你们为什么不愿意呢？"学生心有余悸地反问："这张安全网的质量可靠吗？"弗洛姆笑了："我可以解答你们的疑问了，这座木桥本来不难走，可是桥下的毒蛇对你们造成了心理威慑。于是，你们就失去了平静的心态，乱了方寸，慌了手脚，表现出各种程度的胆怯——由此可见，心态对行为当然是有影响的啊！"

其实，人生又何尝不是如此呢？在面对各种挑战时，也许失败的原因不是势单力薄、不是智能低下，也不是没有把整个局势分析透彻，反而是把困难看得太清楚、分析得太透彻、考虑得太详尽，因此才会被困难吓倒，举步维艰。倒是那些没有把困难完全看清楚的人，更能够勇往直前。如果我们在通过人生的独木桥时，能够忘记背景、忽略险恶，专心走好自己脚下的路，我们也许能更快地到达目的地，不是吗？

资料来源：范文先生网，简短的心理健康小故事，https://www.fwsir.com/jiaoan/html/jiaoan_20201129080158_617558.html。

第二节 心理咨询的理论与方法

心理咨询是运用心理学的理论与方法所进行的活动，当代心理咨询与治疗的理论流派众多，相应的方法与技术也各不相同。

一、精神分析的理论与方法

精神分析理论是由奥地利著名精神科医生、心理学家西格蒙德·弗洛伊德在19世纪末20世纪初创立的。该理论是现代心理学的奠基石，它的影响远不仅在心理咨询领域，对于整个心理学乃至西方人文科学的各个领域均有深远影响。

（一）理论的主要观点

1. 潜意识理论

弗洛伊德将人的心理结构分为潜意识、前意识、意识三个层次。潜意识是人心理活动的深层结构，包括原始冲动与本能，是不被觉知却仍然存在且被压抑的经验；前意识则介于意识与潜意识之间，由一些可经由回忆而进入意识的经验构成，负责警戒任务，不允许潜意识中的本能和原始冲动到达意识之中；意识是由外在世界直接感知的心理活动构成的，是心理结构的表层。弗洛伊德十分强调深层潜意识对人类心理的影响，他认为，心理障碍是那些被压抑在潜意识中的矛盾冲突和本能欲望未得到释放的结果，通过治疗使潜意识意识化，是解决问题的关键。所以，人们又把精神分析理论叫作"深层心理学"。

2. 人格结构理论

与心理结构相对应，弗洛伊德将人格结构分为"本我""自我""超我"三个部分。"本我"是与生俱来的、本能的欲望与冲动，是人格的基本结构，它不受社会道德、外在行为规范的限制。"本我"遵循"快乐原则"，目的在于求得个体的舒适、生存及繁殖，它是潜意识的，不被个体所觉察的。"自我"遵循"现实原则"，能感知外界刺激，储存外界经验，通过后天学习获得发展，具备应对现实的功能。"自我"是"本我"与外界关系的调节者，对"本我"有指导和管理作用。"超我"是人格结构中代表良心或道德的部分，它将道德规范、社会及文化价值观念内化，其功能在于监督、批判及管束自己的行为，按社会可接受的方式去满足"本我"，它所遵循的是"道德原则"。弗洛伊德认为，"本我""自我""超我"三者的力量保持动态平衡是形成健康人格的基础，否则会导致心理失衡。

3. 动力发展理论

心理动力学是弗洛伊德理论的核心内容。弗洛伊德认为，人心理活动的力量来源于本能，本能是推动个体行为的内在动力。本能有二，一是性本能，二是营养本能。其目的是保持种族的繁衍与个体的生存。因此，弗洛伊德所说的心理发展动力，是性本能和营养本能的结合。弗洛伊德将人的性心理发展划分为五个阶段：口欲期、肛欲期、性器欲期、潜伏期、生殖期。弗洛伊德认为，成人人格的基本组成部分在前三个发展阶段已基本形成，所以儿童的早年环境和经验对其成年后的人格形成起着重要作用，很多心理冲突都能追溯到早期创伤性经历和被压抑的情结。因此，合理地度过性心理发展的每一个阶段，是心理健康的保障。

4. 自我防御机制

弗洛伊德指出，当自我把焦虑当作一种危险或不愉快的信号时，就会做出反应，形成自我防御机制。自我防御机制是指人们在不知不觉中用一定的方式调整欲望与现实的关系，使自己可以接受而不致引起情绪上的焦虑。自我防御机制包括压抑、投射、反向、退化、否认、合理化、升华、转移、隔离、补偿等多种形式。一般情况下，如果自我防御机制使用得当，可免除内心痛苦以适应现实；但如果使用不得当，这些冲突和压抑则会以症状的形式表现出来，从而形成各种障碍。

（二）常用的方法技术

1. 自由联想

自由联想是弗洛伊德在1895年创造的一种方法。咨询师首先让来访者舒适地躺着或坐好，然后让来访者进行任意联想，把自己能想到的都讲出来，不要有任何顾忌，也不要怕"有伤大雅"而特意修饰，将自己想说的都尽情表达出来。自由联想是咨询师与来访者沟通的一种方式，有助于发掘来访者压抑在潜意识之中的症结，并把其带到意识层面，使来访者有所觉察并消除不健康心理。

2. 释梦

弗洛伊德认为，梦是一种有意义的心理现象，梦的内容与被压抑的潜意识幻想有着某种联系。人在睡眠时自我控制减弱，潜意识中的欲望乘机向外表现，但因处于一定的自我防御状态下，这些欲望必须通过化装变形才能进入意识成为梦象。弗洛伊德指出，任何梦均可分为显相和隐相。显相是梦的表面现象，是指那些人们能记忆并描述出来的内容，类似于假面具；而隐相则是指梦的本质内容，类似于假面具所掩盖的真实欲望。为了得到梦的隐相内容，仍需采用自由联想的方法对来访者的梦中内容进行分析，获取梦的真实意义。释梦被认为是了解来访者潜意识的重要途径。通过分析来访者对所梦内容的联想，使其认清梦的真相，摆脱心理困惑。

3. 移情

移情是来访者与咨询者之间的一种情感反应。来访者的移情是指在以催眠和自由联想为主体的精神分析过程中，来访者对咨询师产生的一种强烈情感，是来访者将自己过去对生活中某些重要人物的情感投射到咨询者身上的过程。咨询者对来访者也可能产生移情，称为反移情。咨询师要处理好自己的感情，既要注意来访者在自己面前所表露出的各种态度和行为，也要注意不要将自己的生活经历和情感经验带入咨询中，更不能以此来影响来访者的思想和行为。合理运用移情对咨询关系的建立和洞察问题的本质有着重要的意义和价值。

二、行为主义的理论与方法

行为主义兴起于20世纪初，是继精神分析之后又一重要理论。它主要包括巴甫洛夫的经典性条件反射、斯金纳的操作性条件反射、班杜拉的社会学习理论及华生的行为主义学习理论。

（一）理论的主要观点

1. 主张对人的行为进行研究

行为主义理论主张心理学不应只研究人脑中看不见、摸不着的意识，而应该研究从人的意识中投射出来的看得见、摸得着的行为，认为行为是个体用以适应外界环境变化的各种身体反应的组合，并用刺激–反应（S-R）作为解释人的一切行为的公式。同时，行为主义理论主张运用实验法和观察法替代内省法。行为主义疗法最初是华生等人通过实验发展而来的，他们先使儿童在经典条件反射的基础上形成对特定动物的恐惧，继而又帮助其对动物恐惧脱敏。

2. 人的行为是后天习得的

行为主义理论强调，心理学的任务在于发现刺激与反应间的规律性联系，这样就可以依据刺激推知反应，同样也可以通过反应推知刺激，以此达到预测和控制行为的目的。行为主义认为环境决定了个体的行为模式，无论是正常行为还是异常行为都是通过后天学习获得的，同样也可以通过学习而改变或消除。在心理咨询与心理治疗中，依据行为主义理论，个体通过学习和训练的方式可以调整自身行为，从而达到矫正异常行为的目的。

3. 强调强化的重要性

斯金纳在大量研究基础上提出了强化理论，强调强化在学习中的重要性。强化就是通过强化物增强某种行为的过程，而强化物就是增加反应的刺激。斯金纳把强化分成正强化和负强化两种，这两种强化都能增加行为发生的可能性。行为主义理论认为人的行为是后天习得的，是行为被强化的结果，如果想建立或保持某种行为，就要对其行为进行强化，从而提升该行为产生和出现的频率，使行为产生或得以改变。

● 心理知识

"斯金纳箱"实验

"斯金纳箱"实验是由美国心理学家伯尔赫斯·弗雷德里克·斯金纳在20世纪30年代设计的。斯金纳箱是一个封闭的箱子，内部有一个杠杆，杠杆与食物投放器相连。实验动物

（通常是老鼠或鸽子）被放入箱子中，通过按压杠杆来获得食物，从而对动物操作行为给予强化，进而使动物按压杠杆的动作反应概率增加。箱子的设计使得实验者可以精确地控制动物获得食物的条件和时机。在一系列对动物学习的实验研究基础上，斯金纳在20世纪30年代提出了操作性条件反射理论，也被称为强化理论。

斯金纳认为，这种先让动物做出一种操作反应，然后再让动物受到强化，从而使受强化的操作反应的概率增加的现象是一种操作性的条件反射。这种反射与巴甫洛夫的经典性条件反射不同。经典性条件反射是由条件刺激引起反应的过程，可以表示为 S→R；而操作性条件反射是首先做出某种操作反应，然后得到强化的过程，可以表示为 R→S。由此，斯金纳进一步提出，人和动物有机体有两种习得性行为：一种是应答性行为，通过建立经典性条件反射的方式习得；另一种是操作性行为，通过操作性条件反射获得。据此，斯金纳又进一步提出两种学习：一种是经典性条件反射式学习；另一种是操作性条件反射式学习。两种学习形式同样重要，而操作性条件反射式学习则更能代表实际生活中人的学习情况。

斯金纳的操作性条件反射理论为我们揭示了行为塑造和改变的内在机制，在教育学习、组织管理、心理咨询等多个领域具有广泛的应用价值。然而，该理论也存在一定的局限性，比如，它过于强调外部刺激和强化的作用，而忽视了人的主观能动性和内部心理过程。此外，该理论在解释复杂的人类行为时也存在一定的困难。

资料来源：百度百科，操作性条件反射，https://baike.baidu.com/item/%E6%93%8D%E4%BD%9C%E6%80%A7%E6%9D%A1%E4%BB%B6%E5%8F%8D%E5%B0%84/2041911?fr=ge_ala。

（二）常用的方法技术

1. 放松训练法

放松训练法是行为主义疗法中使用最广泛的技术之一，是在心理学实验基础上建立和发展起来的一种咨询和治疗方法。通过训练，有意识地控制自身的心理、生理活动，降低唤醒水平，改善机体紊乱功能。放松训练法主要有肌肉放松法、呼吸放松法、想象放松法等，这种方法简便易行，实用有效，是来访者能够有效掌握的解决紧张、焦虑等情绪困扰及躯体症状的方法。

2. 阳性强化法

阳性强化法是建立、训练某种良好行为的治疗技术或矫正方法，也叫"正强化法"或"积极强化法"。它通过及时奖励目标行为，忽视或淡化异常行为，从而提高目标行为的产生和出现的频率。

3. 系统脱敏法

系统脱敏法的基本原理是让一个原可引起微弱焦虑的刺激，在来访者面前重复暴露，同时来访者以全身放松予以对抗，从而使这一刺激逐渐失去引起焦虑的作用。该方法需要来访者先掌握放松训练基本技巧，然后依据刺激引发焦虑的程度由弱到强建立焦虑等级，用放松对抗焦虑，直到在原有刺激情境中仍能保持放松的状态，焦虑不再产生为止。

4. 冲击疗法

冲击疗法又称为暴露疗法、满灌疗法或快速脱敏疗法，是指让来访者持续一段时间暴露在焦虑或恐怖的情境中，不采取任何缓解焦虑或恐怖的措施，让焦虑或恐怖情绪自行降低。冲击疗法是一种较为剧烈的治疗方法，需要在具备条件的专业机构使用，在实施前要对来访者进行详细的身体检查，并签订治疗协议。

5. 厌恶疗法

厌恶疗法的原理是经典性条件反射。厌恶疗法通过附加某种刺激，使来访者在不良行为发生时，产生令人厌恶的心理或生理反应，从而放弃不良行为。首先需要确定来访者要放弃的不良行为，然后选择厌恶刺激（厌恶刺激必须是强烈的，如电刺激、药物刺激、想象刺激等），最后把握时机施加厌恶刺激，保证厌恶体验与不良行为同步出现，当不良行为停止时，厌恶刺激也应停止。不具备使用条件的咨询机构或个人不可采用该方法，同时厌恶刺激必须是无害的、安全的。

6. 模仿法

模仿法的基本原理来自班杜拉的社会学习理论，又称示范疗法。模仿法通过向来访者呈现某种榜样，让来访者观察示范者的行为及其后果，使其效仿，以达到矫正不良行为的目的。具体来说，模仿法包括生活示范、象征性示范、参与模仿、角色扮演、内隐示范等多种方法。模仿法强调示范者的作用，示范者的感染力越强，模仿者的动机越强，效果就越好。一般来说，模仿法更适用于年轻的来访者。

三、人本主义的理论与方法

人本主义心理学是20世纪五六十年代兴起的一种心理学思潮，其主要代表人物是马斯洛和罗杰斯。罗杰斯提出的"来访者中心疗法"代表了人本主义理论的治疗趋向。

（一）理论的主要观点

1. 人具有自我实现的倾向

罗杰斯认为人是可信任的，他对人性持有积极乐观的态度，相信每一个个体都是理性的，可以自立和自我负责，不断成长和发展；人也是具有建设性和社会性的，是可以信任和合作的。同时，人天生具有一种自我实现的内在驱动力，有很大潜能能发现并解决自己的问题。在心理咨询过程中不需要咨询师的控制和指导，只要为来访者提供足够的尊重与信任，来访者就能调动自身内部的力量去改变，发挥其潜能，最终达到自我实现。

2. 强调咨询关系的重要性

罗杰斯认为咨询关系是来访者发生积极改变的充分必要条件。咨询关系应该是安全且互相信任的，在良好的咨询关系中，来访者能通过自我引导来解决自身问题，而无须咨询师的干预。在咨询过程中，咨询师应把来访者放在首要位置，要尊重、真诚、无条件地接纳和关注来访者，主动发掘来访者身上的内部资源，培养来访者的独立性，帮助来访者成长，从而使其更好地应对自身问题。

3. 重视人的自我概念

自我概念是指来访者如何看待自己，对自己总体的知觉和认识，是自我知觉和自我评价的统一体。自我分为现实自我与理想自我。前者是个体现实生活中有关自我的概念，后者是个体期望成为的那个我，是理想化的自我概念。两者一致或接近时则可达到心理健康，两者差距过大时则造成心理失调。因此，来访者中心疗法的实质在于重建个体在自我概念与经验之间的和谐，或者说是实现个体人格的重建。

（二）常用的方法技术

1. 设身处地地理解的技术

设身处地地理解指的是从来访者的角度去感知他们的世界，并将这种理解准确、真诚地传达给来访者。咨询师要发自内心地相信来访者是有价值的人，要让来访者感受到尊重。同时咨询师要全神贯注地倾听，深入了解来访者的内心世界，觉察和理解来访者的认知和情感信息，要让他们知道他们是被准确理解的。

2. 坦诚交流的技术

坦诚交流是指咨询师与来访者交谈时能将自己的感受和态度开诚布公地表达出来，使来访者感受到咨询师的坦诚与可信。在咨询过程中，咨询师需要保持开放的态度，与来访者交流自己的经历、挫折、情感等，但又不能喧宾夺主。咨询师的思维、态度及行为的一致性会在一定程度上影响咨询效果。坦诚交流能够增加咨询师与来访者之间的信任度，为来访者创造安全的氛围，有利于来访者开放自我，进行积极的自我探索。

3. 无条件积极关注的技术

无条件积极关注表明的是咨询师对来访者的态度，即无论来访者当时的思维、情感及行为是怎样的，咨询师对其不做任何评价和要求，咨询师会给予来访者温暖和关怀，予以理解和接纳，这种态度是无条件的。咨询师对来访者的接纳和帮助，能让来访者感受到在这个世界上是有人能够真正理解和关心他的，从而愿意将内心深处的所思所感诉说出来，并慢慢学会用同样的态度看待自己，减少自我的否定或歪曲，使自我概念和经验趋于和谐，从而实现自我的改变与成长。

四、认知行为的理论与方法

认知行为理论通过改变思维、信念和行为来改变不良认知，达到消除不良情绪和行为的目的。它是认知理论和行为理论的整合，以认知和行为改变为主要干预途径。具有代表性的方法是阿伦·贝克的认知疗法、阿尔伯特·艾利斯的合理情绪疗法、唐纳德·梅肯鲍姆的认知行为疗法。

（一）理论的主要观点

1. 人具有理性和非理性的特质

艾利斯提出了情绪"ABC理论"，即A代表诱发事件，B代表个体对事件的看法、评价等信念，C代表个体的情绪反应和行为结果。他认为当人们的信念是理性的、合理的时，就能够保持正常的情绪；相反，当人们的信念是非理性的、不合理的时，就会出现不良的情绪体验。要想改变人们的不良情绪，就需要改变不合理的信念，建立新的、理性的、合理的思维方式。

2. 人具有自动化思维

贝克指出，人们的脑中常有许多判断、推理和思维是模糊的、跳跃的，很像一些自动化的反应，这就是"自动化思维"。自动化思维是指经过长时间的积累形成了某种相对固定的思考和行为模式，行动发出无须经过大脑的思考，而是按照既有的模式发出。贝克坚信有情绪困扰的人倾向于犯一种特有的"逻辑错误"，而且个体的许多错误想法、不理性思考、荒谬信念等都是不易被觉察的。因此，要想改变不良的情绪和行为，就要识别、监督自己的自动化思维并进行修正。

3. 强调认知的重要性

认知行为理论认为，在认知、情绪和行为三者中，认知扮演着中介与协调的作用。认知环节对个人行为的解读直接影响个体是否采取行动以及采取怎样的行动。认知行为理论将认知应用于行为的改变，强调内在认知与外在环境之间的互动，认为外在的行为改变与内在的认知改变最终都会影响个人行为的改变。

（二）常用的方法技术

下面对贝克提出的五种认知疗法技术进行简要介绍。

1. 识别自动化思维

自动化思维是介于外部刺激事件与个体对事件的不良情绪反应之间的想法，大多数来访者并不能意识到在产生不愉快情绪之前就存在这些想法，因为这些想法已经成为他们的思考方式的一部分。在咨询过程中，心理咨询师可以采用提问、想象和角色扮演等技术让来访者学会识别自动化思维，尤其是识别出那些在产生悲观、抑郁情绪之前就出现的特殊想法，归纳并总结出一般规律，建立恰当、合理的思维方式。

2. 识别认知性错误

认知性错误是来访者在概念和抽象性上常犯的错误。典型的认知性错误包括任意推断、过分概括化、极端思维等。相对于自动化思维，来访者更难以识别自己的哪些认知是错误的。例如，有抑郁症的人往往采用消极的方式看待和处理事物，他们的观点往往与现实大相径庭并带有悲观色彩，他们也特别容易犯概念或抽象性错误，如任意推断、极端思维、个性化等。因此，心理咨询师要先听取并记录来访者诉说的自动化思维及不同的情境与问题，再要求来访者归纳总结出一般规律，找到其共性之处。

3. 真实性验证

真实性验证是把来访者的自动化思维和错误观念看成一种假设，鼓励来访者在严格设计的行为模式或情境中对假设进行验证。该方法能帮助来访者认识到原有观念是不符合实际的，并能自觉加以改变，这是认知疗法的核心。在咨询过程中，心理咨询师让来访者将自己的自动化想法当成一种假设在现实生活中去调查、验证，来访者可能会发现现实生活中的这些消极认知或想法在绝大多数情况下是与实际情况不符的。

4. 去中心化

很多来访者常感到自己是别人注意力的中心，自己的一言一行、一举一动都受到他人的评论，这让其常感到无力、脆弱。如果某个来访者认为自己的行为举止稍有变化就会引起周围人的注意和品评，那么心理咨询师可以让他不像以前那样与人交往，即在行为举止上稍有变化，然后让他记录别人不良反应的次数。结果他可能发现很少有人注意他的言行的改变。在咨询过程中也可以让来访者学会放松，坚持不回避原则，并尝试用积极的语言暗示等替代原先的消极认知，逐步克服"自己是人们的注意力的中心"这种想法。

5. 忧郁或焦虑水平的监控

多数抑郁或焦虑的来访者会认为他们的抑郁或焦虑情绪会一直持续下去，但实际上，这些情绪往往会经历一个开始—高峰—消退的过程。如果来访者对这一过程有所认识，就能比较容易地控制自身情绪。因此，在咨询过程中，心理咨询师可以鼓励来访者自我监察并记录焦虑、苦闷的情绪，帮助其认识情绪波动的特点，从而增加咨询信心，这是认知疗法的一项常用技术。

◐ **心理实践**

"雨中人"绘画活动测试

活动目的:"雨中人"绘画活动是一种心理投射测试,旨在通过参与者的绘画创作,探索其内心世界、情绪状态、应对压力的方式及潜意识中的自我形象。活动鼓励参与者以非言语的方式表达自我,帮助参与者认识自己在面对困难或挑战时的情感反应和具体表现,同时也可以促进自我反思和情绪释放。

活动过程:

(1)准备阶段:绘画材料,如纸张、铅笔、彩色笔或蜡笔等,鼓励参与者使用自己喜欢的颜色。

(2)引导阶段:教师用温和的语气引导参与者闭上眼睛,深呼吸,放松身心。让参与者想象自己正站在雨中,雨势可以是绵绵细雨,也可以是倾盆大雨。注意雨中的自己——穿着、表情、动作,以及周围的环境。

(3)绘画创作:根据自己的想象进行绘画。鼓励参与者不拘泥于细节,重要的是表达内心的感受。一般活动时间为 20 分钟,让参与者有足够的时间沉浸于创作之中。

活动分享:绘画完成后,可以邀请参与者自愿分享他们的作品,讲述画中的故事、自己的感受。

第三节 认识大学生心理咨询

一、大学生心理咨询的意义

(一)促进大学生的自我发展

心理咨询有助于大学生正确认识自己、他人以及自己与周围的关系。具体来说,可以引导大学生发现真实的自我,认识自己的需要、兴趣、动机、态度、价值观等;可以帮助大学生从另一个角度看到自己眼前的困难,理性地对待自己的现状;促进大学生正确地认识和评价自己,更深入地了解自己。认识到改变自己的内部冲突,不仅可以使问题得到解决,而且也会使自己变得更加理性和坚强,因而能采取更加积极有效的方式去解决面对的现实问题,这有助于提高大学生的社会适应能力,实现成长、成才的目标。

(二)增进大学生的身心健康

当代大学生面临着生活节奏快、学习任务重、人际关系紧张、社会竞争激烈等多方面的压力,因此容易出现困惑和迷茫。这些心理困惑如果不能得到及时调整,就会加重心理不适,甚至引发心理疾病。心理咨询为大学生提供了一个倾诉心中的苦闷、烦恼和痛苦的场所,帮助大学生科学地认识与把握自身的心理特点,清楚了解自己的心理发展现状及规律,发现自身存在的心理困惑并及时调适和解决。心理咨询师的积极引导,可以促进大学生的成长及人格的完善,培养他们的责任担当意识,充分发挥他们的主动性与创造性,让他们以更加积极、乐观的态度迎接各种挑战,从而有效维护大学生的身心健康。

(三)提升大学生的心理素质

心理咨询能提升大学生对自身心理健康的关注度,加强其心理防御能力。高校通过开展心理咨询与辅导，能够帮助大学生正视自身存在的心理问题，当大学生遭遇挫折时，引导他们学会调动自身资源，适应环境改变，保持良好情绪，建立和谐的人际关系，明确学习目标，激发自身潜能，提升抗挫能力，使大学生尽快走出心理困境，保持健康、愉悦的身心状态，努力朝着正确的人生目标迈进。

（四）优化高校人才培养质量

人才培养不仅要注重知识的传授、技能的获得，还要注重培养大学生的健康体魄和健全心理，而心理素质是提升人才培养质量的前提和基础。健康的身心素质、成熟和完善的人格是拔尖创新人才的必要条件，心理咨询有利于培育大学生良好的心理状态，提升大学生心理调适能力，帮助大学生成为新时代身心健康、德才兼备、全面发展的优秀人才。

二、大学生心理咨询的特点

（一）心理咨询任务的心理性

心理咨询的任务是帮助大学生解决心理问题及由心理问题引发的情绪、行为问题，而不是解决生活中的具体问题。例如，到底考不考研、谈不谈恋爱等都是具体问题，而不是心理问题，但因考研或恋爱出现焦虑、紧张、烦恼等负性情绪，则是心理咨询可以帮助解决的。通过心理咨询可使不良情绪得到缓解，以更加积极、乐观的心态面对现实。

（二）心理咨询问题的交互性

大学生心理问题往往不是孤立存在的，而是与多种因素相互交织、相互影响的。例如，学业压力可能引发焦虑情绪，而焦虑情绪又可能进一步影响学习效率和人际关系；人际关系问题可能加重自卑情绪，而自卑情绪又可能限制个体在社交场合的表现。部分大学生在面对困难和挫折时，可能表现出意志薄弱、缺乏应对挑战的勇气和决心、抗压能力和耐挫能力较弱等。

（三）心理咨询内容的多维性

大学阶段是人生发展的重要转折期，学生面临着从青少年向成年人过渡的种种挑战，如自我认知的深化、价值观的塑造、人际关系的重建等。这些挑战可能导致大学生在学习、生活、恋爱、交友、升学、就业等方面出现不同程度的心理困扰。同时，高校心理咨询的对象涉及大学生的不同年级、不同层次，有本科生、硕士研究生、博士研究生，咨询的内容和对象比较广泛。

（四）心理咨询服务的整合性

由于大学生面临的心理问题内容广泛，情况复杂，要有效解决学生的心理问题，需要整合学校、家庭、社会资源，获得多方支持。特别是面对有心理危机的学生时，需要学校学生处、校医院、公安处、宣传部等多个部门的互相配合和协作，才能更好地帮助大学生解决问题，为大学生的心理健康保驾护航。

三、大学生心理咨询的内容

（一）发展心理咨询

大学生刚进入大学，学习与生活环境都会发生一定的改变。独自面对全新的环境，心理上多少会有些迷茫和困惑，而发展心理咨询的目的就是根据大学生不同阶段的身心特点及发展规律，帮助大学生更好地适应大学生活，促进大学生的自我发展和完善。发展心理咨询主要包括以下内容：学习上，如何明确目标，找到更好的学习方法；人际上，如何提升自己的沟通能力，增进与同学、老师、家长的人际关系；情绪上，如何有效管理和调整情绪，提高自身情商；成长上，如何塑造优秀的人格品质，成为优秀人才等。

（二）健康心理咨询

健康心理咨询指的是大学生在学业、情绪、人际、自我认识等方面遇到长期心理困扰，或遭遇比较严重的心理创伤而失去心理平衡，严重影响其正常学习、工作与生活时所进行的咨询。此类咨询能帮助大学生重建心理平衡，恢复正常的生活秩序。健康心理咨询也包括部分障碍心理咨询，如学校适应不良问题、神经症问题（焦虑症、恐惧症、强迫症等），这类问题要以专业医疗机构的心理治疗为主，以心理咨询为辅，目的是帮助大学生缓解症状，恢复心理健康。

四、大学生心理咨询的类型

（一）按照咨询形式划分

1. 面谈咨询

目前，各高校普遍成立了大学生心理咨询机构。在专门的心理咨询机构进行咨询时，心理咨询师与来访者采取面对面的方式进行交谈，可以详细了解、分析来访者的心理问题，帮助来访者摆脱阻碍身心健康的不利因素，从而使来访者产生新的体验，形成新的行为方式，提高来访者解决问题、适应环境的能力。在这种咨询方式中，心理咨询师掌握情况全面，能够更直接、更深入地为来访者提供有效的帮助，是心理咨询中最常见、最主要也是最有效的咨询方式。

2. 电话咨询

电话咨询是指来访者通过电话与心理咨询师进行交谈的咨询方式。电话咨询具有方便、迅速、及时和保密的特点。对一些不愿意到咨询室进行面谈咨询、不愿暴露真实姓名和身份的来访者来说，通过电话以不见面的方式向心理咨询师倾诉内心的烦恼，可有效降低来访者的顾虑，从而缓解心理压力。但在电话咨询中，心理咨询师不能直接观察和了解来访者的状态，受通话时间限制，咨询也往往不能深入进行。因此，电话咨询更适用于回答一些知识性的问题和临时缓解来访者的心理压力。

由于电话咨询具有方便、迅速、及时的特点，因此，电话咨询也是心理危机干预的重要手段。很多学校都设立了心理咨询热线，有些社会机构和研究机构还设立了24小时心理援助热线，对预防由于心理危机而酿成的轻生与犯罪行为产生了有益的效果。

3. 网络咨询

随着互联网与大数据时代的到来，云计算的广泛应用，AI（人工智能）技术的日益繁荣，互联网以前所未有的热度快速渗透到各个领域。网络咨询是借助互联网，通过微信、QQ、网站、邮箱等渠道预约咨询，从而帮助来访者解决心理问题的一种新型咨询方式。网络具有极强的保密性、及时性，为心理咨询提供了无限发展的空间。通过网络，采用语音或视频互动的方式，来访者能够毫无顾忌地倾诉自己的隐私，暴露自己的问题，使心理咨询师在较短的时间内掌握来访者的基本情况，适时地进行分析判断，做出切合实际的引导和处理。其不足之处在于不利于系统地开展心理咨询。

4. 现场咨询

现场咨询是一种特殊的心理咨询形式，主要用于高校开展心理健康教育宣传活动。现场咨询一般包括心理咨询、心理测试、知识宣传、互动活动等内容。现场咨询可以帮助大学生解答日常生活中遇到的心理问题，宣传心理健康知识；帮助大学生建立积极的心理健康观念，提高心理健康水平。现场咨询对来访者的问题不能进行全面、深入地了解和解决，如果来访者有需要，建议他到专业心理咨询机构进一步咨询。

5. 朋辈咨询

朋辈咨询是指高校中的大学生与周围年龄相当、需要心理帮助的同学和朋友共同分析商讨，帮助对方有效处理学习、生活中的问题。因为朋辈咨询不同于专业的心理咨询，咨询员也不是专业心理咨询师，所以朋辈咨询者要认识到自己所能提供的帮助是有限的，基本不涉及深层心理问题的处理，主要给予当事人情感上的关心、安慰和支持，以及解决问题的建议和指导，帮助其学会自助。朋辈咨询者在遇到无法处理的心理问题时，要及时上报，并建议当事人积极寻求专业心理咨询的帮助。

(二) 按照咨询对象划分

1. 个体咨询

个体咨询是指心理咨询师与来访者进行一对一的心理咨询活动，这种咨询活动可以采用面谈的方式，也可以通过电话、邮件等方式进行。个体咨询具有保密性好、针对性强、易于交流、探索问题深刻、"因人制宜"等优点，但同时也存在时效长、效率低等问题。个体咨询进一步分为直接咨询和间接咨询。

（1）直接咨询。直接咨询是指由心理咨询师对来访者直接进行咨询，可采取上面介绍的各种方式。心理咨询师和来访者进行一对一的直接交流和相互作用，使得心理咨询的效果得到保证。

（2）间接咨询。间接咨询是指由心理咨询师对当事人的同学、朋友、老师、家长等其他人员所反映的当事人的心理问题进行咨询。由于在心理咨询师和当事人之间增加了一道中转媒介，因此如何处理好心理咨询师与中转人的关系，使心理咨询的意见为中转人所领悟、接受并合理实施，是影响心理咨询效果的一个重要因素。

2. 团体咨询

研究证明，团体对一个人的成长与发展有重要影响。因为人是社会性动物，当人作为团体的一分子时其需要和期望才能得到满足。心理咨询的实践也充分证明，在帮助那些有共同成长课题和有类似问题及困扰的人时，团体咨询是一种经济而有效的方法。

团体咨询是一段助人过程，是指在团体咨询员的领导下，团体成员围绕某一共同关心的问题，通过一定的活动形式与人际互动，互相启发、诱导，促使个体在交往中通过观察、学习、体验，认识自我、探索自我、接纳自我，调整和改善与他人的关系，学习新的态度与行为方式，以提高良好的生活适应能力。

与一对一的个体咨询相比，团体咨询的特点和优势在于：效率高，省时省力；感染力强，影响广泛；效果容易巩固。团体咨询的一般作用有：第一，培养与他人相处与合作的能力；第二，加深自我了解，增强自信心，开发潜能；第三，加强团体的归属感、凝聚力；第四，有助于德育功能的实现。

由于团体咨询比较符合大学教育的特点，又深受大学生欢迎，因此在解决大学生心理问题方面效果较好。近年来，团体咨询在高校发展迅速，团体咨询的理论和技术在心理健康课程以及心理训练课程中被广为应用。团体咨询的局限性在于保密性不强，在初期团体成员有防御反应，不易建立信任关系，咨询深度也受到较大限制。因此，团体咨询多用于解决一般性心理问题，如人际关系问题、情绪问题、职业规划问题等，深层次的心理问题还需要通过个体咨询或心理治疗加以解决。

（三）按照咨询时程划分

1. 短程咨询

短程咨询通常在较短时间内（1～3周）完成。短程咨询的主要目的是解决来访者当前面临的具体心理问题，如焦虑、抑郁、愤怒、恐慌等情绪问题。这种咨询形式强调问题的明确性和解决的时效性，旨在帮助来访者学习应对问题的方法，以减少问题对其造成的负面影响。

短程咨询适用于那些问题较为简单、明确，且来访者具有较好的社会功能水平和心理弹性的情况。这类咨询往往能够在较短时间内取得显著效果，帮助来访者快速恢复正常的心理状态。然而，对于那些问题复杂、持续时间较长或涉及深层次心理问题的来访者来说，短程咨询可能无法提供足够的支持和帮助。

2. 中程咨询

中程咨询通常在1至3个月内完成，咨询计划相对完整，追求中期以上的疗效。中程咨询适用于那些问题较为严重、需要较长时间进行干预的个体。这类咨询不仅关注问题的解决和症状的消除，还注重来访者的心理和行为模式的改进和完善。

中程咨询的目标是促进来访者的心理成长和人格完善，帮助其建立健康的心理反应和生活模式。通过咨询师的引导和帮助，来访者能够逐渐克服心理障碍，提高自我认知和自我调节能力，从而在面对生活中的挑战时更加自信和从容。

3. 长程咨询

长程咨询是指咨询时间较为长久，一般在3个月以上的咨询。长程咨询的目的不仅在于解决来访者当前的心理问题，更在于改善其性格和行为方式，促进其心理成长和人格完善。这种咨询形式适用于那些问题复杂、持续时间较长或涉及深层次心理问题的情况。

长程咨询的过程通常较为漫长和复杂，需要来访者付出较多的时间和精力。在长程咨询中，心理咨询师会与来访者建立稳定的长期咨访关系，通过持续、深入的交流和分析，帮助来访者逐步探索和解决内心深处的心理问题，提高自我认知和自我调节能力，从而实现心理成长和人格完善。长程咨询不仅能够帮助来访者解决当前的心理问题，还能够为其未来的心理健康奠定坚实的基础。

综上所述，不同心理咨询类型适用于不同情况和不同需求的来访者。在选择心理咨询时，应根据自己的实际情况和心理咨询师的建议进行综合考虑。同时，无论选择哪种咨询方式，都应保持积极的心态和乐于配合的态度，与心理咨询师共同努力，实现心理健康的目标。

◉ **心理自测**

心灵之钥

每个人都渴望享有幸福快乐的生活，然而，心理问题的出现往往带有偶然性，这意味着无论是我们自己,还是亲朋好友,都可能面临各种心理困扰,甚至是严重的心理问题。那么,当遇到心理问题时,我们该去哪里寻找解开心理枷锁的钥匙呢?想一想,把你想到的结果写在下面。

当我在学业方面遇到问题时,可以求助于:_____、_____、_____。
当我在情绪方面遇到问题时,可以求助于:_____、_____、_____。
当我在人际关系方面遇到问题时,可以求助于:_____、_____、_____。
当我在就业方面遇到问题时,可以求助于:_____、_____、_____。
当我在其他方面遇到问题时,可以求助于:_____、_____、_____。

五、大学生心理咨询的误区

● 案例点击

张明是一名大学二年级的学生,自从进入大学以来一直积极表现,参加班级、学院和学校的各项活动,也加入了不少社团,同学们对他的评价也是很热情、阳光、有责任心、干劲十足,张明也因为其积极向上的态度和广泛的兴趣爱好在同学中脱颖而出,在班干部竞选中成功获选,担任班长一职。但随着班级事务和社团活动越来越多,专业课程越来越难,他感觉时间不够用了。他常常在组织活动的同时,还要熬夜赶作业和复习,导致学习效率低下,身体状况也日渐下滑。面对学习上的挫败感和活动组织中的成就感,张明的内心产生了矛盾。他开始质疑自己是否应该放弃一些活动,专注于学业,但又害怕错过成长和锻炼的机会,这种纠结让他情绪低落,影响了日常生活和学习。正当他不知道该如何应对时,他想到新生入学教育时老师介绍过学校心理咨询中心,提到遇到烦恼可以寻求心理咨询的帮助,但他内心又有一些顾虑:"听说心理有病的才去做心理咨询,我去了会不会被同学笑话?心理咨询师会不会把我咨询的事情告诉辅导员?……"

目前,各高校为帮助大学生尽快适应校园生活,提高学生心理健康水平,做了大量的有益工作。大学生对"心理健康"的关注度明显提高,会主动关注并调整自身心理状态,寻求心理援助,但仍有部分大学生在遇到心理问题时,不能及时、主动地寻求专业心理咨询的帮助,导致心理困扰最终发展成为心理障碍。究其原因,是大学生对于心理咨询存在一定的误解。以下是一些常见的误区。

(一) 去做心理咨询的人都是精神病人

有些人会以为接受心理咨询的人,通常是脑子有毛病的人,是精神不正常的人,是患有严重精神疾病的人,会遭受别人异样的眼光和负面的评价。其实,这是对心理咨询的概念和功能认识不清导致的。

高校心理咨询主要是发展性心理咨询,主要面向在个人发展方面遇到问题(如人际关系问题、恋爱情感问题、学业就业问题等),或是出现不同程度的心理困扰(如焦虑、烦躁、紧张等)并主动寻求帮助的大学生。大学生在遇到类似问题时,通过寻求心理咨询,能够帮助自己及时缓解负性情绪,建立合理认知和做出有效行为,从而更好地投入学习和生活中。

精神性疾病患者是缺乏自知力的,他们没有病感,不会主动求医,需要去专业精神卫生机构进行诊断治疗,不是心理咨询的工作对象。

（二）我的心理没病，不需要心理咨询

对于"病"，大家往往存在误解。实际上，心理咨询主要针对的是心理不健康的人群，并非心理异常人群，如果达到"病"的程度，就不属于心理咨询的范围了。而且，人的一生中出现心理问题是不可避免的，多数情况下，这些问题都与我们的成长发展有关，出现心理困扰或问题时及时自我调整，或寻求专业帮助，既维护了自身心理健康，又避免了心理疾病的发生，是非常明智的选择。对于大多数人来说，克服性格弱点、消除负性情绪、激发自身潜能等是终身需要考虑的问题。因此，不是有"病"了才去做心理咨询，更重要的是预防和保健，保持良好的心态。

（三）心理咨询应该一次性解决问题

许多初次做心理咨询的人都幻想着，心理咨询师能把自己长期压抑的痛苦一扫而光，让自己拨开心理迷雾，远离烦恼与困惑。然而，心理咨询师并没有超乎常人的本领，"解铃还须系铃人"，心理咨询是一个助人-自助的过程，来访者才是解决自身问题的关键。

在心理咨询过程中，在心理咨询师的指引下，来访者本人的主动参与、多次实践才能真正解决问题。问题的出现都是"冰冻三尺非一日之寒"，涉及诸多原因，如来自成长方面的原因、性格方面的原因、家庭方面的原因等。同时，来访者的问题严重程度、领悟能力、求助愿望、咨询动机、咨询目标，以及心理咨询师的理论流派与咨询方法等都会影响咨询的次数。如果来访者的问题比较严重，目标不仅是解决当前问题，心理咨询的次数会比较多；如果来访者的问题比较轻，目标仅是解决当前问题，咨询的次数会相对少一些。因此，心理咨询并不能"立竿见影"，需要一个讨论—分析—操作—反馈—修正—再实践的过程，才能更好地帮助来访者解决问题并促进其心灵成长。

心书推荐

《也许你该找个人聊聊》
［美］洛莉·戈特利布

这是一位心理治疗师的回忆录，讲述了发生在诊室中的故事。在这个小小的密闭空间里，人们会展现出最真实、最脆弱的一面；也是在这里，人们获得了陪伴和倾听，也获得了宝贵的觉察、成长与改变。

在书中，我们会看到四个来访者的故事，他们是：

一个四十多岁、事业成功、自以为是，认为身边所有人都是蠢货的好莱坞制片人；

一个三十多岁、刚刚新婚就被诊断出患有绝症，时日不多的大学女教师；

一个六十九岁、离过三次婚，感觉孤独绝望，声称生活再不好转就要在七十岁生日当天结束自己的生命的老太太；

一个二十多岁、有原生家庭创伤和酗酒问题，在爱情中频频受挫的姑娘。

同时，书中还有第五个寻求帮助的人，那就是治疗师自己。她是一个单身的职场妈妈，四十多岁时遭遇失恋，几乎崩溃。有朋友对她说，"或许你该找个人聊聊"，于是她也给自己找了一位心理治疗师。当她切换到来访者的位置，坐到另一位心理治疗师面前的沙发上诉说自己内心的脆弱与悲伤时，就更能感受到心理治疗为何具有治愈和改变的力量。

这本书从心理治疗师和来访者的双重视角展现了心理治疗的过程，让我们发现：无论身份背景有多相异，人类面对的烦恼其实都相通——爱与被爱、遗憾、选择、控制、不确定、

死亡，这些都是我们生而为人所必须共同学习面对的议题。我们在现实生活中所遭遇的切肤之痛和生命困境，都能在这本书中得到共鸣、找到希望。

资料来源：豆瓣读书，https://book.douban.com/subject/35481512/。

素养提升

中华优秀传统文化赋能大学生心理健康素养思考

中华优秀传统文化自古以来一直以其深厚的文化底蕴和博大精深的核心价值理念而闻名于世。中华优秀传统文化涵盖了儒家、道家、佛家等，每个流派都贡献了独特而宝贵的智慧，为我国社会提供了精神指导。

（1）儒家的仁爱与人伦道德。儒家思想，以孔子、孟子等为代表，强调了仁爱、忠诚、礼仪等核心价值理念。仁爱是儒家思想的精髓之一，强调了对他人的关怀和理解。对于大学生来说，儒家的仁爱观念可以启发他们更关心他人，建立积极的人际关系，减少孤独感，从而促进他们心理健康的发展。此外，儒家还强调人伦道德，教导人们如何在社会中扮演好自己的角色。大学生在面临学业压力和社交挑战时，可以通过儒家的伦理观念找到平衡和指导，减轻焦虑和自我怀疑。

（2）道家的自然和谐与无为而治。道家思想，以老子、庄子等为代表，强调以自然和谐、无为而治为核心价值理念。道家认为，人应该追求与自然的和谐共处，顺应自然，不要过分干涉。对于大学生来说，这意味着学会接受自己和周围世界的不完美，不要过度追求完美，减轻自我压力，保持内心平静。

（3）佛家的慈悲与心灵平静。佛家思想，注重慈悲、禅定、解脱。慈悲是佛家核心价值理念之一，鼓励人们对他人表现出深切的关爱和同情。在大学生的成长过程中，培养慈悲之心可以增强他们的情感管理能力，减少冲突和紧张。佛家的禅定和冥想实践有助于培养心灵的平静，帮助大学生更好地应对压力和焦虑。通过定期的冥想练习，他们可以掌握自我冷静和情绪调节的技巧，提高心理弹性。

中华优秀传统文化蕴含着丰富的核心价值理念，这些价值理念对大学生的心理成长和自我认知产生了积极影响。儒家的仁爱和人伦道德、道家的自然和谐与无为而治、佛家的慈悲与心灵平静，都为大学生提供了宝贵的指导原则，帮助他们更好地应对现代生活中的心理挑战。这些价值理念的传承和弘扬有助于培养大学生的心理健康素养，使他们更好地适应社会压力，实现全面发展。

资料来源：王莉，中华优秀传统文化赋能大学生心理健康素养思考，中工网，2023-11-16。

思考启迪

在纪念五四运动100周年大会上，习近平总书记强调："没有广大人民特别是一代代青年前赴后继、艰苦卓绝的接续奋斗，就没有中国特色社会主义新时代的今天，更不会有实现中华民族伟大复兴的明天。千百年来，中华民族历经苦难，但没有任何一次苦难能够打垮我们，最后都推动了我们民族精神、意志、力量的一次次升华。今天，我们的生活条件好了，但奋斗精神一点都不能少，中国青年永久奋斗的好传统一点都不能丢。"

这段话意义深远，作为新时代的大学生，要深刻认识到自己的责任和使命，积极投身到国家和民族的发展中，为实现中华民族伟大复兴的中国梦贡献自己的力量。在面对困难和挑战时，大学生要保持坚定的信念和顽强的意志，勇于担当、敢于拼搏。只有这样，才能在逆境中成长，在挑战中进步。无论时代怎样变迁，奋斗精神始终是青年最宝贵的品质。作为大学生，要珍惜青春年华，努力学习科学文化知识，锤炼品德修养，不断提升自己的心理素质和能力水平，用实际行动践行奋斗精神，实现个人价值和社会价值。

心理测试

心理韧性量表

请将你的实际情况与下列所描述的情形对比，按每种情形与真实情况相符的程度来打分，在你认为最符合的分数上面画√。

题 目	完全不是这样	很少这样	有时这样	经常这样	几乎总是这样
1. 能够适应变化	0	1	2	3	4
2. 有亲密和可信赖的人际关系	0	1	2	3	4
3. 有时候运气不错	0	1	2	3	4
4. 能够处理好发生的任何事情	0	1	2	3	4
5. 过去的成功经历使你有信心面对新的挑战	0	1	2	3	4
6. 能看到事情乐观的一面	0	1	2	3	4
7. 应对压力的能力不断增强	0	1	2	3	4
8. 在遭遇疾病或困难之后能够很快恢复	0	1	2	3	4
9. 认为事出必有因	0	1	2	3	4
10. 无论做什么都会竭尽全力	0	1	2	3	4
11. 能够实现自己的目标	0	1	2	3	4
12. 即使事情看起来没希望了，也不放弃	0	1	2	3	4
13. 知道到哪里寻求帮助	0	1	2	3	4
14. 重压下，仍能神情专注、头脑清醒	0	1	2	3	4
15. 愿意带头去解决问题	0	1	2	3	4
16. 不容易被失败挫伤勇气	0	1	2	3	4
17. 自认为是强者	0	1	2	3	4
18. 勇于做出他人不愿或难以做出的决定	0	1	2	3	4
19. 能够掌控不良情绪	0	1	2	3	4
20. 处理生活难题，有时不得不依靠直觉行事	0	1	2	3	4
21. 有强烈的使命感	0	1	2	3	4
22. 能够管理好自己的生活	0	1	2	3	4
23. 喜欢接受挑战	0	1	2	3	4
24. 致力于实现自己的目标	0	1	2	3	4
25. 为自己取得的成就而自豪	0	1	2	3	4

计分与评定：

第20道题目是反向计分题，其他题目均为正向计分题。坚韧维度包括11、12、13、14、15、16、17、18、19、20、21、22、23题；力量维度包括1、5、7、8、9、10、24、25题；乐观维度包括2、3、4、6题。总分和各维度的平均分越高，表明心理韧性水平和相应维度的水平越高。

知识导图

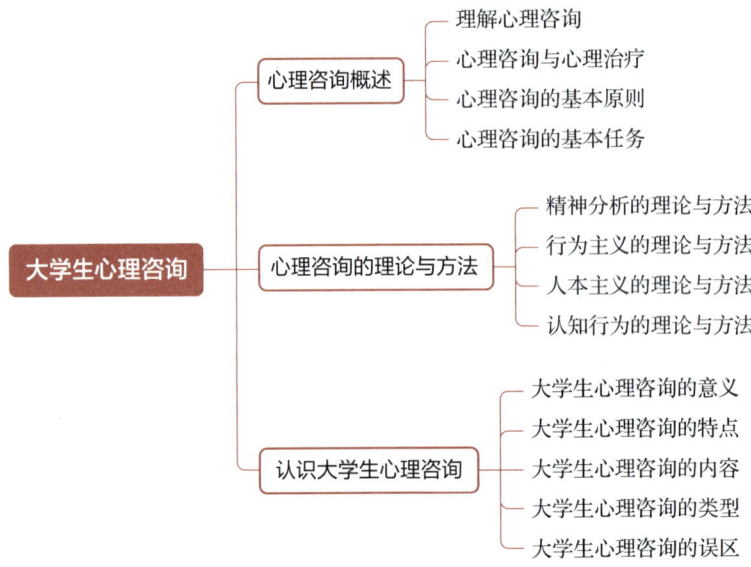

课后习题

1. 请解释心理咨询的基本概念，并分享你认为心理咨询在个人成长中有什么作用。
2. 对比分析心理咨询与心理治疗的区别与联系。
3. 列举并描述大学生心理咨询的内容和咨询类型。
4. 请选择某个心理咨询理论流派，谈谈你的理解及其在实际咨询中的应用。

参考文献

[1] 贾楠，乔凯平. 心理与成长：大学生心理健康指导[M]. 北京：机械工业出版社，2021.
[2] 中国就业培训技术指导中心，中国心理卫生协会. 心理咨询师：基础知识[M]. 北京：中国劳动社会保障出版社，2017.
[3] 中国就业培训技术指导中心，中国心理卫生协会. 心理咨询师：国家职业资格二级[M]. 北京：中国劳动社会保障出版社，2017.
[4] 中国就业培训技术指导中心，中国心理卫生协会. 心理咨询师：国家职业资格三级[M]. 北京：中国劳动社会保障出版社，2017.
[5] 钱铭怡. 心理咨询与心理治疗：重排本[M]. 北京：北京大学出版社，2016.
[6] 彭凯平，孙沛，倪士光. 中国积极心理测评手册[M]. 北京：清华大学出版社，2022.
[7] 英国DK出版社. 压力心理学[M]. 安林红，秦广萍，译. 北京：电子工业出版社，2019.

第三章　走出心灵的沼泽
——大学生心理困惑及异常心理

◎ 学习目标
（1）了解大学生常见的心理困惑及异常心理；
（2）了解大学生常见的心理疾病及其应对方法。

◎ 案例导入
大学二年级男生小张高中时期学习刻苦，成绩优异，但性格内向，沉默寡言。进入大学后，他感到身边的同学都比自己优秀，内心很自卑。在寝室与室友交流时他很正常，但一到人多的地方就会特别紧张，不敢与人对视，不敢发言。在食堂就餐时，他担心别的同学看自己，害怕同学议论自己，后来他就经常点外卖，很少去食堂就餐。这给他的生活、学习带来了很大的麻烦。

【思考】
（1）怎样客观认识自我、增强自信？
（2）小张该如何调适和应对自己的心理问题？

由于家庭、社会以及自身心理因素等诸多原因，大学生在各自成长的道路上常会出现一些心理困惑或产生某些心理疾病。了解大学生常见的心理困惑和心理疾病，对于积极调适自我、提高心理健康水平，具有十分重要的意义。

第一节　大学生常见的心理困惑及其调适

大学生正处在人生成长的关键时期，心理活动活跃而复杂，面临学习、生活、就业等各方面的竞争与挑战，常常会产生一些心理矛盾。大学生常见的心理困惑主要集中在以下几个方面。

一、人际交往问题

（一）大学生常见的人际交往问题

与中学时代相比，大学阶段的人际交往更为复杂。大学生在人际交往过程中常出现以下问题。

1. 人际孤独

许多新生在入校之初都会产生一种无依无靠、孤单烦闷的感觉。事实上，每个人都会感到孤独，都曾有过孤独感。暂时的独处能够使大学生感受到心灵的宁静，但是长期独处会影响心理健康。

2. 自我中心

一些大学生在人际交往中经常以自我为中心，不太顾及他人的感受，缺乏同理心和换位思考的能力，这给他们的人际交往带来一定的不良影响。

3. 沟通不良

在人际交往过程中，有的大学生我行我素，基本不与别人沟通；有的大学生虽有良好的沟通愿望，但由于沟通方式不被他人接受而常常引起误解，影响了人际交往的顺利进行。

（二）大学生人际交往问题的调适

1. 敞开心扉，主动与他人交往

只有敞开自己内心的人，才能走进别人的心里。大学生要及时调整心态，敞开胸怀，把最真实的自己展现给他人；要多参加社交活动，主动与他人交往，寻找机会让别人认识和了解自己，增进人际关系。

● 心理训练

感恩拜访练习

请闭上眼睛，想出一个依然健在的人，他多年前的言行曾让你的人生变得美好。你从来没有好好感谢过他，但下个星期你就会去见他。你想到谁了吗？

你的任务是给这个人写一封感谢信，并亲自递送给他。这封信的内容要具体，大约有400字。在信中，你要明确地回顾他为你做过的事，以及这件事如何影响到你的人生。让他知道你的现状，并提到你是如何经常想到他的言行的。要写得动人心弦。

资料来源：王清，王平，徐爱兵. 大学生心理健康教育［M］. 苏州：苏州大学出版社，2022.

2. 换位思考，理解他人

当与别人意见不一致时，要学着站在对方的立场思考问题，真切地考虑别人的感受，从而与对方在情感上得到沟通，增进理解。"己所不欲，勿施于人"，只有换位思考，将心比心，才能创造良好的人际关系。

3. 掌握人际交往技能，提高人际交往能力

在人际交往中要善于倾听。倾听意味着你对别人的关注、尊重与肯定，这极大地维护了对方的自尊心，有助于加深彼此的感情，建立和谐的人际关系。此外，要学会赞美别人。一般来说，人们总是喜欢那些喜欢自己、真诚评价自己的人。当交往双方在认识上、立场上发生分歧时，适当的赞美会产生神奇的力量。

● **心理实践**

倾听练习

活动目的：提高倾听中的敏锐性。

活动过程：

（1）以3~5人为一个团队进行练习，找一个完整的时间段和一个安静的交流空间，大家围坐在一起。

（2）每次由其中一个人作为当事人，述说一件最近烦心的事情。事情可大可小，可视团队的熟悉度自主把握开放程度，但陈述过程应尽量真实、详细。

（3）当事人暂时退出围坐的圈，坐到一旁安静聆听。其他人依次分享自己刚才所听到的内容。

（4）对比一下自己和其他人的回答，看看每个人的答案之间存在的差异。有差异并不一定意味着有对错，但这些差异能提醒自己是否存在遗漏、曲解、选择性倾听或盲目倾听等情况，从而审视自己在哪一方面还有改善的空间。

（5）待所有人都分享完毕后，再邀请当事人坐回圈子里，让他根据自身体验谈谈刚才哪些发言让他感觉到很舒服，感觉到被理解、被尊重、被支持。

资料来源：赖丹凤，赵新刚. 心理疏导：助人与自助之路［M］. 北京：机械工业出版社，2020.

二、适应问题

（一）大学生常见的适应问题

进入大学后，大学生的学习、生活环境发生了巨大变化。面对新的集体、新的生活方式、新的学习特点，有些学生感到无所适从，对新环境产生强烈的陌生感和不适感，出现了各种适应问题。

1. 生活适应问题

大学生来自五湖四海，许多学生长期生活在家乡，进入大学后，对异地的地理环境、气候环境、语言环境和饮食既有一种新奇感，又有一种不适感。此外，进入大学后的宿舍集体生活也对大学生产生较大冲击，使其产生一些不适。

2. 学习适应问题

进入大学后，学习任务、学习方法、学习要求等各个方面都发生了很大变化，不少学生面对这种新变化感到迷茫，一时很难适应。

（二）如何尽快适应大学生活

尽快适应大学生活，可以从以下几点做起。

1. 尽快熟悉环境，找到归属感

尽快适应大学生活的方式之一，就是主动去了解校园环境。陌生的环境让人感觉没有安全感，通过熟悉校园环境可以带来心理上的安全感和归属感。

2. 制定明确的目标

缺乏目标会使人感到迷茫、无所事事。进入大学后，要结合自身实际情况，制定明确的目标。目标要有一定的挑战性，但通过努力可以实现，目标越具体越好。如果目标过于高远，不能达到，让人看不到希望，就会使人失望和沮丧，同时还会耗费能量，很容易造成能

量枯竭症，从而让人失去动力。

3. 准确定位自我，调整心态

进入一个全新的环境后，要全面客观地看待自己，摆正自己的位置，积极调整心态，尽快了解学校和专业，加强对学校和专业的认同感。

4. 主动交往，学会利用资源

在大学校园里，要多参加集体活动，主动结识新朋友，建立归属感。另外，要主动与老师、师兄、师姐、老乡交流，了解他们的适应过程和学习经验。在生活、学习中一旦遇到困难，也可以利用这些资源来帮助自己解决问题。

● 心理实践

我的心理保健卡

活动目的：培养心理保健意识，提升心理健康水平。

活动过程：

（1）请填写下方的保健卡。

姓名	我的内在资源 （面对困难我有哪些个人优势）	我的外在资源 （获得帮助的途径和方式有哪些）	我的能力 （我能做些什么，我该怎么做）

（2）小组分享与讨论，完善自己的保健卡。

资料来源：陈发祥，潘莉，黄志斌. 新编大学生心理健康教育：慕课版［M］. 北京：中国民主法制出版社，2023.

三、学习问题

（一）大学生常见的学习问题

学习是大学生活的主旋律，学习进度的快慢、内容的繁简、成绩的高低都会引起学生情绪的变化，进而可能引发心理问题。大学生面临的学习问题主要有以下两种。

1. 学业压力大

大学的某些课程看似容易，但要想取得好成绩并不容易。学习方法不得当、学习不努力等都容易造成成绩不理想甚至考试不及格，这对学习基础差的同学造成了一定的压力。

2. 学习动力不足

有的学生对专业缺乏了解或不感兴趣，或所学专业不是自己最初的选择，从而导致学习缺乏热情，造成学习动力不足；有的学生缺乏自制力，不能很好地适应大学宽松、自由的学习环境，不能合理规划和利用时间，导致学习中存在拖延和懒惰。

（二）大学生常见学习问题的调适

1. 明确学习目标

进入大学后，中学阶段考取大学的目标已经实现，这时应该给自己确立新的理想和学习目标，使学习的目的性更强，从而强化学习动机。设置的学习目标应该具体、可行，既能达到一定的难度，又有办法实现。

● 心理知识

目标管理的 SMART 原则

S（specific）是指目标最好是具体的，这有利于执行。
M（measurable）是指目标最好是可量化的，这样的数据和信息可以更好地进行验证。
A（attainable）是指目标可以通过努力而实现，避免设立过高的、实现不了的目标。
R（relevant）是指目标之间具有关联性。
T（time-based）是指目标的完成有明确的时间限制。

资料来源：安莉娟，张丽娟，田艳燕. 大学生心理健康教育［M］. 北京：首都师范大学出版社，2021.

2. 培养学习兴趣

兴趣是最好的老师。有了兴趣，学习就会更有劲头，更有自觉性。大学的学习需要较高的探索性和更大的主动性，大学生要有意识地培养对专业或学科的兴趣，激发对学习的热情。

3. 掌握科学的方法

大学的学习具有专业性、自主性、探索性等特点，大学生必须结合实际寻找适合自己的学习方法，如具有视觉型学习特点的大学生应当多记笔记，具有听觉型学习特点的大学生应当多次大声复述学习内容。掌握科学的学习方法，大学生可以提高学习效率，达到事半功倍的效果。

第二节 正常心理与异常心理概述

一、人的心理活动

世界上任何事物都有正反两个方面，人的心理活动也是如此。

心理的正面，即正常的心理活动，具有三大功能：第一，保障人顺利地适应环境，健康地生存发展；第二，保障人正常地进行人际交往，在家庭、社会团体、机构中正常地肩负责任，使人类赖以生存的社会组织正常运行；第三，保障人正常地反映、认识客观世界的本质及其规律。

心理的反面，即异常的心理活动，是指丧失了正常功能的心理活动。异常的心理活动由于丧失了正常心理活动的三大功能，因此无法保障人的正常生活，而且因其异常的心理特点随时可能会破坏人的身心健康。

二、正常心理与异常心理的区分

（一）标准化的区分

李心天对区分正常心理与异常心理提出如下四类判别标准。

1. 内省经验标准

内省经验涵盖两个方面：一是指患者的内省经验，即病人自己觉得有焦虑、抑郁或说不出明显原因的不舒适感，自己觉得不能控制自己的行为等；二是观察者的内省经验，如观察者把被观察者的行为与自己以往的经验做比较，从而对被观察者做出心理正常还是异常的判断。

这种判断具有很大的主观性，不同的观察者有各自的经验，所以评定行为的标准也就各不相同。当然，如果观察者都接受同一种专业训练，那么对同一种行为，观察者也能形成大致相近的看法，但对少数病人的看法则可能会有分歧，甚至截然相反。

2. 统计学标准

普通人的心理特征，在统计学上服从正态分布。因此，一个人的心理正常或异常，可以根据其偏离平均值的程度来判断。以统计数据为依据，确定正常与异常的界限，多以心理测验为工具。

3. 医学标准

在医学标准下，精神障碍是一种躯体疾病。如果一个人的某种心理或行为被疑为有病，就必须找到它的病理解剖或病理生理变化的依据，在此基础上诊断此人有精神障碍；其心理或行为表现，则被视为疾病的症状，其产生原因则归结为脑功能失调。

这一标准为临床医师们广泛采用。他们深信，有精神障碍的人的脑部，应当有病理过程存在。有些目前未能发现明显病理改变的心理障碍，可能在将来会发现更精细的分子水平上的变化，这种病理变化的存在才是心理正常与异常划分的可靠根据。医学标准将心理障碍纳入了医学范畴，对变态心理学研究做出了重大贡献。

4. 社会适应标准

在正常情况下，人体维持着生理、心理的平衡状态，能够依照社会生活的需要适应环境和改造环境。因此，正常人的行为符合社会的准则，能根据社会要求和道德规范行事，这时，我们说他的行为是一种社会适应性行为。由于器质性或功能性缺陷，某个人的社会行为能力受损，不能按照社会认可的方式行事，致使其行为后果明显偏离公认的社会标准时，则认为此人有心理异常。这里正常或异常主要是与社会常模比较而言的。人的社会适应性及其评价指标往往受到不同社会文化背景和不同社会历史条件的影响，因而这样的判断指标也不是绝对的。

（二）心理学的区分原则

郭念锋认为，区分心理的正常与异常，应该从心理学角度切入，以心理学对人类心理活动的一般性定义为依据。根据心理学对心理活动的定义，即"心理是脑对客观事物的主观反映"，我们提出如下三条原则，作为确定心理正常与异常的依据。

1. 主观世界与客观世界的统一性原则

因为心理是客观现实的反映，所以任何正常的心理活动或行为，在形式和内容上必须与客观环境保持一致。如果一个人坚信他看到或听到了什么，而在客观世界中当时并不存在引起他这种感觉的刺激物，我们就可以认定，他的精神活动不正常，产生了幻觉。

2. 心理活动的内在协调性原则

虽然人类的精神活动可以被分为知、情、意等部分，但是它自身是一个完整的统一体。各种心理过程之间具有协调一致的关系，这种协调一致性保证了人在反映客观世界过程中的高度准确和有效性。

如果一个人遇到一件令人愉快的事，会产生愉快的情绪，欢快地向别人述说自己内心的体验，那么我们就可以说他有正常的精神与行为。如果一个人用低沉的语调，向别人述说令人愉快的事，或者对痛苦的事做出快乐的反应，我们就可以说他的心理过程失去了协调一致性，称为异常状态。

3. 人格的相对稳定性原则

每个人都有自己独特的人格心理特征。某种人格心理特征一旦形成，便具有相对稳定性，在没有重大外界变革的情况下，一般是不易改变的。如果在没有明显外部原因的情况下，一个人的人格相对稳定性出现问题，我们也要怀疑这个人的心理活动出现了异常。

三、异常心理的成因

异常心理的形成原因非常复杂，主要是生理、心理、社会等各种因素共同作用的结果。

（一）生理因素

遗传学研究认为，人的身心健康与遗传因素关系密切，特别是体型、气质、脑神经结构的活动特点、能力与性格中的某些成分，都受遗传因素的明显影响。精神分裂症、躁狂抑郁症、人格障碍、神经症、精神发育迟滞的某些类型等都与遗传因素有关。此外，病菌、病毒感染、脑外伤、化学中毒、躯体疾病等也可能导致心理异常。

（二）心理因素

1. 心理冲突

心理冲突是指个体在有目的的行为活动中，当存在着两个或两个以上相反或相互排斥的动机时所产生的一种心理矛盾状态。大量临床研究表明，未解决的心理冲突是造成许多心理障碍的一个重要原因。心理冲突所带来的心理压力，往往会使个体更难以适应环境的变化，影响其生活和工作，进而造成强烈的情绪波动，使人陷于困惑和苦闷，甚至颓废和绝望之中；有时还会使矛盾加剧而个体无力自拔，从而对人的身心健康产生严重的影响，甚至诱发各种身心疾病。很多接受心理咨询和心理治疗的人就是由于不能很好地处理心理冲突而影响到心理健康的。

2. 挫折感

挫折感是指人们在有目的的活动中，遇到无法克服或自以为无法克服的障碍或干扰时，需要不能得到满足而产生的消极反应。一般来说，挫折感带来的压力若尚未超过个体的承受力，则在某种程度上具有积极作用，可以引导个体的认知发生创造性的改变，提高解决问题的能力，以更好的方法和途径实现动机、达到目标。然而，若挫折感过于强烈或个体承受挫折的能力低，挫折超过了自身的耐受能力，个体在这种情况下又不能正确应对时，可能引起情绪紊乱，心理失去平衡，以致行为偏离正常，引发躯体及心理疾病。

3. 人格特征

每个人都有自己独特的人格特征，它是影响心理健康的一个不容忽视的重要因素。人格特征对于疾病，尤其是心理疾病的发生、发展和病程的转归都有明显的影响。大量研究发现，同样的压力、打击等精神刺激发生在具有不同人格特征的人身上时，他们的表现、程度、结果各不相同。培养和锻炼健全人格已成为维护心理健康、预防心理障碍的一项重要任务。

> **心理知识**
>
> ### 爱笑的人更幸福吗
>
> 赫滕斯坦等人（Hertenstein et al., 2009）通过大学生每年的合影照片对大学生的微笑进行了编码。他们主要考察眼轮匝肌和颧大肌的运动情况，两者的配合可以使人们展现出微笑。眼轮匝肌环绕在眼睛周围，可以使脸颊上抬，并且它的运动是不自主的；颧大肌可以使嘴角上扬形成微笑。通过编码两个部分的运动幅度，可以得到个体微笑的强度。结果发现，通过照片得到的微笑强度越大，个体后期离婚的可能性越低；而微笑强度低的人，相对更可能离婚。
>
> 资料来源：盖笑松. 积极心理学［M］. 上海：上海教育出版社，2020.

（三）社会因素

民族文化、社会风俗、宗教信仰、生活方式等文化因素都与心理问题的发生有着密切的关系。此外，社会或环境中应激事件的影响，如大气污染、噪声干扰、交通混乱、居住拥挤、人际关系紧张、社会动荡等，都可能增加人的心理和躯体应激，使人们长期处于紧张、焦虑、抑郁、不安等状态。长此以往，人们容易患身体和心理疾病。

生理因素、心理因素和社会因素在心理障碍的发病中共同起着决定性作用。大量临床实践证明，许多心理障碍的起因不是单一因素，而是多种因素共同作用。但是，我们也应当辩证地看待这些因素对心理健康的影响。对某些心理障碍起主导作用的因素，对另一些心理障碍的发生则可能起促发性作用。在分析这些因素的时候要全面思考，理性联系，这样才能做出正确、科学的判断。

第三节　大学生常见的心理疾病及其应对

在大学期间，很多学生在学习、生活等方面都会遇到一些烦恼、产生一些困惑。同时，大学生心理发展尚未成熟，缺乏社会经验，社会适应力有待提升，这使大学生常常会产生一些心理矛盾，导致心理困惑和心理问题的产生。心理问题如果没有得到及时、妥善的解决，随着时间的推移，个体的认知和情绪就可能会出现扭曲，困扰的程度会逐步加深，症状出现泛化并使个体的社会功能受损，进而演化成各种心理疾病，如神经症、精神障碍等。大学生常见的心理疾病主要有神经症、心境障碍、人格障碍、精神分裂症等。

一、神经症

神经症是一组主要表现为焦虑、抑郁、恐惧、强迫、疑病症状或神经衰弱症状的精神障碍。神经症有一定的人格基础，起病常受心理因素和社会因素的影响。症状没有可证实的器质性病变做基础，与患者的现实处境不相称，但病人对存在的症状感到痛苦和无能为力，自知力完整或基本完整，病程多迁延。

（一）恐惧症

恐惧症又称恐怖症，是一种以过分和不合理地惧怕外界客体或处境为主的神经症。病人明知没有必要，但仍不能防止恐惧发作，恐惧发作时往往伴有显著的焦虑和自主神经症状。病人极力回避所害怕的客体或处境，或是带着畏惧去忍受。

1. 恐惧症的分类

（1）场所恐惧症（agora phobia）。害怕对象主要为某些特定环境，如广场、闭室、黑暗场所、拥挤的场所、交通工具等，其关键临床特征之一是过分担心处于上述情境时没有即刻能用的出口。

（2）社交恐惧症（social phobia）。害怕对象主要为社交场合（如在公共场合进食或说话、聚会、开会，或怕自己做出一些难堪的行为等）和人际接触（如在公共场合与人接触、与他人目光对视，或在与人群相对时被人审视等）。社交恐惧症主体常伴有否定性自我评价和害怕批评。

（3）特定的恐惧症（specific phobia）。害怕对象是场所恐惧和社交恐惧未包括的特定物体或情境，如动物、高处、黑暗、雷电、鲜血、外伤、打针、手术，或尖锐、锋利的物品等。

2. 恐惧症的治疗

恐惧症的治疗主要采用行为治疗和药物治疗，其中行为治疗是首选和主要方法。行为治疗常用暴露疗法（exposure therapy），其基本原理是鼓励患者接触他所恐惧的事物或情景，反复训练直到完全适应。实施时一定要循序渐进、说明原理、取得患者的配合。

（二）焦虑症

焦虑症是一种以焦虑情绪为主的神经症。

1. 焦虑症的分类

焦虑症主要分为惊恐障碍和广泛性焦虑两种类型。

（1）惊恐障碍。这是一种以反复的惊恐发作为主要原发性症状的神经症。这种发作无明显诱因、无相关的特定情境，发作不可预测；在发作间歇期，除害怕再发作外，无明显症状；发作时表现为出现强烈的恐惧、焦虑情绪，及明显的自主神经症状，并常有人格解体、现实解体、濒死恐惧，或失控感等痛苦体验；发作突然开始，迅速达到高峰，发作时意识清晰，事后能回忆。

（2）广泛性焦虑。这是一种缺乏明确对象和具体内容的以提心吊胆及紧张不安为主的焦虑症，并有显著的自主神经症状、肌肉紧张，以及运动性不安。病人因难以忍受又无法解脱而感到痛苦。

● 心理训练

呼吸放松练习

（1）确保坐在一个舒适的位置，身体放松。
（2）保持头部、颈部和胸部放松（而不是僵硬）但挺直的姿势。
（3）放松肩膀，把背部靠在椅背上。
（4）把手轻柔地放在大腿上或任何你觉得舒服的地方。
（5）将眼睑慢慢地、轻轻地合上。
（6）用鼻子深吸一口气，保持几秒钟，然后慢慢地、轻轻地呼出。
（7）重复两次以上，逐次加深，从胸部到腹部。
（8）每次吸气和呼气时，试着从头到脚放松整个身体。

（9）平稳地呼吸，不要停顿。
（10）调整呼吸。良好的呼吸有三个特点（Sovik，2005）：

- 平稳；
- 均匀（吸入和呼出的时间大致相等）；
- 没有声音。

（11）放松呼吸，让它自然地流动，仿佛整个身体都在呼吸。
（12）当气息从鼻孔进出时，关注呼吸。
（13）做10次平稳、均匀、无声的呼吸，然后睁开眼睛。

资料来源：拉希德，塞利格曼. 积极心理学治疗手册[M]. 邓之君，译. 北京：中信出版社，2020.

2. 焦虑症的治疗

焦虑症的治疗方式主要为心理支持（如劝慰、鼓励、保证和权威解释等）和药物治疗。放松训练疗效较好，但仅适用于轻度和中度焦虑症。

● 心理训练

正念时刻

（1）以舒适的姿势坐着，双手放在大腿上或靠近大腿，头部、颈部和胸部呈放松的直线，把脚平放在地板上。
（2）把注意力放在呼吸上，注意它是如何进入你的身体，又是如何离开你的身体的，当你吸气和呼气时，专注于你的胸部如何扩张和收缩。
（3）轻轻地让你的呼吸深达腹部，重复这个呼吸周期，尽量使每次吸气和呼气持续6～8秒，每次呼吸后重新开始。
（4）相较于试图停止任何其他想法，你可以保持注意力集中，并非常安静地在你的脑海中数数。你的注意力会分散，而你的工作就是轻轻地把它拉回来，重新开始。这不仅是一种集中注意力的练习，也是一种你会开始很多次的练习——分心，再开始，再分心，再开始。

资料来源：拉希德，塞利格曼. 积极心理学治疗手册[M]. 邓之君，译. 北京：中信出版社，2020.

（三）强迫症

强迫症是指一种以强迫症状为主的神经症，其特点是有意识的自我强迫和反强迫并存，二者强烈冲突使患者感到焦虑和痛苦；患者能意识到观念或冲动来源于自身，却与自己意愿相悖，虽极力抵抗，却无法控制；患者也能意识到强迫症状的异常性，却无法摆脱。病程迁延者以仪式动作为主，虽然精神痛苦能够减轻，但社会功能严重受损。

强迫症的治疗目前以暴露疗法和药物治疗相结合，疗效比较满意。强迫症病程常有波动，病前人格比较健全，病程呈间歇性焦虑或抑郁症状明显，预后较好；起病年龄早，强迫人格突出或有持续性心理、社会因素者预后较差。

（四）躯体形式障碍

躯体形式障碍是一种以持久地担心或相信各种躯体症状的优势观念为特征的神经症。患者因这些症状反复就医，各种医学检查结果和医生的解释，均不能打消其疑虑。即使有时存在某种躯体障碍，也不能解释所诉症状的性质、程度，或其痛苦与优势观念。患者经常伴有焦虑或抑郁情绪。尽管症状的发生和持续与不愉快的生活事件、困难或冲突密切相关，但患者常否认心理因素的存在。

二、心境障碍

心境障碍（情感性精神障碍）是以明显而持久的心境高涨或低落为主的一组精神障碍，并有相应的思维和行为改变，可有精神病性症状，如幻觉、妄想等。大多数患者有反复发作的倾向，每次发作后症状大多能够缓解，但部分患者可能会有残留症状或转为慢性。这类病患者最典型的表现就是抑郁发作。

● **心理训练**

记录三件好事

从下个星期开始，请你每天晚上都在睡觉之前花10分钟写下当天发生的三件好事，以及好事发生的原因。这三件好事不一定要惊天动地，可以是平常的事（例如，今天爸爸买了我最喜欢的冰激凌），也可以是很重要的事（例如，姐姐今天生了一个健康的宝宝）。

在每件好事的下面，都请写清楚"它为什么会发生"。比如，爸爸买了冰激凌，你就可以写"因为爸爸很爱我"，或是"我在爸爸下班前打电话给他，请爸爸买点好吃的回来"。

写下生活中好事的发生原因在一开始也许会让你觉得有点别扭，但请你一定要坚持一个星期，之后它就会逐渐变得容易了。一般来说，6个月后，你会发现自己的抑郁情绪减少，幸福感提升，并会喜欢上这个练习。

资料来源：塞利格曼. 持续的幸福 [M]. 颜雅琴，译. 北京：北京联合出版公司，2022.

抑郁发作以心境低落为主，可以从闷闷不乐到悲痛欲绝，甚至发生木僵。严重者可出现幻觉、妄想等精神性症状。抑郁发作至少有下列症状中的4种。

（1）兴趣丧失，无愉快感。
（2）精力减退或有疲乏感。
（3）精神运动性迟滞或激越。
（4）自我评价过低、自责，或伴有内疚感。
（5）联想困难或自觉思考能力下降。
（6）反复出现想死的念头，或有轻生、自伤行为。
（7）睡眠障碍，如失眠、早醒，或睡眠过多。
（8）食欲降低或体重明显减轻。
（9）性欲减退。

● **心理知识**

关于三件好事的研究

塞利格曼和彼得森一起做了一项关于三件好事的研究。他们将志愿者分成三件好事组和对照组，三件好事组每晚写下当天发生的三件好事及发生的原因，对照组每晚回忆一件早年的事并写下来。根据两位教授对志愿者的追踪测试，6个月后，三件好事组的幸福指数平均比对照组高5%，而抑郁指数比对照组低20%。

资料来源：曹志涛. 构建积极家庭［M］. 天津：天津科学技术出版社，2022.

三、人格障碍

人格障碍是指人格特征明显偏离正常，使病人形成了一贯的反映个人生活风格和人际关系的异常行为模式。这种模式显著偏离特定的文化背景和一般认知方式（尤其在待人接物方面），明显影响其社会功能与职业功能，造成对社会环境的适应不良，病人为此感到痛苦，并已具有临床意义。人格障碍通常开始于童年期或青少年期，并长期持续发展至成年或终身。

1. 人格障碍的分型与临床表现

（1）反社会型人格障碍：以行为不符合社会规范、经常违法乱纪、对人冷酷无情为特征。

（2）偏执型人格障碍：以猜疑和偏执为特点，始于成年早期。

（3）分裂样人格障碍：以观念、行为和外貌装饰的奇特、情感冷漠，以及人际关系有明显缺陷为特征。

（4）癔症型人格障碍：又名表演型人格障碍，以过分的感情或夸张言行吸引他人的注意为特征。

（5）冲动型人格障碍：又名攻击型人格障碍，以情感爆发伴明显行为冲动为特征。

（6）强迫型人格障碍：以过分的谨小慎微、严格要求与完美主义，以及内心的不安全感为特征。

（7）焦虑型人格障碍：以一贯感到紧张、提心吊胆、不安全，及自卑为特征。相应个体总是需要被人喜欢和接纳，对拒绝和批评过分敏感，因习惯性地夸大日常处境中的潜在危险而有回避某些活动的倾向。

（8）依赖型人格障碍：特征是依赖、不能独立解决问题，怕被人遗弃，常常感到自己无助、无能和缺乏精力。

2. 人格障碍的治疗

尽管在人格障碍的治疗上已取得一些进步，找到了有效改善症状的方法，但对人格障碍的治疗，在很大程度上仍然是根据人格障碍者的不同特点，帮助其寻找减少冲突的生活道路。应尽量帮助患者避开困难环境，使之有更多的机会发展其人格中的优点；应鼓励他们积极参与制订自己的治疗计划，做出决定的理由也应向他们解释清楚并加以充分讨论；应鼓励他们发展业余兴趣、接受继续教育或扩大社交网络。即使他们的症状没有获得改善，这些基本步骤也可以起到稳定症状的作用，直至生活中的一些偶然转机促使其改善。

四、精神分裂症

精神分裂症是一组病因未明的精神病，多起病于青壮年，常缓慢起病，具有思维、情感、行为等多方面障碍，以及精神活动不协调的特征。患者通常意识清晰，智能尚好，部分患者在疾病过程中可出现认知功能损害。自然病程多迁延，呈反复加重或恶化趋势，但部分病人可保持痊愈或基本痊愈状态。精神分裂症发作期患者自知力基本丧失。

心书推荐

《积极心理学治疗手册》

[加] 塔亚布·拉希德　[美] 马丁·塞利格曼

本书作者马丁·塞利格曼是积极心理学的创始人之一，并且获得了大量研究成果。《积极心理学治疗手册》就是基于他数十年的研究，总结出的相关治疗方法的集结。

《积极心理学治疗手册》是一本实用的方法指南，它不仅能为相关心理咨询机构及心理研究人员提供专业指导，而且能让每位普通读者根据自己的需求找到适合自己的积极心理学治疗方法，达到提升自信、改变思维模式、拥有幸福人生的目标。

素养提升

健康中国行动（2019—2030年）

健康中国行动从干预健康影响因素、维护全生命周期健康和防控重大疾病等三方面开展了15项专项行动：

（1）健康知识普及行动；
（2）合理膳食行动；
（3）全民健身行动；
（4）控烟行动；
（5）心理健康促进行动；
（6）健康环境促进行动；
（7）妇幼健康促进行动；
（8）中小学健康促进行动；
（9）职业健康保护行动；
（10）老年健康促进行动；
（11）心脑血管疾病防治行动；
（12）癌症防治行动；
（13）慢性呼吸系统疾病防治行动；
（14）糖尿病防治行动；
（15）传染病及地方病防控行动。

资料来源：健康中国行动推进委员会，健康中国行动（2019—2030年），2019-07-09。

思考启迪

党的二十大报告中强调，要推进健康中国建设。人民健康是民族昌盛和国家强盛的重要标志。把保障人民健康放在优先发展的战略位置，完善人民健康促进政策。党的二十大报告还强调，要重视心理健康和精神卫生，并提出深入开展健康中国行动和爱国卫生运动，倡导文明健康生活方式。

资料来源：https://www.gov.cn/xinwen/2022-10/25/content_5721685.htm。

心理测试

大学生心理健康量表

下面是对一些想法的描述，请将你的实际情况和感受与下面的各种描述对照，根据你的实际情况在"完全不符合""基本不符合""不确定""基本符合""完全符合"这五个选项中选择一个并打"√"。请注意：①答案无好坏、对错之分；②回答时无须过多考虑，也不要受其他人影响；③请逐题回答，不要有遗漏。

题 目	完全不符合	基本不符合	不确定	基本符合	完全符合
1. 我喜欢现在的生活	1	2	3	4	5
2. 我同异性在一起时，感到害羞、不自在	1	2	3	4	5
3. 我缺乏学习动力	1	2	3	4	5
4. 我容易情绪激动	1	2	3	4	5
5. 我已经为毕业后的生活找准了方向	1	2	3	4	5
6. 我渴望生活中的挑战	1	2	3	4	5
7. 我现在的生活很有意义	1	2	3	4	5
8. 我无法与异性建立良好的关系	1	2	3	4	5
9. 我缺乏自制力	1	2	3	4	5
10. 我的心情易受外界影响	1	2	3	4	5
11. 我不知道毕业以后想做什么	1	2	3	4	5
12. 受挫后，我能很快恢复过来	1	2	3	4	5
13. 我的大学生活很充实	1	2	3	4	5
14. 我总是逃避人际问题	1	2	3	4	5
15. 我对功课总是能拖就拖	1	2	3	4	5
16. 我的心情时好时坏	1	2	3	4	5
17. 我对未来没有长远打算	1	2	3	4	5
18. 任何挑战都会令我感到不安	1	2	3	4	5
19. 我觉得大学生活简直糟透了	1	2	3	4	5
20. 我害怕与陌生人相处	1	2	3	4	5
21. 我的注意力没法集中到学习上来	1	2	3	4	5
22. 我常常发脾气，想控制但控制不住	1	2	3	4	5
23. 我不明白人生的价值	1	2	3	4	5
24. 面对自己遇到的困难，我不知所措	1	2	3	4	5
25. 我感到生活枯燥无味	1	2	3	4	5
26. 我觉得不被别人尊重	1	2	3	4	5
27. 我做事缺乏恒心，常常不了了之	1	2	3	4	5

计分与评定：

采用 Likert 5 点评分法，从"完全不符合"到"完全符合"，分别计 1～5 分，请注意，反向计分题为 2、3、4、8、9、10、11、14、15、16、17、18、19、20、21、22、23、24、25、26、27。得分越高表示心理健康状况越好。全部题项共涵盖六个维度，六个维度对应的题项如下：

幸福体验：1、7、13、19、25；

人际和谐：2、8、14、20、26；
积极乐学：3、9、15、21、27；
情绪调控：4、10、16、22；
目标追求：5、11、17、23；
勇于挑战：6、12、18、24。

知识导图

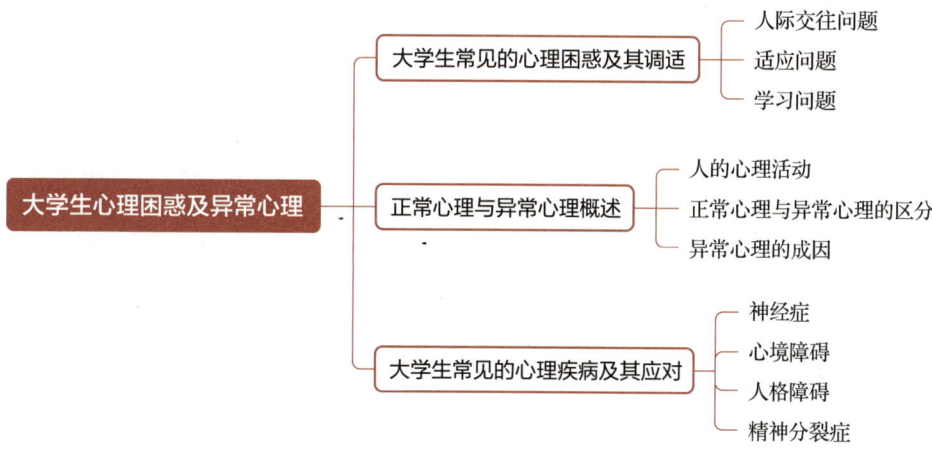

课后习题

1. 大学生常见的心理困惑有哪些？
2. 大学生常见的心理疾病有哪些？
3. 大学生应如何提高自身心理健康水平，预防心理问题、心理疾病的发生？

参考文献

[1] 中华医学会精神科分会.中国精神障碍分类与诊断标准［M］.3版.济南：山东科学技术出版社，2001.
[2] 贾楠，乔凯平.心理与成长：大学生心理健康指导［M］.北京：机械工业出版社，2021.
[3] 拉希德，塞利格曼.积极心理学治疗手册［M］.邓之君，译.北京：中信出版社，2020.

第二篇　关注自我

第四章 我是谁
——大学生的自我意识与培养

◎ 学习目标

（1）了解自我意识的内容、类别和特点；
（2）了解大学生自我意识偏差及调适；
（3）学会自我教育，保持自我意识的和谐统一。

◎ 案例导入

小勇上高中时，因为成绩优秀深受老师信任和同学羡慕，与同班一位女同学有一段心照不宣的感情。高考时他因为发挥失常，进了一所不是特别理想的大学，而曾经不如他成绩好的同学反而考进了较好的院校。进入大学后，他发现自己失去了高中时的优势地位，学习成绩算不上优秀，计算机、英语等学科学起来非常吃力。除此以外，其他方面也有困扰，如常常因外形不够帅、服饰不时髦、说话方言口音太重等问题被人嘲笑，他也因此产生了严重的自卑感。在人际交往方面，小勇也觉得非常失败，进校两年了，都没有交到一个知心朋友，与高中同学的联系逐渐减少，与那个曾经和他关系很好的女孩也渐渐失去了往来。种种失意让小勇觉得非常郁闷，做什么事情都提不起精神，班里的集体活动一点也不想参加，书也看不进去，唯一的消遣就是去玩网络游戏。眼看就要毕业了，他觉得这样下去也不是办法，于是寻求心理咨询老师的帮助。

【思考】
（1）小勇产生心理困扰的根源是什么？
（2）你是否有过类似小勇的困扰？

进入大学以后，我们每一个人可能都会不由自主地产生许多关于自身的问题，如"我"究竟是个怎样的人？为什么现实的"我"总是离那个理想的"我"相距甚远？为什么总不能确定未来？为什么越读书越觉得不知道为什么而读？大学生在进行自我辨析的过程中，会经历一系列的矛盾、冲突、迷惘和苦恼。然而，大学生也正是在人与人的交往中，在完成一个个学习任务的过程中，在不断回答上述问题的过程中，不断地认识自己，逐渐走向成熟和完善。因此，正确地认识和发展自我，解决自我认同、自我确立的问题，是大学生塑造健康人格、培养良好情绪的基础，也是大学生全面发展的重要条件。

第一节　自我意识概述

● 心理训练

我是谁

边思考边写出 20 句"我是一个××的人"。尽量选择一些能反映个人风格的语句，避免出现类似"我是一个男生"这样的句子。

（1）将上述描述自己的句子按以下类别进行归类：

1）身体状况（属于你的体貌特征，如年龄、身高、体型等）；

2）情绪状况（你常持有的情绪、情感，如乐观开朗、积极振奋、烦恼沮丧等）；

3）才智状况（你的智力、能力情况，如聪明、灵活、迟钝、能干、机灵等）；

4）社会关系状况（与他人的关系，对他人常持有的态度和原则，如乐于助人、爱交朋友、坦诚、孤独等）。

（2）评估一下你对自己的陈述是积极、肯定的还是消极、否定的。在你列出的每句话的后面标上加号（表示肯定、满意的态度）或减号（表示否定、不满意的态度）。你的加号与减号的数量各是多少？分别体现在哪些方面？如果加号多于减号，说明你的自我接纳状况良好；否则，你要反省一下自己：你是否过低评价了自己？什么原因使你成为这样？有没有改善的可能？

（3）和大家分享写完这些句子你有何感受，对自己有什么新的发现。

一、自我意识的概念

在近代西方哲学界，一些哲学家赋予这一术语以不同的含义。在康德哲学中，自我意识即先验的统觉的同义语，指主体意识对于经验材料的综合统一功能；在黑格尔的哲学体系中，则被视为人类精神在主观精神发展阶段上介于意识之后、理性之先的特定的意识形式。自我意识是意识的最高形式，它不是单一的心理品质，而是一个包含认知、情感、意志等多种心理机能的融合体，是一个完整的心理系统。

自我意识是人对自己身心状态及对自己同客观世界的关系的意识。自我意识包含三个层次：对自己及其状态的认识，对自己肢体活动状态的认识，对自己思维、情感、意志等心理活动的认识。1890 年，美国心理学家 W. 詹姆斯提出把自我划分为主体"我"（I）与客体"我"（me）。主体"我"是自己活动的观察者，而客体"我"则是这个观察过程中被观察的对象。人们对自己的认知过程实际上就是主体"我"对客体"我"的反映过程。平时我们所说的"我认为"中的"我"就是主体"我"，而"我很高""我擅长""我不喜欢""我是学生"中的这些"我"都是客体"我"。

人的发展离不开周围环境，特别是人与人之间关系的制约和影响，所以自我意识也反映人与周围现实之间的关系。自我意识是人类特有的反映形式，是人的心理区别于动物心理的一大特征。

二、自我意识的分类

自我意识是一个多维度、多层次的复杂心理系统，可以从不同角度进行分析。从内容上来看，自我意识可以分为生理自我、心理自我和社会自我；从形式上来看，自我意识可以分为自我认识、自我体验和自我控制；从观念上来看，自我意识又可以分为现实自我、投射自我和理想自我三个维度，见表4-1。

表4-1 自我意识的维度与分类

维度	分类		
内容	生理自我	心理自我	社会自我
形式	自我认识	自我体验	自我控制
观念	现实自我	投射自我	理想自我

（一）生理自我、心理自我和社会自我

生理自我，又称躯体自我，是指个体对自己身体、生理状态的认识和体验，如对身高、容貌、身材、体重、性别等的认识以及生理病痛、劳累疲乏、温饱等的感受。在个体的生理属性方面，有些方面会被人们过分关注，有些方面则会被忽略。不少青年会对自己的身高、体重、身材或五官等高度关注，却会忽略自己的身体健康状况，例如，有些学生因不满意自己的长相而产生社交障碍和自卑心理。生理自我是与生俱来的，我们只能接受而难以改变它，随着自我意识的成长，我们逐渐对生理自我形成清晰的看法与正确的认识。

心理自我，又称精神自我，是个体对自身心理状况的认识和体验，包括对自己的心理活动、个性特点、心理品质的认识、体验和愿望，如对自己的知识、能力、气质、性格、情绪、爱好、行为模式等方面的认识和体验。心理自我是随着年龄、阅历、认知等发展而逐步成熟的，对自我的发展具有重要的现实意义。

社会自我是对自己在群体中的地位、作用以及自己和他人相互关系的认识、评价和体验，包括个人对自己在客观环境及各种社会关系中的角色、地位、权利、责任、义务等的意识，是自我概念的重要组成部分。随着自我意识的发展，个体的社会角色渐渐浮现并占据重要位置，与此相应的角色感、责任感、义务感也会逐渐增强。

心理知识

自我效能感

自我效能感是个体对自己是否有能力完成某一行为所进行的主观判断，自我效能感会影响个体的情绪、感受，对行动力和毅力的提升也有积极的促进作用。

在日常生活中，高自我效能感的人会制定有挑战性的目标，他们会更自信、更积极，并且在面对困难的时候更注重问题解决，寻求解决方案，不会被强烈的负面情绪体验所干扰而反复怀疑自己的能力；他们会将问题和困难视作成长的机会，在问题解决中更有毅力和韧性，即使遭遇挫折和失败，他们也会将失败归因于没有足够的知识和技能，而不是怀疑自己的能力。低自我效能感的人缺乏自信，在制定目标时一般以避免失败为前提。因此在任务中难以发挥真实水平，在面对困难时更容易紧张、焦虑，也会将挫折失败归因于个人能力。

影响自我效能感形成的因素：个体过往的成败经验、替代性经验、言语劝说等。

首先，个体过往的成功经验有助于提高自我效能感，而失败的经验会降低自我效能感；当个体自我效能感较高时，失败经验对其自我效能感的影响是有限的。

其次，除了自己的经验以外，个体观察到的别人的行为也会影响自我效能感。人们常常会找和自己条件差不多的人进行对比，若自己比对方优秀则会提高自我效能感；反之

则会降低。

最后，虽然言语劝说的影响力低于个体的过往经验和替代性经验，不过对于青少年来讲，由于他们的活动区域有限，因此他们的过往经验也有限，自我认识来源单一。因此，提高自我效能感的重要来源就可能是替代性经验和言语劝说。

资料来源：陈发祥，潘莉，黄志斌. 新编大学生心理健康教育：慕课版［M］. 北京：中国民主法制出版社，2023.

（二）自我认识、自我体验和自我控制

自我意识是个体认知、情绪和意志的统一，即自我认识、自我体验、自我控制的统一。自我认识是自我意识的认知成分，是自己对自己身心特征的认识，包括自我认知和自我评价，前者是个体对自身各种状况的了解，后者则是对自身各方面的评估。自我认识主要涉及"我究竟是一个什么样的人""我为什么是这样一个人"等问题，包括自我感觉、自我观察、自我印象、自我分析、自我评价等。例如，对自己的身高、体重的了解，对自己在集体中的相互关系的理解，对自己正在进行的思维过程的觉知等，都属于自我认识范畴。

自我体验是自我意识的情感成分，是主观自我对客观自我产生的情绪体验，主要集中在"我能否接纳自己""我对自己是否满意"等方面，满意则自我肯定，信心十足；反之，则自我否定，垂头丧气。自我体验的内容十分丰富，包括自爱、自尊、自恃、自卑、责任感、义务感、优越感、荣誉感、羞耻感等。

自我控制是自我意识的意志成分，主要表现为人的意志行为，它监督、调控人的行为活动，调节着自己对自己的态度以及对他人的态度，主要涉及"我如何改变自己""我如何成为理想中的那种人"等问题，比如"自立""自主""自制""自强""自信""自律"等词都是积极自我控制的描述，而自我失控、自残、自虐、自我放弃则是消极的自我控制方式。自我控制是自我意识结构中发挥个体主观能动性的外在表现。

其中，自我认识了解了"我"，是最基础的部分，决定着自我体验的主导心境以及自我控制的主要内容；自我体验感受了"我"，又强化着自我认识，决定了自我控制的行动力度；自我控制要表现"我"，是完善自我的实际途径，对自我认识、自我体验有着调节作用。三方面整合一致，便形成了完整的自我意识。

◉ 心理故事

打翻的牛奶

戴尔·卡耐基在事业刚起步的时候并不顺利，尽管全美国人都知道他的名字；尽管他开办了各种学校，学校遍布美国各大城市；尽管看上去他的事业如火如荼，但是几个月下来，他的开销比盈利多。这个结果让卡耐基大为苦恼，他陷入了深深的自责中，他不断抱怨自己的疏忽大意，甚至一度精神恍惚。直到有一天他遇到了自己的中学老师，老师了解了他的情况后，默不作声地给他拿了一杯牛奶，可当他刚拿起杯子时，老师突然伸手把牛奶打落在地上，看着茫然的卡耐基，老师大声说道："不要为打翻的牛奶哭泣，因为这没有用！"这句话如醍醐灌顶，令卡耐基瞬间醒悟。

是啊，打翻的牛奶洒在地上，已成事实，覆"奶"难收，为那些不可更改的过失和错误哭泣于事无补。很多意外的发生并不是我们故意为之的，然而事情就是发生了，我们无力改变，何不尝试坦然接受呢？使过去的错误产生价值的唯一方法就是冷静地分析我们所犯的错

误，从中吸取教训，然后忘掉这个错误。

正是领悟到了这些道理，这才有了今天依然在市场上活跃的卡纳基，有了《人性的弱点》等伟大的作品。

（三）现实自我、投射自我和理想自我

现实自我是个体从自己的立场和观点出发，对自己目前的实际状况的评价和看法，涉及的根本问题是"我实际上是个什么样的人"。

投射自我，又称镜中自我，是个人想象中他人对自己的看法和评价，以及由此而产生的自我感。投射自我和现实自我之间往往存在着差异，当差异过大的时候，个体会感到自己不被别人理解。

理想自我是个体要实现的比较完善的一种自我境界或形象，是个人追求的目标，涉及的问题是"我想成为一个什么样的人"。理想自我虽然可能与现实自我不一致，但它却对个人的认知和行为有很大影响，是个人前进的动力和方向。

● 心理故事

世界杯开幕式上的"半身少年"

卡塔尔世界杯开幕式，万众瞩目。

20岁的加尼姆·阿尔·穆夫塔（Ghanim Al Muftah）用双手支撑着身体，从球场一侧缓缓行来，与知名演员摩根·弗里曼饰演的旅行者汇聚于场地中央。二人在聚光灯下交流，畅想着美好和平的未来。"半身少年"穆夫塔用他纯真的笑脸，向世界传递着最美好的善意。

——"Nothing is impossible（一切皆有可能）"。在形容穆夫塔时，这是最常被用到的一句话，而他更喜欢用"incredible（难以置信的）"来描述自己。如穆夫塔所说，他的成长经历就是一则不向命运低头的诗篇。

2002年5月5日，穆夫塔出生于卡塔尔。伴随他来到这个世界的，是一种极其罕见的疾病——尾椎退化综合征（CDS），它会导致患者在出生时便失去下半身。在阿拉伯语中，"Ghanim"一词意为"胜利者"。或许从厄运降临的那一刻起，穆夫塔便已经下定决心与不公的命运斗争。在父母的帮助下，穆夫塔学会了用手行走。艰难的岁月让他更加懂得珍惜自己所拥有的东西。

小时候的穆夫塔曾期待有朝一日能够踏上残奥会赛场。他渴望向世界证明，身体残疾绝不意味着要向命运"屈服"。"每个人都有追逐梦想的权利，并且对其抱有雄心壮志。"这是穆夫塔对于梦想的理解。他深知与健全人相比，自己想要实现心中所想更加不易，必须为此付出更多努力。回首来时的路，穆夫塔对帮助过他的人充满感激。希望把这些善意传递下去的穆夫塔和家人成立了慈善协会，购买轮椅捐赠给需要的孩子们，去帮助更多人。

不知不觉中，穆夫塔成为全世界残疾人的"倡导者"。他全心全意地履行自己的慈善使命，向世界展示着，残障人士也可以实现自己的人生价值。后来，穆夫塔攻读了大学学位，主修政治学。在未来的规划中，他的目标是成为一名外交官。"即使你不是一个强壮、健康的巨人，依旧能让世界变得更好，你只需要有一颗充满光明的、善良的心。"这是国外网友在穆夫塔一则视频动态下的留言。这段视频中，穆夫塔与英格兰传奇球星贝克汉姆一道，感受着卡塔尔世界杯的魅力。他不时与周围人挥手致意，脸上依旧是熟悉的笑容，美好且纯真。

资料来源：广西区残联微信公众号，2022。

三、自我意识发展的意义

众所周知，人的一生都离不开自我教育，任何形式的教育最终都要归结为自我教育，才能内化和转化为个人的自觉行动。离开了自我教育这一环节，任何教育都无法奏效。这正像苏霍姆林斯基所说的那样："促进自我教育的教育才是真正的教育。"由于自我意识是意识的核心部分，它在人的意识行动中占主导地位，并发挥指挥作用，因此，自我意识中的自我认识、自我体验、自我控制等机制，便构成了自我教育的心理机制。自我意识发展水平较高的人，对自己的认识比较清醒，对自己的评价也较为客观，能正确处理个人与社会的关系。所以，一些研究者指出，自我意识是人格的核心，是人格健全的心理基础。从某种程度上来说，自我意识发展完善的过程也是人格健全的过程。我国学者朱智贤也曾指出，所谓自我教育，就是指个人主动地提出道德修养目标，并以实际行动完善或培养自己的人格品质的过程。它是个人品德修养的自觉能动性的表现，是在自我评价能力发展的基础上产生的。自我意识在个体的健康人格和行为的形成中具有主动调控和完善作用。这种作用主要表现在以下两个方面。

第一，自我意识发展可以促进健全人格的形成。如上所述，自我意识是人格的核心。人格是极其复杂的，构成人格的各个部分是相互作用、不断变化的。在人格形成、发展的过程中，时而会增添一些新的特质，时而会改变或消除一些原有的特质，而使人格的各个部分整合、统一起来的力量，就是作为人格调节系统的自我意识。具体而言，一方面，自我意识发展水平对人格的形成和发展起调节作用。对年幼儿童来说，由于其自我意识发展水平较低，其人格发展主要依赖于外部因素影响，处于他律阶段。随着年龄的增长，青少年的人格发展更多地受到自我意识的调节，逐渐趋于自律。例如，青少年已能根据自己的价值判断，从各方面来自觉地充实自我，从而有效提高自尊感和自信心。另一方面，自我意识中的自我评价、自我调控能力制约着人格发展的方向。人格的形成，既是生物因素与环境因素相互作用的结果，也是个人主观参与作用的结果。自我评价将有助于把握自己的人格中各方面的优、劣、长、短，而自我调控则能自觉地调控人格发展的方向，如在电影《林则徐》中，林则徐针对自己的性格急躁易怒这一问题，特地选用了一块写着"制怒"二字的横匾，来提醒自己改变自己的不良性格。

第二，自我意识发展可以促进人的自我实现。人类具有超越现实条件限制的一种内在需要和能力，人对客观环境不仅具有适应性，而且具有超越性，这是一个人所特有的无限的发展潜能。人本主义心理学认为，人都有自我实现的需要，这也是人能自强不息的精神支柱。提高自我意识的发展水平，有助于个体通过自我教育，不断地发展自我、完善自我、实现自我。自我实现是人的最高发展目标，它意味着可以充分体验生活、充分表现自我，意味着我们终于有机会发挥我们自身的潜能。因而可以说，自我实现者是人格发展的典范。

自我意识的发展是人的心理成熟度的重要标志，良好的自我意识是大学生人格塑造的重要内容。从大学生的心理健康来看，健全的自我意识既是心理健康的标准，又是影响心理健康的重要因素，如果自我意识混乱、自我定位不准，就容易导致心理障碍，妨碍良好自我意识的形成。因此，研究并促进大学生自我意识的健康发展是高等教育的重要任务之一。

四、自我意识的评估

心理学家约瑟夫·勒夫特和哈灵顿·英格汉姆将自我认知的分析过程整理成四个象限，并用两人的名字将相关理论命名为约哈里窗口理论。这一理论将"自我"的概念分成四个部分来诠释，见表4-2。

表 4-2　约哈里窗口理论

	自己知道	自己不知道
他人知道	公开区域	盲区
他人不知道	隐藏区域	未知区域

第一，公开区域。就个体而言，有一些方面既是自己了解的也是他人了解的，换句话说，某人的个人信息是公开的，这个区域就称为公开区域。比如，在一定的人际范围内，你的个人资料如姓名、性别、职业甚至照片等都是公开的。第二，盲区。有一些信息是你自己不了解但是别人了解的。比如，苏轼在《题西林壁》中所描述的："不识庐山真面目，只缘身在此山中。"我们可以通过"镜中我"，即人们通过想象别人眼中的自己来认识自我。第三，未知区域。这是他人不了解、自己也不了解的部分，因此就需要通过人际沟通来不断挖掘。比如，老师的角色就是帮助学生挖掘自身潜力，提升对自己能力和视野的认识。第四，隐藏区域。有些信息是自己了解但不想公之于众的。

每个人的自我都由这四部分构成，但比例各不相同。而且，随着人的成长及生活经历的增加，自我的四个部分也在发生变化。当一个人自我的公开区域扩大时，则其生活变得更真实，无论是与人交往还是独处，都会感到轻松、愉快并充满活力；当盲区变小时，人对自我的认识会更清晰，在生活中更容易扬长避短，发挥自己的潜力。一个人在其成长过程中，通过开放自我，促使公开区域扩大；通过他人的反馈，使部分盲区转变为公开区域；通过与他人分享秘密的自我，使部分隐藏区域转变为公开区域。如此这般，人对自己的了解就会更多且更客观。

下面让我们用约哈里窗口理论来练习，认识一下案例中的阿城。

阿城是一名大学生，家里有四口人——爸爸、妈妈、姐姐和阿城。从小到大，一家人生活得其乐融融，互相关爱。阿城是个积极阳光的大男孩，在学校人缘很好，和宿舍的男生们都以兄弟相称，相处得很融洽。阿城喜欢一个女孩，她是他的高中同学。大一放假期间，高中同学要聚会，阿城本想在高中同学聚会的时候向她表白，但是她没来。阿城听说她住院了，有些担心。他打听到了女孩住院的医院，买了一束花和一篮水果去探望女孩。阿城有些紧张，捧着花和水果来到病房。女孩在睡觉，阿城看到面色苍白但依然美丽的女孩，再次鼓起勇气想向她表白。这时，一个高大帅气的男生给阿城搬了一把椅子，并向他自我介绍说是女孩的男朋友。阿城心中顿时似五味瓶打翻了一样。他忘记了是怎么走出女孩病房的，只觉得心好像裂开了一道缝隙，怎么都填不满，酸楚顿时翻滚上来。

我们用约哈里窗口理论客观描述上文案例中的"阿城"，见表 4-3。

表 4-3　约哈里窗口理论应用

	自己知道	自己不知道
他人知道	公开区域 大学生 积极阳光 和家人互相关爱 和朋友相处融洽	盲区
他人不知道	隐藏区域 喜欢一名高中同学	未知区域

第二节　大学生自我意识的发展

◆ 案例点击

小李来自偏远地区，凭借自己的刻苦努力和天资聪颖，考上了大学。本来，他应该充满希望地开始新的学习和生活。可是，入校一段时间之后，他逐渐悲观失望起来。原来，他把自己与周围众多来自城市的同学加以比较，发现自己在许多方面与他们差距悬殊。例如，城市的学生英语基础较好，而他在家乡没有条件接受英语的听说训练，口语和听力很差，学得十分吃力；城市的学生知识丰富、见多识广，常常谈论一些新鲜名词和热门话题，而他对这些几乎一无所知，无法与他们对话；城市的学生善于交际，与许多人都能交朋友，而他的交际方式单一，与别人很少交往，常感到孤独；城市的学生多才多艺，打球、唱歌、跳舞、使用计算机等，学起来都很快，而他从身体到头脑接受这些比别人都要慢得多；在经济条件和生活消费上的差距就更明显了。于是，他认为自己永远无法与别人相比，觉得自己没有能力在各个方面令自己满意，无论怎样努力都难以获得成功。这种想法与他以往对自己的信心和期望形成了巨大反差。因此，大学的学习和生活对他来说成了沉重的负担和令人窒息的压力，是对他自信与自尊的摧残。他在极度消沉中开始怀疑上大学的必要性和奋斗的价值，想要放弃这一切。后来小李来到了学校的心理健康教育中心，在学校心理咨询师的帮助下，小李逐步找到了自我，重新审视了自己的优势和潜力，最终达到了一种自洽的状态。

资料来源：张萍. 大学生心理健康教育［M］. 重庆：重庆大学出版社，2022.

一、大学生自我意识的发展过程

自我意识的确立是青年心理发展的重要标志之一，对于青年人格的形成、心理的发展起着重要作用。大学生正处于从青春期向成年期转变的重要时期，随着身心发育的不断成熟，以及生活环境、社会角色和社会地位的变化，他们开始从关注外部世界转为关注自己的内心世界，由被动接受转向主动尝试化解自己内心的矛盾和冲突。他们的自我意识已发展到一个新阶段，正经历着一个特别明显的和典型的分化、矛盾、统一和成熟的过程。

二、大学生自我意识的发展规律

1. 自我意识的分化

大学生的自我意识已经从少年时代着重于认识外部世界，转为向内部认识自己。当目光朝向自己时，原来完整的自我意识就一分为二：一个是处于观察地位的"我"（我希望成为怎样的人？），即理想的自我；一个是处于被观察地位的"我"（我现在是怎样一个人？），即现实的自我。自我意识的分化是大学生自我意识开始走向成熟的标志，也是他们的自我意识发展的重要过程。正是这种分化过程，促进了大学生思维和行为主体性的形成，从而为客观地评价自己和他人、合理地调节自身的言行奠定了基础。

2. 自我意识的矛盾

当代大学生满怀理想，对自我期望值较高。当他们在详细进行自我观察、自我分析、自我评价时，往往会不情愿地发现理想自我与现实自我之间存在着较大差距，而这种差距又无法在短时间内消除，因而产生了自我意识的矛盾。这种矛盾使他们常常感到焦虑、苦恼、失望或无能为力。大学生的自我意识矛盾主要表现为主观自我与客观自我的矛盾、理想自我与现实自我的矛盾、独立意识与依附心理的矛盾、自豪感与自卑感的矛盾等。

3. 自我意识的统一

自我意识的统一是心理健康的最佳状态，处于自我意识矛盾中的大学生，总是通过各种方法，力求获得自我意识的重新统一。为了实现这种统一，通常有以下三种途径：

（1）坚持自己理想中的自我的标准，努力改善现实的自我，使之与理想的自我一致；

（2）一方面修正理想的自我，另一方面改善现实的自我，使二者相接近；

（3）放弃理想的自我的标准，自暴自弃，以迁就现实的自我。

显然，第一种途径是积极的，而第三种途径是消极的、不可取的。

不论采取哪种途径，都会导致原有的自我意识的变化，从而形成新的自我意识。这样的过程不是一次性完成的，而是循序渐进的，经过多次反复才能使自我意识渐趋稳定，达到新的发展水平。

总之，在自我意识发展过程中，出现分化、矛盾、统一、转化，是大学生自我意识发展最重要的特征，它影响和制约着大学生心理品质的形成与发展，是大学生形成良好人格特征的重要前提条件。因此，这一过程是大学生进行自我教育的有利时机，再经过社会实践活动的锻炼，他们将渐渐成熟起来，形成健康的自我意识和良好的心理品质。

三、大学生自我意识的发展特点

经过大学教育和生活，随着个体心理和意识的不断发展，大学生自我意识的发展达到了新的水平。独立感、自尊心、自信心等逐步趋于成熟；自我认识、自我体验、自我控制三方面趋于协调发展；自我意识的核心世界观和人生观已基本确立。总的来说，大学生自我意识的发展随着年龄的增长而不断深化，并表现出以下主要特点。

（一）大学生自我认识方面的主要特点

自我认识是自我意识的认知成分。自我意识应从自我认识开始，大学生的自我意识相较于高中生的自我意识更加自觉和主动，他们不仅主动通过把自己和周围事物进行比较来认识自己，还努力将社会期望转化为自我品质。自我认识过程能明确告诉个体"我是谁"。大学生的自我认识具有以下3个特点。

（1）深刻性。大学生在描绘自我形象时，会使用分析性的描述，而不像中学生那样使用整体性描述。这种分析一般能深入剖析个人的内心世界、情绪体验、思想动机、意志特征与理想愿望，展示自我形象的深刻性，如有人用"沙漠里的一粒沙"来描述自己。

（2）社会性。大学生自我评价的能力与中学生相比明显提高，能较全面、客观和主动地从动机、理想、品德等方面进行自我评价，在与他人的比较中观察自己、分析自己，这表明大学生自我形象的社会性更强。

（3）概括性。大学生对自我形象的评价已从外部、具体、偶然的特征，发展到用概括性的词语或方式来描述自己经常出现的综合心理特征，如用"富有个性""洒脱不羁"等来形容自我，这说明大学生自我形象的概括水平有了明显提高。

（二）大学生自我体验方面的主要特点

自我体验是自我意识的情感部分。在自我认识的基础上所表现出来的情绪体验，既可以是正面的情绪体验，如接纳、肯定、自尊、优越感等，也可以是负面的情绪体验，如不满意、否定、自卑等。这个过程使大学生了解到客观自我是否让主观自我感到满意，回答了

"我怎么样"这一问题。大学生的自我体验有以下3个特点。

（1）丰富性。大学生阶段是"最善感"的一个年龄段。大学生有肯定的和否定的自我体验（如喜欢自己还是讨厌自己，满意自己还是不满意自己等），也有积极的和消极的自我体验（如喜悦还是忧愁，趣味无穷还是乏味无聊等），还有紧张和放松、敏感和迟钝等自我体验。一般来说，大学生自我体验的情绪情感基调是积极的、健康的。

（2）波动性。大学生自我体验有一定程度的波动性，主要表现为当事情进展顺利时，会产生积极、肯定的情绪体验，甚至得意扬扬、忘乎所以；当遇到挫折时，会产生消极、否定的情绪体验，甚至自暴自弃、悲观失望。

（3）敏感性。大学生对涉及"我"的、与"我"相联系的一切事物都非常敏感，在行为与自我形象的塑造上，他们往往触景生情，通过想象抒发自己的灵感或生活体验，因而在描述中经常带有一些感慨和遐想。这种情况在大学生的社交平台上是很容易看到的。

● 心理自测

自信心测试

1. 半夜醒来，你常因为惴惴不安而难以再次入睡吗？（　　）
   A. 常常如此　　　　　　B. 有时如此　　　　　　C. 极少如此
2. 如果事情进行不顺利，你会急得涕泪交加吗？（　　）
   A. 常常如此　　　　　　B. 有时如此　　　　　　C. 极少如此
3. 在处理一些必须凭借智慧解决的事务时，你会有怎样的表现？（　　）
   A. 比一般人差　　　　　B. 普通　　　　　　　　C. 水平高人一等
4. 当领导约见你时，你会有怎样的表现？（　　）
   A. 趁机提出建议　　　　B. 介于A、C之间　　　　C. 怀疑自己
5. 面对一般的困难，你能保持乐观吗？（　　）
   A. 是　　　　　　　　　B. 不一定　　　　　　　C. 不是的
6. 在你看来，搬家是件十分不愉快的事吗？（　　）
   A. 是　　　　　　　　　B. 介于A、C之间　　　　C. 不是的
7. 无论是在极高的山顶，还是在极深的隧道中，你都不会胆怯吗？（　　）
   A. 是　　　　　　　　　B. 介于A、C之间　　　　C. 不是
8. 只要自己问心无愧，不管别人怎么说，你都能泰然处之吗？（　　）
   A. 是　　　　　　　　　B. 不一定　　　　　　　C. 不是
9. 有时你会无缘无故地产生一种大祸临头的恐惧吗？（　　）
   A. 是　　　　　　　　　B. 有时如此　　　　　　C. 不是
10. 在小的时候，你很怕黑吗？（　　）
    A. 很怕黑　　　　　　　B. 不是很怕　　　　　　C. 几乎不怕
11. 你仅仅被认为是因勤奋而有些许成就的人吗？（　　）
    A. 是　　　　　　　　　B. 介于A、C之间　　　　C. 不是
12. 即使在逆境中，你仍然能保持精神振奋吗？（　　）
    A. 是　　　　　　　　　B. 介于A、C之间　　　　C. 不是
13. 有时你会无缘无故地感到沮丧、痛苦吗？（　　）
    A. 是　　　　　　　　　B. 有时如此　　　　　　C. 不是

评分方法：

将上述回答统计到下表中，其中选 A 得 2 分，选 B 得 1 分，选 C 得 0 分，然后将各题得分相加得到最后总分。

	1	2	3	4	5	6	7	8	9	10	11	12	13
A													
B													
C													

测试解析：

男性：少于或等于 5 分，表示你有很强的自信心；6～12 分，表示你有一定的自信心；13～16 分，表示你缺乏自信心；大于或等于 17 分，表示你的自信心极度缺乏，可能会经常患得患失，应积极调整。

女性：少于或等于 6 分，表示你有很强的自信心；7～13 分，表示你有一定的自信心；14～17 分，表示你缺乏自信心；大于或等于 18 分，表示你的自信心极度缺乏，可能会经常患得患失，应积极调整。

（三）大学生自我控制方面的主要特点

自我控制体现的是自我意识中的意志方面，表现为个体对自我的认知、情绪、动机和行为有一定的控制能力，可以使用各种方法，比如自我监督、自我塑造和自我克制等，来克服外部障碍和内部阻力，从而有利于实现设定的目标。这个过程体现了人作为行为主体的主观能动性。大学生的自我控制主要有自觉性和独立性两个特点。

（1）自觉性。大学生自我控制的自觉性体现在，随着知识的积累和生活阅历的增加，他们能够根据别人的评价和自己的行为结果进行反省，及时调整自己的行为以适应实现目标的要求。大学生自我评价的自觉性来源于社会责任感、成就目标的决心、生活的价值导向和意志的锤炼，而外部直接诱因的作用则相对减弱。这说明大学生行为的自觉性和自我控制能力明显增强，盲目性和冲动性逐渐减少。

（2）独立性。大学生自我控制的独立性也有所增强。在他们心中，"我"的形象已经改变，变成了一个既担负着历史使命，又有着一定知识、才能的大学生形象。他们的"成年人感"变得特别强烈。因而，在自我意识的发展中，他们强烈要求独立和自我管理，希望摆脱依赖和管束。

第三节　大学生自我意识偏差及其调适

● 案例点击

近一个月以来，小悦一直感到焦虑，她感觉目前的工作无从下手，不知道该如何应对，甚至出现了入睡困难的情况，于是，她找到心理老师寻求帮助。小悦自述，她自从被选上学生会副主席，面对新的工作内容，常感到焦虑和抑郁，觉得自己有很多困难。她现在虽然看上去很阳光，经常笑，但更多时候是为了与别人有更亲近的关系，那并不是真实的自己，她常常感受到强烈的孤独感。心理老师帮助小悦发现其自我意识中不合理的部分，梳理其严重的内心冲突，引导小悦全面认识自己和悦纳自我。一个月后，小悦向心理老师反馈，自己现在感觉很好，焦虑、抑郁情绪显著减少，孤独感降低，自我悦纳程度显著提高；同时，与同学、家人的关系有了明显改善，也不再有入睡困难的问题了。

资料来源：陈发祥，潘莉，黄志斌. 新编大学生心理健康教育：慕课版［M］. 北京：中国民主法制出版社，2023.

大学阶段正是青年学生积极探索、寻求自我的关键时期，思维活跃的大学生不断尝试，做出各种假设。虽然在这个时期自我意识高度发展，但还未完全成熟，积极探索也会带来各种发展偏差。那么，是不是为了避免出错，就停止探索？不，这样做的话，会使他们失去很多精彩的体验，所以大学生要多了解这个时期会出现什么样的自我意识偏差，主动、积极地自我调节，以获得更加健康的自我。

一、主观自我与客观自我的偏差及调适

主观自我是个体对自己的认识和评价。客观自我是别人对自己的认识和评价。英语中的"I"和"me"能很好地区分这一含义，前者是主观自我，用来表示"我是什么""我做什么"；后者是客观自我，用来表示"怎样看待我""给我什么"。对心理飞速发展和成熟的大学生来说，两者经常会产生矛盾。例如，能够做到自我肯定的个体有较高的自信，能够接纳自己的所有缺点，并整合别人对自己的看法与自己对自己的看法。但有些青年对自己的外表及能力具有不实的看法，或者产生自我怀疑，变得缺乏自信；或者过于自我欣赏，走向自我或过分自恋的极端，这些都不利于个体适应未来的人际交往与工作和生活，严重的甚至会产生人格障碍。

◆ 心理知识

归因现象

在学校情境中，学生常提出诸如此类的归因问题，比如，"我为什么成功（或失败）""为什么我考试总是考不过人家"等。美国心理学家伯纳德·韦纳（B.Weiner，1974）认为，人们对行为成败原因的分析可归纳为以下几个方面。

（1）能力：根据个人评估，判断自己是否胜任该项工作。
（2）努力：个人反省、检讨在工作过程中是否尽力而为。
（3）工作难度：凭个人经验判定该项工作的困难程度。
（4）运气：个人认为此次成败是否与运气有关。
（5）身心状况：工作过程中，个人当时的身体及心情状况是否影响了工作成效。
（6）其他：除上述五项外，个人认为还有哪些因素影响了此次成败（如他人帮助或评分不公等）。

韦纳等人认为，我们对成功和失败的解释会对以后的行为产生重大影响。例如，如果把考试失败归因为缺乏能力，那么未来可能会对考试结果抱有消极预期；如果把考试失败归因为运气不佳，那么未来对考试的预期可能更加积极。这两种不同的归因会对生活产生重大影响。

另外，人们很容易把偶然因素归结于个人品质或素质，例如你在雪地里摔倒，就会有人说你笨手笨脚；晚上去卫生间出来忘记关灯，就会有人说你记性不好。这种现象被心理学家称为"基本归因错误"。再碰到类似的情况，你知道自己没什么问题，只是遭遇了"基本归因错误"，这样就不会打击到你的自信心了。

大学生应当学会正确对待主观自我与客观自我矛盾，努力尝试自我分析、自我反省。《论语·学而》中就提到"吾日三省吾身"，要想客观、真实地了解自己，就必须时刻注意反省自我，既不夸大自己的优点，不做不切实际的幻想，又不盲目自我贬低。可以尝试假想自己是另外一个人，默默地在空中观察自己，力图客观地进行自我解剖，形成一个恰当真实的自我意识，建立自己的人生哲学与价值观，不卑不亢，既接受别人的良好建议，又坚定地走自己认为正确的路，最终形成一个成熟的独立个体。

二、理想自我与现实自我的偏差及调适

现实自我是"现实生活中的我"的反映，是一个实在的自我；理想自我是"向往中的我"的反映，体现主体的愿望、社会的要求。大学生自我意识的矛盾冲突，意味着理想的自我意识和现实的自我意识之间存在差距。合理的偏差能够使人不断进步、奋发向上。但是，如果差距过大，则有可能引起自我的分裂，导致一系列心理问题。具体而言，由于两个"我"不能统一，因此自我形象无法确立，自我意识不能形成，就会出现明显的内心冲突，甚至伴随着一定的内心痛苦和极度的不安。在这种矛盾冲突中，如果个体可以真实地表现自己的能力、性格、欲望，既不用掩饰自己的努力，又不怕暴露自己的缺点，就能够基本维持两个"我"之间的平衡，这种平衡可以激励个体努力改善现实自我的状况，并成为向理想自我的目标迈进的动力，使个体能够正常地成长。若这种矛盾处理不好，就会出现理想自我意识与现实自我意识之间的不平衡，甚至可能导致个体放弃对理想自我的追求。

当"理想自我"与"现实自我"发生冲突时，积极的自我调适就变得非常有必要。一般来说，大学生应当有意识地确定理想自我的正确性与可行性，并与现实自我相对照，找到矛盾所在，采取适当措施使两者协调。如果理想自我是错误的，或者自己的主、客观条件还不具备，就应当根据现实条件和自身情况加以分析调整，既可以避免产生不必要的挫折感和失败感，又可以找到更适合自己走的路，从而提高顺利实现目标的可能性。

三、独立意识与依附心理的偏差及调适

当代大学生的一大特点是崇尚自尊、自爱、自强、自立，强调自我的主体性、能动性和独立性。一方面，生理与心理的成熟使他们渴望独立，以独立的个体面对生活、学习与工作中遇到的问题，但由于长期的校园生活使他们应有的社会阅历与经验相对匮乏，当应激事件出现时，他们又常常盼望亲人、老师、同学能够帮自己分析。另一方面，大学生心理上的独立与经济上的不独立也形成了明显的反差。在他们迫切希望摆脱约束、追求独立的同时，却又不可能真正摆脱家长、老师的支持和帮助。特别是对于某些独生子女来说，由于父母的长期溺爱，个体的依赖性表现得非常突出，于是便产生了独立意识与依附心理之间的矛盾。过分的依附使部分大学生缺乏对客观事情的判断能力和决断能力，显得优柔寡断，缺乏主见，出现盲目从众的行为；而过分的独立又使部分大学生陷入"不需要社会支持"及"凡事都要靠自己"的极端思维中，采取我行我素、孤傲自立的行为方式，但在遭遇挫折时又会面临不知如何寻求帮助的情况。

要想缓解这种矛盾所带来的心理冲突，大学生必须在观念上进行自我调整。事实上，任何心理成熟的现代人，都不可能完全独立于社会生活，都会需要他人的帮助，尤其是在现代快节奏的城市生活中，建立广泛的社会支持系统是个体维护心理健康不可或缺的。独立并非意味着独来独往，也不意味着不需要别人的帮助和指导，更不意味着完全不需要依赖任何人，而在于个人必须对自己的行为负有责任。"一个好汉三个帮"，即使是一个独立性很强的

人，也有需要依靠别人的时候。不同的是，独立的人更多的是依靠自己的力量和努力去解决问题，而不是完全依靠他人的帮助或依赖于别人；独立的人能够权衡利弊、审时度势，能够勇敢做出决定并勇于承担自己的责任。

四、自豪感与自卑感的偏差及调适

当代大学生的自豪感和自卑感的矛盾冲突是建立在极端自我肯定和极端自我否定基础上的自我意识形态。当个体初步接触内省时，他们开始认识客观上的自己，容易出现对自我不满、不接纳等情况，甚至可能会陷入自我怀疑。大学生在过往的学习经历中可能受到过老师、亲朋的赞誉和同辈人的羡慕，故而产生很强烈的优越感和自尊心，对自己的能力、才华和未来都充满自信。然而进入大学后，许多大学生发现"人外有人，山外有山"，尤其是当他们在学习、文体、社交等方面显露出某些不足时，就容易陷入怀疑自己、否定自己的不良情绪中，产生自卑心理。在这些大学生的内心深处，自豪感和自卑感常常处于冲突状态。

第四节　大学生的自我教育

● 心理故事

我就是我

维吉尼亚·萨提亚是享誉世界的家庭治疗大师，是萨提亚家庭治疗模式的开创者。在她的《尊重自己》一书中收录了一首诗，叫作《我就是我》。这首诗的内容如下：

天下之大，
却无一人与我完全相同。
有一些人某些部分像我，
但没有任何一人和我一模一样。
所以，
一切出自我的都真真实实属于我，
因为，
那是我自己的选择。
我拥有属于我的一切。
我的身体，以及一切它的举动；
我的思想，以及所有的想法和意念；
我的眼睛，以及一切所看到的影像；
我的感觉，不论它是什么，
愤怒、喜悦、受挫、爱、失望、兴奋；
我的口，和一切从中所说出的话语，
温文有礼的，甜美的或粗鲁的，
对的或不对的；
我的声音，大声的或轻柔的；
以及我所有的行为，

不论是对别人的还是对自己的。
我拥有我的幻想，我的梦想，
我的希望，我的恐惧。
我拥有我所有的胜利和成功，
我所有的失败和错误。
因为我拥有我自己的一切，
我可以和自己成为亲密熟悉的朋友。
由此，
我可以爱自己，并且能够和我的每一部分友善相处。
然后，
我可以使整体的我的全身顺利运作，
带给自己最大的福祉……

据说，这首诗是维吉尼亚·萨提亚在家庭治疗过程中，看到了无数个个体的成长之路后，总结她对生命的感悟时创作的。这首诗娓娓道来，讲述了一个人对自己的赞美和欣赏的美妙故事。从中我们可以知道，即使你并不了解自己的全部，也要爱自己，接受自己。你越能逐渐内化这首诗所蕴含的意义，对"我是谁"的认识就越深入。

资料来源：维吉尼亚·萨提亚. 尊重自己［M］. 朱丽文，译. 北京：世界图书出版公司北京公司，2014.

健康的心理是以健全的自我意识为基础的，因为人的认知、情感、行为都会受自我意识的影响。主动、自觉、准确的自我认识，积极、健康的自我体验，自觉、独立、自制的自我调节，都需要做到从心理层面接纳自我，并在社会化过程中不断发展自我、完善自我，这也是自我教育的过程。

自我教育，即主体自我按社会要求对客体自我自觉实施的教育过程，是自我调控的最高阶段。一般的自我调控着眼于"克制"，而自我教育则强调在克制自我的基础上设计自我、完善自我，最终达到自我的充分发展。自我教育的实质就是积极、努力地把现实自我与理想自我统一起来的过程。自我教育是个体自我意识进步到一定程度后出现的高级自我调控形式，是个体对自身的主动、积极的调节。自我教育模式一旦形成可以终身跟随个体，时刻对主体进行目标调节、行动控制、自我激励，帮助个体总结并促进自身的终身可持续发展。加强自我教育可以充分发挥人现有的智慧，培养人特有的创造精神，使个体学会与他人和睦相处，更好地生活和享受人生。

自我教育从本质上来说，是人们自我认识、自我改造的过程。在自我教育过程中，人们首先要认识自己，即人们在工作和生活实践中，从观察分析客观环境、认识他人的过程中，逐步认识自己与环境、自己与别人的关系，然后反诸己身，即用新的标准要求自己、教育自己，使自己的认识和行为更符合社会的需要。因此，大学阶段的自我教育要求我们要正确地认识自我、客观地对待自我、积极地改造自我、不断地完善自我。

一、正确地认识自我

"人，认识你自己。"这句早在几千年前就刻在古希腊奥林匹斯山特尔斐神殿上的话，已被西方人公认为是现代心理学的起源，人们认为心理学就是一门人类认识、了解自己的科学。即便人类社会发展至今，我们仍然面临着一个最大的也是最永恒的课题——认识自我。所谓认识自我，就是要客观地评价自己，既不高估自己，也不贬低自己；认识自我，就是要认识自己的生理特点，认识自己的理想、价值观、兴趣爱好、能力、性格等心理特点；认识自我，就是要认识自己的优势、劣势、自己的与众不同之处和发展潜力。大学生要想形成良好的自我教育能力，首先要做到的就是正确、客观地认识自我。只有具备较好的自我认识，才能在脑海中构建一个积极、可行、有效的行为模式。只有对自身有了准确的认识，才能正确设计自我的发展道路，选择适合自己的美好而又充满希望的职业生涯，寻找与自己契合的人生伴侣，积极采取适当有效的措施改造、完善自我，最终实现自我的全面协调发展，发挥自身的最大潜能，达到自我实现的人生最高境界。

大学生一般可以通过以下几个途径来认识自己。

（一）依据他人对自己的态度来认识自己

个人对自己的评价往往以其他人的评价为参照，人们在相互交往中，不断地深化对自己的认识。大学生一般很在乎别人对自己的看法，尤其是有影响力的评价者。他们对别人的评价往往有两方面的反应，一方面，积极地接受别人的看法；另一方面，也许认为别人的评价不符合自己的实际。因此，评价者的特点、评价的性质等将会影响他们对评价的接受程度。开展同学之间的互评，教师给予具体而有个性的评价，都有助于自我意识的提高。当然，大学生应正确对待他人对自己的评价，应注意评价的准确性、全面性、公正性，在听取他人的评价时不能全盘接受或全盘否定，要经过取舍。应注意与自己关系密切的人对自己的评价；应注意人数众多、异口同声的评价；应注意分析评价者所持的态度、观点，然后有选择地接受，形成关于自我的正确概念。大学生应从分析他人对自己的评价中进一步认识自我，而不应对别人指出自己的缺点而耿耿于怀，也不应对别人夸赞自己的优点而沾沾自喜。

● 心理实践

优点大"轰炸"

活动目的：发现自己的优势。

活动过程：

（1）小组成员围成一圈，轮流站在团体中间，由其他人依次说出中间成员的优点或对这位成员的欣赏，态度要真诚。

（2）每个站在中间被"轰炸"的同学静静地听，表示感谢，不必做任何辩解。

（3）注意体会被大家指出优点时的感受。

（4）全部结束后，成员交流被"轰炸"的感受。

（二）通过与他人适度比较来认识自己

一个人对自己特点的评价，往往是在与同龄人或类似于自己的人进行比较的过程中形成的。人们有一种心理倾向，总是不由自主地用别人的形象或某种特点来衡量自己，并据此对自己做出某种评价，或是因自己优于别人而沾沾自喜，或是因自己不如别人而自惭形秽。社会比较理论认为，当个体发现自己对自己的评价与类似于自己条件的他人对自己的评价一致时，就加强了自我评价的信心，大大提高了安全感；相反，如果发现和这些人对自己的评价差距很大，就会使自己的安全感受到极大的威胁。大学生在与他人进行比较时，既要学会欣赏他人，寻找别人身上的优点，又要寻找自己身上的不足，从而看到"我的另一面"，并通过自我控制，对自我进行某些调整和改进，使自己不断进步和完善。

(三) 通过评价自己的活动表现和成果来认识自己

个体在与外部世界接触中，会不断表现出自己的体力、智力、情绪、意志和品德，个体完成任务的效果与成就程度都与个体这些特征有关。通过有意识地观察、总结自己的活动表现和成果，个体可以充分认识自己的优缺点，对自己形成更深入的认识。当然，个体在对自己进行评价时要尽量以客观标准为依据，避免因为个人认识或个人动机而出现较大误差，例如，有的人成绩一般却过于自满；有的人成绩优秀却感觉不如他人，自信心不足。自我要求过高者或完美主义者往往表现为对自己要求过严，一旦遭遇挫折就容易对自己及社会产生失望心理，严重者甚至会出现心理障碍，直接影响自身的心理健康。

(四) 借助外界的工具来认识自己

除了上述方法外，现代社会发达的信息来源为大学生认识自我提供了科学化的途径和工具，即可以通过各种心理测验、量表、仪器来认识自己。通过生理测量或检查，我们可以了解自己的生理状况，对自己的生长发育有正确的认识。许多大学生外表和身高本来属于正常甚至良好水平，但由于一些商业媒体对体育、演艺明星的夸大宣传，使大学生对自己产生了过高要求，许多人对自己的外表不满意，这导致他们可能会选择整容或产生心理障碍。因此，正确认识自己的外表、生理状况对于建立客观的自我形象有很重要的意义。心理测量包括纸笔测验、面谈、情景测试等，通过心理测量可以充分了解自己各个方面的心理特征，如智力水平、性格特征、气质类型、心理适应状况等。

二、客观地对待自我

● 案例点击

某位大学生向心理老师倾诉："在别人眼里，我是非常不错的学生。从进校以来一直担任班长，还是社团主席，学院和社团的工作我都干得有声有色，学习也没耽误。但这次期末考试我并没有考到第一，我的成绩下降了，因此感到很苦恼，觉得自己一无是处。现在，我感觉别人对我也不是很认可了。"

大家可能会吃惊，这么优秀的人也会有这样的烦恼。其实，很多人的成长过程一直都很顺利，缺少和失败打交道的经验，在大学生活中忽然遇到挫折时就容易陷入自我否定。古人云："甘瓜苦蒂，天下物无全美。"这个世界上没有十全十美的东西，同样，也没有十全十美的人。一个心理健康的人应该懂得客观地对待自己，接受自己的缺点，并在此基础上积极地发挥自己的优势。如果一个人总是对自己的缺点耿耿于怀，那么他就无法充分发挥自己的优势，无法获得精彩的人生。

客观地对待自我包括两个方面：积极悦纳自我和有效控制自我。积极悦纳自我是发展健康的自我体验的核心。积极悦纳自我就是要对自己的本来面目持认可、肯定的态度，能够正视自己。尽管自己有不优秀的地方，与理想中的形象存在差距，仍可以从本质上接受自己，而不因此感到忧虑。"尺有所短，寸有所长"，每个人都有短处和缺陷，其中有的是无法补救的，或只能做有限的改善。在这种情况下，应该正视自己，坦然接受这种缺陷，并不为此感到羞愧，不在别人面前加以掩饰，不采取其他防御行为，平静而又理智地看待自己的短处，冷静地对待自己的得与失。只注意自身不足的人，容易产生自卑心理，往往夸大自身的缺点，对自己持悲观态度，甚至否认自我存在的价值，从而极大地阻碍正确的自我意识的形成。自尊者则对自我充满信心，乐于接受对自我的教育和要求，从而有利于促进正确自我意识的形成。

有效控制自我是健全自我意识、完善自我的根本途径。一般来说，大学生要想有效控制自我，就应该建立合乎自我实际情况的抱负水平，确立合适的理想自我，即面对现实确定自己的具体奋斗目标，把远大的理想分解成一个个可实现的具体目标，这些目标应由近及远、由低到高，逐步加以实现，避免让自己长期遭受失败感的折磨，进而产生损害自尊心甚至影响身心健康的结果。有效控制自我还要注意培养坚持性和自制力，增强挫折耐受力，使自己能自觉、主动地认清目标，为实现目标而努力排除干扰、克服困难。一个心理健康的大学生能对自己的能力、性格和优缺点做出恰当的、客观的评价，给自己设定的理想目标与实际情况较为匹配。即使在最困难的条件下，一个心理健康的大学生也能理智地对待自我，使自己的心理状态在运动变换中达到平衡。

◐ 心理实践

目光炯炯

活动目的：学习自我肯定的技巧，增强自信。

活动过程：同桌两人为一组，互相注视对方的眼睛50秒，在此期间不可以躲闪，目光注视表示自信及诚恳。然后注视对方，每人用1分钟向对方做肯定的自我介绍。接着，肯定地表达自己的感受，如"我对××（绘画、弹琴、数学、英语等）最有把握"，大声说3遍，注意每遍的感受，然后交换角色。接下来，请对方帮忙做某件事或者借对方的东西，1分钟之内用各种方法要求对方，但对方则看着自己重复说"不"，然后两人交换角色。讨论活动中的感受，以及如何将活动中的收获应用到日常生活中去。

三、积极地改造自我

大学生不断改造自我的过程事实上是其自我意识走向统一的过程。大学生即将走入社会并接受挑战，要既注重自我又不固守自我，要根据社会要求不断改造自我。在改造自我之前，应当先确定要改造的内容，再确定实现改造的过程和方法，找到方向后还需要善始善终。要保证自我改造的经常性，随时随地注意纠正自己的缺点，直到形成良好的习惯或将之内化为自己的价值标准；要注意不良习惯的反复，不良习惯非一朝一夕形成的，其改变也是一个漫长的过程，大学生必须充分调动自己的意志、情感，坚定不移地贯彻自己的决定，才能达到自己想要的效果；大学生改造自我还需要克服外界环境的不良诱惑，随着社会的进步，物质、信息资源的不断丰富，大学校园越来越走向开放与多元化，形形色色的价值观充斥其中，大学生必须克服许多不同观念的困扰，才能对自己实现正确而有效的改造，否则就会摇摆不定，不但没有形成良好的习惯，反而增添了不良因素。事实上，小至减肥、健身，大至有关前途的专业学习、考研等都是个体自我不断改造、走向完善的过程，都需要个体发挥顽强的意志品质才能真正实现。

四、不断地完善自我

自我教育的心理实质是个体在认识自我、认可自我的基础上，自觉规划行为目标，主动调节自身行为，积极改造自己的个性，由现实自我走向理想自我，实现自我的完善发展，以适应社会要求的过程。

自我完善的过程包括三个环节。首先，要确立正确的理想自我。对于大学生来说，来自职业选择、人际关系、学业等各方面的困惑是人生的必经之路，个体必须正视这些问题并做出自己的选择，这种选择的过程也是大学生逐渐实现自我统一、走向理想自我的基础。正确的理想自我是在自我认识、自我认可的基础上，按社会需要和个人的特点来确立自我发展的目标。其次，要努力提高现实自我。大学生在确立了基于现实的理想自我的目标后，还要为实现理想自我而做出实际的努力，这是一个长期而艰苦的自我改造的过程，需要完善自我控制机制，包括制订计划、实施监督、自我协调等环节的具体实行；需要意志上的努力、情感上的激励和认识上的不断自我反思。最后，要努力实现现实自我和理想自我的和谐统一。在实现二者统一的过程中，大学生要不断分析和确认理想自我的正确性和可行性，然后与现实自我相对照，有针对性、有计划地解决二者之间的矛盾，缩小差距，在不断解决矛盾、自我提升的过程中实现自我价值与社会价值的统一，走向完善的自我。

心书推荐

《致成长中的你——十五封青春书简》
殷健灵

当你从镜子里面对自己的时候，我希望你不仅仅悦纳自己的容貌，还要悦纳自己的心，悦纳那一部分并不愿意被所有人看到的心。

上学不单是为了将来我们能有一份满意的工作，更为了在与别人的相处中发现自己，完成真正的成长。不是一个人成长，而是和别的同伴一起成长。这些青春的日子，无论它多么乖戾、狂乱、惶惑、郁闷、繁复、单调、枯燥，无论它摊上多少不堪的形容词，它们都会变作一笔定期储蓄，等你年老时来享用。

素养提升

巴黎奥运会："00后"登上国际舞台

多年以后，你是否还会想起2024年炎热的夏天？北京时间2024年8月12日凌晨，在与中国相隔上万千米的巴黎，第33届奥运会闭幕。中国，在这届奥运盛会中讲述了"00后"运动健儿们争先恐后的故事。在这届奥运会上，中国队获得的金牌中有很多都是"00后"所得的。

"自信的'00后'"。"竞争越激烈越好，这样赢了才有意思。"这是刚过了20岁生日的潘展乐的霸气宣言。出征巴黎前，他就自信满满："这次去肯定是要突破原有成绩的。""小小巴黎，拿捏！"这是全红婵的"宣言"。"这块金牌不是压力，也不是动力，只是一个结果，也是一项能力。"这是黄雨婷对金牌的认识。"00后"运动员中不少人在接受外媒采访时，英文脱口而出，让人不由得感叹他们的"国际范儿"。他们平视世界，豪情万丈，挑起大梁。

"真实的'00后'"。21岁的网球女单冠军郑钦文"一战封神"，她大方地回应喜欢"Queen"的称呼，告诉大家自己足够努力，"我实至名归"；张雨霏遗憾摘铜时，直率地说自己渴望"有一项属于自己的世界纪录和获得100米蝶泳冠军"；梁伟铿、王昶的组合首次出征奥运，便收获一枚银牌，对此王昶表示，成绩"和对自己的期望还有一步之遥，这一步将是努力的动力"。

"真情的'00后'"。他们无疑是充满个性的，台上全力以赴，台下则"萌"翻天。他们流露的情感中，充满对祖国的真情。巴黎奥运会网球女单半决赛时，郑钦文在场边被问："明天你终于可以休息一天了，你会因为过于兴奋以至于没法好好休息吗？"郑钦文说："今天我虽然很累，我却感觉可以继续打，即使你现在让我为我的国家再打三个小时，我仍然愿意再来一次。"潘展乐在打破由自己此前创造的世界纪录后说："我不是一个人在战斗，背后是强大的中国队！我的这块金牌，献给伟大的祖国！"

这群"00后"为了实现梦想，为了在奥运会赛场升起五星红旗和奏响中华人民共和国国歌而奋力拼搏。这群自信、真实、真情的"00后"，必将撑起祖国的明天。

资料来源：富春江，巴黎奥运会：讲述了怎样的中国故事，浙江宣传微信公众号，2024。

◉ 思考启迪

要善于从党的创新理论中汲取踔厉奋发、勇毅前行的精神动力，坚定历史自信、锤炼斗争本领，始终以锐意进取、迎难而上的奋斗姿态奋进新征程、建功新时代。

资料来源：中华人民共和国中央人民政府，习近平：第六批全国干部学习培训教材作序言，2024。

党和国家的发展需要锐意进取、迎难而上，拼搏和奋斗对于大学生的自我成长和自我意识发展同样也具有极大的价值。

◉ 心理测试

自我和谐量表（self consistency and congruence scale，SCCS）

下面是一些个人对自己看法的陈述，请你仔细阅读每句话，然后选一个数字（"1"代表该句话完全不符合你的情况，"2"代表不太符合你的情况，"3"代表不确定，"4"代表比较符合你的情况，"5"代表完全符合你的情况）以代表该句话与你现在对自己的看法相符合的程度。每个人对自己的看法都有其独特性，因此答案是没有对错之分的，只要如实回答就行了。

题 目	完全不符合	不太符合	不确定	比较符合	完全符合
1. 我周围的人往往觉得我对自己的看法有些矛盾	1	2	3	4	5
2. 我有时会对自己在某些地方的表现不满意	1	2	3	4	5
3. 每当我遇到困难时，总是首先分析造成困难的原因	1	2	3	4	5
4. 我很难恰当地表达我对别人的情感反应	1	2	3	4	5
5. 我对很多事情都有自己的观点，但并不要求别人与我一样	1	2	3	4	5
6. 我一旦形成对事物的看法，就不会再改变	1	2	3	4	5
7. 我经常对自己的行为不满意	1	2	3	4	5
8. 尽管我有时候也会做一些不愿意的事情，但基本上是按自己的意愿做事情的	1	2	3	4	5
9. 一件事，好就是好，不好就是不好，没有什么可含糊的	1	2	3	4	5
10. 如果我在某件事上不顺利，往往会怀疑自己的能力	1	2	3	4	5
11. 我至少有几个知心朋友	1	2	3	4	5

（续）

题　目	完全不符合	不太符合	不确定	比较符合	完全符合
12. 我觉得自己所做的很多事情都是不该做的	1	2	3	4	5
13. 不论别人怎么说，我的观点决不改变	1	2	3	4	5
14. 别人常常会误解我对他们的好恶	1	2	3	4	5
15. 很多情况下我不得不对自己的能力表示怀疑	1	2	3	4	5
16. 我的朋友中有些是与我截然不同的人，这并不影响我们的关系	1	2	3	4	5
17. 与别人交往过多容易暴露自己的隐私	1	2	3	4	5
18. 我很了解自己对周围人的情感	1	2	3	4	5
19. 我觉得自己目前的处境与我的要求相距太远	1	2	3	4	5
20. 我很少去想自己所做的事是否应该	1	2	3	4	5
21. 我所遇到的很多问题都无法自己解决	1	2	3	4	5
22. 我很清楚自己是什么样的人	1	2	3	4	5
23. 我能很自如地表达我想表达的意思	1	2	3	4	5
24. 如果有了足够的证据，我也可以改变自己的观点	1	2	3	4	5
25. 我很少考虑自己是一个什么样的人	1	2	3	4	5
26. 把心里话告诉别人不仅得不到帮助，还可能招致麻烦	1	2	3	4	5
27. 在遇到问题时，我总觉得别人都离我很远	1	2	3	4	5
28. 我觉得很难发挥出自己应有的水平	1	2	3	4	5
29. 我很担心自己的所作所为会引起别人的误解	1	2	3	4	5
30. 如果我发现自己在某些方面表现不佳，总希望尽快弥补	1	2	3	4	5
31. 每个人都在忙自己的事情，我很难与他们沟通	1	2	3	4	5
32. 我认为能力再强的人也可能会遇上难题	1	2	3	4	5
33. 我经常感到自己是孤立无援的	1	2	3	4	5
34. 一旦遇到麻烦，无论怎样做都无济于事	1	2	3	4	5
35. 我总能清楚地了解自己的感受	1	2	3	4	5

计分与评定：

这份测试题中包含了3个分量表，各分量表的得分为其所包含的题项得分直接相加。3个分量表包含的题项分别为：

（1）自我与经验的不和谐分量表：1、4、7、10、12、14、15、17、19、21、23、27、28、29、31、33题，共16项；

（2）自我的灵活性分量表：2、3、5、8、11、16、18、22、24、30、32、35题，共12项；

（3）自我的刻板性分量表：6、9、13、20、25、26、34题，共7项。

计算三个量表总分的方法是将"自我的灵活性分量表"项目反向计分，再与其他两个分量表的得分相加，得分越高，代表自我和谐程度越低。在大学生中，低于或等于74分为低分组，75～102分为中间组，103分及以上为高分组。

资料来源：心理学网，https://www.xinlixue.cn/web/xinliliangbiao/rengeliangbiao/2015-09-17/657.html。

知识导图

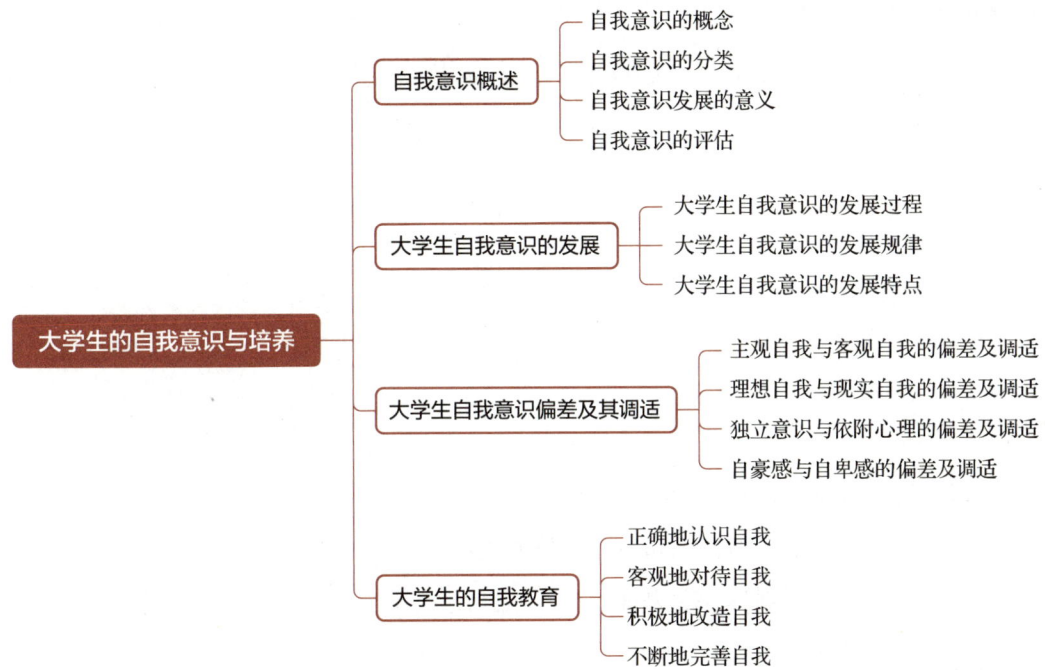

课后习题

1. 简述大学生自我意识的概念及类型。
2. 简述大学生自我意识发展的特点及偏差。
3. 思考我们应以什么态度对待不完美的"我"。

参考文献

［1］ 杨春城，杨雁秋，王琦平. 大学生心理健康教育与素质拓展［M］. 昆明：云南大学出版社，2023.
［2］ 贾楠，乔凯平. 心理与成长大学生心理健康指导［M］. 北京：机械工业出版社，2021.
［3］ 张萍. 大学生心理健康教育［M］. 重庆：重庆大学出版社，2022.
［4］ 刘邦春，刘婕，陆峥. 大学生心理健康手册［M］. 上海：上海社会科学院出版社，2023.
［5］ 王坚，谢康. 大学生心理健康教育［M］. 苏州：苏州大学出版社，2022.

第五章　培养健全的人格
——大学生人格发展与心理健康

◉ 学习目标

（1）了解人格的基本知识；
（2）了解当代大学生的人格特征和自我人格发展状况；
（3）掌握大学生人格发展异常的表现、形成原因及调适方法。

◉ 案例导入

一位老和尚，他有一帮虔诚的弟子。有一天，他嘱咐弟子每人去南山砍一担柴回来。弟子们匆匆行至离山不远的河边，人人目瞪口呆——只见洪水从山上奔泻而下，无论如何也休想渡河砍柴了。无功而返，弟子们有些垂头丧气。唯独一个小和尚与师傅坦然相对，师傅问其缘故，小和尚从怀中掏出一个苹果，递给师傅说："过不了河，砍不了柴，见河边有棵苹果树，我就顺手把树上的一个苹果摘下来了。"后来，这位小和尚成了师傅的衣钵传人。

资料来源：张萍. 大学生心理健康教育［M］. 重庆：重庆大学出版社，2022.

【思考】
（1）为什么小和尚能成为师傅的衣钵传人？
（2）小和尚身上具有怎样的品质？

小和尚在面对无法过河砍柴的情况时表现出了与其他人不同的态度。这个故事也告诉我们，每个人都有各自的个性特征。在生活中有的人开朗热情，有的人独立坚强，有的人多愁善感。什么可以解释人与人之间的各种差别，将你与他人区分开来呢？心理学给出的答案是——"人格"。心理学家普遍认为，在人的素质结构中，人格起着近乎决定性的作用。人格是人的心理面貌的集中反映，人格的健康发展也是促进社会健康发展的一种力量。大学时期是一个人心理塑造和价值观养成的重要时期，大学生如何抓住这一关键时期塑造、健全人格尤为重要。

第一节　人格概述

一、人格的含义

在日常生活中，我们经常会使用"人格"一词。我们经常可以听见"××有良好的人格""他人格高尚""他出卖了自己的人格"等说法，或者在面试时常听到考官说："能力是一方面，也要看人格品质。"这些描述包含了人格的多重含义。那么，究竟什么是人格呢？"人格"（personality）一词来自拉丁语中的"面具"（persona）。在现实生活中，"人格"的适用范围非常广泛，在不同的学科范畴中有不同的含义，如社会学把人格定义为人品，与品格同义；法学认为人格是权利义务主体的资格；而在心理学领域，人格也称个性，心理学家认为：人格是一个人在与其环境相互作用过程中所表现出来的独特的思维模式、行为方式和情感反应的特征；人格反映了一个人总的心理面貌，是相对稳定、具有独特倾向性的心理特征的综合，它组织着人的经验并形成人的行为和对环境的反应，也就是说，它在很大程度上决定了人对外界的刺激作用有怎样的反应，包括反应的方向、形式和程度等。人格会直接影响人的身心健康、活动效果、潜能开发以及社会适应情况。因此，可以认为，人格是个体素质的基础，在很大程度上决定了个体包括生理、心理和社会文化素质在内的综合素质的发展。塑造健全人格，是大学生心理发展的重要任务和素质教育的迫切要求，对于个体的健康成长、社会生活的有序发展具有重要意义。

人格由人格倾向性和人格心理特征两大部分组成。人格倾向性是一个人的态度和行为的动力系统，它决定着人们认识事物和从事活动的方向与动力。它包括需要、动机、兴趣、理想、信念、世界观等。人格心理特征是一个人在成长过程中逐步形成和发展出的人格当中非常稳定的成分，是人与人之间人格差异的最突出体现，主要包括气质、性格和能力。

二、人格的特点

（一）独特性

300多年前，德国哲学家戈特弗里德·威廉·莱布尼茨（Gottfried Wilhelm Leibniz，1646—1716），在普鲁士王宫里向王室成员和众多贵族宣传他的宇宙观时，话锋一转，说："世界上没有两片完全相同的树叶。"听者哗然，不少人不信。于是，好事者就请宫女到王宫花园中去找两片完全相同的树叶。谁知，数十人寻遍也无法找到。人们惊愕，原来大千世界是如此丰富多彩。后来人们常用莱布尼茨的这句话来形容人格——世界上没有两片完全相同的树叶，世界上也没有个性完全相同的人。因此，独特性是指每个人的人格都是不同的，都有其独特的一面。由于人格是由先天遗传、后天环境以及个体的主观能动性等许多因素的共同影响而形成的，这些因素对每个人的影响都是不同的，因而没有人格完全相同的两个人。所谓"人心不同，各如其面"，说的就是人格具有独特性。当然，虽然人格具有独特性的一面，但是生活在同一个社会群体中的人也会表现出一些相同的人格特点。例如，中华民族是一个勤劳、勇敢的民族，这里的"勤劳、勇敢"就是共同的人格特点。由此可见，人格特点既有独特的一面，又有共性的一面。

● **心理故事**

某家有一对十分可爱的双胞胎，但是他们的外表、性格与想法等却迥然不同。一个是极端的乐观主义者，另一个却是十足的悲观主义者。

父亲为了了解这对双胞胎儿子的反应，在他们生日那天，在悲观儿子房间里堆满了各种各样的新奇玩具及电子游戏机，而在乐观儿子房间里则堆满了马粪。晚上他们的父亲经过悲观儿子的房间，发现儿子正坐在一大堆新玩具中间伤心地哭泣。

父亲问儿子:"儿子呀,你为什么哭呢?"

他回答:"因为我的朋友都会妒忌我,我还要读那么多使用说明才能玩。另外,这些玩具总是要更换电池,而且最后全都会坏掉!"

父亲走过乐观儿子的房间,发现儿子竟然在马粪堆里快活地手舞足蹈。

于是父亲问他:"噢,你高兴什么呢?"

这位乐观的儿子回答道:"我能不高兴吗?这附近肯定有一匹小马,快告诉我小马在哪里?"

"世界上没有两片完全相同的树叶。"这是莱布尼茨的著名论断。以上的故事说明,人格是独一无二的,即使是双胞胎,基因高度相似,也会出现性格迥异的情况。

资料来源:王坚,谢康. 大学生心理健康教育实践教程[M]. 苏州:苏州大学出版社,2022.

(二) 稳定性

一个人在生活中所表现出来的对待事物的一贯的态度和行为才能算是一种人格的表现。也就是说,这种一贯的态度和行为是不易受时间、地点和环境的影响的,人格是具有稳定性的。例如,一个乐观的人在不同的境遇下都会表现出积极向上的态度,这个特点在其一生当中都不会有很大的变化,这就是人格的稳定性。而那些在某种特殊的环境下偶然表现出来的态度和行为则不能算是人格。例如,一个平时性格内向、少言寡语的人在醉酒之后处于兴奋的状态,高谈阔论,我们不能因此就说他具有活泼外向的人格。所谓"江山易改,本性难移",这里的本性指的就是人格,它是不容易改变的。但是不容易改变不代表一成不变,如果一个人的生理条件或生活环境发生了巨大而持久的变化,人格也有可能产生或多或少的变化。例如,一个平时一向勤俭节约的人,由于经济条件有了巨大而持久的改善,也可能逐渐变成一个挥金如土的人。

(三) 整体性

人格并不是一种单一的心理品质,而是由多种成分构成的一个有机的整体。在这个整体中,这些成分并不是孤立存在的,而是整合在一起,彼此相互作用的;不是杂乱无章地发挥着功能,而是在人的自我意识的统一调控下,彼此协调一致地发挥着各自的功能。人格就像一个黑箱子,虽然我们看不见、摸不着里面的东西,但它可以通过一个人的态度和行为表现出来。正是由于人格的整合功能,才使个体所表现出来的态度和行为成为一个可以让人理解的整体。

(四) 社会性

人格的社会性是指我们在与他人交往中掌握社会经验和行为规范,塑造自我,从而变成社会的成员。不同于其他动物,人类具有一种与生俱来的对社会生活的需要和适应社会生活的能力,比如,学会使用语言进行交流,借助概念开展思维活动,将学得的经验加以抽象概括,实现经验的沟通和传递。因此人格的社会性也是指人格会随着社会变迁而变化,在变化中人不断塑造自己的人格。但是,如果出生后由于某种原因,婴儿的社会接触被剥夺,他就不可能成为真正的人。印度有一位牧师辛格在狼窝里发现两个小女孩。小的约2岁,很快死去了,大的约8岁,取名卡玛拉。卡玛拉以四肢爬行,像狼一样生活。经过辛格的悉心照料与教育,她两年后学会了站立,4年后学会了6个单词,6年后才学会了直立行走并能说出40个单词,直到17岁去世时,她仅具有相当于正常儿童4岁时的心理发展水平。社会剥夺(或称社会性剥夺)会使人丧失人性,无法形成人格。

● **心理实践**

变身乐天派

活动目的：学会积极地自我激励。

活动过程：

（1）活动准备：每个人准备一份材料、一支笔。

（2）活动介绍：大家是否思考过，自己是一个乐观的人还是一个悲观的人？当你遇到困难的时候，你还是一个乐观的人吗？乐观是天生的品质吗？

（3）组内活动：呈现一些消极激励的句子，让大家试着把这些消极激励的句子转化成积极激励的句子。

我必须认真做好我的作业，否则我在考试中就不能得到高分，就无法发展自己的专业能力了。

转换为：我必须认真做好我的作业，这样我就能得到一个较高的考试分数，就可以发展自己的专业能力了。

每个同学把这些句子在心中默念一下，然后大声地朗诵出来，体会一下不同的感受。

我必须……，否则我……，就无法……。

转换为：我必须……，这样我就能……，就可以……。

（4）组间活动：请每个人匿名列出自己常常使用的消极激励的语句。然后，把每个人写的内容收集上来，打乱后再重新发放给不同的小组，让大家把这些消极激励的语句转化成积极激励的语句。大家在心中默念一下这些句子，接着大声朗读出来，体会一下不同的感受。

活动总结：每个人在心中默念和大声朗诵之后，都能体会到不同的心理感受。最开始，有的人可能没有察觉到两种表述方式之间存在差异。随着深入地进行讨论，一些人会被其他更为积极、乐观的同伴所感染，特别是带着情绪，投入甚至夸张地朗诵那些句子的人，他们就会从中体验到不同的内心感受。不断重复积极激励的句子就会产生积极的自我暗示及情绪体验。

资料来源：陈发祥，潘莉，黄志斌. 新编大学生心理健康教育：慕课版［M］. 北京：中国民主法制出版社，2023.

三、人格的结构

人格是由认知、动机、气质、性格、自我调控等不同成分构成的一个结构系统，不同成分从不同侧面反映了个体的差异，其中，气质与性格是人格的重要组成方面。

● **心理故事**

试想一下，你坐在教室里，随手把帽子放在旁边空着的座位上。正当你转头和同桌聊天聊得兴起时，有个人走过来坐在你旁边的空位上，不小心正好坐在你的帽子上。这时，你会有怎样的想法，你会怎么办？不同的人可能会有不同的反应。

你可能会立刻站起来，勃然大怒："没长眼睛吗？"准备拳脚相迎。

你可能会拍拍对方，拿起自己的帽子，继续和同桌聊天，相安无事。

你可能会提醒对方坐了自己的帽子，内心后悔不该把帽子放在那个地方，下次一定要小心，可心里总不是滋味，自认倒霉。

你也可能会提醒对方坐了自己的帽子，并告诉他以后看清楚了再坐下。

对同样的事情，我们可能会有不同的反应。这是什么原因导致的呢？

(一) 气质

什么是气质?《西游记》里的猪八戒充满活力、幽默、善于处理人际关系；孙悟空敢作敢为，富有创造力、闯劲、冲劲，但同时也有些任性；沙僧本事不大，但勤勤恳恳、任劳任怨，非常勤奋、忠诚、可靠；唐三藏是团队的核心，他很执着、自律。从这四个典型的小说人物身上，我们可以看到，气质是一种存在于人身上的典型的、稳定的心理特点。

气质（temperament）一词来源于拉丁语，原意是掺和、混合，按适当比例把佐料调和在一起。之后，气质被用来描述人们的兴奋、激动、喜怒无常等情绪特性。在现代心理学中，气质是指表现在心理活动的强度、速度、灵活性与指向性等方面的一种稳定的心理特征。

关于气质的问题是一个古老的心理学问题。早在公元前 5 世纪，古希腊著名医生希波克拉底就提出了气质学说。他认为人体内有四种体液：血液、黏液、黄胆汁和黑胆汁。四种体液协调，人就健康，四种体液失调，人就会生病。希波克拉底曾根据哪一种体液在人体内占优势把气质分为四种基本类型：多血质、胆汁质、黏液质和抑郁质。

1. 多血质——喜怒都展现在外

这类人情绪不稳定，情感的发生迅速而易变，思维敏捷，活泼好动。在情绪反应上表现为快而多变，但不强烈；情感体验不深，但很敏感。在行为方面表现为活泼好动、机敏、积极参加各种活动，但常常有始无终。该类型的人适应性强、善于交际，待人热情，学习上领会问题快，但也表现出轻率、不忠诚等。

2. 胆汁质——夏天里的一团火

这类人好冲动、情感发生快、情感强烈而持久，动作迅速而强烈，对自己的言行控制力弱，反应速度快，但不灵活。在行为方面表现为积极参加各种活动，有创新精神、工作积极，遇到困难时能以极大毅力去克服困难，有独创性，但缺乏自制性、有时粗暴和急躁、易生气、易激动。

3. 黏液质——冰冷耐寒

这类人性情沉静、心境平稳、不易激动，很少发脾气、情感很少外露。在行为方面表现为沉默寡言、面部表情单一，胸怀宽广，能委曲求全，自制力强。活动中表现为有条有理、深思熟虑、坚韧不拔。该类型的人容易形成勤勉、实事求是的品质，但也可能发展出如萎靡、迟钝、消极、怠惰等不良品质。

4. 抑郁质——秋风落叶

这类人性情脆弱、情感发生缓慢而持久，动作迟缓、柔弱易倦，情感脆弱、易神经过敏，容易变得孤僻。在行为方面表现为犹豫不定，胆小，不喜欢抛头露面。该类型的人易形成伤感、沮丧、悲观等不良心理特征。

在实际生活中，人们并不总是属于某种典型的气质类型，很多人都属于复合型气质，且以两种气质复合的居多。我国某省理工科院校做的一项关于大学生气质类型的调查表明，大学生中复合型气质占 44.1%，单一型气质占 55.90%，总的趋势是黏液质类型的人最多（占 21.9%），其次为多血质（占 18.6%），再次为胆汁质（占 10.5%），抑郁质最少（占 4.9%）。

气质本身无优劣之分，任何一种气质都有其积极和消极的一面。气质特征会对学习活动产生影响。胆汁质者思维敏捷，学习热情高，刚强但粗心、急躁；多血质者机智灵敏，适应性好，兴趣广泛，但容易烦躁、不踏实；黏液质者刻苦认真，但迟缓、不灵活；抑郁质者思维深刻，谨慎细心，但迟缓、精力不足。了解自己的气质，可以有的放矢地调整自己，使学习更上一层楼。

了解自己和他人的气质在人际交往中有重要意义。例如,在向黏液质者提出要求时,应让他有时间考虑,对抑郁质者应多给予关心和鼓励,与胆汁质者打交道应避免发生冲突等。当然,这都是从一般意义上来说的,不可有先入为主的想法。

需要指出,气质不能决定一个人的社会价值和成就的高低,因为在同一领域做出杰出成就的人,有各种气质类型的代表。某位心理学家经过分析认为,普希金属于胆汁质,赫尔岑属于多血质,克雷洛夫属于黏液质,果戈理属于抑郁质,他们都成了大文豪。可见,不同气质的人都可能成为某一领域人才的杰出代表。

◐ 心理实践

我眼中的别人和别人眼中的我

活动目的:注意观察和了解别人的气质,从别人的反馈中明确自己的气质类型,并体会每个人的气质都有其不同的特点。

时间:约20分钟。

材料:白纸、笔。

活动过程:每个人对于自己的室友都是非常了解的,以寝室为单位,每个人发一张白纸,请用尽可能多的词汇描述其他室友的气质特点,并总结出该室友的气质类型(胆汁质、多血质、黏液质和抑郁质中的一种,或是几种类型的复合气质)。写完之后,每个人都当众宣读自己对室友气质特点的描述,然后大家猜一猜他描述的是谁。评价一下描述的是否准确,被描述和评价的人要谈一下自己的感受。

活动总结:每个人的气质特点都是不同的,但每种气质都有其适应某种环境的一面,也有其不适应某种环境的一面。气质并无好坏之分,我们要接纳并欣赏自己的气质特点,扬长避短,最大限度地适应各种不同的情境。

(二)性格

在我国古代,孔子提出了"性相近也,习相远也"的性习说。孟子则提出了"性善论",认为人生来就是善良的,"无羞恶之心非人也……",环境与教育扶植善性,而不使之泯灭,并发展成"仁、义、礼、智"。相反,比孟子稍晚些的荀子则认为人生来就是"恶"的,环境与教育应该去恶育善。这些理论都强调了环境对性格的影响作用。在西方,较早研究性格的是古希腊哲学家提奥夫拉斯塔(Theophrastus)。他广泛论述了人的个别特征。以后,佛洛伊德、荣格、埃里克森、班图拉、奥尔波特以及卡特尔等对性格理论进行了进一步研究和发展,使性格心理学日臻完善。

那么,什么是性格呢?性格这个词最早是由著名的古希腊学者提奥夫拉斯塔提出的,其意思是:人的特征、标志、属性、特性等。现代心理学家对性格的定义各不相同,其中比较一致的看法是:性格是表现在人对现实的态度和相应的行为方式中的比较稳定的、具有核心意义的个性心理特征,是一种与社会相关最密切的人格特征,在性格中包含有许多社会道德含义。性格主要体现在对自己、对别人、对事物的态度和所采取的言行上。

根据瑞士心理学者卡尔·古斯塔夫·荣格(Carl Gustav Jung,1875—1961)的心理学理论,性格可以分成两大类:外向型和内向型。所谓外向型和内向型的性格,是指个人的心理活动倾向于外部还是倾向于内部。

1. 外向型的人

外向型的人的心理活动倾向于外部世界，经常对客观事物表示关心和感兴趣，性格活泼开朗，乐意参加群体活动，喜欢热闹环境，喜欢与他人交往。外向型的人不愿意冥思苦想，常需要别人帮助来满足个人情绪需要。他们健谈，较少怯场，不拘小节，容易出现轻率行为。一般而言，外向型的人易成为开拓性人才，如实业家、领导者和管理人才。

2. 内向型的人

内向型的人的心理活动倾向于内部世界，他们珍视自己内心情感的体验，对内部心理活动体验深刻且持久，不愿在大庭广众下表现自己，言语少，害羞，容易怯场。他们行为拘谨，容易给人留下犹豫、迟疑、甚至困惑的印象。一般而言，内向型的人适宜做学术性工作或从事有精细要求的工作。

性格是内向还是外向，并没有优劣之分，例如，在中国历史中，号称"诗仙"的李白是偏向外向的人，而号称"诗圣"的杜甫则是偏向内向的人。在严羽的《沧浪诗话》中，有诗赞颂二人"子美（指杜甫）不能为太白（指李白）之飘逸，太白不能为子美之沉郁"，这句话对两人的成就都给予了高度评价。可见，性格不管是内向还是外向都不妨碍他们成为我国历史上著名的大诗人。

在现实中，人的性格是复杂的，大部分人的性格或是偏向外向型或是偏向内向型，很难找到特别极端的外向或内向的性格。

值得指出的是，性格与气质虽然存在重要区别，但同时也具有密切的关系，主要表现在以下几个方面。

第一，性格对气质具有重要的调节作用。由于性格是人在社会生活实践过程中形成的对现实的稳定态度和习惯化的行为方式，因此，性格在一定程度上可以掩盖或改变气质，使气质的消极因素受到抑制，积极因素得到发展。

第二，气质可以影响性格的表现方式。例如，在选购商品时，同样是认真、细致的性格，多血质的消费者在挑选商品时动作迅速、利索，情感溢于言表；而黏液质的消费者在挑选商品时却沉默寡言，动作迟缓，情感不外露。

第三，气质可以影响性格特征形成和发展的速度。例如，在选购商品时，黏液质的消费者往往能独立做出购买决策，不受外界干扰；而胆汁质的消费者注意力不稳定，自我控制力差，因而要排除外界干扰、独立进行决策就较为困难。又如，在自信心的建立方面，胆汁质、多血质的人往往不需要付出特殊的意志努力就能够做到，而对于抑郁质的人来说，却要努力克服心理上的自卑感，才能建立充分的自信。

🎯 心理知识

1959年，美国旧金山哈佛布鲁恩心血管病研究所的两位心脏病学家M.H.弗里德曼和R.H.罗森曼发现，冠心病的发病与患者的行为之间有明显的统计学相关性。他们通过观察心脏病患者的表现，发现可用4个单词来概括其特性：易恼火（aggravation）、激动（irritation）、发怒（anger）和急躁（impatience）。罗森曼等人通过后续的研究还发现，在排除年龄、胆固醇水平、血压或吸烟习惯等原因的影响以后，有这类特性的人的行为模式仍然能够独立地预测人们是否会患冠心病。由于这4个英文单词的首字母分别为A、I、A、I，因此这种性格被命名为"A型人格"。与此相反的性格称为"B型人格"，即一种舒缓、善于自我调节的人格。

A型人格的特点是：性格急躁，没有耐心；争强好胜，求胜心切，追求成就，有很强的事业心；动作敏捷，时间观念强；情绪容易波动，对人有戒心；缺乏运动。

B型人格的特点是：性情随和，不喜欢与人争斗；生活方式悠闲自在，不争名利，对成败得失看得较淡，不太在意成就的大小，对工作、生活较容易满足；工作、生活从容不迫，有条不紊；时间观念不是特别强。

尽管A型人格对健康有些不利影响，但A型人格的人可以通过对自己的生活做出一些调整来减少这些不利影响，如在时间计划中多给自己留有余地，以便处理突发事件；休息前尽量完成所有的工作，以便轻松自在地游玩；尽量避免排队或做日常生活琐事等。通过这些调整，A型人格的人可以将自己的行为转变为适应性强、压力较小的方式，从而可以有效地维护自己的健康。

资料来源：黄希庭. 人格心理学 [M]. 重庆：西南大学出版社，2021.

心理自测

性格类型自测表

（1）我与观点不同的人也能友好往来。
（2）我读书较慢，力求完全看懂。
（3）我做事较快，但较粗糙。
（4）我经常分析自己，研究自己。
（5）生气时，我总不加抑制地把怒气发泄出来。
（6）在人多的场合我总是力求不引人注意。
（7）我不喜欢写日记。
（8）我待人总是很小心。
（9）我是个不拘小节的人。
（10）我不敢在众人面前发表演讲。
（11）我能够做好领导团体的工作。
（12）我常会猜疑别人。
（13）受到表扬之后我会工作得更努力。
（14）我希望过平静、轻松的生活。
（15）我从不考虑几年后的事情。
（16）我常会一个人想入非非。
（17）我喜欢经常变换工作（学习）的内容。
（18）我常常回忆自己过去的生活。
（19）我很喜欢参加集体娱乐活动。
（20）我总是三思而后行。
（21）使用金钱时我从不精打细算。
（22）我讨厌在我工作（学习）时有人在旁边观看。
（23）我始终以乐观的态度对待人生。
（24）我总是独立思考回答问题。
（25）我不怕应对麻烦的事情。
（26）对陌生人我从不轻易相信。
（27）我几乎从不主动制订工作和学习计划。
（28）我不善于结交朋友。
（29）我的意见和观点常会发生变化。

（30）我很注意交通安全。
（31）我肚子里有话藏不住，总想对别人说出来。
（32）我常有自卑感。
（33）我不太注意自己的服装是否整洁。
（34）我很关心别人会对我有什么看法。
（35）和别人在一起时，我的话总比别人多。
（36）我喜欢独自一个人在房内休息。
（37）我的情绪很容易波动。
（38）我看到房间内杂乱无章，就静不下心来。
（39）遇到不懂的问题我就问别人。
（40）旁边若有说话声或广播声，我就无法静下心来学习。
（41）我的口头表达能力还不错。
（42）我是个沉默寡言的人。
（43）在一个新环境里我很快就能熟悉。
（44）要我同陌生人打交道，我常感到为难。
（45）我常会过高地估计自己的能力。
（46）遭遇失败后我总是忘却不了。
（47）我感觉脚踏实地干比探索理论原理更重要。
（48）我很注意同伴们的工作和学习成绩。
（49）比起读小说和看电影，我更喜欢交友和跳舞。
（50）买东西时，我常常犹豫不决。

计分与评定：

每题都有三个选项：是、否和不确定。题号为单数的题目，每选一个"是"计2分，每选一个"不确定"计1分，每选一个"否"计0分。题号为双数的题目，每选一个"是"计0分，每选一个"不确定"计1分，每选一个"否"计2分。将各题的分数相加即为测验得分。查性格倾向评价表（见表5-1），就能了解自己的性格的内向或外向程度。

表 5-1 性格倾向评价表

总　　分	性格倾向性
0～19 分	内向
20～39 分	偏内向
40～59 分	中间型（混合型）
60～79 分	偏外向
80～100 分	外向

第二节　大学生的人格特征

案例点击

学生小A，女，性格内向、腼腆，敏感而多疑，不善言辞。家在某省农村，父亲是教师，母亲在家务农，家里还有一个弟弟。由于母亲重男轻女，小A从小就被寄养在姑妈家，直到读中学才回到父母身边。入学后不久，就有班级同学反映，小 A 不太合群，她总是在校园里独来独往。小 A 自述，考入大学以后，自己在班里和宿舍经常因为一些日常琐事与同学闹矛盾，她认为是宿舍同学背后跟同学们说她的坏话，导致班级同学都不爱搭理她。

资料来源：刘勇，王晓；老师，我不想交朋友——大学生人际关系心理危机案例；中国大学生在线，2023。

为什么小 A 会对同学的言行如此敏感呢？让我们一起进行分析。小 A 的母亲重男轻女，弟弟出生后小 A 就被送到姑妈家，小 A 从小就认为自己在很多方面都不如别人，觉得自己是多余的。随着年龄的增长，这种自卑心理越来越趋于极端。严重自卑的人有一大特点，就是特别惧怕别人看不起自己，因而对别人的言行特别敏感。这种敏感多疑的性格往往会影响到对别人言行的理性分析，倾向于把别人的一些中性言行理解为对自己的人身攻击，所以会导致一方面自己痛苦不堪，另一方面别人难以接近自己。从这个案例中我们可以看到，不良的人格既让自己痛苦，也让别人烦恼，健康的人格对一个人来说是多么重要。作为大学生，要想塑造良好的人格，我们就必须了解大学生的人格特征。

根据国内外心理学家对人格素质结构的研究，结合我国社会发展的现状和大学生的实际情况，我们认为当代大学生在人格发展方面呈现出如下几个特征。

一、理智性增强，情绪性减弱

在中学时代，处于青春期的少男少女由于自我意识的迅速膨胀，在认识事物时经常不够全面、客观，在处理问题时也往往容易感情用事。但到了大学，他们的人格开始成熟起来。首先，表现最为突出的就是逆反心理的减弱。例如，处于青春期的中学生经常会由于逆反心理造成与父母之间的严重矛盾。而大学生看问题已不再是只从自我的角度出发，往往会从父母的角度出发，体谅父母的用心，逆反心理渐渐减弱，即便还有的话，对抗性的表现也逐步缓和或消失了。其次，上大学之后，在与别人发生矛盾时也能够理性处理，不再是像中学时代那样由于血气方刚做事不计后果。最后，当年少时的梦想往往由于现实的原因而不能实现时，大学生对于自己未来的规划逐渐持理性态度，而不再像花季年少时那样活在自己的美梦之中。

二、独立性增强，依赖性减弱

相对于中学生而言，大学生在独立性方面的增强主要体现在两个方面。一方面，独立生活能力提高。进入大学后，绝大多数大学生既要面对远离父母的独立生活，又要面对寝室中的集体生活，基本掌握了对生活的主宰权，在生活中除了经济方面以外，其他方面基本摆脱了对父母的依赖。这样，生活自理能力、独立面对问题和处理问题的能力以及自我控制能力就显得格外重要。能力是人格的组成部分，独立生活能力在大学阶段得到巩固和完善，有利于他们能够适应未来成家立业的生活。另一方面，独立自主意识进一步增强，逐步达到成人水平。这体现在他们对生活有独立的见解和追求，以及独立的人生观、世界观和价值观等多个方面。在遇到挫折和打击时，他们也基本能够接受现实，独立应对情感上的挫折，不依赖父母的指导。独立性的大大提高也是法律上将年满 18 周岁的人界定为成人的原因之一，显然这样的规定是有科学依据的，成人是能够独立地处理问题，并且能够独立地为自己的行为负责的。

三、稳定性增强，可变性减弱

一个人人格的发展从幼年开始，在经历了童年和青春期之后，到了大学这个阶段，也达到了相对成熟的阶段，主要表现在人格当中稳定的成分越来越多，可变的成分越来越少，使得整个人格品质趋于稳定和成熟。稳定性的增强表现在气质、性格、能力、理想、信念、价值观等人格的各个方面。在人格的成分当中，被固定下来的内容越来越多，有的已经变为了根深蒂固的信念以及日常的行为习惯而难以改变，例如，一个性格内向的人是不太容易变得外向的。

除以上特征外，大学生还有能正确认知自我、富有事业心、具有一定创造性和竞争意识、情感饱满适度、对社会环境的适应能力较强等特征。这些特征表明，我国大学生人格发展状况基本良好，大学生在人格教育方面具有良好的自觉性。

第三节 人格发展异常的表现与评估

案例点击

学生小A，男，985高校本科学生，专业为电子科学与信息技术，家庭经济困难。初入大学，小A对一切充满了好奇与希望，他认真学习，积极参加各类校园文化活动。大学一年级，小A的学习成绩中等偏上。随着参加的活动越来越丰富，接触的同学越来越多，小A发现周围的同学不仅家境优越，而且成绩优秀、能力出色、多才多艺。舍友讨论的出国深造、游学等话题，他似乎永远也插不上话。自卑逐渐笼罩小A的内心，一种不如人的感觉如影随形。小A一直将这种自卑深藏心底，三年级下学期末，他开始变得焦虑，对于未来的工作感觉很迷茫，对于即将走向社会面对崭新的生活，感觉无所适从。他不知道自己能从事什么工作，不清楚自己能否找到既收入稳定又不错的工作。他开始逃课，每天玩游戏到深夜，白天在宿舍睡觉，将学习和求职完全抛于脑后。这不仅严重影响了其正常的学习和生活，也影响到了周围同学的学习和作息，小A和舍友的人际关系一度紧张。到了大学四年级，绝大部分求职的同学都已经在秋季招聘中找到理想的工作，签约了心仪的单位。可小A仍沉迷游戏，前途渺茫，甚至连求职简历都没有制作。父母知悉情况后，对小A极度失望，严厉责备。

资料来源：吴信蕾. 自卑心理引发的高校毕业生消极求职个案分析与干预：辅导员工作案例分析 [J]. 教育教学论坛，2021（12）：53-56.

为什么学习成绩优异的小A开始沉迷游戏，将学习和求职抛于脑后呢？这些问题都源于他从小就形成的自卑心理。小A家庭经济困难，这也让他身上具备了勤俭节约的优秀品质。但长期的家庭经济压力让小A心理上比较压抑，性格上比较敏感自卑，对未来也开始迷茫恐惧。每个人都有被人尊重、关注和认可的需要，这种需要在成长过程的早期如果得不到满足的话，就会产生很多消极的自我评价，消极的自我评价反过来又会导致社交上的敏感和自卑，带来的结果是进一步的消极的自我评价。这样就会陷入一个恶性循环，这种恶性循环如果始终伴随着成长历程，就会使自卑心理逐渐加重，慢慢地成为人格中的一部分，难以自拔。在成长过程中如果没有得到及时矫正，就会在错误的道路上越走越远、越陷越深。

一、人格发展异常的表现

人格发展异常会影响心理健康，严重的还会导致疾病，甚至危害社会。为尽早识别与应对，我们应了解一些常见的人格发展异常的表现。

（一）自我中心

自我中心是指以自己的意志为主导，将自我作为思考问题的出发点与归宿，过分关注自我，不顾及他人的利益和思想，从而在行动上和观念上表现出自私自利、我行我素的特征和处世态度。以自我为中心的人会过多考虑自己的需要，而忽视他人的需要和存在，对别人缺少关心和谅解,绝对不允许他人对自己的利益构成伤害和威胁。这种表现在那些有较强自信心、自尊心、优越感、独立感的大学生当中尤为明显。自我中心的人格异常在独生子女占绝大多数的大学生群体中是普遍存在的。原因之一就是从小在家庭教育环境中逐渐养成的利益独占性和排他性。当今社会物质生活较为优越,他们从小生活在娇惯的环境中,在一片"呵护声"和"满足感"中长大,缺少利益分享、相互关心、礼貌谦让、公平兼顾的家庭教育环境,在自我意识的形成中逐渐养成了"唯我独尊、妄自尊大"的心理和行为习惯。当他们把这种在家庭中习以为常的心理和行为带到大学的集体生活中时,矛盾和冲突不可避免地就会出现,对其健康成长和成才造成危害。

(二)自卑

自卑是指由于一些条件的限制和认识上的偏差,认为自己在某个方面或某几个方面不如别人,从而表现出轻视自己、失去自信、畏缩的人格特征。自卑有多种表现方式,退缩或过分地争强好胜是其中最明显的两种。对于大学生来说,无论是适应新的环境还是建立新的人际关系,都面临着重新树立自我形象的问题。大学生面临的自我形象的挑战至少来自三个方面。首先,大学生往往面临着学习成绩相对下降的问题。由于大学汇集了来自全国各地的优秀学子,因此多数人在学习成绩上的原有优势将会削弱或者消失,成为一般的学生。其次,文体、艺术才能以及知识面的差异变得更加突出,而这些方面的才能在大学中是非常引人注目的。这对于在这些方面基础较差的学生来说是一个非常大的压力,对他们重新树立自我形象将产生一定的影响。最后,大学生中一方面有着强烈的交际和参与的愿望,但另一方面又缺乏这方面的经验和技巧,这就会产生少数"活跃分子"涌现出来和大多数人的交往相对局限的状况。这些挑战如果处理不好,极容易让大学生们产生自卑心理。自卑感一旦形成便有很强的感染性和扩散力,会给大学生的学习和生活带来消极影响。

● 心理训练

用实际行动克服自卑

征服畏惧,战胜自卑,不能夸夸其谈,止于幻想,而必须付诸实践,见于行动。建立自信最快、最有效的方法之一,就是勇敢地挑战自己,直到获得成功。具体方法如下:

(1) 突出自己,挑前面的位子坐;
(2) 睁大眼睛,正视别人;
(3) 昂首挺胸,快步行走;
(4) 练习当众发言;
(5) 学会微笑。

(三)懒散

懒散是指一种慵懒、闲散、拖拉、松垮的生存状态,是意志活动无力的表现。导致大学生懒散的重要原因是目标不明确,意志不坚定,有逃避困难的心理,做事缺乏计划性,缺少"从现在做起"的精神。从主流上看,青年大学生是充满朝气和活力、积极开拓进取的,但也有少数学生表现出懒散、拖沓的人格发展异常。处于懒散状态的大学生也常因此感到内疚、自责、后悔,但又觉得无能为力,心有余而力不足,这主要是他们往往想得多而做得少,缺乏毅力。正如学者所言:你就像是容量极大的水库,里面蓄积了从未使用过、却随时随地可以供你使用的天赋与才干，但如果拖沓和胆怯使你永远无法打开那智慧的闸门，那水库也就如同空的一样。

(四) 偏激

偏激的人格特征在大学生当中是非常普遍的，它在认识、情绪和行为上都有体现。首先，在认识上的表现是看问题绝对化、带有片面性。大学生社会经验少、思想单纯，他们善于思考，具有强烈的参与意识，富有怀疑、批判精神，但在认识问题时往往缺乏客观性，容易以偏概全、固执己见，把个别现象当作普遍问题，导致认识的偏激。其次，在情绪上的表现是根据个人的好恶和一时的心血来潮去论人论事，常常怨天尤人、满腹牢骚，缺乏理性的态度和客观的标准。有的大学生一次考试考好了，就以为自己什么都好，洋洋自得，产生骄傲情绪；而有时一次考试不理想，就一蹶不振，认为自己什么都不行，这就是偏激的表现。再次，在行为上的表现是莽撞从事、不顾后果。有些大学生由于偏激地认为友谊就是讲义气，当他们的朋友受了别人"欺侮"时，往往二话不说，马上就站出来帮朋友打架，将蛮干、鲁莽当作英雄行为。偏激在大学低年级当中更为常见。偏激的大学生在处理重大问题时往往主观武断、意气用事、我行我素，给学习和生活带来了极大的困扰。

(五) 急躁

急躁是大学生中常见的不良人格品质，表现为碰到不称心的事情马上激动不安；做事缺乏充分准备，没准备好就盲目行动，急于达到目的；缺乏耐心、细心、恒心。性情急躁的大学生说话办事快、竞争意识强、容易冲动、情绪常常处于紧张状态，常常什么都想学，而且想在短时间内学会，生怕落后，急于求成，但实际效果常常达不到期望的目标，从而泄气、发怒，既影响自己的健康和效率，又妨碍良好人际关系的建立。

二、人格评估

我国古代已高度重视人才的鉴别与选用，在古代就逐渐形成了"知人善任"的传统。关于带有心理测验方法性质的记载，最早见于《尚书·尧典》。该文献中讲到唐尧对舜经过数年的考察，认为舜无论在家还是为官，均表现出了一系列的优良品质，于是才放心把帝位让给他。唐尧的考察采取了五条：一是把两个女儿嫁给舜，以考察其心理品质；二是让舜制定五种常法，结果人民都能顺从；三是让舜总理百官，百官都乐于听从指挥；四是让舜接待宾客，宾客都很敬慕；五是派舜巡查山林，虽遭受烈风雷雨也未迷误。三国时期的大政治家诸葛亮对人才的考察方法也很有特点。他总结自己知人用人的实践经验，写了一篇专论文章，即《将苑·知人性》。他提出了知人的七种方法："知人之道有七焉：一曰，问之以是非而观其志；二曰，穷之以辞辩而观其变；三曰，咨之以计谋而观其识；四曰，告之以祸难而观其勇；五曰，醉之以酒而观其性；六曰，临之以利而观其廉；七曰，期之以事而观其信。"综上可见，中国古代对人格的探讨是比较全面的，涉及人性、人格类型、理想人格、人格发展与人格鉴定等诸多论题，其人格心理学的思想也是非常丰富的。

每一种人格理论都假定个别差异的存在，并假定这些差异是可以测验的。测验也称评估，是指对个体在特定情况下和与某特定刺激有关联的行为进行系统的观察。现有的人格测验种类繁多，方法也各不相同，但通常可将其分为问卷类、投射测验类和其他类。

在人格测试领域，问卷类主要指自陈式人格问卷或人格调查表，又称结构化人格测验。它们是由涉及个人特质、思想、情感、行为的是否选项或多项选择条目组成的。要求受试者根据自己的经验、态度选择一个答案。属于此类测验的有很多，主要有 16 种人格因素问卷

(16PF)、艾森克人格问卷（EPQ）、明尼苏达多相人格问卷（MMPI）、加利福尼亚心理调查表（CPI）、人格研究调查表（PRF）等。投射测验也称投射技术（projective techniques），基本假设为个体不是被动地接受外界的刺激，而是主动地、有选择地给外界的刺激赋予某种意义，表现出适当的反应，因此人们可从这些反应中推断他的人格。此类测验主要有罗夏测验、主题统觉测验（TAT）、儿童统觉测验（CAT）、画人测验（DAP）等。其他类主要有形容词检核表、兴趣问卷、价值调查、镶嵌图形测验等。

在这里，我们主要了解16种人格因素问卷、艾森克人格问卷、明尼苏达多相人格问卷的人格评估方法。

（一）16种人格因素问卷

1. 理论背景

16种人格因素问卷（16PF）是美国伊利诺伊州立大学人格及能力测验研究所R.B.卡特尔（R.B.Cattell）教授编制的。在当今众多人格测验中，它是使用频率最高的一个。卡特尔是人格特质论的主要代表人物之一，他认为人格特质是人格结构的基本单元，是一种神经心理结构。受斯皮尔曼的影响，卡特尔一直采用因素分析的方法来寻找和确定人格特质的数量和内容，16PF就是在这种情况下产生的。

卡特尔从不同的角度对人格特质进行多种分类。其中，对16PF的形成影响较大的是表面特质和根源特质的区分。卡特尔认为，表面特质是通过外部行为表现出来、能够观察得到的特质，由于直接与环境接触，所以常常会随着环境的变化而变化；根源特质是那些对人的行为具有决定意义的特质，如智力，它们不能直接观察到，而只能通过解题速度、阅读速度、逻辑推理能力等推测，它们隐藏在表面特质深处并制约着外部行为。卡特尔推断所有的个体都具有相同的根源特质，但每个人的强度不同。每一个表面特质都是由一个或多个根源特质引起的，而一个根源特质也可以影响几个表面特质。

早期奥尔波特曾从词典中选出近18 000个描述人格特质的词制成词表。在奥尔波特研究的基础上，卡特尔采用群集分析法将奥尔波特归纳出来的特质合并为35个特质群（表面特质），然后对这35个表面特质进行因素分析，得到了16个根源特质。这16个根源特质在一个人身上组合，就构成了其独特的人格风貌。

2. 问卷的构成

16PF通常适用于16岁及以上的人，英文原版共有五种版本：A、B本为全版本，各有187个题目，C、D本为缩减本，各有106个题目，E本适合于文化水平较低的被试者，包括128个题目。我国的研究者对该问卷进行了修订，到目前为止共有三个修订本。国内的修订本均包含187个项目，测量结果可获得16种人格因素（A乐群性；B聪慧性；C稳定性；E恃强性；F兴奋性；G有恒性；H敢为性；I敏感性；L怀疑性；M幻想性；N世故性；O忧虑性；Q1实验性；Q2独立性；Q3自律性；Q4紧张性）、4种次级因素（X1适应与焦虑；X2内外向；X3感情用事与安详机警；X4怯懦与果断）和4种预测因素（Y1心理健康；Y2专业有成就；Y3创造力；Y4适应新环境）。

16PF之所以能够成为目前国际上使用较为广泛的人格测验之一，是因为它具备以下优点。①客观性。该测验结构明确，每题都有三个可能的备选答案，被试者任选其一（如，我所喜欢的人大都是：a.拘谨缄默的；b.介于a和c之间的；c.善于交际的），这样就避免了在是与否之间的迫选性；尽量采用"中性化"题目以避免动机效应；题目的排列采取按序轮流排列的方式等。②标准化。指导手册完整地规定了严格的施测程序和注意事项，同时大量研究表明，该问卷具有较好的信度和效度。③多功能。16PF 不仅可以反映被试者人格的 16 个方面和整体人格特征组合情况，还可以获得内外向等刺激因素，并可对心理健康等进行预测。④广泛性。该问卷的常模群体为正常人群，因而适用领域较广。既可以个别施测又可以团体施测，每次测验只需大约 45 分钟即可完成。凡具有初中以上文化程度者均适用。

3. 结果解释

对 16PF 测量结果的解释主要从三个方面来进行：16 种初级人格因素、4 种次级人格因素和 4 种预测因素。人们通常只注意到了 16 种初级人格因素而忽略了更多的信息。

（1）16 种初级人格因素。16 种初级人格因素的得分解释如下。

乐群性：低分者缄默，孤独，冷漠；高分者外向，热情，乐群。

聪慧性：低分者思想迟钝，学识浅薄，抽象思考能力弱；高分者聪明，富有才识，善于抽象思考，学习能力强，思维敏捷。

稳定性：低分者情绪激动，易生烦恼，心神动摇不定，易受环境支配；高分者情绪稳定而成熟，能面对现实。

恃强性：低分者谦逊，顺从，通融，恭顺；高分者好强，固执，独立，积极。

兴奋性：低分者严肃，审慎，冷静，寡言；高分者轻松兴奋，随遇而安。

有恒性：低分者苟且敷衍，缺乏奉公守法的精神；高分者有恒负责，做事尽职。

敢为性：低分者畏怯退缩，缺乏自信心；高分者冒险敢为，少有顾忌。

敏感性：低分者较为理智，着重现实，自食其力；高分者敏感，感情用事。

怀疑性：低分者依赖随和，易与人相处；高分者怀疑，刚愎，固执己见。

幻想性：低分者现实，合乎成规，力求妥善合理；高分者表现为爱幻想，狂放不羁。

世故性：低分者坦白，直率，天真；高分者精明能干，世故。

忧虑性：低分者安详，沉着，有自信心；高分者忧虑抑郁，烦恼自扰。

实验性：低分者较为保守，尊重传统观念与行为标准；高分者表现为自由的，批评激进，不拘泥于现实。

独立性：低分者依赖性强，随群附众；高分者自立自强，当机立断。

自律性：低分者矛盾冲突，不顾大体；高分者知己知彼，自律严谨。

紧张性：低分者心平气和，闲散宁静；高分者紧张，易受困扰。

（2）4 种次级人格因素。16PF 结果中的 4 种次级人格因素是在综合了相应的初级因素信息的基础上获得的。4 种次级人格因素的得分解释如下。

①适应与焦虑：低分者生活适应良好，通常感觉心满意足。但极端低分者可能缺乏毅力，事事知难而退，不肯艰苦奋斗与努力；高分者未必有神经症，但通常易于激动、焦虑，对自己的境遇常常感到不满意，高度的焦虑不仅降低工作效率，而且会影响到身体健康。②内外向：低分者内向、羞怯而审慎，与人相处拘谨而不自然；高分者外向，善于交际，开朗，不拘小节。③感情用事与安详机警：低分者感情丰富，情绪多困扰不安，常感觉挫折气馁，遇到问题需经反复考虑后才能决定，平时较为含蓄敏感，讲究生活艺术；高分者安详警觉，果断刚毅，有进取精神，但常常过分现实，忽视了许多生活情趣，有时会考虑不周，贸然行事。④怯懦与果敢：低分者人云亦云，优柔寡断，依赖性强，因而事事迁就以获取别人欢心；高分者独立果敢，锋芒毕露，有气魄，常主动寻找展现自己的机会。

（3）4 种预测因素。在 4 种预测因素方面，如果在心理健康因素上的得分低于 12 分，一般被认为情绪显著不稳定；在专业有成就因素上得分为 67 分以上者应该会有一定成就；在创造力因素上得分越高表明创造力水平越高，通常 93 以上属于创造力强的范围；在适应新环境因素上得分低于 17 分表明适应新环境的能力较低（洪炜，2006）。

（二）艾森克人格问卷

1. 理论背景

艾森克人格问卷（EPQ）由英国心理学家 H.J. 艾森克（H.J.Eysenck）及其夫人于 1975 年编制而成。从根本上来说，该问卷也是人格特质论的产物。与其他的特质论者相比，艾森克更喜欢采用类型的术语来描述人格的结构。在艾森克的人格理论中，人格可以分为四个层次：特殊反应、习惯反应、特质和类型。日常生活中的具体行为表现属于特殊反应，这种行为如果经常出现，通常会被看作是习惯反应。特质是多种习惯反应的集合，而类型是比特质概括化程度更高的人格层次。

艾森克经过长期的实验研究和临床观察，提出内外向、精神质和神经质是人格的三个基本构成维度。每个人都或多或少地具有这三个维度上的特征，但不同的个人在这三个维度上的表现程度是不同的。艾森克认为，每个人格维度都有其生理基础。内外向维度与大脑皮质的觉醒水平的高低有关，边缘系统与自主神经系统的协同活动构成了神经质的生理基础，而精神质可能与雄性激素的分泌有关系（施铁如，1998）。

2. 问卷的构成

EPQ 包括内外向（Extraversion-introversion，E）、精神质（Psychoticism，P）、神经质（Neuroticism，N）和说谎（Lie，L）四个分量表，分为儿童版（7～15 岁）和成人版（16 岁及以上）两套。成人版问卷中包括 101 个题目，儿童版问卷中包括 97 个题目。被试者根据自己的情况做出"是"或"否"的回答。前三个分量表分别代表了艾森克人格结构的三个维度，L 分量表是一个效度量表，但许多研究者认为它也代表了一种稳定的人格功能，可以反映被试者的社会朴实程度或幼稚水平。

与其他人格问卷相比，EPQ 的项目较少，易于测查，当前我国使用较多的是陈仲庚修订版和龚耀先修订版（陈仲庚，1983；龚耀先，1984）。龚耀先修订版的儿童问卷和成人问卷各由 88 个题目组成，每个题目都有"是"和"否"两个选项（儿童问卷中改为"是"和"不是"两个选项）供被试者选择，并通过标准化工作，取得了全国范围内的信度和效度资料，制定了中国儿童（男、女）和成人（男、女）常模。该修订版问卷至今仍具有较好的信度和效度指标（程灶火等，2004）。钱铭怡等人于 2000 年公布了 EPQ 简式量表的中国修订版（EPQ-RSC），共包括 48 个题目，问卷结构与先前相同，以我国 30 个省份的 8 637 人（16～70 岁）的样本数据为基础提供了 EPQ-RSC 的中国常模。研究表明，修订后问卷的信度与效度均达到了心理测量学的要求。

3. 结果解释

对 EPQ 施测结果的解释主要从问卷的四个分量表的得分入手，具体内容如下。

（1）内外向。高分表示人格外向，特点是好交际，渴望刺激和冒险，情感上易于冲动。低分表示人格内向，特点是好静，善于内省，除了亲密的朋友外，对一般人冷淡，不喜欢刺激，喜欢有秩序的生活方式，情绪比较稳定。

（2）精神质。它并非指有精神疾病，这种特质在所有人身上都存在，只是程度不同而已。但如果某人表现明显，则易发展成行为异常。高分者可能孤独，不关心他人，难以适应外部环境，不近人情，感觉迟钝，对别人不友好，喜欢寻衅滋扰，喜欢干奇特的事情，且不顾及危险与否。

（3）神经质。高分者可能焦虑、担忧、忧心忡忡，常有强烈的情绪反应，以至于出现不理智行为。低分者则可能情绪反应缓慢且轻微，易恢复平静，稳重，性情温和，善于自我控制。

（4）说谎。通常认为得分越高，说明回答越不真实，但有许多人也认为，得分越低，被试者的社会朴实性越高。

（三）明尼苏达多相人格问卷

1. 理论背景

明尼苏达多相人格问卷是由美国明尼苏达大学教授哈撒韦（S.R.Hathaway）和心理治疗学家麦金利（J.C.McKinley）于20世纪40年代共同编制而成的。该问卷是临床中使用最为广泛的人格问卷，最根本的原因在于MMPI编制的理论基础：心理疾病与人格有关是人们的共识，许多心理障碍就是人格的病理发展，所以MMPI编制的最初目的就在于进行精神病学的诊断。在MMPI问世之前，人格测验只能测量很少的人格特征，所以，哈撒韦等人希望编制一份能同时测量人格的多个方面的测验。

2. 问卷的构成

正如问卷的名称所体现的那样，MMPI涉及的内容非常广泛，包括身体各方面的状态（如神经系统、心血管系统、生殖系统等）、精神状态以及对家庭、婚姻、宗教、政治、法律、社会等的态度。MMPI共有566个题目，其中16个题目为重复题，实际测试题目为550个。1966年的修订本将测试题目集中在1～399题内，400题之后主要与研究有关，如果是诊断用的话只需做前面的399题即可。1982年前后，中科院心理所的宋维真等人对MMPI进行了修订，并制定了全国的常模（MMPI全国协作组，1982；1985）。MMPI可团体施测，也可个别施测。被测者通常是年满16岁并具有小学以上文化水平的人。测验时间通常为45分钟，最长可能达到90分钟。有研究表明，中文版MMPI具有较好的结构效度（纪术茂等，1996）。在国内，较多使用MMPI测量的精神疾病主要集中在精神分裂症、情感性精神病、神经症、精神活性物质依赖、性变态等方面。进入20世纪90年代后，MMPI在各领域的使用日益广泛，如在司法领域等（戴郑生等，2000）。

MMPI要求被试者根据自己的实际情况做出"是""否"或"不做回答"三类反应。整份问卷共包含14个分量表、10个临床量表和4个效度量表（洪炜，2006）。MMPI的10个临床量表的具体内容如下。

（1）疑病症（简称Hs）：主要来自表现出对自己身体功能异常关心的神经质患者，如"恶心和呕吐的毛病使我苦恼"。

（2）抑郁症（简称D）：主要来自过分悲伤、无望、思想及行动迟缓的患者，如"我希望能像别人那样快乐"。

（3）癔症（简称Hy）：主要来自经常无意识地运用身体或心理症状来回避困难和责任且有歇斯底里反应的患者，如"我的喉咙里好像总有一块东西堵着似的"。

（4）精神病态（简称Pd）：主要来自非社会性类型和非道德性类型的精神病态人格患者。他们往往漠视社会价值观和社会规范，情绪反应简单，如"有时我非常想离开家"。

（5）男子气-女子气（简称Mf）：主要来自具有同性恋倾向的人。男女两性需要分别记分，如"和我性别相同的人对我有强烈的吸引力"（Mf-M，男性分量表），"我从来没有放纵自己发生过任何不正常的性行为"（Mf-F，女性分量表）。Mf-M和Mf-F在大多数题目上是相同的。

（6）妄想狂（简称Pa）：主要来自具有敌意观念、被害妄想、夸大自我概念、猜疑心、过度敏感等偏执狂症状的患者，如"似乎没有一个人了解我"。

（7）精神衰弱（简称 Pt）：主要来自表现出焦虑、强迫动作、强迫观念、无原因恐惧以及优柔寡断的神经症患者，如"我总觉得忘记带钥匙了"。

（8）精神分裂（简称 Sc）：主要来自思维、情感和行为混乱，出现稀奇思想、行为退缩及有幻觉的精神分裂患者，如"我觉得我时常无缘无故地受到惩罚"。

（9）轻躁狂（简称 Ma）：主要来自气势昂扬、精力充沛、过于兴奋、思维奔逸、爱怒的躁狂患者，如"每星期至少有一两次我十分兴奋"。

（10）社会内向（简称 Si）：主要来自对社会接触和社会责任有退缩、回避倾向者。他们常表现出胆怯、不安心、顺从等特点，如"和人争辩的时候，我常争不过别人"。

为了保证问卷的效度，MMPI 还包括了以下 4 个效度量表。

（1）说谎量表（简称 L 量表）：共 15 题，由与受社会称赞的那些行为或情绪有关的问题构成。这些题目所涉及的弱点几乎是所有人都难以避免的，因此 L 量表的高分意味着不能客观评价自己。

（2）诈病量表（简称 F 量表）：共 64 题，主要是为识别那些胡乱反应、故意"装坏"的被试者，内容来自正常人一般不做肯定回答的项目（只有大约 10% 的正常人会做出肯定的反应），如"我相信有人暗算我"。

（3）校正量表（简称 K 量表）：共 30 题，主要是为了鉴别有意将自己伪装成"好人"或将自己伪装成"坏人"两种倾向的被试者，如"我几乎没有和家里人吵过嘴"。

（4）疑问量表（简称 Q 量表）：量表无确定题目，它是被试者对问题做"无法问答"反应或对题目的"是""否"均做反应的题目总数。这种作答代表了个体的某些心理冲突或对某些事物的逃避。

3. 结果解释

对 MMPI 测试结果的解释主要从 14 个分量表的角度来进行。由于原始分数难以直接进行比较，需要将原始分数进行标准化转换，转换为 T 分数。在实际应用中，不同的 T 分数范围通常对应着不同的解释和临床意义，例如 T 分超过 70 分（有的维度是 65 分）常被视为可能存在某种心理异常。

如果被试者在说谎量表上的得分在 6 分以上，最好避免使用该量表；超过 10 分，就不能信任测试结果。在诈病量表上如果 T 分为 45~49 分，表示被试者与正常人的反应是一致的。在校正量表上的得分高，表明被试者不愿暴露有关自身的事情。校正分数的另一个用途在于对各分量表的分数进行校正。如果整份问卷中有 30 个以上的题目为无回答，则答卷无效。

1989 年，美国明尼苏达大学对 MMPI 进行了修订，公布了 MMPI-2。与 MMPI 相比，MMPI-2 有了若干方面的变化：效度量表增加到 7 个，重新构建了 15 个内容量表；题目内容进行了相应的变动，更符合当代人的实际生活和语言习惯；常模样本更具有代表性，贴近当代人的特点；MMPI-2 的中国常模扩展到十分广泛的内容量表和一些附加量表，使问卷更具有潜在使用价值；MMPI-2 中一致性 T 分的使用为不同量表的 T 分和不同常模数据之间进行比较提供了方便。更重要的是，研究表明，中文 MMPI 与 MMPI-2 临床量表具有较高程度的延续性。

与大部分人格问卷不同，MMPI 编制的初衷就是帮助临床上做出有效的精神病学诊断。因此，自从被广泛使用以来，MMPI 对精神疾病的诊断价值一直是众多使用者和研究者关心的话题，并对此开展了大量的研究活动。总体而言，MMPI 在判断精神状态有无障碍和个性有无偏移方面（即区分正常与异常方面）还是具有较大的价值的，特别是对临床诊断不十分肯定或不愿暴露思想的被试者，可借助 MMPI 的测试结果来帮助做出诊断，但不能以此来代替精神疾病的诊断标准或作为诊断的唯一依据，最终的诊断还是要以临床诊断为主。

第四节　大学生人格完善的途径和调适方法

案例点击

小林是一名高职院校的大学生，从入学以来，他觉得周围的人都不喜欢他，都对他不满。3 年来，他几乎没有朋友，与同学也鲜有来往。他很孤独，但从内心来讲他却很想交朋友。言谈中能感觉小林并不是胆小怯懦、害怕交往型，面对老师，他也能侃侃而谈。小林抱怨现在的大学生思想特别不成熟，行为举止幼稚，特别是自己身边的同学，俨然就是中学生的生活状态，这让他非常看不惯。有次上完某老师的课，室友回来纷纷抱怨该老师照本宣科，课堂气氛枯燥无味，以后有机会就旷课。小林打断大家说："学习靠自己，你们这样是给自己的懒惰找借口。"当时寝室里的空气都凝固了。去食堂打饭时，小林看见炒的蔬菜色泽不好，大声嚷嚷："这菜用来喂猪还差不多。"刚巧同班两位女同学正在打这种菜，她俩回过头狠狠地给他丢下两个白眼。全班去郊游时，班委提前商量方案，大家想去风景区，可小林认为那个季节的风景区没有风景，据理力争地要把活动安排在附近儿童福利院，结果大家不欢而散。最后，郊游还是去了风景区，可大家却没有通知小林。小林一再表明，他说的都是真话、大实话，为什么别人不能理解呢？他还说，如果坚持真理就注定孤独的话，他要坚持下去，走自己的路，让别人说去吧。

资料来源：杨春城，杨雁秋，王琦平. 大学生心理健康教育与素质拓展［M］. 昆明：云南大学出版社，2023.

为什么小林内心很想交朋友，却得不到同学们的好感呢？这是因为他的人格当中有着明显的自我中心的成分。自我中心的人常常因为不注意自己的言行而使人际关系恶化，但他们往往不能从中吸取教训，或者有时能够意识到自己的问题，但在日常生活中却控制不住自我中心的言行模式，因为这种模式已经成为一种习惯。人格方面的问题往往是因为一些偶尔出现的不良的思维方式和行为模式没有得到及时的纠正，在以后的生活中经常性地反复出现，以至于形成了一种习惯。这种不良习惯有时是个体自己没有意识到的，或者即便是意识到了也难以轻易改变。那么如何才能克服人格问题，在此基础上逐步完善我们的人格呢？我们首先来了解一下什么是健康的人格。

一、健康人格的特征

除了才华和机遇外，人格是决定人的一生成功与否、快乐与否的关键因素。大学时期是人格完善与定性的关键期。社会的发展呼唤着大学生的健康人格，而大学生的健康人格也是社会持续健康发展的动力因素。健康人格是指人格和谐、全面、健康地发展。它是实现人格的良好状态，与社会环境相适应，为其他社会成员所接受而又充分表现个人个性特征的人格模式。健康的人格是一个有机的、统一的、稳定的整体，具有以下几个方面的特征。

（一）正确的自我认识

具有健康人格的人能接受一切属于"我"的东西：外貌、才能、出身以及由此带来的影响，能够忍受生活中不可避免的冲突和挫折，经得起一切不幸遭遇，从而形成对自己的积极看法。而且人格健康的人对自己的所有和所缺都看得十分清楚和准确，可以理解现实自我与理想自我之间的差别，也知道如何看待自己与别人之间的差别。

（二）良好的社会适应能力

社会适应能力反映了人与社会的协调程度。人格健康的人能够和社会保持良好、密切的接触，以一种开放的态度，主动关心社会、了解社会；在认识社会的同时，使自己的思想、行为跟得上时代的发展，与社会的要求相符合，能很快适应新的环境。

（三）和谐的人际关系

具有健康人格的人乐于与他人交往，并与他人建立良好的关系；与人相处时，尊敬、信任等积极态度多于嫉妒、怀疑等消极态度。人格健康的人常常以诚恳、公平、谦虚、宽容的态度对待他人，能容忍别人在价值观和信念上与自己的不同，同时也受到他人的尊重与接纳。和谐的人际关系有利于个体与他人进行信息的传递，不断地调整行为，更新观念和态度，它也是健康人格的基本特征之一。

（四）积极的生活态度

积极的人生态度是人类在社会实践中获得的本质力量的表现。积极的人常常能看到生活中的阳光，对前途充满希望和信心，对自己所从事的工作抱有浓厚的兴趣，并在其中发挥自身的智慧和能力。即使在遇到困难和挫折时，也能不畏艰险，勇于拼搏。具有健康人格的人对工作、学习和生活都怀有浓厚的兴趣，表现出观察力敏锐、注意力集中、想象力丰富、充满信心、勇于克服困难，并会通过努力的奋斗获得满足感和成就感。

◆ 心理知识

马斯洛归纳出的 16 条理想人格特征

（1）了解并认识现实，持有较为实际的人生观。
（2）悦纳自己、别人以及周围的世界。
（3）在情绪与思想表达上较为自然。
（4）有较广阔的视野，就事论事，较少考虑个人利害。
（5）能享受私人生活。
（6）有独立人格。
（7）平凡的事物不觉厌烦，对生活永感新鲜。
（8）生命中曾有过引起心灵震撼的高峰体验。
（9）热爱人类并认同自己为全人类的一员。
（10）有至交，有亲密的家人。
（11）有民主风范，尊重别人的意见。
（12）有伦理观念，能区别手段和目的，绝不为达到目的而不择手段。
（13）带有哲学气质，有幽默感。
（14）有创见，不墨守成规。
（15）对世俗和而不同。
（16）对生活环境有改造的意愿和能力。

资料来源：杨春城，杨雁秋，王琦平. 大学生心理健康教育与素质拓展［M］. 昆明：云南大学出版社，2023.

二、大学生人格完善的途径

美国著名社会学家阿历克斯·英格尔斯（Alex Inkeles）指出："一个国家，只有当它的人民是现代人，它的国民从心理和行为上都转变为现代的人格，它的现代政治、经济和文化管理机构中的工作人员都获得了某种与现代化发展相适应的现代性，这样的国家才可真正称之为现代化国家。"这就是说，一方面，现代化呼唤着现代化的人格，并塑造着现代化的人格；另一方面，国民的现实人格影响着现代化的模式和进程，两者交互作用，构成了塑造当代大学生健全人格的时代背景。

大学时代是人格发展、完善的最佳时期。因此，大学生应抓住机遇，通过个体、家庭、学校和社会等多种渠道培养自己的健康人格。其中，个人层面是大学生塑造自己的健康人格的核心，因此，大学生必须加强对自立意识、自信心、自尊、自制力和乐观向上的生活态度的培养。

（一）自立意识的培养

高自立意识的大学生从思想上表达了较多的自主行为与独立自控的行为，他们往往能够比较合理地安排日常生活规划，对于挫折与困难能主动做出自我调节和控制，能积极地参加学校的各类社团活动及其他各种形式的群众性活动。当他们碰到困难时会选择一种更成熟的处理方法，已经形成的自我意识具备了驱动作用，并且能够促使个体行动。高自立意识的大学生对自己有着积极的理解和认知，能更积极地投入到生活和工作中，而且人际交往关系也变得更加和谐。通过一定的培训活动，如小组、群体辅导等，还能够增强和促进大学生的自我观念，改善大学生的社会独立意识。

（二）自信心的培养

培养人格和自信心的一个关键点就是必须充分肯定自身存在的价值，学会客观地分析和评估自己，既要看到自己的优点和长处，也必须充分了解和弥补自己的不足。具备了良好的自我信仰，才能够更好地挖掘和利用自己的创造力，迈向成功之路。

（三）保持自尊

高自尊的青年往往非常渴望表现自己，进取精神强，关心个人形象，对平等对待事物具有强烈的自我追求；非常热爱社会科学研究真理，尊重现代社会的客观现实；既不孤芳自赏，也不随波逐流，能够被别人接纳并信任别人。正因为如此，自尊心才有机会成为促进青年不断顽强奋斗、积极进取的强大精神驱动力。

（四）有自制力

在正确的学习动机和人生目标观念支配下的大学生，会激励自己努力进取、勤奋学习，同时也会抑制和阻止无关活动或杂念的干扰。在这种自制力的强大影响和推动作用下，大学生能够有效地主动排除干扰，抑制那些不必要的工作行为。自制力强的个体，能够正确地选择自己的心理活动点和动机，调整自己行动中的目标和生活中的计划；也能够更加理智地控制自己的心理欲望，分别采用不同方式去满足个体的需求，以及个体的身心健康发展必须符合要求的心理欲望，对不正当的心理欲望坚决摒弃。

（五）培养乐观向上的生活态度

人格健全的大学生一般积极追求上进，有自己的目标并努力去实现它，在此过程中追求自我价值的实现。同时，人格健全的大学生往往比较乐观。乐观是我们每一个人都应该具有的生活态度，乐观的人常常能看到生活中光明的一面，对前途充满希望和信心。因此，家庭、学校和社会应给予遭遇心理问题的学生更多的外部关怀，帮助其人格健康地发展。

人格的成熟意味着个体心理的成熟，人格的魅力展示着个体心灵的完善。人格成长伴随着人生旅途，它会不停地受到各种因素的冲撞，同时各种因素又会成为人格塑造的催化剂。处于青春后期的大学生有各种人格局限是正常的，只要意识到健康人格的意义和价值，用心感受，积极行动，不断提高自己的素养，就有无限的成长空间，能够拥有健康的人格、快乐的生活。

心理训练

发现积极人格品质

训练目的：挖掘积极人格品质。

训练步骤：

（1）积极心理学将积极人格品质划分为24项，请同学们仔细阅读24项积极人格品质，再结合自身情况赋值：1表示从来没有；2表示绝大多数时间没有；3表示多半时间没有；4表示半数时间有；5表示多半时间有；6表示绝大多数时间有；7表示所有时间都有。每一项只能选择一个数值，请认真填入表5-2中。

表 5-2 积极人格品质测试卡

积极人格品质	赋值	积极人格品质	赋值	积极人格品质	赋值
创造力		开放思想		洞察力	
勇敢		热情		爱	
公平		团队精神		谦虚	
自律		感恩		幽默	
好奇心		热爱学习		真诚	
坚持		友善		社会智能	
领导力		宽恕		谨慎	
审美		希望		信念	

（2）认真查看表格中的数值，你认为自己身上存在的积极人格品质有哪些？（请填写数值最大的前五个，并按顺序填写，数值相同按照符合程度排序）

（3）在小组内交流，相互评价，最后对每个人的积极人格品质达成共识。

（4）思考在今后的学习、生活中，如何善用你的积极人格品质。

资料来源：陈发祥，潘莉，黄志斌. 新编大学生心理健康教育：慕课版［M］. 北京：中国民主法制出版社，2023.

三、大学生人格的调适方法

在临床实践中发现，有相当一部分人格异常者，在精神科医生和心理学家的指导下，通过自身的努力，在可能的限度内，在人格异常的调适方面取得了令人满意的效果。下面介绍几种国内外人格异常的自我调适方法。

（一）国外心理学者的建议

1. 生物源性格与生活环境相匹配

如果个体的生物源性格与生活环境一致，则能够提高其活动表现和幸福感，而不一致则会造成个体的消耗。例如，在加州大学伯克利分校进行的一项纵向研究表明，大学期间，由于学校的学习氛围存在高度竞争性且要求严格，学生需要适应这种鼓励批判性思维与挑战传统的环境，因此人格发生了显著改变，学生的神经质程度降低，导致他们越来越难以相处。当个体本身的生物源性格与环境特质相匹配时，生活就会很幸福。如果大学生在大学期间有适量的社交活动，先了解新的生活、学习环境，找到适合自己的生活方式，再将所建立的社交网络作为宝贵资源，投入学业计划，可能就会令自己的生物源性格与环境相匹配。

2. 找到自己的"小小桃花源"

人们生活在社会中，不可能所有的生物源性格都与外部环境匹配，个体一定会需要压抑自己的某些生物源特质去适应外部的环境。长期的压抑不能释放，会对个体的身心造成伤害，个体需要找到一个让自己暂时得到放松的地方。著名心理学家布赖恩·利特尔称让他恢复元气的地方为"小生境"，我们称这个地方为"小小桃花源"，因为它能够让个体在精神上远离外部环境的喧嚣，令压抑的性格得到自由释放，而这种自由释放有助于个体生物源性格的恢复。

（二）国内心理学者的建议

我国的心理学者针对大学生的人格特点提出了四种调适方法：反向观念法、习惯纠正法、行为禁止法和情绪调节法。

1. 反向观念法

人格异常者大多伴随有认识歪曲现象，反向观念法便是改造认识歪曲的一种有效方法。反向观念法是指自己主动与自己原有的不良自我观念"唱反调"：原来以自我为中心，现在则应逐渐放弃以自我为中心，学习设身处地为他人着想；原来爱走极端，现在则学习多方位考察问题；原来喜欢恪守规则，现在则应偶尔放松一下，学习无规则地自由行事。采用反向观念法克服缺点的要点是：先对自己的错误观念进行分析，然后提出改进意见，在生活中努力按与原有的模式相反的新观念办事。这种自我分析可以定期进行，几天一次或一星期一次，也可以在心情不好或遭遇挫折时进行。认识上的错误往往被内化成无意识的，通过上述自我分析，就可将无意识的东西上升到有意识的自觉层次，这有助于发现和改变自己的异常人格状态。

2. 习惯纠正法

人格异常者的许多行为已成为一种习惯，纠正这些不良习惯有利于人格异常的调适。以依赖型人格为例，实施这种方法有三个要点。一是识别自己的行为中有哪些行为是习惯地依赖他人去做的，有哪些行为是自己决定的，你可以每天做记录，记录一个星期。二是将自主意识很强的事归纳在一起，如果做了，则把它当作一件值得庆贺的事，以后遇到类似情况应坚持做；如果没做，以后遇到类似情况则应要求自己去做。面对没有按自己意愿做的事，自己提出改进的想法，并在以后的行动中逐步实施。比如，在制订某项计划时，你听从了朋友的意见，但你对这些意见并不欣赏，便应把自己不欣赏的理由说出来，随着经验增加，你便能从依赖别人的意见逐步转变为完全自主决定。三是找一个你信赖的人做监督者，并与监督者订立双边协议，当你有良好表现时，予以奖励，当你违约时，予以惩罚。

3. 行为禁止法

对于人格异常者所表现出的许多不良行为，可以采取这种方法。比如，当一个偏执型人格的人，对一件事忍无可忍而将要发作时，可以对自己默念如下指令：我必须克制住自己的反击行为，我至少要忍十分钟。我的反击行为是过分的，在十分钟内，让我分析一下有什么非理性观念在作怪。采取这种方法后，不久你就会发现，许多你认为怒不可遏的事，只要忍上几分钟，用理性观念加以分析，怒气便会随之消减。不少你认定极具威胁的事，在忍耐了几分钟后，你会发现灾难并未降临，不过是自己的一种无谓的担忧罢了。

4. 情绪调节法

人格异常者多伴有情绪异常，比如，戏剧型人格的情绪表达往往过于夸张，令人无法接受。采用此种方法首先要做到的便是向你的亲朋好友进行一番调查，听听他们对你的看法。对于他人提出的看法，你应先持全盘接受的态度，千万不要反驳，然后扪心自问，上述情绪表现哪些是有意识的，哪些是无意识的；哪些是别人喜欢的，哪些是别人讨厌的。对别人讨厌的应加以分析并予以改进，对别人喜欢的则在表现强度上力求适中。对那些无意识的情绪表现，可以将其写下来，放在醒目处，不时地自我提醒。此外，可请你的好友在关键时刻提醒一下，或在事后对你的表现进行评价，然后从中体会自己情绪表达的过火之处。这样坚持下去，你的情绪表达就会越来越得体和自然了。

心书推荐

《少有人走的路》
[美] M. 斯科特·派克（M. Scott Peck）

这本书讲述了沟通与理解的重要性，它跨越时代限制，帮助我们探索爱的本质，引导我们过上崭新、宁静而丰富的生活；它帮助我们学习爱，也学习独立；它教会我们成为更称职、更具同理心的父母。归根到底，它告诉我们怎样找到真正的自我。

正如本书开篇所言：人生苦难重重。M. 斯科特·派克让我们更加清楚：人生是一场艰辛之旅，心智成熟的旅程相当漫长。但是，它并没有让我们感到恐惧，相反，它带领我们去经历一系列艰难乃至痛苦的转变，最终达到自我认知的更高境界。

素养提升

心向光明的"瓷娃娃"

1. 我与普通人并没有两样

关淑婧在10个月大时被确诊患有先天性成骨不全症，也就是人们俗称的"瓷娃娃"病。患者的骨头很脆弱，打个喷嚏都可能骨折，目前还没有完全治愈的方法。关淑婧6岁上一年级，躺在改造过的童车中听讲，长大些后在家人陪护下坐轮椅，用定制课桌上课。受妈妈影响，从小到大，她积极乐观、自律勤奋，成绩一直名列前茅。2020年，关淑婧考入武汉科技大学。她坦言："我与普通人并没有两样。"

2. 黑夜里的苦难终究变成了光

进入大学不久，辅导员得知关淑婧有考研的打算，为她开展过多次咨询辅导，关淑婧经过综合考量最终确定华中农业大学为目标院校。校图书馆为关淑婧母女配备了钥匙，方便她们走无障碍通道。学习时，常伴随脊柱与骨头传来的疼痛感，但关淑婧看到身边的同学都在奋笔疾书，她咬咬牙，硬扛着坚持下去。她说："周围人都在学，我也不能例外。"

3. 身体的疼痛没有阻止她散发自己的光

在校期间，关淑婧乐观进取，获得过全国大学生英语竞赛国家级二等奖、国家励志奖学金等奖项。她热心公益，从大一下学期起，她每周末都在线上为乡村留守儿童教英语，侧弯的脊柱不允许她长时间端坐，但她依然坚持每周上课两小时，未曾间断。

"把自己当成健全人一样去生活，与自己交好，再用行动感染、帮助他人。"她说。

关淑婧考研成功后，不忘勉励给她发送私信的残障人士。关淑婧表示，未来她想通过自己的努力，投身志愿服务，尽自己的力量帮助更多人重拾信念。

比肉体更强大的是灵魂，心向光明的关淑婧值得拥有光明的未来。

资料来源：人民日报微信公众号，学校曾为她定制宿舍！"瓷娃娃"关淑婧，考研成功！2024。

思考启迪

2024年5月3日，在五四青年节到来之际，习近平总书记强调，广大青年要继承和发扬五四精神，坚定不移听党话、跟党走，争做有理想、敢担当、能吃苦、肯奋斗的新时代好青年，在推进强国建设、民族复兴伟业中展现青春作为、彰显青春风采、贡献青春力量，奋力书写为中国式现代化挺膺担当的青春篇章。

资料来源：新华网，习近平寄语新时代青年强调 奋力书写为中国式现代化挺膺担当的青春篇章 向全国广大青年致以节日祝贺和诚挚问候，2024。

请结合本章知识深入思考，大学生应该如何成长为有理想、敢担当、能吃苦、肯奋斗的新时代好青年，并在奋进新征程中展现新作为。

心理测试

中国大五人格问卷（简版）

完成以下40道题目。请根据自己的实际情况选择"非常不符合""大部分不符合""有点不符合""有点符合""大部分符合"或"非常符合"。

题 目	非常不符合	大部分不符合	有点不符合	有点符合	大部分符合	非常符合
1. 我常担心有什么不好的事情发生	1	2	3	4	5	6
2. 我常感到害怕	1	2	3	4	5	6
3. 有时我觉得自己一无是处	1	2	3	4	5	6
4. 我很少感到忧郁或沮丧	6	5	4	3	2	1
5. 别人一句漫不经心的话，我会联系到自己身上	1	2	3	4	5	6
6. 在面对压力时，我有种快要崩溃的感觉	1	2	3	4	5	6
7. 我常担忧一些无关紧要的事情	1	2	3	4	5	6
8. 我常常感到内心不踏实	1	2	3	4	5	6
9. 在工作上，我只求能应付过去即可	1	2	3	4	5	6
10. 一旦确定了目标，我会坚持努力地实现它	1	2	3	4	5	6
11. 我常常在仔细考虑之后才做出决定	1	2	3	4	5	6
12. 别人认为我是个慎重的人	1	2	3	4	5	6
13. 做事讲究逻辑和条理是我的一个特点	1	2	3	4	5	6
14. 我喜欢一开始就把事情计划好	1	2	3	4	5	6
15. 我工作或学习很勤奋	1	2	3	4	5	6
16. 我是个倾尽全力做事的人	1	2	3	4	5	6
17. 尽管人类社会存在着一些阴暗的东西（如战争、罪恶、欺诈），我仍然相信人性总体来说是善良的	1	2	3	4	5	6
18. 我觉得大部分人是心怀善意的	1	2	3	4	5	6
19. 虽然社会上有些骗子，但我觉得大部分人还是可信的	1	2	3	4	5	6
20. 我不太关心别人是否受到不公正的待遇	6	5	4	3	2	1
21. 我时常觉得别人的痛苦与我无关	6	5	4	3	2	1
22. 我常为那些遭遇不幸的人感到难过	1	2	3	4	5	6
23. 我是那种只照顾好自己、不替别人担忧的人	6	5	4	3	2	1
24. 当别人向我诉说不幸时，我常感到难过	6	5	4	3	2	1

(续)

题　目	非常不符合	大部分不符合	有点不符合	有点符合	大部分符合	非常符合
25. 我的想象力相当丰富	1	2	3	4	5	6
26. 我头脑中经常浮现生动的画面	1	2	3	4	5	6
27. 我对许多事情有很强的好奇心	1	2	3	4	5	6
28. 我喜欢冒险	1	2	3	4	5	6
29. 我是个勇于冒险、突破常规的人	1	2	3	4	5	6
30. 我身上具有别人没有的冒险精神	1	2	3	4	5	6
31. 我渴望学习一些新东西，即使它们与我的日常生活无关	1	2	3	4	5	6
32. 我很愿意也很容易接受新事物、新观点、新想法	1	2	3	4	5	6
33. 我喜欢参加社交与娱乐聚会	1	2	3	4	5	6
34. 我对人多的聚会感到乏味	1	2	3	4	5	6
35. 我尽量避免参加人多的聚会和嘈杂的环境	6	5	4	3	2	1
36. 在热闹的聚会上，我常常表现主动并尽情玩耍	1	2	3	4	5	6
37. 有我在的场合一般不会冷场	1	2	3	4	5	6
38. 我希望成为领导者而不是被领导者	1	2	3	4	5	6
39. 在一个团体中，我希望处于领导地位	1	2	3	4	5	6
40. 别人都认为我是一个热情和友好的人	1	2	3	4	5	6

计分说明：

大五人格模型包含五个维度：神经质、严谨性、宜人性、开放性、外倾性。

测量神经质的题项为1～8题；测量严谨性的题项为9～16题；测量宜人性的题项为17～24题；测量开放性的题项为25～32题；测量外倾性的题项为33～40题。分别加总计算各维度的总分，其中，4、20、21、23、24、35题为反向计分题。

结果解释：

根据5个维度各自的得分，判断自己较为偏向的人格特质，以下提供了可供参考的标准。各维度的描述性特质表现如下所述。

外倾性：高分表现为健谈，面部表情丰富，并喜欢做出各种姿势，果断，好交友，活泼，富有幽默感，容易激动，好刺激，好动，乐观；低分表现为沉默寡言，呆滞。有研究对283名大学生进行测试，结果表明，26分以下为典型低分，42分以上为典型高分。

宜人性：高分表现为善于为别人着想，在人们心目中这类人总是富有同情心，直率，体贴人；低分表现为充满敌对情绪，不友好，给人不信任感，缺乏同情心。有研究对283名大学生进行测试，结果表明，30分以下为典型低分，48分以上为典型高分。

严谨性：高分表现为行为符合规范，可靠，有能力，有责任心，似乎总是能把事情做好，处处让人感到满意；低分表现为行为不符合规范，粗心，做事效率低，不可靠。有研究对283名大学生进行测试，结果表明，36分以下为典型低分，44分以上为典型高分。

神经质：高分表现为情绪理性化，冷静，脾气温和，有满足感，与别人相处愉快；低分表现为自我防卫，时常担忧，担心自身是否适应外在环境，往往容易情绪波动并易产生负面情绪（如生气、自罪感和厌恶感），还容易产生非理性的想法，抗压能力差。有研究对283名大学生进行测试，结果表明，20.4分以下为典型低分，38.8分以上为典型高分。

开放性：高分表现为对新鲜事物感兴趣，尤其是对知识、各种艺术形式和非传统观念持赞赏态度，人们常常认为这类人勤于思考，好幻想，知识丰富，富有创造性；低分表现为自我封闭，循规蹈矩，喜欢固定的生活和工作方式。有研究对283名大学生进行测试，结果表明，32分以下为典型低分，47分以上为典型高分。

知识导图

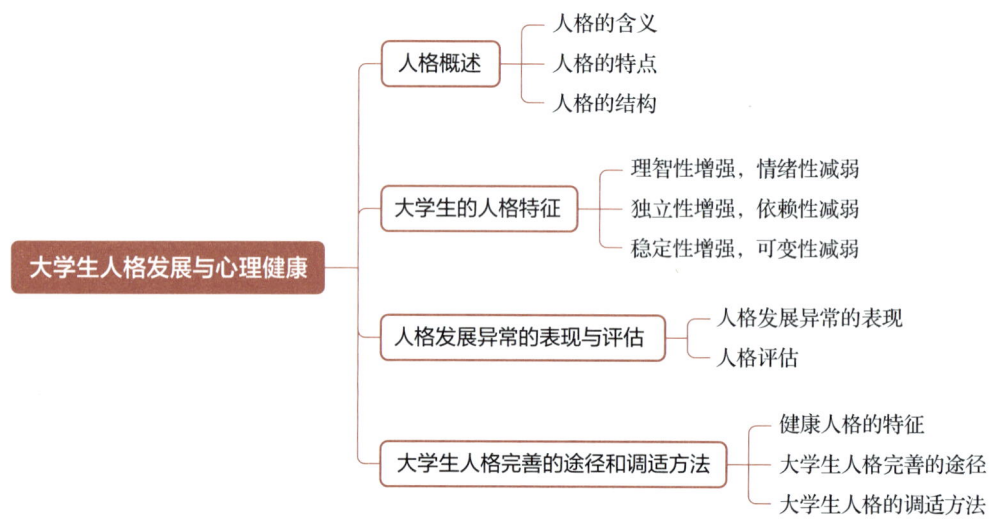

课后习题

1.通过第一节的学习，我们了解了关于人格的基本知识，重点学习了气质和性格的相关知识。接下来，阅读下面这则人物介绍，请你思考一下，在所介绍的人物特征当中，哪些特征属于气质？哪些特征属于性格？

李雷，男，某高校大二学生，平时活泼机灵，开朗外向，思维敏捷，对外界刺激的反应快，日常生活中情绪变化大，喜欢独立思考，注意力较少地指向自身，做事果断，不爱听从别人指挥，处事圆滑，勤俭节约。

2.运用自我探索的方法，结合他人的评价，整理自己的人格特征。

3.采用气质类型量表、明尼苏达多相人格问卷等分析自己的气质类型和人格特点。

参考文献

[1] 贾楠，乔凯平. 心理与成长：大学生心理健康指导［M］. 北京：机械工业出版社，2021.
[2] 黄希庭. 人格心理学［M］. 重庆：西南大学出版社，2021.
[3] 徐学绥，张勇，王义宁，等. 不同气质类型的大学生积极心理品质［J］. 中国健康心理学杂志，2020，28（4）：592-599.
[4] 吴信蕾. 自卑心理引发的高校毕业生消极求职个案分析与干预：辅导员工作案例分析［J］. 教育教学论坛，2021（12）：53-56.
[5] 杨春城，杨雁秋，王琦平. 大学生心理健康教育与素质拓展［M］. 昆明：云南大学出版社，2023.

第三篇　关爱成长

第六章　我的生涯我做主
——大学期间生涯规划及能力发展

◉ 学习目标

（1）理解生涯规划的重要性，掌握规划的基本步骤和常用工具；
（2）明确大学生应具备的核心能力，探索能力提升的有效途径；
（3）制定初步的个性化生涯规划并实施行动计划。

◉ 案例导入

迷失的小李

小李，曾以全校最高分的高考成绩踏入大学的校门。开学初，他作为新生代表发表了演讲。一时间，他成为全校师生眼中的佼佼者。然而，进入大学一段时间后，小李却陷入了迷茫。他原本以为，大学生活会是充满挑战与机遇的新篇章，但现实却让他感到失望。他发现，大学的生活好似还是日复一日地学习，考试的压力依旧如影随形。不同的是，大学里有了更多的自由时间，上网和睡觉成了他消磨时光的主要方式。

起初，小李还试图保持高中的学习状态，但渐渐地他被游戏所吸引，开始熬夜打游戏，甚至逃课打游戏。学习成绩逐渐下滑，从名列前茅到勉强及格，再到最终的"挂科"。这一切的变化，都让他感到措手不及。

面对学籍处理的通知，小李才如梦初醒。他意识到自己曾经的努力和梦想，都在这段迷茫的日子里被消磨殆尽。他开始反思，寻找出路，希望能够重新找回那个充满斗志和激情的自己。

小李是许多在大学阶段迷失方向的学生的一个缩影。这提醒我们，大学是人生的新起点，不是终点。只有明确目标，合理规划，才能避免迷失方向，走出属于自己的精彩人生。

【思考】
（1）小李应该采取哪些具体行动来重建自己的大学生活？
（2）如何避免大学生涯中的"迷失"现象？
（3）大学期间，自我管理的重要性体现在哪些方面？

第一节 大学生生涯规划概述

一、认识生涯规划

(一) 生涯规划的定义

美国国家生涯发展协会提出,生涯是个人通过从事工作所创造出的一种有目的的、延续不断的生活模式。

"创造出"指生涯是个体梦想与现实、愿望与可行性之间不断调和与平衡的产物,其发展轨迹由一系列相互关联的选择累积而成,体现了生涯的动态构建性。

"有目的的"则表明生涯对于个体而言,是富有深意与价值的追求,它赋予了个体生活以方向和目标。

"延续不断"强调的是生涯并非单一事件或选择的偶发结果,而是贯穿个体一生的连续过程,其本质在于持久性与发展性,并深受个人内在特质与外部环境的共同作用的影响。

"生活模式"意味着生涯不只局限于职业或工作的范畴,而是涵盖了个人在生活中扮演的各种角色与身份,是全面生活状态的反映。

生涯规划是一个综合性的、系统性的人生发展规划,它涉及个人对内在自我和外部世界的探索,以及基于这些探索结果所形成的目标设定和行动计划。具体来说,生涯规划是指个人与组织相结合,在对个体职业生涯的主客观条件进行测定、分析、总结的基础上,对自己的兴趣、爱好、能力、价值观等进行综合分析与权衡,结合时代特点,根据自己的职业倾向,确定最佳的职业奋斗目标,并为实现这一目标做出行之有效的计划。

生涯规划不仅关注职业方面的选择与发展,还涉及与职业相关的教育、培训、兴趣、休闲以及家庭生活等多个方面。它涵盖个人一生发展的综合计划,旨在帮助个人明确自己的职业定位和发展目标,并制订一系列可行的计划来实现这些目标。

生涯规划的核心在于帮助个人认清自己的优势和劣势,了解职业市场的现状和发展趋势,从而做出明智的职业选择和发展决策。通过生涯规划,个人可以更好地了解自己的职业倾向和发展潜力,制订出符合自己实际情况的职业发展计划,并在执行过程中不断评估自己的进展和做出调整,以适应不断变化的市场环境和个人需求。

心理知识

舒伯的生涯发展理论

舒伯的生涯发展理论是由美国生涯辅导理论大师唐纳德·舒伯提出的,该理论综合了个体心理学、发展心理学、人格心理学以及职业社会学的长期研究结果,系统地阐述了生涯发展的观点,并将生涯发展分为五个阶段。

(1) 成长阶段(0~14岁):是个人职业发展的启蒙期,儿童受到家庭和学校中的关键人物影响,逐渐发展自我概念,建立对工作世界的正确态度。

(2) 探索阶段(15~24岁):是个人职业发展的准备期,青少年通过学校学习、休闲活动和短期工作,进行自我考察、角色鉴定和职业探索。

(3) 建立阶段(25~44岁):是个人职业发展的稳定期,个人找到合适的职业领域,努力建立稳固的地位。

(4) 维持阶段(45~64岁):成年人努力保持职业成就,同时为退休做准备,可能面临职位调整和新的挑战。

（5）衰退阶段（65岁及以后）：是职业生涯的结束期，个人逐渐从工作中退出并完成角色转换。

（二）生涯规划的意义

生涯规划对于个人和社会都具有深远意义。它不仅关乎我们未来的职业选择和发展，更与我们的生活质量、人生价值和幸福感紧密相连。

1. 明确职业方向，减少迷茫感

生涯规划的首要意义在于帮助个体明确职业方向，减少在职业发展道路上的迷茫感。在快速变化的社会中，职业选择日益多样化，许多年轻人在面对众多选择时感到困惑和不安。生涯规划通过引导个体进行自我探索，帮助个体了解自己的优势、劣势、兴趣和价值观等，从而找到与自身特点相匹配的职业方向，提高职业发展的效率。

2. 提升职业技能，增强竞争力

生涯规划不仅关注职业方向的选择，还注重职业技能的提升。在明确职业方向后，个体需要不断提升自己的专业知识技能和综合素质，以适应职业发展的需求。生涯规划通过制订个性化的学习计划和职业规划方案，帮助个体有针对性地学习新知识、掌握新技能、拓展新领域，从而提高自己在职场上的竞争力。同时，生涯规划还帮助个体建立积极的心态和良好的人际关系，为职业发展创造更好的条件。

3. 实现人生价值，提升幸福感

生涯规划的最终目标是实现个体的人生价值，提升幸福感。人生价值是指个体在社会实践中所创造的价值和意义，它涵盖了职业成功、家庭幸福、社会贡献等多个方面。生涯规划通过引导个体树立正确的价值观、人生观和职业观，帮助个体在职业和生活中找到平衡点，实现个人价值和社会价值的统一。当个体在职业和生活中取得成就时，就会产生强烈的幸福感和满足感，从而更加珍惜自己当下的生活，积极面对未来的挑战。

4. 促进个人成长，塑造完整人生

生涯规划是一个持续的过程，它伴随着个体的发展与成长。在生涯规划的过程中，个体需要不断进行自我反思、自我调整和自我提升，以适应不断变化的环境和需求。这种持续地学习和自我提升的过程，有助于个体不断成长，塑造完整的人生。同时，生涯规划还鼓励个体勇于尝试新事物、接受新挑战，从而不断拓宽自己的视野，丰富自己的人生体验。

5. 推动社会进步，构建和谐社会

生涯规划不仅关乎个体的职业发展和人生幸福，更与社会进步与和谐息息相关。生涯规划引导个体关注社会问题、参与公益活动、贡献自身力量，有助于培养个体的社会责任感和公民意识。这种积极向上的社会氛围和价值观的塑造，有助于构建一个更加和谐、稳定、繁荣的社会。

（三）生涯规划的内容

生涯规划的内容涵盖了多个方面，包括自我认知、职业认知、目标设定、行动计划以及评估调整。

1. 自我认知

自我认知是生涯规划的基础，它涉及对个人的兴趣、能力、价值观、性格以及职业倾向

等方面的了解和评估。通过自我认知，个体可以更加清晰地认识自己，了解自己的优势和劣势，从而为未来的职业选择和发展打好基础。

2. 职业认知

职业认知是了解职业市场和职业发展趋势的过程。通过职业认知，个体可以更加清晰地了解不同职业的特点和要求，以及职业市场的现状和发展趋势，有助于个体明确自己的职业目标和发展路径。

3. 目标设定

目标是生涯规划的指南针。通过设定明确、具体、可行的职业目标，个体可以更加清晰地了解自己的发展方向和奋斗的意义。

4. 行动计划

行动计划是实现职业目标的具体步骤和措施。通过制订详细的行动计划，个体可以更加有效地推进自己的职业发展进程。

5. 评估调整

通过定期评估自己的职业发展进展和计划执行情况，个体可以及时发现存在的问题和不足，并进行相应的调整和优化。在评估和调整过程中，应积极寻求他人的反馈和建议，并进行深入的反思和总结，了解当前的不足之处和需要改进的地方，为未来的职业发展提供有益的参考和借鉴。

二、理解大学生生涯规划

（一）大学生生涯规划的概念

进入大学，意味着离开自己熟悉的环境、熟悉的人，来到一个全新的地方，开始独立的生活。从生活环境、生活方式到教学方式、学习方式，甚至人际交往方式，和中学相比都发生了明显变化。如何更好地适应这些变化、合理规划大学生活，是至关重要的问题。

大学生生涯规划是指大学生在自我认知的基础上，结合个人性格、兴趣、能力、价值观及社会需求，对未来的职业发展道路进行系统性的规划与设计的过程。这一过程涉及对内在自我的认知、对外部职业世界的探索、职业目标的设定以及实现目标所需的行动计划的制订等。大学生生涯规划不仅关乎学业发展，还涉及个人成长、职业定位、职业发展等多个层面，是连接校园与职场的桥梁，帮助大学生走出象牙塔，逐步适应并融入复杂多变的职场。

● 心理训练

进入大学后，我的"五个最"

进入大学后，我最满意的是＿＿＿＿＿＿＿＿＿＿＿＿＿＿＿＿＿＿＿＿。
进入大学后，我最感兴趣的是＿＿＿＿＿＿＿＿＿＿＿＿＿＿＿＿＿＿＿。
进入大学后，我最担心的是＿＿＿＿＿＿＿＿＿＿＿＿＿＿＿＿＿＿＿＿。
进入大学后，我最想做的是＿＿＿＿＿＿＿＿＿＿＿＿＿＿＿＿＿＿＿＿。
进入大学后，我最期待的是＿＿＿＿＿＿＿＿＿＿＿＿＿＿＿＿＿＿＿＿。

资料来源：陈秀元，刘好贤. 团体心理活动与辅导：大学生心理健康教育［M］. 苏州：苏州大学出版社，2021.

(二)大学生生涯规划的功能

1. 明确生涯目标

通过深入、细致的生涯规划,大学生能够更加清晰地洞察自身的优势与不足,在此基础上,能够设定出既具体又可衡量的生活、学业、职业等多方面的目标。这些目标将成为他们前行路上的指引和动力,让他们减少在人生重要选择上的迷茫,充满信心地向着自己的理想和愿景前进。

2. 提升职场优势

生涯规划是大学生提升核心竞争力和建立职场优势的关键途径。它引导大学生根据自身的兴趣和职业规划,有针对性地强化职业技能和素养,确保成长的每一步都紧密贴合未来的职业需求。通过参与实习实训、项目实践和社会服务等,大学生能够积累宝贵的经验,将理论知识转化为实际操作能力,为他们在竞争激烈的就业市场中脱颖而出奠定坚实的基础。

3. 积极应对困境

生涯规划对于大学生而言,不仅可以帮助他们明确目标和方向,还赋予了他们积极应对困境的力量。在面对学习压力、职业迷茫、人际关系挑战时,生涯规划能帮助大学生审视自身资源,寻找解决问题的策略,并鼓励其保持乐观和坚韧。生涯规划能让大学生从失败中吸取教训,将挑战视为成长的契机,从而培养出强大的心理韧性和适应力,帮助大学生更好地应对困境。

4. 实现自我价值

生涯规划引导大学生在职业生涯中不断探索自我、挖掘潜力,追求个人成就与价值的最大化。通过合理周密的规划,大学生能够找到与自身兴趣、能力和价值观相契合的职业道路,这不仅可以让他们在学习、工作中充满热情和动力,还能在实现个人价值的同时,提升生活质量和幸福感。

(三)大学生生涯规划的定向

对于大学生而言,生涯设计与定向是至关重要的,它不仅关系着学生未来的发展方向,还深刻影响着其校园生活的重心与学习动力。生涯方向不明确的大学生,往往会陷入焦虑的泥潭,目标与兴趣模糊不清,求学动机匮乏,导致其在学生角色上投入不足,学业成绩也因此不尽如人意。这样的状态无疑会成为他们未来适应社会发展的巨大障碍。然而,大量研究表明,在大学生中普遍存在生涯设计与定向缺失的问题,许多学生难以自觉地明确自己的生涯发展路径。

心理学家马西娅(Marcia)从自我认定的角度,依据面对的选择危机和专注定向,将青年的自我认定归纳为四种不同的形态,就生涯定向角度而言,四种自我认定形态分别为:

(1)自我定向者:这类青年已经完成了对自我和职业的探索,有了明确的目标和方向,并对自己的生涯有着清晰的规划和承诺。他们既经历了选择危机,也找到了适合自己的定向,展现出高度的自我认定和生涯满意度。

(2)提早定向者:这类青年在没有充分经历选择危机的情况下,就过早地确定了生涯定向。他们的生涯选择可能受家庭、社会或文化等因素的影响,而非基于个人的探索。因此,他们可能对自己的生涯选择缺乏真正的了解和承诺。

(3)延迟未定者:这类青年正处于探索阶段,他们面临着选择危机,但尚未找到明确的生涯定向。他们正在经历自我和职业的探索过程，可能通过实习、兼职、志愿服务等方式来尝试不同的职业路径，以期找到最适合自己的方向。

（4）茫然失措者：这类青年既没有经历选择危机，也没有明确的生涯定向。他们可能对自己的兴趣、能力和价值观缺乏清晰的认识，对生涯规划感到迷茫和不安。这种状态可能导致他们的生活缺乏目标和动力，学业成绩也可能受到影响，因而感到焦虑，甚至逃避抉择。

其中，提早定向者，在社会的限制和父母的保护之下，在面对生涯抉择时不会产生过高的焦虑，但在从事生涯准备或课程学习方面，会出现听天由命、缺乏学习兴趣和动力的状态；延迟未定者和茫然失措者在面临生涯抉择时，由于缺乏目标定向，可能会产生焦虑、紧张等不良情绪，不利于其学习和生活适应。

这四种自我认定形态为深入理解青年的生涯发展提供了至关重要的理论框架。生涯定向无疑是青年阶段最为核心的发展使命之一。生涯决策是否清晰、明确，不仅影响个体当前的生活适应性，更可能影响其长期的健康发展。

心理知识

斜杠青年

"斜杠青年"是近年来在社会与文化领域兴起的一个概念，用以描述那些拥有多重职业身份或技能组合的年轻人。这一群体不再满足于单一的职业角色，而是积极追求多元化的生活方式，通过在不同领域和兴趣上发挥技能，实现自我价值的多维度展现。

"斜杠"一词源于英文中的"slash"，象征着个体身份的多样性和跨界能力。斜杠青年可能在白天是程序员，晚上则化身为自由撰稿人或自媒体人；他们可能是教育工作者，同时也是摄影师和旅行博主。这种多职业身份的结合，不仅形成了更多的收入来源，更重要的是，它满足了现代年轻人对于自我实现和创造力的渴望。

斜杠青年的兴起，反映了当代社会对个人能力和兴趣多样性的高度认可。在快速变化的社会环境中，单一的职业路径已难以满足年轻人对职业发展和个人成长的需求。因此，他们需要通过不断学习和实践，拓宽自己的技能边界，以适应市场需求和个人兴趣的不断变化。

同时，斜杠青年也面临着诸多挑战，如时间管理、精力分配、职业身份认同等。如何在多个职业角色之间找到平衡，保持高效的工作和生活状态，是他们需要不断探索和实践的问题。尽管如此，斜杠青年依然以其独特的魅力和创新精神，成为当代社会一道亮丽的风景线，激励着更多人勇敢追求自己的梦想和多元化的生活方式。

第二节　大学生能力概述及提升途径

一、大学生应具备的核心能力

能力是指个体顺利完成某种活动所必备的并直接影响活动的心理特征。能力是和活动紧密相连的，离开了具体活动，能力就无法形成和表现。能力的高低会影响个体开展某种活动的速度、难易程度和效果。例如，一个操作能力强的学生，在学习机械实验类课程时会觉得容易些，学得更快、更好，而在外语等语言类课程的学习上却可能不尽如人意。

能力可分为一般能力和特殊能力。前者指的是完成很多基本活动所需具备的能力，如学习能力、观察能力、记忆能力、阅读能力等；后者指的是从事某种专业活动时所需具备的能力，如音乐能力、绘画能力、运动能力等。

对于大学生而言，核心能力指的是在学习、生活和未来职业发展中起到关键作用的能力，这些能力不仅能够帮助他们顺利完成学业，还是未来职业生涯发展的重要支撑。核心能力通常具有以下几个特点：一是普遍性，即这些能力在各种情境下都具有适用性；二是可迁移性，即这些能力可以在不同的领域和任务中发挥作用；三是发展性，即这些能力可以通过学习和实践不断提升。

（一）自主学习能力

随着大数据及人工智能等技术的发展和数字时代的到来，知识更新速度日益加快，自主学习能力成为衡量个人综合素质的重要标准。自主学习，乃至终身学习已成为人类生存和发展的必备能力。自主学习能力包括设定学习目标、选择学习方法、监控学习过程以及评估学习结果等方面的能力。自主学习能力不但突出学习内容的针对性和自主选择性，更强调创新性和探索性学习，重视问题的提出和解决，重视学有所用。因此，大学生应该了解如何独立获取知识，如何运用所学知识解决实际问题，以及如何在实践中不断反思和改进自己的学习策略。通过培养自主学习能力，大学生可以更加高效地掌握知识，为未来发展打下稳固的基础。

（二）人际沟通能力

人际沟通能力是指个体与他人进行有效信息交流的能力，包括口头表达、书面表达和非语言沟通等方面。良好的人际沟通能力对于大学生的学习、生活和职业发展都至关重要，可以帮助大学生更好地与他人合作，解决学习和生活中的问题，并建立良好的人际关系。培养人际沟通能力需要大学生注重语言表达的准确性和清晰性，学会倾听他人的意见和建议，以及运用非语言沟通手段（如肢体语言、面部表情等）来增强沟通效果。

（三）批判性思维能力

批判性思维能力是指个体在面对一些观点或问题时，能够运用分析、综合、评价等思维方法，形成独立、客观、理性的判断。批判性思维能力有助于大学生深入理解学科知识，辨别信息的真伪和价值，从而形成独立的学术见解。培养批判性思维能力需要大学生具备开放的心态，勇于质疑和反思，善于从多个角度审视问题，学会运用逻辑思维和辩证思维的方法，对信息进行深入分析和综合评估。

（四）团队协作能力

在现代社会中，团队合作已成为一种普遍的工作方式。大学生应该了解如何在团队中发挥自己的优势，与他人协作完成任务，以及如何处理团队中的冲突和问题。培养团队协作能力需要大学生具备强烈的责任心和团队精神，学会倾听他人的意见和建议，以及尊重他人的贡献和成果。同时，他们还需要掌握一些团队协作的基本技巧，如分工协作、沟通协调、决策制定、冲突解决等，以提升团队协作能力。

（五）创新创造能力

创新创造能力指的是个体或组织在思维、技术、产品或服务等方面，勇于突破传统框架，提出并实施新颖、有价值的想法和方案的能力。它涵盖了从创意构思到实际创造的全过程，是推动社会进步和发展的重要动力。大学生应该具备敏锐的洞察力和丰富的想象力，能够发现潜在的问题和机会，并提出创新的解决方案。培养创新创造能力需要大学生保持好奇心和求知欲，勇于尝试和探索未知领域。大学生需要学会运用创新思维的方法，如头脑风暴、逆向思维、类比推理等，锻炼自己的创新思维和实践能力。

（六）自我管理能力

自我管理能力是指个体对自己的时间、情绪、行为等方面进行有效管理和控制的能力。良好的自我管理能力可以帮助大学生合理安排时间，保持良好的情绪状态，以及养成良好的行为习惯。培养自我管理能力需要大学生学会制订和执行计划，合理安排学习和生活时间；需要学会调节自己的情绪，保持积极的心态和稳定的情绪状态；还需要注重培养自己的自律意识和责任感，以及养成良好的学习和生活习惯。

二、大学生能力提升的具体途径

（一）构建知识体系

在大学期间，学习仍是第一要务。这一阶段，大学生应致力于扎实掌握专业基础知识和各项专业技能，构建一个完整且系统的知识体系。专业知识的学习，注重的是系统性思维的培养，大学生要掌握本专业领域的重要概念、研究方法和基本原理。应通过参与课堂学习，紧跟教师的授课节奏，并在课后进行深入的自主学习，巩固所学知识。此外，应利用图书馆丰富的馆藏资源、便捷的网络资源，以及学术会议、专家讲座等多种途径，搭建个人学习和发展的平台，不断开阔眼界。在这个过程中，大学生不仅要熟练掌握专业基础知识，还要积极关注专业前沿动态，学习跨学科的相关知识，以及广泛涉猎人文社科领域的知识。这样的学习方式将有助于学生在大学期间获得全面的发展，为未来的职业生涯奠定坚实的基础。

（二）参与社会实践

社会实践是大学生将课堂所学知识与现实生活相结合的重要途径。通过参与社会实践活动，大学生可以深入了解社会现状，增强社会责任感，提升解决实际问题的能力。大学生可以利用假期或课余时间，深入农村、企业、社区等地进行社会调研，了解社会热点、难点问题，提出解决方案。这一过程不仅锻炼了调查研究能力，还培养了社会责任感和公民意识。此外，大学生还可以参与志愿服务，如支教、环保、助力乡村振兴等，在服务他人的过程中，培养爱心、耐心和责任感。同时，这些活动也锻炼了组织协调能力和团队协作能力。勤工俭学也是宝贵的社会实践机会。利用课余时间，大学生通过辛勤劳动赚取生活或学习费用，这一经历不仅能让自己积累工作经验，还能深刻理解基本的职业要求。勤工俭学不仅是为了实现经济上的自给自足，更是对自我的锻炼与提升，是一种难得的感受生活磨砺和增长才干的过程。

（三）参加社团活动

社团活动是大学生活中不可或缺的一部分，为大学生提供了一个展示自我、锻炼能力的广阔舞台。社团活动不仅能丰富大学生的课余生活，还能培养他们的兴趣爱好，提升其综合素质。在社团的选择上，大学生可以根据自己的兴趣和所学专业，找到匹配的社团组织。例如，机械专业的学生可以加入机械协会，通过参与各种创新项目和实践活动，深化对专业知识的理解；而热爱文学与艺术的学生，则可以选择加入文学社，与伙伴们一起探讨文学之美，共同提升创作能力。此外，外语角等语言类活动，更是为想要提高外语水平、拓宽国际视野的学生提供了绝佳的平台。社团活动的内容丰富多彩，形式多样。讲座、比赛、交流会等活动为大学生提供了结交志同道合朋友的机会。在这里，大学生可以遇到来自不同地区、不同专业、不同经历的同学，通过共同的爱好和追求，建立起深厚的友谊。这种友谊不仅能让大学生在学业上相互帮助、共同进步，还能让他们在人生道路上相互扶持、携手前行。

（四）参与科研竞赛

大学生利用课余时间参加校内外科学研究活动和竞赛等，是提升科研素养、创新思维和实践能力的重要途径。例如，在导师的指导下参与科研项目，进行实验设计、数据分析、论文撰写等；也可以直接参与到企业的技术研发与产品开发中；还可以参与到政府和管理部门组织的调查研究和理论研究中，从而培养严谨的科研态度、扎实的科研能力及持续的创新精神。大学生可以积极参加各类学科竞赛，如"挑战杯"全国大学生创新创业大赛、中国国际大学生创新大赛、全国大学生数学建模竞赛、中国大学生机械工程创新创意大赛、中国高校计算机大赛等，让大学生在竞争中锻炼自己的创新实践能力和团结协作能力。

（五）开展实习实训

实习实训是大学生教育体系中的关键一环，帮助大学生将所学知识应用于实际工作中。通过参与学校精心组织的实训活动，大学生能在模拟的或真实的工作环境中，亲手操作、亲身体验，从而迅速掌握一系列实用的技能，帮助他们在研究中更加得心应手。而在专业对口的企事业单位进行实习，更是大学生将所学知识转化为实际生产力的宝贵机会，不仅可以看到所学专业在实际工作中的应用情况，进一步加深对专业知识的理解与掌握，还能亲身体验职场环境，熟悉工作流程，了解职场文化，从而在实战中提升自己的职业能力。这种身临其境的学习方式，往往比单纯的课堂讲授更加生动、有效，也更能激发学生的学习热情和创造力。

第三节　大学期间生涯规划的制定与管理

● 案例点击

小白的困惑

小白是一名工程管理专业的大三学生。暑假期间，她进入一家互联网公司的运营部门实习。在这家公司，运营与市场的界限并不分明，这为她提供了一个独特的机遇——她不仅深入参与了运营工作，还逐渐接触并萌生了对市场业务的浓厚兴趣。起初，小白全身心投入运营岗位，三个月的时间让她对这份工作有了深刻的体验。随后，凭借出色的表现和对市场的热情，她成功地在部门内部转岗，开始了全新的市场工作之旅。随着对市场领域的深入了解，小白愈发感受到这份工作的魅力，并产生了毕业后继续从事市场工作的想法。

然而，当她满怀期待地向父母分享这一职业规划时，却遭遇了意想不到的阻力。父母认为"互联网"和"市场"这些概念太笼统、模糊，远不如国有单位的工作来得稳定、可靠。他们希望小白能凭借所学专业，找一份稳定工作。这让小白陷入了两难境地：一方面，她渴望追随内心的兴趣，投身于自己热爱的市场工作；另一方面，她又不想因此与父母关系紧张。同时，非市场专业出身的她，也担心自己在真正从事这类工作时会感到力不从心。面对这样的困境，小白陷入了深深的思考。

一、大学生生涯规划的制定

（一）我想做什么

在大学这段宝贵时光里，许多同学往往会陷入迷茫，对自己未来的方向缺乏清晰的认识。他们不仅不清楚自己想要从事何种职业，甚至对为何踏上大学这段旅程也感到茫然。这种目标的缺失，往往导致行动上的无所适从，因为不知道目标何在，自然难以规划出实现它的路径。

深究下去，是兴趣在无形中引导着个体的意愿与选择。兴趣，这个看似简单却蕴含巨大能量的因素，直接决定了个体内心深处真正渴望去做的事情。当个体对某事充满热情时，源自内心的驱动力会让其自然而然地想要去探索、去实践、去追求。

因此，明确自己的兴趣所在，对于找到人生的方向至关重要。它如灯塔一般，在茫茫人海中为大学生指引前行的道路，让其在追求梦想的旅途中不再迷茫，而是充满动力与希望。

兴趣，是人们力求认识某种事物和从事某项活动的意识倾向。它表现为人们对某件事物、某项活动的选择性态度和积极的情绪反应。兴趣在人的实践活动中具有重要意义，不仅能够帮助人们集中注意力，还能激发一种愉快、紧张的心理状态。

人的兴趣多种多样，根据不同区分维度，主要可以做以下三种区分。

1. 物质兴趣和精神兴趣

物质兴趣主要指人们对舒适的物质生活（如衣、食、住、行等方面）的兴趣和追求；精神兴趣主要指人们对精神生活（如学习、文学、艺术）的兴趣和追求。就大学生而言，由于人生观和世界观正在逐步形成，无论是物质兴趣还是精神兴趣都需要师长的积极引导，以防止在物质兴趣方面的畸形发展和精神兴趣方面的消极发展。

2. 直接兴趣和间接兴趣

直接兴趣是指对活动本身所持有的浓厚兴趣与热爱。它源自内心深处，是一种无须外界过多激励便能持续产生动力与热情的情感倾向。例如，一个热爱编程的学生可能会愿意花费大量时间研究新技术、解决复杂问题，而不仅仅是为了获得报酬或满足外部要求。间接兴趣主要指对活动过程所产生的结果感兴趣。它更关注活动或工作带来的外部效益或长远价值。例如，有的学生选择某个专业并不是因为自己热爱这个专业，而是因为专业热度高、将来职业发展路径好、能提供稳定收入等。

在理想的生涯规划中，直接兴趣与间接兴趣应当相互融合、相辅相成。一方面，直接兴趣为学生提供持续的动力与满足感，使其在面对职业挑战时能够保持积极态度与韧性；另一方面，间接兴趣则帮助学生考虑职业的现实意义与长远价值，确保职业选择既符合个人兴趣，又能够实现个人价值与社会价值的最大化。

3. 个人兴趣和社会兴趣

个人兴趣是指个体针对特定事物、活动或人所产生的积极的和带有倾向性、选择性的态度和情绪，它反映了个人内心深处的偏好与热爱。社会兴趣是指社会成员对某一特定领域或话题的普遍关注与热衷，或是社会某一领域为满足社会成员共同需求而产生的广泛兴趣。两者相辅相成，个人兴趣构成了个体独特的内心世界与追求，而社会兴趣则体现了社会的共同价值观与需求，两者共同作用于个人的成长与社会的发展。

心理实践

霍兰德职业兴趣岛

假如你获得了一次免费度假旅游的机会,有机会去下列六个岛屿中的三个。唯一的要求是你必须在这个岛上待满至少半年的时间。请不要考虑其他因素,仅凭自己的兴趣依次选出你最想去的三个岛屿。

A岛——"美丽浪漫岛"

岛上有许多美术馆、音乐厅、街头雕塑和街边艺人,弥漫着浓厚的艺术和文化气息。当地的居民很有艺术性、创新性和直觉能力,他们保留了传统的舞蹈、音乐与绘画,许多文艺界的朋友都喜欢来这里寻找灵感。

C岛——"现代井然岛"

岛上的建筑十分现代化,是进步的都市形态,以完善的户政管理、地政管理、金融管理见长。居民个性冷静、保守,处事有条不紊,善于组织规划,细心高效。

E岛——"显赫富庶岛"

岛上的居民善于企业经营和贸易,能言善道,以口才见长。岛上的经济高度发达,处处是高级饭店、俱乐部、高尔夫球场。来往者多是企业家、经理人、政治家、律师等,曾数次在这里召开财富论坛和其他行业巅峰会议。

I岛——"深思冥想岛"

岛上人迹较少,建筑物多僻处一隅,平畴绿野,适合夜观星象。岛上有多处天文馆、科技博览馆以及科学图书馆等。岛上的居民喜好观察、学习、探究、分析,崇尚和追求真知,常有机会和来自各地的哲学家、科学家、心理学家等交流心得。

R岛——"自然原始岛"

这是个自然生态优良的绿色之岛。岛上不仅保留了热带雨林等原始生态系统,而且建立了相当规模的植物园、动物园、水族馆。居民以手工制造见长,他们自己种植花果,栽培蔬菜,修缮房屋,打造器物,制作工具。

S岛——"温暖友善岛"

这个岛上的居民性情温和,乐于助人,人际关系十分友善。大家互助合作,重视教育后代。每个社区都能自成一个密切互动的服务网络,处处充满着人文关怀气息。

这六个岛事实上分别代表了六种职业兴趣类型,参与者依次选出最想去的三个岛屿,将其对应的代码组合起来,即为个人职业兴趣代码。

(二)我能做什么

在大学生生涯规划的广阔画卷中,"我能做什么"这一命题非常重要。它不仅是连接梦想与现实的桥梁,更是个人成长与职业发展的基石。当我们怀揣着对未来的憧憬,满腔热情地规划着自己的职业生涯时,一个不可忽视的事实是:仅凭一腔热血和浓厚兴趣,往往难以跨越理想与现实之间的鸿沟。因此,深入了解并准确评估自身的能力,成为大学生制定切实可行生涯规划中的关键一环。

"我能做什么"就是深刻认识自我,明确自己的能力边界,包括了解自己的性格特质、优势与劣势、价值观以及潜在的职业兴趣。性格测试、技能评估、职业倾向问卷等工具,可以帮助大学生初步勾勒出自己的能力轮廓。例如,有的人擅长逻辑思维与数据分析,适合技术或研究类专业和岗位;有的人则具备良好的人际交往能力与组织协调能力,更适合市场营销或管理类的专业和岗位。明确自己的能力边界，有助于大学生在众多生涯选择中筛选出与自己能力相匹配的方向，避免盲目跟风选择不适合自己的发展道路。

◆ 心理训练

SWOT 分析训练

运用 SWOT 方法，了解自我，分析自己的优势（strengths）、劣势（weaknesses）以及面临的机会（opportunities）和威胁（threats）。找到自我学习及提升的最佳方法。

请大家认真填写 SWOT 分析表（见表 6-1），把自己的优势、劣势，以及机会和威胁写在表中，再进行小组分享。请思考：做了 SWOT 分析后，是否对自己的认识更加深刻了？听了其他成员的分享，你学到了什么？

表 6-1　SWOT 分析表

优势	劣势
机会	威胁

（三）具体怎么做

1. 职业探索

职业探索是指对外部职业世界的探索，包括行业发展趋势、职业岗位需求、工作环境等。大学生可以通过查阅行业报告、参加职业讲座、实习等方式，深入了解自己感兴趣的职业领域。

2. 目标设定

在自我认知和职业探索的基础上，大学生需要设定具体、明确、可行的职业目标。这些目标应既包括长期目标，也包括短期目标，从而形成完整的职业发展路径。

3. 行动计划

大学生需要根据设定的职业目标，制订具体的行动计划，包括时间安排、技能提升、经验积累等方面。在制订行动计划时，大学生需要充分考虑自己的实际情况和资源条件，按每个学期进行分解，循序渐进，确保计划的可行性和有效性。

4. 评估调整

把合理的规划与实际相结合，坚持原则性与灵活性相结合。在实施行动计划的过程中，大学生需要不断收集来自各方面的反馈，如导师、同学、父母、实习单位等的评价和建议，及时发现自己的问题和不足，找出改进的方法和措施。

心理自测

工作世界调查表

你的理想职业是：A.＿＿＿＿＿＿＿＿＿ B.＿＿＿＿＿＿＿＿＿ C.＿＿＿＿＿＿＿＿

请从中挑选一个你最希望了解的职业，试着回答以下问题。

（1）职业名称：＿＿＿＿＿＿＿＿
（2）它与下列哪项内容关系较为密切？（可多选）A.文字 B.数字 C.人际交往 D.具体事物或事件
（3）其主要工作内容是＿＿＿＿＿＿＿＿＿＿＿＿＿＿＿＿＿＿＿＿＿＿＿＿＿＿
（4）其主要工作场所是：A.室内 B.室外
（5）其工作时间是：A.固定 B.可自行安排
（6）薪酬标准是：A.计时 B.计件
（7）计薪方式是：A.月薪 B.年薪
（8）从业者所需的教育背景（专业及学历）是＿＿＿＿＿＿＿＿＿＿＿＿＿＿＿
（9）从业者所需具备的素质与能力主要有＿＿＿＿＿＿＿＿＿＿＿＿＿＿＿＿
（10）从业者所需的人格特质是＿＿＿＿＿＿＿＿＿＿＿＿＿＿＿＿＿＿＿＿
（11）从业者是否需要专业资格？如果需要，是＿＿＿＿＿＿＿＿＿＿＿＿＿＿
（12）从业者的收入水平如何？＿＿＿＿＿＿＿＿＿＿＿＿＿＿＿＿＿＿＿＿
（13）从业者的工作稳定性如何？＿＿＿＿＿＿＿＿＿＿＿＿＿＿＿＿＿＿＿
（14）从业者的就业市场前景如何？＿＿＿＿＿＿＿＿＿＿＿＿＿＿＿＿＿＿
（15）从业者的发展机会怎样？＿＿＿＿＿＿＿＿主要晋升路径是＿＿＿＿＿＿＿＿＿
（16）从业者的主要压力来源是＿＿＿＿＿＿＿＿＿＿＿＿＿＿＿＿＿＿＿＿
（17）你所了解的与此职业有关的其他信息还包括＿＿＿＿＿＿＿＿＿＿＿＿＿

资料来源：苏文平.职业生涯规划与就业创业指导［M］.3版.北京：中国人民大学出版社，2023.

二、大学生生涯规划的管理

（一）目标管理

1.何为生涯目标

从中学到大学，不只涉及学习内容和方法的改变，还有生活方式和交往模式等多方面的改变。在进行生涯规划时，首先要知道的就是自己的生涯目标是什么。生涯目标也就是人生目标，具体来说，就是你要成为什么样的人，你的一生该如何度过，怎样才能使自己的人生过得有意义、有价值，怎样才能取得成功，怎样才能拥有幸福的生活。生涯目标是指引一个人成长和发展的航标，是大学生行动的指南。

在生涯目标体系中，职业目标无疑占据着核心地位，贯穿人生的各个阶段。自幼年起，人们便在心中描绘着对未来职业的憧憬，那些纯真的梦想如同初升的太阳，让人感到温暖而充满希望。然而，由于少年时期对职业世界的认知尚显浅薄，随着个人成长与经历的丰富，我们往往会经历多次职业目标的调整与重塑。这些早期的目标或许过于理想化，或许根本未能契合个人的内在需求与外在环境，从而在成长的过程中逐渐褪色或转变。

而大学时期，则成为我们为未来职业生涯做好充分准备的关键时期。在这个阶段，我们不仅要学习专业知识，提升个人技能，还要通过实习、实践等方式，深入了解职业世界，逐步明确自己的职业定位与发展方向。

进入职场后，职业成为我们实现自我价值、获取物质回报与精神满足的重要途径。它不仅是个人成长与成熟的见证，更是实现人生目标与梦想的基础与载体。通过职业，我们得以在社会中立足，展现自己的才华与智慧，实现自我超越与升华。

正如前文提到的，生涯目标的内涵远比单一的职业目标要丰富和多元化。人的一生中，会扮演多重角色，而每一个角色都伴随着其独特的生涯目标。唐纳德·舒伯提出的九种主要人生角色中，大学生已涉足子女、学生、休闲者和公民等多重身份，甚至有人已开始尝试配偶的角色。随着职业生涯的开启，工作者角色也将成为我们生活的重要组成部分。不同的角色赋予了我们不同的责任与使命，也要求我们实现不同的生涯目标。作为学生，我们需专注于学习，认真听课并完成作业；作为子女，我们要构建和谐的家庭关系，尊重并感恩父母；作为公民，我们要有担当，自尊自爱，尊重他人，敬业乐群，乐于助人。多数人渴望在所有角色中都表现出色，这也意味着要承担更多的责任与义务。

在大学阶段，学习目标和职业目标是学生最为关注的两个方面。但职业目标不应被狭隘地理解为找一份工作那么简单。它应当建立在人生目标的基础之上，并综合考虑个人的价值观、性格、兴趣、能力及知识等内在因素，以及人际关系、经济状况、父母期望、就业市场状况、岗位要求、工作地点、企业文化等外在因素。

因此，在设定职业目标时，应开阔视野，全面审视，以确保所追求的目标既符合个人发展，又能与外部环境相协调。通过这种多维度的思考与规划，大学生才能在未来的生活中游刃有余，实现各个角色的和谐统一。

2. 生涯规划的 SMART 原则

在生涯规划中，SMART 原则作为一种高效、系统的目标设定原则，发挥着至关重要的作用。它可以帮助大学生明确职业方向，指导他们制定具体、可衡量、可达成、具有相关性和时限性的目标，从而更有效地规划大学生活，为未来的职业生涯奠定坚实基础。

（1）具体性（specific）。对于大学生而言，生涯规划的具体性意味着要设定清晰、明确的职业目标和学习计划。例如，"毕业后进入一家知名互联网公司担任研发工程师"，这样的目标不仅指明了职业方向，还设定了时间节点，使大学生能够明确自己在大学期间需要学习哪些知识、掌握哪些技能、积累哪些经验。具体目标有助于大学生保持学习的动力和方向，避免盲目跟风或浪费时间。

（2）可衡量性（measurable）。可衡量性要求大学生设定的目标必须有一个明确的衡量标准，以便评估进度和成效。在生涯规划中，体现为对能力提升、学业成绩、实习经验等方面的量化要求。例如，在本学期内，将"高等数学"这门课程的期末考试成绩提高至 90 分以上，这样的目标不仅具体，而且易于追踪和评估，可以帮助大学生了解自己在实现目标方面的进展，及时调整学习策略。

（3）可实现性（attainable）。可实现性强调目标应当是基于个人实际情况和能力设定的，既不过于理想化也不过于保守。在生涯规划中，大学生要充分考虑自己的兴趣、专业背景、资源条件等因素，设定既具有一定的挑战性又能够实现的目标。例如，"在大学期间，通过参加相关社团活动和实习项目，积累足够的实践经验，为毕业后进入心仪的行业做好准备"，这样的目标既符合大学生的实际情况，又能够激发他们的潜力和动力。

（4）相关性（relevant）。相关性要求大学生设定的目标必须与个人的整体职业规划、学习需求以及未来职业发展紧密相关。在生涯规划中，这体现为对目标之间内在联系的深入思考。例如，"为了将来成为一名优秀的数据分析师，我将在大学期间主修统计学和计算机科学，并参加相关的数据分析比赛和项目"，这样的目标不仅有助于大学生构建完整的知识体系，还能够提升他们的实践能力和职业素养。

（5）时限性（time-based）。时限性为大学生生涯规划中的目标设定了一个明确的时间框架，有助于他们保持紧迫感，避免拖延和浪费时间。例如，"在接下来的一年内，通过努力学习和实践，提升自己的综合素质和专业技能，为申请读研或就业做好准备"，这样的目标不仅具体、可衡量、可达成和具有相关性，而且有时间限制，可以促使大学生合理规划时间，确保在预定时间内达成目标。

综上所述，SMART原则在大学生生涯规划中发挥着重要作用。借助SMART原则，大学生可以设定出既明确又具有可操作性的目标，而后在目标的指引下，制订可行的、周密的生涯计划，分阶段逐步完成。同时，SMART原则还有助于大学生培养自律、自我管理和自我激励的能力，为生涯发展打下坚实基础。

（二）时间管理

1. 时间管理的概念

时间管理是指通过计划和控制时间的分配，来实现个人或组织目标的过程。它涉及对时间的识别、规划、组织、控制和评估，旨在提高时间的利用效率，减少时间浪费，从而实现更高的工作、学习或生活效率。

时间管理不仅是一种技巧或方法，更是一种思维方式和生活态度。它要求人们具备自我约束和自我管理的能力，能够克服拖延、分散注意力等不良习惯，保持专注和高效。同时，时间管理也需要根据个人的实际情况和目标进行灵活调整，以适应不断变化的环境和需求。

大学阶段是个体自我成长与知识积累的关键时期，从高中到大学的过渡中，一个显著的变化便是学习方式的转变。大学教育强调自主性，赋予了学生大量的自由支配时间。能否高效利用这些时间，成为学生之间产生差距的重要因素。对于大学生，尤其是初入校园的新生而言，许多人面临着如何规划学习、特别是如何在时间上平衡学习与校园活动的挑战。大学校园不仅充满了丰富的学习机会，也伴随着众多的诱惑。在这样的环境中，一些大学生很容易在各种活动中迷失方向，忽视个人发展的主线。因此，大学生需要制订一个明确的大学学习计划，让原本可能无序的学习变得条理分明、有章可循。这份计划能帮助学生在校园生活中保持一致性，抵御外界因素的干扰，确保学习与个人发展的连贯性。

通过合理规划时间，大学生可以更有效地平衡课内与课外活动，既能提升学习效率，也能满足校园文化生活的需求，两者相辅相成，促进全面发展。

2. 时间管理的方法

美国管理学家史蒂芬·柯维提出了著名的四象限时间管理方法。利用四象限时间管理方法进行权衡，可以培养对事情的关注与选择能力。该方法把事情分为四种：重要且紧急、重要但不紧急、不重要但紧急、不重要且不紧急（见图6-1）。其主旨不是仅仅告诉人们时间应该怎样分配到这四类事情中，而是通过有效的规划，尽可能减少重要而紧急的事情的出现，让更多的事情处在

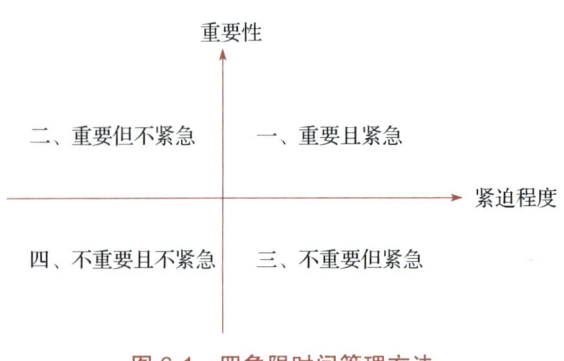

图6-1 四象限时间管理方法

重要而不紧急的象限里。这种管理方法不仅在于解决当前或是某段时间内的问题，更在于总体规划。通过设计四象限，分清学习与工作生活中的轻重缓急，合理分配自己的时间、精力，我们可以减少资源浪费，避免无用功，使时间的应用达到最合理、最有效。

时间是一种重要的资源，具有不可变性、不可贮存性、不可替代性，但是可以通过对其进行有效的管理与使用，利用最少的时间完成最有价值的工作。所以大学生应掌握科学的工作和学习方法，合理地安排时间，主观上明确以学习为主，正确处理学习与工作的关系；同时，要科学地安排时间，按照做好的四象限时间管理规划进行学习和工作。

在做好四象限时间管理规划后，接下来就是要执行相关的计划。有时候会由于某些原因坚持不下去，这时可以寻求老师和同学的帮助，请他们对自己的计划进行监督和管理，最重要的是学会自我管理，强化时间管理的有效性，并发现和改进这一过程中存在的不足，从而完善自我。

● 心理知识

番茄工作法

番茄工作法是一种简单易行的时间管理方法。使用番茄工作法时，选择一个待完成的任务，将番茄时段设为25分钟，专注于任务，中途不允许做任何与该任务无关的事，直到番茄时钟响起，然后进行短暂休息（5分钟就行），再开始下一个番茄时段。每4个番茄时段之后可以多休息一会儿。番茄工作法极大地提高了工作的效率，还会有意想不到的成就感。这是一种用合适的时间颗粒度，来保证专注度的工作方法。在执行时需要注意：第一，防止被打断；第二，努力进入心流体验；第三，要专注，也要休息。

面对那些复杂、令人望而却步的工作事务，我们往往会有拖延的坏习惯。而番茄工作法的优势就在于，定时器一开始，你就必须全神贯注地工作，25分钟之后，你会得到奖赏，即休息5分钟。这种解决拖延、给出奖赏制度的番茄工作法，是我们高效工作的核心方法。

如果你无法控制自己，那么我想番茄工作法非常适合你。它将时间划分为多个短时段，通过掌控每一段时间，你也就控制了整个时间。

资料来源：360百科，番茄工作法，https://baike.so.com/doc/5402006-32350574.html。

● 心书推荐

《你的降落伞是什么颜色？》
[美] 理查德·尼尔森·鲍利斯

理查德·尼尔森·鲍利斯是美国知名的职业指导大师、职业专家，同时他也是职业规划师的开山鼻祖。他毕业于哈佛大学，曾被授予两项荣誉博士学位。他改变了数千万人看待工作和生活的方式，帮助迷茫的求职者和跳槽者了解自我，掌握求职技巧，找到理想的工作。

《你的降落伞是什么颜色？》被誉为全球最权威、最畅销的求职和跳槽使用指南，它可以帮助读者了解求职、跳槽的技巧，认清自己，找到职业方向。书中提出了一个独创的"花瓣图模型"，用来从各个维度进行自我盘点和自我认识，协助迷茫的求职者认清自己，找到自己的方向和目标。此外，这本书还提供了面试技巧、薪资谈判方式等内容。这本书不仅适用于求职者和跳槽者，也适合那些希望更好地了解自己、发现自己的优势、找到职业目标和理想工作的人。此外，这本书还有学生版。《你的降落伞是什么颜色？（学生版）》是一本关于你、你的未来和你的梦想的书。在追逐梦想的过程中，降落伞就是你的技能、兴趣和愿望。追求梦想的过程就像侦探寻找线索一样，线索收集得越多，人生目标和梦想就会越清晰。在

《你的降落伞是什么颜色？(学生版)》中，影响了全世界数百万人的"职场导师"鲍利斯将用他的"魔法棒"引领你发现自己的兴趣与技能，选择喜欢的大学专业，制定理想的职业目标，最重要的是，找到属于你的人生梦想和未来。

资料来源：豆瓣读书，https://book.douban.com/subject/30405077/。

素养提升

钱学森先生的生涯历程

钱学森先生被誉为我国"航天之父""导弹之父""火箭之父"，这位伟大的科学家于1911年出生在上海，开启了他辉煌而传奇的一生。三岁那年，他随父母迁居北京，在这里度过了他的童年和少年时期，并接受了良好的教育，对科学产生了浓厚的兴趣。

1929年，钱学森凭借优异的成绩考入了交通大学机械工程系，正式踏上了求学的道路。四年后，他大学毕业，并以出色的成绩考取了清华大学赴美公派留学生资格。从此，他远赴重洋，来到了美国麻省理工学院航空系深造。他接受了严格的学术训练，为日后的科学研究打下了坚实的基础。

1935年至1939年间，钱学森不仅在麻省理工学院取得了显著的学术成就，还赴加州理工学院航空系继续深造。他先后获得了航空工程硕士学位、航空和数学博士学位，展现出了卓越的学术才华和深厚的科研能力。

完成学业后，钱学森开始了他的职业生涯。从1943年起，他先后在加州理工学院担任助理教授、副教授和教授。1947年，他与蒋英喜结连理，组建了一个幸福美满的家庭。1948年和1950年，他们的儿子钱永刚和女儿钱永真相继出生，为家庭增添了无尽的欢乐。

1949年，他担任了加州理工学院喷气推进中心主任。然而，钱学森的心始终牵挂着祖国，此时的他已经萌生了回国的念头。经过不懈努力和争取，他终于在1955年回到了魂牵梦绕的祖国。

回国后，钱学森全身心地投入到火箭导弹技术、航天技术和系统工程理论的研究中。他凭借深厚的学术功底和卓越的科研能力，为中国的航天科技事业做出了重大开拓性贡献，成为中国航天科技事业的先驱和杰出代表。

除了科研成就外，钱学森还非常注重人才培养和团队建设。他深知一个人的力量是有限的，只有拥有一支强大的团队才能推动科技的进步和国家的发展。因此，他致力于培养新一代的科研人才，为中国航天事业的持续发展奠定了坚实的基础。

1994年，钱学森当选为中国工程院院士，这是对他一生科研成就的最高肯定。然而，这位伟大的科学家并没有因此而停止前进的步伐。他依然保持着对科学的热爱和对国家的忠诚，为中国的航天事业贡献着自己的智慧和力量。

2009年，钱学森在北京逝世，享年98岁。他的离世让无数人痛惜和哀悼。然而，他留下的精神财富和科研成果将永远激励着后人不断前行。

钱学森先生的生涯历程给我们带来了深刻的启示。作为新时代的大学生，要向他学习，要坚定理想信念，勇于担当使命；要努力学习专业知识，不断提升自己的综合素质和科研能力；要注重团队合作和人才培养，为国家的科技进步和社会发展贡献自己的力量。

此外，钱学森先生还教会广大青年学生要保持对科学的热爱和对国家的忠诚。无论身处何地、从事何种工作，都要牢记自己的初心和使命，为祖国的繁荣富强贡献自己的智慧和力量。只有这样，才能不负韶华、不负时代、不负人民的重托和期望。

资料来源：苏文平. 职业生涯规划与就业创业指导［M］. 3版. 北京：中国人民大学出版社，2023.

思考启迪

党的二十大报告指出，青年强，则国家强。当代中国青年生逢其时，施展才干的舞台无比广阔，实现梦想的前景无比光明。全党要把青年工作作为战略性工作来抓，用党的科学理论武装青年，用党的初心使命感召青年，做青年朋友的知心人、青年工作的热心人、青年群众的引路人。广大青年要坚定不移听党话、跟党走，怀抱梦想又脚踏实地，敢想敢为又善作善成，立志做有理想、敢担当、能吃苦、肯奋斗的新时代好青年，让青春在全面建设社会主义现代化国家的火热实践中绽放绚丽之花。

资料来源：二十大报告全文来了！ https://finance.sina.com.cn/wm/2022-10-25/doc-imqqsmrp3759875.shtml。

心理测试

职业决策自我效能感量表

请认真阅读下面的陈述，按照你的真实情况回答。你所做出的回答，表明你有多大的信心完成下列的每一项任务。答案没有对错或好坏之分，请你尽可能快速地选择答案，不要在任何一个题上花费太多时间。请确保回答所有题目，不要遗漏任何一项。

题目	根本没有信心	有很少的信心	有中等信心	有较多信心	完全有信心
1. 能够准确地评价自己的能力	1	2	3	4	5
2. 能够查出感兴趣的职业的信息	1	2	3	4	5
3. 能够从所考虑的候选专业列表中选择一个专业	1	2	3	4	5
4. 能够制订下一个五年目标/计划	1	2	3	4	5
5. 如果遇到所选专业方面的学习困难，能够做出要采取措施的决策	1	2	3	4	5
6. 能够确定自己的理想工作是什么	1	2	3	4	5
7. 能够找到一个职业在未来十年的就业趋势	1	2	3	4	5
8. 能够从所考虑的候选职业列表中选择一个职业	1	2	3	4	5
9. 能够做出为了成功地完成所选专业而需要采取的措施的决策	1	2	3	4	5
10. 即使遇到挫折，仍然能够坚持致力于自己的专业或职业目标	1	2	3	4	5
11. 能够明确在一个职业中自己认为最有价值的东西是什么	1	2	3	4	5
12. 能够弄清楚一个职业的人均年收入	1	2	3	4	5
13. 能够选择一个与自己喜欢的生活方式相适合的职业	1	2	3	4	5
14. 能够准备一份好的简历	1	2	3	4	5
15. 如果不喜欢第一次选择的专业，能够更换专业	1	2	3	4	5
16. 能够明确为了达到自己的职业目标，打算牺牲什么和不能牺牲什么	1	2	3	4	5
17. 能够和一个已在你感兴趣的职业领域里工作的人交谈	1	2	3	4	5
18. 能够在做出职业决策之后，不再担心决策是否正确	1	2	3	4	5
19. 能够确认什么是和自己未来的职业有关的人员、公司和研究所	1	2	3	4	5

（续）

题　目	根本没有信心	有很少的信心	有中等信心	有较多信心	完全有信心
20. 如果不满意自己从事的职业，能够更换工作	1	2	3	4	5
21. 能够清晰地描绘出自己想要的生活方式是什么	1	2	3	4	5
22. 能够找到有关毕业院校的信息	1	2	3	4	5
23. 能够选择一个与自己的兴趣相适的专业或职业	1	2	3	4	5
24. 能够成功地应对工作面试的进程	1	2	3	4	5
25. 如果不能得到第一次选择的专业或职业，能够认同用其他一些合理的专业或职业来替代	1	2	3	4	5

计分与评定：

25 个题目均为正向计分。个体得分越高，表明其择业效能感水平越高。职业决策自我效能感分为五个维度：自我评价（1、6、11、16、21 题），收集信息（2、7、12、17、22 题），目标筛选（3、8、13、18、23 题），制订计划（4、9、14、19、24 题）和问题解决（5、10、15、20、25 题）。

知识导图

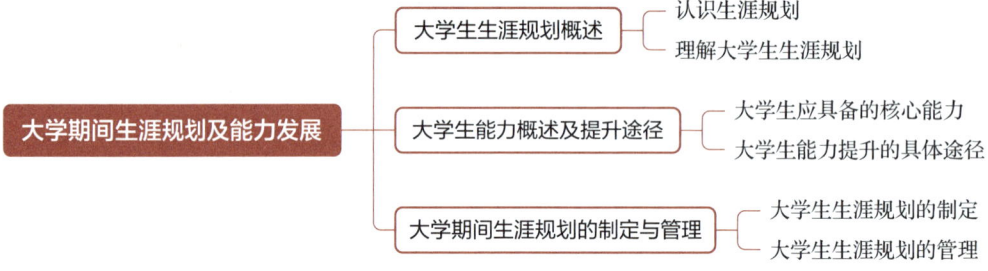

课后习题

1. 请详细描述你理想中的未来职业愿景。
2. 运用 SWOT 分析法来评估自己在职业生涯发展方面的现状。
3. 请制订一个为期五年的生涯发展计划。

参考文献

[1] 苏文平. 职业生涯规划与就业创业指导［M］. 3 版. 北京：中国人民大学出版社，2023.
[2] 贾楠，乔凯平. 心理与成长：大学生心理健康指导［M］. 北京：机械工业出版社，2021.
[3] 彭凯平，孙沛，倪士光. 中国积极心理测评手册［M］. 北京：清华大学出版社，2022.
[4] 谭建伟，李凌. 数字时代大学生生涯发展与就业指导［M］. 重庆：重庆大学出版社，2022.
[5] 贾德民，乔莉莉. 职业生涯与就业指导［M］. 郑州：黄河水利出版社，2020.
[6] 陈秀元，刘好贤. 团体心理活动与辅导：大学生心理健康教育［M］. 苏州：苏州大学出版社，2021.

第七章　学海摆渡的灯塔
——大学生学习心理

● 学习目标

（1）通过学习使同学们了解大学学习活动的基本特点；
（2）了解如何培养大学生的学习能力；
（3）学会调适学习心理障碍，使自己拥有良好的学习心理状态。

● 案例导入

张某，男，20岁，某大学二年级学生。他来自一个教育资源相对匮乏的小县城，经过刻苦努力考入重点大学。进入大学后，周围同学都十分优秀，竞争压力骤增，他逐渐出现了学习心理方面的问题。在第一个学期的期末考试中，张某多门课程成绩不理想，这让他对自己的学习能力产生了极大怀疑。之后，他在学习时总是无法集中精力，越想努力学习，越容易被各种杂念干扰，比如担心自己考不好、害怕被同学嘲笑。每次临近考试，他都会失眠、食欲不振，考试时大脑一片空白，原本熟悉的知识点也忘得一干二净。这种情况持续了一个多学期，他的学习成绩不仅没有提升，反而有下降的趋势，他感到十分痛苦和无助，甚至产生了退学的念头。

【思考】
（1）张某到底怎么了？
（2）他的问题出现在哪儿？

第一节　大学生心理机制与学习特点

一、学习的心理学理论

古今中外，心理学家和教育学家特别重视对学习问题的研究。关于学习的心理学理论有许多，以下介绍其中常见的几种。

（一）人本主义理论

人本主义理论兴起于20世纪50～60年代，其代表人物是美国的马斯洛与罗杰斯。人本主义学习观的代表人物是罗杰斯，其理论可以概括为如下几点。

（1）学习是个人潜能的充分发展，是人格的发展，是自我的发展。

（2）学习是有意义的心理过程，而不是刺激与反应间的机械连接。

（3）学习是一种自发、自觉的学习，是自我实现的倾向中产生的一种学习，学习者可以自由地去实现自己的潜能，使自己更充分地发展。

（4）学习的实质在于意义学习，这种意义学习包含了价值、情绪的色彩，涉及的是整个人而不是单纯认知成分的参与，而且这种学习以个体的积极参与和投入为特征。

（5）最有用的学习就是学会如何学习。

（二）认知学习理论

认知学习理论以格式塔的顿悟说、托尔曼的认知论、布鲁纳的学习理论为代表。

认知学习理论的主要内容是：个体在学习过程中会形成特定的认知结构，新知识需要与已有的认知结构相互作用才能被理解和吸收。它把学习看作信息的输入、编码、存储、检索和输出的过程，如学生在课堂上听老师讲解历史事件（信息输入），通过理解、分析等方式对信息进行编码，存储在记忆中，当考试或讨论时再从记忆中检索相关信息并输出，以回答问题或表达观点。

（三）行为主义学习理论

行为主义学习理论是心理学中关于学习机制的重要理论流派，其代表人物有华生、巴甫洛夫和斯金纳等。华生的恐惧实验、巴甫洛夫的经典性条件反射实验以及斯金纳的操作性条件反射实验为该理论奠定了重要基础。

行为主义学习理论主要关注可观察的行为变化，重点研究行为是如何在环境影响下形成和改变的。行为主义学习理论认为心理学研究应该聚焦于可以直接观察和测量的行为，而不是内部的心理过程，如意识、思维、情感等。该理论认为这些内部状态是不可捉摸的，只有行为是真实可测的。它强调环境对学习和行为的重要性。行为主义理论认为个体的行为主要是由环境塑造的，人的行为是对环境刺激的反应。

（四）构建主义学习理论

构建主义学习理论的最早提出者是瑞士的皮亚杰（Piaget），之后在科尔伯格、斯腾伯格等人的发展下，该理论内容更加丰富和完善。随着计算机的应用、教学的日益普及，该理论已发展成为一种博大精深的理论体系，并成为目前西方极为流行的学习理论流派。

构建主义学习理论的核心是：以学生为中心，强调学生对知识的主动探索、主动发现和对所学知识意义的主动构建，注重学习过程中的协作交流，学习者在与他人互动交流中不断完善自己的知识建构。

二、大学生学习特点

（一）大学生学习内容的专业性

大学的学习实际上是一种高层次的专业学习，所以大学的课程体系设置与高中明显不同，在学习内容、学习方法等方面具有其独特性，大学阶段的学习不仅分出了文科、理科，而且分类更加细致，可进一步分为工、理、经、管、文、法、哲等多个学科门类，每名学生都会进入具体的学科或专业进行深入学习。大学的学习具有专业性和领域指向性强的特点。进入大学后，从高中的普及性知识学习转化为专业领域的深入学习，知识结构从"横向扩展"转化为"纵向深入"，学习的内容、方法、操作、实践都紧密围绕着专业的发展方向开展。

大学课程的设置紧扣专业发展需要。大学的课程通常是由公共基础课、专业基础课和专业技能课组成的（见图7-1），这些课程的设置都围绕着培养专业人才这一核心。

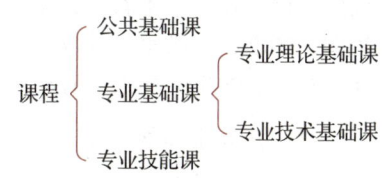

图 7-1　课程类型

公共基础课是高等学校各专业学生共同必修的课程。每个学校可能因学校性质、类别，以及办学理念不同而存在部分差异，但总体上可以分为三大模块：①社会科学公共基础课，如马克思主义基本原理；②自然科学公共基础课，如大学计算机基础；③实践环节公共基础课，如军事训练。公共基础课虽然不一定同所学专业有直接联系，但它是培养德、智、体全面发展人才，为进一步学习提供方法论的不可缺少的课程。公共基础课可以帮助大学生形成一个合理的基础知识结构系统，为大学生掌握专业知识、发展有关专业能力打下坚实基础。

专业课是指高等院校根据培养目标所开设的专业知识和专门技能的课程。专业课的任务，是使学生掌握必要的专业基本理论、专业知识和专业技能，了解本专业的前沿科学技术和发展趋势，培养分析解决本专业范围内一般实际问题的能力。由于专业知识的发展比较迅速和经常变动，而且专业知识的范围也比较广泛，一般情况下，专业课的设置并非一成不变，专业课的内容变化也较为迅速。不过，由于高等院校只能为学生打下一定专业知识的基础，更加专业的知识要在实际工作岗位上继续学习，因此，专业课的设置和主要的课程内容，在一定时期内具有相对的稳定性。

其中，专业基础课是指同专业知识、技能有直接联系的基础课程，它包括专业理论基础课和专业技术基础课。它是高等学校中设置的一种为专业课学习奠定必要基础的课程。它是学生掌握专业知识技能必修的重要课程。不同的专业有各自的一门或多门专业基础课，同一门课程也可能成为多门专业课的专业基础课。

专门的专业实践能力训练也是高等院校教育中的重要组成部分。各级各类高等院校教学计划中都安排了实验、生产或教育实习、社会调查、暑期的社会实践、野外考察等教学环节，旨在通过实际操作和实践体验，强化学生的专业技能，提高其解决实际问题的能力。

除上述内容以外高校毕业生的毕业论文（设计）也是高等院校本科专业教学计划的重要组成部分，是毕业生在大学阶段必须完成的最后一个重要学习实践环节，是对大学学习内容的总结和检验，对加强学生的知识综合运用能力、培养学生科学研究能力及独立工作能力具有重要意义。从教学角度来看，毕业论文不仅是培养和考察学生理论联系实际，分析、解决实际问题能力的重要实践教学环节，也是衡量和检验高等院校教学质量的重要方面。

（二）大学生学习过程的自主性

1. 学习内容的自主性

在大学的学习过程中，除了完成规定的课程之外，每一名大学生都可以根据自己的兴趣爱好、发展方向，结合自身的特点有针对性地选修和辅修一些课程。除此之外，大学生还可以自主选择社会实践、社会实习等各类课外活动。当然，自主性也给很多学生带来了问题，甚至有时出现了"大一很迷茫""大二很自我""大三很逍遥""大四很成熟"的"四很"问题。

2. 学习环境的自由性

很多学生在进入大学之后，很想看看自己的教室，其实在大学里很难固定自己的学习场所，因为在大学里教室几乎都是不固定的。学生可以选择适合自己的场所进行学习，比如校园、图书馆、教室、操场、实验室或是机房。自由的学习环境给学生带来了不同的学习伙伴，拓宽了学生的视野，有利于学生之间的交流与沟通。

3. 学习途径的多元性

在大学教育中，除了课堂教学和学生自学之外，参加学术交流、社会实践、听学术报告、查阅文献资料等，都是有效的学习途径。此外，学生还可以根据自身的兴趣爱好参加一些校园文化活动，通过与老师、同学的深入交流和讨论，激发思维碰撞，从而可以促进知识的深化与内化。

4. 学习时间的灵活性

在大学生活中，学生自由支配的时间比较多，这和高中时期每天"披星戴月""朝五晚九"的时间安排大不一样。自由的时间比较多，有些学生反而无所适从了，不知道如何支配自己的学习时间。因此，在大学期间学会掌控和分配时间，是保证大学生学习成效的重要条件。

（三）大学生学习方式的探索性

大学教育侧重于培养学生的学习能力，而并非单纯地传授专业知识。专业知识的学习是基础，更重要的是提高学习能力和应用专业知识的实践能力。因此，在课堂教学中，教师除了讲授基本的概念和理论外，也会提出不同学术观点之间的争论，介绍最新的学术动态。鉴于此，大学的学习要求学生具有不断创新的意识和精神，注重探索和探究，培养自己的动手能力、探索精神和研究能力。

心理知识

每日学习效率的生物钟密码

（1）6点～9点：效率逐步上升。因刚起床大脑逐渐苏醒，新陈代谢加快，适合复习旧知识，如背单词、公式、课文等。

（2）9点～12点：效率最高。此时大脑高度活跃，思维敏捷，身体机能佳，激素水平有利于学习，适合学习新知识、解决难题，学习如高等数学、物理等学科的知识。

（3）12点～14点：效率下降。身体能量用于消化，大脑供血少而困倦，不宜高强度学习，可以看简单资料或休息。

（4）14点～18点：效率回升但逊于上午。休息后大脑重新活跃，然而新陈代谢、激素水平不及上午，适合小组讨论、复习整理、做作业。

（5）18点～21点：效率稳定后降低。晚餐供能使大脑初时能较好地进行学习，后受褪黑素分泌影响，适合学文科知识、总结梳理。

（6）21点～次日6点：效率低。大脑活跃度、注意力下降，不宜学习新知识，可简单回顾所学内容后安心入睡，有助于记忆巩固。

每个人的生物钟略有不同，可通过记录学习状态来精准定位个人最佳学习时段，让生物钟引领我们走向高效学习之路。

第二节　大学生学习能力的培养及潜能开发

一、激发主动学习动机

动机是人类一切活动的驱动力，在心理学上一般被认为涉及行为的发端、方向、强度和持续性。在组织行为学中，激励主要是指激发人的动机的过程，即通过激发和鼓励，使人们产生一种内在驱动力，使之朝着所期望的目标前进。

学习动机是社会和教育对学生学习的客观要求在学生头脑中的反映，它表现为学习的志向、愿望或兴趣等形式，对学习起推动作用。

（一）直接性的近景性学习动机

直接性的近景性学习动机是指具体的、与学习活动直接相关的动机，如求知欲望、对某门学科的浓厚兴趣等引发的学习动机，也包括未来获得赞赏、奖励、避免惩罚等引发的学习动机。这类动机与学习活动直接联系，源于对学习的直接兴趣以及对学习活动的直接结果的追求。

（二）间接性的远景性学习动机

间接性的远景性学习动机是与学习的社会意义和个人前途相联系的一系列学习动机，这类动机与人生意义和社会意义相联系，是社会要求在学生学习上的反映，如意识到自己的历史使命而努力学习，为了为社会做出更多贡献而努力学习。这类动机一旦形成，就具有较高的稳定性和持久性，不易为生活中的偶然因素所改变，能在较长时间内起作用。

心理学家耶克斯和多德森（Yerkes 和 Dodson，1908）的研究表明，各种活动都存在一个最佳动机水平。动机不足或过分强烈，都会使工作效率下降。从图 7-2 中可以看出，动机强度与工作效率之间的关系不是一种线性关系，而是呈倒 U 形曲线。对一项特定的任务而言，中等强度的动机最有利于任务的完成。也就是说，动机强度处于中等水平时，工作效率最高；一旦动机强度超过了这个水平，对行为反而会产生一定的阻碍作用。例如，学习的动机太强、急于求成，会产生焦虑和紧张，干扰记忆和思维活动的顺利进行，使学习效率降低。考试中的"怯场"现象主要就是由动机过强造成的。

研究还发现，最佳动机水平随任务性质的不同而不同。在比较容易的任务中，在达到最佳动机水平之前，工作效率随动机的提高而呈现大幅度上升；随着任务难度的增加，最佳动机水平有逐渐下降的趋势。也就是说，在难度较大的任务中，相对较低的动机水平有利于任务的完成。这就是著名的耶克斯－多德森定律，见图 7-2。

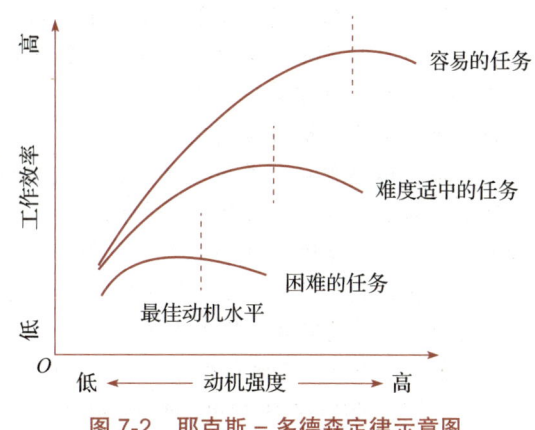

图 7-2　耶克斯－多德森定律示意图

二、设立合理的学习目标

（一）确立明确的目标

明确的标准能激发实现目标的动机。作为大学生，在大学生活期间能够实现的理想与目标是很多的，很多同学都怀揣着自己的梦想，要想实现这些梦想就需要树立明确的目标，因为只有知道自己想要什么，才能知道自己应当怎么做。

心理故事

爱因斯坦的目标

爱因斯坦被誉为 20 世纪最伟大的科学家。他之所以能够取得如此令人瞩目的成绩，和他一生具有明确的奋斗目标是分不开的。

他出生在德国一个贫苦的犹太家庭。家庭经济条件不好，加上自己小学、中学的学习成绩平平，虽然有志向科学领域进军，但他有自知之明，知道必须量力而行。他进行自我分析：自己虽然总体成绩平平，但是对物理和数学很有兴趣，成绩较好。自己只有在物理和数学方面确立目标才能有出路，其他方面是不及别人的。因而他读大学时选读了瑞士苏黎世联邦理工学院物理学专业。

由于奋斗目标选得准确，爱因斯坦的个人潜能得以充分发挥，他在 26 岁时就发表了《关于光的产生和转化的一个启发性观点》，提出了光量子假说，成功解释了光电效应现象。同一年中他又相继发表了《分子大小的新测定方法》《关于热的分子运动论所要求的静止液体中悬浮小粒子的运动》《论动力的电动力学》和《物体的惯性同它所含的能量有关吗》。他对狭义相对论的建立和推动人类对宇宙认识的重大变革做出了卓越贡献。可见，确立目标对爱因斯坦的重要性。假如他当年把自己的目标确立在文学或音乐上（他曾是音乐爱好者），恐怕就难以取得像在物理学上那么辉煌的成就。

为了避免耗费人生有限的时光，爱因斯坦善于根据目标的需要进行学习，使有限的精力得到了充分利用。他创造了高效率的定向选学法，即在学习中找出能把自己的知识引导到深处的东西，抛弃使自己头脑负担过重和会把自己诱离要点的一切东西，从而使他集中力量和智慧攻克选定的目标。他曾说："我看到数学分成许多专门领域，每个领域都能花费掉我们短暂的一生……诚然，物理学也分成了各个领域，其中每个领域都能吞噬一个人短暂的一生。在这个领域里，我不久便学会了识别出那种能带来深化知识的东西，而把其他许多东西撇开不管，把许多充塞脑袋并使其偏离主要目标的东西撇开不管。"他就是这样指导自己学习的。

为了阐明广义相对论，他专门选学了非欧几何知识，这种定向选学法使他的立论工作得以顺利进行和正确完成。如果他没有意向创立广义相对论，可能并不会在那个时候学习非欧几何。如果那时候他无目的地涉猎各种数学知识，广义相对论也未必能这么快就诞生。特别值得一提的是，爱因斯坦不但有可贵的自知之明，而且对已确立的目标矢志不渝。1952 年，以色列鉴于爱因斯坦科学成就卓著，声望颇高，加上他又是犹太人，当该国第一任总统魏兹曼逝世后，邀请他接受总统职务。他却婉言谢绝了，并坦然承认自己不适合担任这一职务。确实，爱因斯坦是一位伟大的科学家，他终生努力奋斗才实现了这个目标。如果他当上总统，那未必会有多大建树，因为他从未显示过这方面的才华，又未曾为此目标努力学习和奋斗。

在人生的竞赛场上，没有确立明确目标的人，是不容易成功的。许多人并不缺乏信心、能力、智力，只是没有确立目标或没有选准目标，所以没有走上成功之路。其中的道理很简单，正如一位射击手，即使他有百发百中的水平，如果他漫无目标地乱射，也不能在比赛中获胜。

资料来源：https://zhidao.baidu.com/question/1391676535269488260.html。

（二）确立符合自己实际的目标

俗话说，踮起脚尖能够得到的果子是最甜的。树立通过自己的努力可以达到的目标，那么目标实现后对于自己来说是一种激励。如果树立的目标过高，长时间实现不了，那无疑会形成打击，有时候甚至会使自己丧失斗志，阻碍前行的脚步。

在学习目标的设立过程中，我们可以借鉴以下五个原则。

1. 学习目标需要明确清晰，不能模糊笼统

学习目标需要明确清晰，不能模糊笼统，这样可以让人清楚地知道努力的具体方向。例如，如果目标是提高数学成绩，具体的目标可以是"本学期内掌握二次函数、几何证明等重点章节知识，每周完成一套相关知识点的模拟试卷"。

2. 学习目标应该有衡量是否达成的标准，便于跟踪进度

学习目标应该有衡量是否达成的标准，便于跟踪进度，这样可以及时发现学习中的漏洞，合理调整策略。例如，以提高英语词汇量为目标，"在三个月内通过单词背诵软件记住 1 500 个新单词，且在词汇测试中准确率达到 80% 以上"就是可衡量的，通过测试软件或老师对掌握单词的情况进行测验就可以衡量是否达到目标。

3. 学习目标要具有现实可行性，同时兼具一定挑战性

学习目标要具有现实可行性，同时兼具一定挑战性，如果目标遥不可及，会让人很快放弃，而没有挑战性又无法激发动力。例如，对于一个平时英语成绩中等的学生来说，"一年内英语成绩在班级排名进入前 10%"是比较合理的目标，而不是一开始就设定"一年内成为全校英语成绩第一名"。

4. 学习目标应该与自己的价值观、总体战略或者其他重要事务相关联

学习目标应该与自己的价值观、总体战略或者其他重要事务相关联，这样可以避免盲目学习，使学习更具有针对性和方向性。例如，如果你的理想是成为一名历史学家，那么深入学习历史事件、研读历史文献、掌握历史研究方法等学习目标就与之紧密相关，而花费大量精力去钻研化学实验的操作技巧，就不符合客观规律。

5. 学习目标要有明确的时间限制

学习目标完成要有明确的时间限制，这会形成一种紧迫感，促使人们合理安排时间。例如，"在本学年结束前读完《史记》《汉书》《资治通鉴》三部史书，并撰写每部史书的读书笔记"，有了这个时间期限，就能更有效地安排各个阶段的阅读计划，如每月阅读多少章节、每读完一部分何时撰写笔记等。

心理故事

山田本一的马拉松智慧

日本马拉松选手山田本一，在 1984 年东京国际马拉松邀请赛和 1986 年意大利米兰国际马拉松赛中两次夺冠，震惊世界。

他在自传中透露了获胜的关键：每次比赛前，他都会乘车把比赛路线仔细看一遍，并把沿途醒目的标志画下来，比如第一个标志是银行，第二个标志是大树，第三个标志是红房子……这样一直画到赛程终点。比赛开始后，他就以百米冲刺的速度奋力冲向第一个目标，等到达第一个目标后，又以同样的速度冲向第二个目标……一直到赛程终点。

就这样，40 多千米的赛程被他分解成一个个小目标，轻松跑完。起初，他把目标定在遥远的终点线，结果跑到十几千米时就疲惫不堪，因为前方太过遥远。而当他把大目标分解

后，每完成一个小目标都带给他成就感和动力，让他能保持良好的节奏和体力，最终取得胜利。这生动地诠释了目标分解的巨大力量——将看似艰难的大任务细化，一步步去实现，最终达成看似遥不可及的大目标。

当面对一个宏大、艰巨且遥远的目标时，如果只着眼于最终的结果，人们往往会因感到压力巨大而心生畏惧，甚至在中途就因疲惫和迷茫而放弃。而通过将其分解为一个个具体、可实现的小目标，人们能够将注意力集中在当下的阶段性任务上，每一次小目标的达成都会带来成就感和自信心的提升，这种积极的反馈又会转化为继续前进的动力，推动着人们一步一个脚印向着最终目标稳步迈进，让看似不可能完成的任务变得具有可操作性和可实现性。

● 心理训练

舒尔特表训练入门

舒尔特表是美国心理学家舒尔特发明的一种工具，可以用于测试和训练注意力。

在一张5×5的方格纸上，随机填上1~25这25个数字。训练时，要求从1开始，按顺序依次找到25，并用手指或笔依次点出。记录每次所用时间，每天练习5~10次，随着练习次数的增多，所用时间会逐渐缩短，专注力会得到提升。

三、制订科学的学习计划

一份好计划的制订，除了需要对要完成的目标有明确的认识之外，还要对完成计划的人进行认真分析。在给自己制订计划之前，要对自己的特点以及所要达到的目标进行详细的分析，做到有的放矢。下面的心理训练我们就根据自己的特点和想达到的目标，把时间像蛋糕一样切一切，来一场时间管理大挑战。

● 心理训练

我的"时间蛋糕"

（1）把一整天看作是一块圆形的大蛋糕，请同学们把它分成一天24小时的作息时间（包括睡觉、上课、读书、休闲活动以及其他）。

（2）请同学们分享自己的时间蛋糕，并互相给予意见。

（3）在划分时间蛋糕时，请注意以下几点：

1）时间用在主要目标上了吗？原因何在？

2）哪些事根本不必做？这些事在一天中占多少时间？

3）哪些活动可以再少用些时间？需要采取什么措施？

第三节　大学生常见的学习心理障碍及调适

一、学习动机问题

（一）学习动机缺乏

学习动机缺乏是指学生在学习时动力不足，缺乏积极主动性，这会对学业成绩和个人发展产生不利影响。学习动机缺乏主要表现为学习积极性差，对学习内容不感兴趣；学习态度消极、被动，易产生厌学情绪；学习目标模糊，缺乏计划性；遇到学习上的困难就轻易放弃，不愿付出努力；注意力不集中，容易分心。

1. 造成的主要原因

学习动机不正确，不清楚学习的目的和意义，未设定明确的学习目标，只是机械地完成任务；学习态度不端正，学习毅力不强；学习兴趣缺失，对所学内容不感兴趣，感到乏味，难以投入精力；自我效能感低，多次学习失败，导致对自身学习能力不自信，觉得无法取得好成绩。

2. 调适的主要方法

明确学习目标，根据自身情况，制定清晰、具体、可行的短期和长期学习目标，让学习更具方向感；培养学习兴趣，挖掘学习内容的趣味性，将其与实际生活、个人爱好相联系，增加学习的吸引力；增强自我效能感，先从简单学习任务入手，积累成功经验，逐步提升对自身学习能力的信心；丰富学习方式，采用多元化学习方式，如线上线下结合、实践操作、小组竞赛等，激发学习热情。

（二）学习动机过强

学习动机过强是指学生在学习过程中表现出过度的渴望和焦虑，这可能会对学习产生负面影响。学习动机过强常表现为过度焦虑，经常担心成绩不理想，害怕失败和落后，在面对考试等压力时，焦虑情绪严重干扰正常学习状态和生活作息；学习强度过大，给自己安排过量的学习任务，长时间高强度学习，忽略休息和娱乐，导致疲劳、精神紧张，甚至影响身体健康和学习效率；过于追求完美，对成绩和学习表现要求极高，不容许自己犯错，因小失误而过度自责，反复钻研细枝末节，影响学习进度和整体知识掌握。

1. 造成的主要原因

个体对学业期望过高，自尊心强，对自己的学习能力缺乏恰当的估计，因而造成自我效能感降低，心理压力大；渴望学业成功而又担心学业失败，受表面的学业动机的驱使，渴望外在的奖励与肯定，特别是由于学业成就带来的心理满足使学生更加看重自己的学业优势，因而造成学习动机强度过大，引起心理疲劳。

2. 调适的主要方法

正确认识自己的潜质，制定恰当的学业目标与学业期望，调整学习动机，与此同时，脚踏实地、循序渐进，不好高骛远；转换表面的学习动机为深层学习动机，淡化外在奖励特别是学业成就的诱因，正确对待荣誉与学业成绩；端正学习态度，树立远大理想，保持旺盛精力与学习热情，坚持不懈；学会放松，合理安排学习和休息时间，保证充足的睡眠、运动和休闲娱乐活动，掌握放松技巧，如深呼吸、冥想、瑜伽等，缓解学习紧张情绪，提高学习效率。

● 心理自测

学习动机量表

你将作答的问题不存在对错之分，只需将你的真实想法选出来即可。

1. 你是否想在学习上成为班级第一名？
A. 不想　　　　　　　　B. 有时想　　　　　　　　C. 经常想

2.你考试获得好成绩时,是否想得到老师表扬?
A.经常想　　　　　　　　B.有时想　　　　　　　　C.不想
3.你是否认为,学习上碰到不懂的地方,只要努力钻研就一定会弄明白?
A.不认为　　　　　　　　B.有时认为　　　　　　　C.经常认为
4.你是否想在和同学的学习竞赛中获胜?
A.经常想　　　　　　　　B.有时想　　　　　　　　C.不想
5.你是否认为,只要用功学习成绩就会有所提高?
A.不认为　　　　　　　　B.有时认为　　　　　　　C.经常认为
6.你是否认为,只要努力学习,即使不喜欢的功课,也会变得有兴趣?
A.经常认为　　　　　　　B.有时认为　　　　　　　C.不认为
7.你在专心学习的时候,是否会对周围发生的事不在意?
A.不在意　　　　　　　　B.有时在意　　　　　　　C.经常在意
8.你是否认为,平时好好学习,考试时就会得到好成绩?
A.经常认为　　　　　　　B.有时认为　　　　　　　C.不认为
9.你是否认为,在测验和考试期间,可以不参加运动和游戏?
A.不认为　　　　　　　　B.有时认为　　　　　　　C.经常认为
10.你是否认为,学习紧张的时候,可以不和同学玩?
A.经常认为　　　　　　　B.有时认为　　　　　　　C.不认为
11.你是否在疲劳的时候,还想再查看一遍已经做完的功课?
A.不想　　　　　　　　　B.有时想　　　　　　　　C.经常想
12.你是否想在平时就复习好功课,以便能随时回答老师的提问?
A.经常想　　　　　　　　B.有时想　　　　　　　　C.不想

计分与评定:

以上各题,凡奇数题(1、3、5、7、9、11题),选A得1分,选B得2分,选C得3分;凡偶数题(2、4、6、8、10、12题),选A得3分,选B得2分,选C得1分。各题得分相加得到测验总分。

总分为12～21分:学习动机较弱。
总分为22～27分:学习动机中等。
总分为28～36分:学习动机较强。

二、学习焦虑问题

一些大学生因不能适应形式多样的学习要求,从而出现了过度的学习焦虑,表现为诸如夸大学习困难、怀疑自己的能力等情况。过度的学习焦虑会导致生理和心理上的问题,影响学习效率。

心理学研究表明,大学生在学习过程中,保持适度的焦虑水平是有必要的,因为一定程度的压力能够提高大学生的学习积极性,但是过度或过于持久的焦虑会阻碍学生的知识获得和潜能的发挥,严重的还会影响正常生活,导致心理疾病。我们通常说的学习焦虑问题,指的就是过度的学习焦虑带来的问题。

大学生学习焦虑主要表现为精神高度紧张,注意力涣散,记忆力下降,烦躁易怒,寝食难安等。学习焦虑可分为情境性焦虑和特质性焦虑。情境性焦虑是特定情境中的一种暂时的、波动的情绪状态,对大学生而言,考试焦虑是情境性焦虑中最突出的表现形式,即在临考前或考试时产生紧张与恐惧的情绪状态,表现为临考前过于担心,有时会有躯体不适,考试时注意力不集中，记忆力下降，严重者还会出现晕场。特质性焦虑是指相对持久的学习焦虑倾向，焦虑已经泛化到个体人格中，形成焦虑人格。不同的个体面对同样的情境时，学习焦虑水平会有所差异。

1. 造成的主要原因

学习焦虑的原因分为内部原因和外部原因：外部原因主要是指外部的压力、竞争的加剧等因素促使学习者产生学习焦虑；内部原因是指学生个体本身的原因，如动机过高、准备不足或是由于性格造成的焦虑。

2. 调适的主要方法

冷静分析，找出造成学习焦虑的原因；正确评估自己，客观地认识自己的学习能力和现状，不过高或过低地看待自己，根据实际情况设定合理的学习目标；寻找适合自己的学习方法，提高学习效率；通过放松训练或情绪疏导来调节情绪，向家人、朋友、老师倾诉自己的焦虑情绪，分享自己的困扰，在交流过程中获得理解和支持；调整生活方式，保证充足睡眠。

三、注意力不集中

注意力不集中是指在进行学习、工作、活动等任务过程中，个体难以将自己的心理活动长时间指向和集中于应该关注的对象。注意力不集中主要表现为上课不能专心听讲，常常开小差，盯着黑板却心猿意马，无法有效控制自己的思绪；易受环境的干扰，教室外的小小动静都能引起注意力的转移，而且长时间不能静心；参加活动如体育运动或看一场电影后，久久沉浸在情节的回忆之中，精力无法集中于眼下的事情。

1. 造成的主要原因

青年时期发展任务多，因而容易导致压力与心理冲突加剧，特别是恋爱、性幻想等方面的发展更容易引发注意力问题；生活事件导致心理应激，如考试失败、家庭生活发生重大变故、经济困难、失恋、宿舍关系失和等造成的思想负担重，导致精力分散；学习动力不足，学习焦虑水平过低，缺少压力与紧迫感。

2. 调适的主要方法

学会转移注意力，遇到生活应激事件与挫折，能够尽快从中解脱出来；适当强化学习动机，保持适当的学习压力与学习焦虑水平，并进行积极的自我激励与自我暗示；养成良好的学习习惯与生活习惯，保持旺盛的精力；选择理想的学习环境，减少与学习无关的活动，并进行适当的自我监控。

心书推荐

《学习之道》
［美］芭芭拉·奥克利

这本书的作者在高中时数学和科学课程成绩不佳，但后来却成功获得系统工程学博士学位，并成为工程学教授。她在书中分享了自己的学习经历和心得，介绍了多种有效的学习方法和策略。比如，她阐述了大脑的两种思维模式，即专注模式和发散模式，说明了如何根据不同的学习任务和阶段灵活切换这两种模式来提高学习效率；还强调了记忆的原理和技巧，如间隔重复、检索练习等对知识巩固的重要性；此外，也提及了如何避免拖延、如何集中注意力等常见学习问题的应对方法。

这本书广受好评，对学生和想要提升学习能力的人来说都极具价值。它的优势在于基于科学的认知心理学原理，为读者揭示了学习的底层逻辑，让读者明白学习并非单纯依靠死记硬背或盲目努力，而是有方法可循的。书中所提供的学习方法具有很强的实用性和可操作性，例如设定专注时间、利用思维导图等，都能帮助读者快速将理论转化为实际行动，切实改善学习效果。同时，作者以自身的"逆袭"经历为例，让读者相信无论基础如何，只要掌握了正确的学习方法，都能在学习上取得进步。这本书具有很强的激励作用，能够激发读者的学习动力和信心，使其以更积极的态度去面对学习中的困难和挑战。

素养提升

中国传统文化蕴含着丰富的学习观

儒家强调"学而时习之"，这里的"学"包括对知识的获取和道德的修养。"时习"则体现了复习巩固的重要性，将学习看作是一个持续的过程，如孔子一生都在不断学习和传播知识。同时，儒家提倡"敏而好学，不耻下问"，鼓励人们保持好学的态度，不因向地位比自己低的人请教而感到羞耻，这种观念打破了身份限制对学习的阻碍。

道家的学习观注重顺应自然。老子讲"为学日益，为道日损"，意思是求学要每天积累知识，但求道（领悟自然和人生的真谛）却要减少欲望和杂念，让内心保持一种空灵的状态，从而更好地去感悟。道家提醒人们在学习知识的同时，不要被过多的外在知识所束缚，要学会用心去感受世界的本质。

中国传统文化还重视学以致用。"纸上得来终觉浅，绝知此事要躬行"，这句诗就体现了知识要与实践相结合的观念。学习不只是为了单纯地积累知识，而是要将所学运用到实际生活中，去解决问题。

此外，古人也强调学习环境的重要性。"孟母三迁"的故事家喻户晓，孟子的母亲为了让孟子有一个良好的学习环境，三次迁居，体现出环境对学习潜移默化的影响，以及古人对学习环境的重视。

思考启迪

青年处于人生积累阶段，需要像海绵汲水一样汲取知识。广大青年抓学习，既要惜时如金、孜孜不倦，下一番心无旁骛、静谧自怡的功夫，又要突出主干、择其精要，努力做到又博又专、愈博愈专。特别是要克服浮躁之气，静下来多读经典，多知其所以然。

——习近平在中国政法大学考察时的讲话（2017年5月3日）

请结合学习动机的相关内容，深入思考我们的学习目的是什么，是在专注专业的同时拓展知识面，还是通过参与多元实践，让各学科的知识相互碰撞融合？

心理测试

考试焦虑测验

本测验共有33道题，每题有4个备选答案，根据自己的实际情况，在题目后面圈出相应字母，每题只能选择一个答案，相应字母的含义如下。

A. 很符合自己的情况

B. 比较符合自己的情况
C. 较不符合自己的情况
D. 很不符合自己的情况

1. 在重要的考试前几天，我就坐立不安了。A B C D
2. 临近考试时，我就腹泻了。A B C D
3. 一想到考试即将来临，身体就会发僵。A B C D
4. 在考试前，我总感到苦恼。A B C D
5. 在考试前，我感到烦躁，脾气变坏。A B C D
6. 在紧张的备考期间，我常会想到："这次考试要是得到一个糟糕的分数怎么办？" A B C D
7. 越临近考试，我的注意力越难集中。A B C D
8. 一想到马上就要考试了，参加任何文娱活动都感到没劲。A B C D
9. 在考试前，我总预感到这次考试将要考坏。A B C D
10. 在考试前，我常做关于考试的梦。A B C D
11. 到了考试那天，我就不安起来。A B C D
12. 当听到开始考试的铃声响时，我的心马上紧张地加速跳动。A B C D
13. 遇到重要的考试，我的脑子就变得比平时迟钝。A B C D
14. 看到考试题目越多、越难，我越感到不安。A B C D
15. 在考试时，我的手会变得冰凉。A B C D
16. 在考试时，我感到十分紧张。A B C D
17. 一遇到很难的考试，我就担心自己会不及格。A B C D
18. 在紧张的考试中，我却会想些与考试无关的事情，注意力集中不起来。A B C D
19. 在考试时，我会紧张得连平时记得滚瓜烂熟的知识也一点都回忆不起来。A B C D
20. 在考试时，我会沉浸在空想之中，一时忘了自己是在考试。A B C D
21. 在考试时，我想上厕所的次数比平时多些。A B C D
22. 在考试时，即使不热，我也会浑身出汗。A B C D
23. 在考试时，我紧张得手发僵，写字不流畅。A B C D
24. 在考试时，我经常会看错题目。A B C D
25. 在进行重要的考试时，我的头就会痛起来。A B C D
26. 发现剩下的时间来不及做完全部考题，我就会急得手足无措、浑身大汗。A B C D
27. 如果我考了个糟糕的分数，家长或教师会严厉指责我。A B C D
28. 在考试后，当发现自己懂得的题没有答对时，就十分生自己的气。A B C D
29. 有几次在重要的考试之后，我腹泻了。A B C D
30. 我对考试十分厌烦。A B C D
31. 只要考试不记成绩，我就会喜欢考试。A B C D
32. 考试不应当在像现在这样的紧张状态下进行。A B C D
33. 不进行考试，我能学到更多的知识。A B C D

计分与评定：

统计你圈出各个字母的次数，每圈出一个A得3分、一个B得2分、一个C得1分、一个D得0分。

根据你的总得分查看下面的解析，就可以对你的考试焦虑水平有所了解了。

0～24分：镇定，一般来说能以比较轻松的态度对待考试，但若分值很低，则说明对考试毫不在乎。

25～49分：轻度焦虑，说明面临考试时有点惶恐不安，但仍属于正常范围。轻度焦虑有助于考试成绩的提高。

50～74分：中度焦虑，说明面临考试时心情过于激动，焦虑感过高，不仅难以考出实际水平，还会对身心健康有损害。

75～99分：重度焦虑，可能有"考试焦虑症"，每逢考试来临便会不由自主地产生莫名其妙的恐惧感。考试的时候，往往会发生"怯场"，会严重影响学习水平的正常发挥，对于身心健康也很不利，应该通过心理咨询与心理治疗，降低焦虑程度。

知识导图

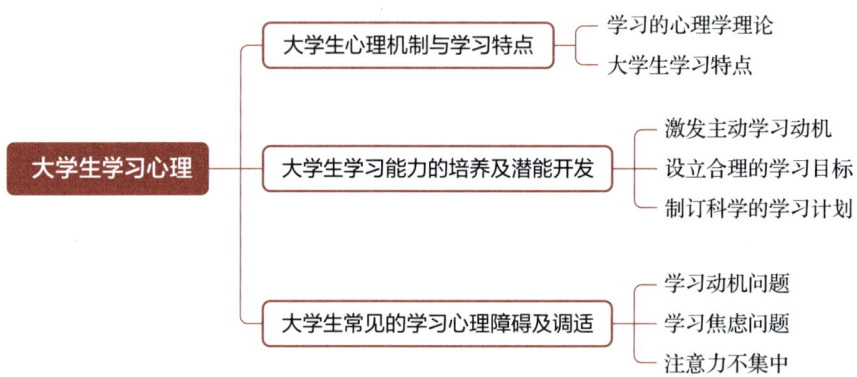

课后习题

1. 你上大学的目标是什么？请结合自身的特点制定一套学习目标。
2. 你在考试前会焦虑吗？如何有效应对焦虑？
3. 你对目前的学习状态满意吗？结合自己的实际情况，谈谈如何提高自身的学习效率。

参考文献

[1] 刘邦春，刘婕，陆峥. 大学生心理健康手册［M］. 上海：上海社会科学院出版社，2023.
[2] 杨春城，杨雁秋，王琦平. 大学生心理健康教育与素质拓展［M］. 昆明：云南大学出版社，2023.
[3] 洪显利. 心理健康教育活动设计与指导［M］. 重庆：重庆大学出版社，2023.
[4] 章劲元. 大学生心理健康十二讲［M］. 武汉：华中科技大学出版社，2023.
[5] 丁志强. 新时代大学生心理健康成长［M］. 重庆：重庆大学出版社，2024.
[6] 陈秀元，刘好贤. 团体心理活动与辅导：大学生心理健康教育［M］. 苏州：苏州大学出版社，2021.

第八章　揭秘情绪魔方
——大学生情绪管理

● 学习目标

（1）了解自身的情绪特点；
（2）掌握情绪调适的方法；
（3）学会自主调控情绪，保持良好的情绪状态。

● 案例导入

张某，男，20岁，某高校大二学生，家庭经济条件一般，父母期望较高。张某性格内向，不善与人交往。进入大二后，专业课程增多且难度加大，张某在学习上逐渐感到吃力，在一次重要的专业考试中失利，成绩排名大幅下降。同时，张某加入了学校的社团组织，因缺乏经验在社团工作中出现失误，受到了学长、学姐的批评。多重压力之下，张某陷入了严重的焦虑情绪中，表现为失眠、食欲不振、上课无法集中精力等，甚至产生了退学的念头。

【思考】
（1）是什么原因导致张某陷入这样的困境？
（2）性格因素在个人情绪管理中起到了怎样的作用？
（3）张某该如何有效打破这种恶性循环？

在现实生活中，每个人都会体验成功与失败，面对挫折和挑战，是什么使人时而兴高采烈，时而消沉低迷，时而义愤填膺，时而潸然泪下？这个操控者就是情绪。情绪，在我们每个人的生活和学习中随处可见，可以说人们所有的心理活动，都伴随着一定的情绪状态。情绪与我们的生活、学习、人际交往、个人发展密切相关。优化自己的情绪，是通向成功之路的保证，也是大学生优化心理素质的重要内容。

人们在感知不同事物的时候会产生不同的感觉体验，现代大学生正处于青春期，情绪波动较大，经常会面临各种情绪的困扰，有效的情绪管理是个人健康的"保护神"，是良好人际关系的"润滑剂"，也是良好性格的"塑造者"。因此，认识情绪、管理情绪、调节情绪，对于大学生的生活和学习都大有裨益。本章将围绕这些方面展开。

第一节 情绪概论

一、情绪的定义

情绪是人的心理活动的重要表现，它产生于人的内心需要是否得到满足。人的情绪在某种程度上，还反映了人对外界事物的态度。从这个意义上讲，情绪是人的内心世界的"窗口"。

我国古代汉语最初只用一个"情"字，到了南北朝以后才出现"情绪"两字的连用。荀子曾说"性之好、恶、喜、怒、哀、乐谓之情"，而"绪"则是丝的头的意思，"情绪"的连用便表示了感情复杂之多如丝如绪。李煜的名句"剪不断，理还乱"就形象地表现了情绪的复杂性及其难以辨清和加以控制的特点。而在西方历史上，早在公元前4世纪，亚里士多德就已经开始研究情绪。到了17世纪，著名学者笛卡儿提出，情绪是控制人类行动的活力因素。

心理学家曾给情绪下过许多定义，如美国心理学家阿诺德将情绪定义为："情绪是个体对趋向知觉为有益的、离开知觉为有害的东西的一种体验倾向。这种体验倾向为一种相应的接近或退避的生理变化模式所伴随。这种模式在不同的情绪中是不同的。"另一位心理学家利珀则认为："情绪是一种具有动机和知觉的积极力量，它组织、维持和指导行为。"苏联的一位心理学家认为："情绪是对事物的关系或主观态度的体验。"

一般认为，情绪是人对客观事物的态度体验及相应的行为反应。情绪是一种主观的、生理的、有目的的社会现象。首先，情绪是一种主观感受。它使我们以一种特殊的方式去感觉，如愤怒或高兴。其次，情绪也是一种对情境的生物反应和生理应答。在情绪状态下，我们的身体（心脏、肌肉等）以一种与非情绪状态不同的方式激活。再次，情绪是有目的的，就像饥饿是机能性的和有目的的一样，愤怒激发我们想去与敌人战斗，而害怕激发我们想逃离危险。最后，情绪是社会现象。社会交往过程中，在言语沟通的同时，我们也向他人传递明显的面部和躯体信号（如眉毛的运动、声调的变化），从而交流我们情绪性的思想。比如，高兴时眉开眼笑、手舞足蹈，讲起话来眉飞色舞、神采飞扬；发怒时横眉立目，握紧拳头，大声斥责；悲哀时言语哽咽；悔恨时捶胸顿足；失望时垂头丧气等。这一切，都作为一种信号被赋予特定意义，传达给别人，而他人也会在接收信号的同时发出反馈信号。

狭义上的情绪是指有机体在受到生活环境中的刺激时，由生物需要而产生的暂时性的、较剧烈的态度及其体验。对于情绪，可以从以下三个方面分析它的特征。

（1）情绪是主体对客观事物的反映，但它反映的并不是事物本体，而是主体对于客观事物的态度体验。情绪是由客观事物引起的，主体不可能平白无故地产生情绪，客观事物是情绪产生的根源。

（2）情绪是人在对客观事物具有认识和评价的基础上产生的。只有主体对客观事物产生了认识，才会产生评价。同一物体在不同时间、不同条件下出现，主体会因对其的认识和评价不同，而产生不同的情绪。

（3）情绪的性质是由客观事物是否符合和满足主体的需要决定的。不同的人对于相同的事物会产生不同的情绪，如果该事物符合和满足主体的需要，主体就会产生愉悦、满意、高兴的积极情绪；反之，如果该事物不符合和不满足主体的需要，主体就会产生不满、愤怒、痛苦的消极情绪。

二、情绪与情感的关系

情绪与情感既密切联系，又存在差别，两者相互依存。

（1）情绪和情感都是人对客观事物的态度体验，反映客观事物与人的需要之间的关系。

（2）情绪与情感产生的基础不同，情绪的产生源自人的生理反应，而情感的产生是与社会需要密切相关的。比如，美味可口的饭菜、美丽芳香的鲜花会使人产生愉快情绪；而对父母、老师、朋友、同学的关爱则属于情感的范畴。

（3）情绪具有情境性、激动性和暂时性，情感则具有稳定性、深刻性和持久性。情绪可随时随地发生，根据情境或一时需要的出现而发生，也随情绪的变迁或需要的满足而较快地减弱或消逝；而情感是经过多次情感体验概括化的结果，不受情境的影响，并能控制情绪，具有较大的稳定性，同时，由于情感只与对事物的深刻性认识相联系，因而具有深刻性。

（4）情绪有较高的外显性和冲动性，主要以面部表情和明显的行动表现出来，比如，人生气的时候可能会恶语相向，拳脚相加。而情感则较为内隐和深沉，经常以内隐的形式存在或以微妙的方式流露出来，比如，父母对子女的爱细腻而深沉，不会天天挂在嘴上，常常融于日常生活的点点滴滴中。

情绪和情感虽然存在差别，但更多地表现在紧密的联系上，两者往往交织在一起，很难严格地区分。稳定的情感是在情绪的基础上形成的，而情感反过来又影响情绪。情绪的变化往往反映情感的深度，情感是情绪的深层核心，通过情绪得以实现。有什么样的情感，就会相应地在一个人的语言、行为当中表现出相应的情绪。所以在一定的意义上可以说，情绪包含着情感，又受情感的制约。情绪是情感的外在表现，情感是情绪的本质内容。

三、情绪的分类

人的情绪复杂多样，我国古代将情绪分为"七情"：喜、怒、哀、惧、爱、恶、欲。美国心理学家伊扎德认为，情绪可分为基本情绪和复合情绪，并提出人类具有11种基本情绪，分别是：兴趣、愉快、惊奇、痛苦、厌恶、愤怒、恐惧、悲伤、害羞、轻蔑和自罪感。复合情绪是由基本情绪的不同组合衍生出来的。近代研究中，常把情绪简化为快乐、愤怒、悲哀、恐惧四种基本形式。

（一）快乐

快乐是在期望的目的达到后，紧张状态随之解除时的情绪情感体验，如幸福、满意、愉快、兴奋、欢乐及狂喜等。快乐的程度通常取决于愿望的满足程度。

引起快乐的原因有很多，如亲朋好友的聚会、美好理想的实现、团结亲密的同学关系等。如果愿望或理想的实现具有意外性或突然性，则更会提高快乐的程度。

（二）愤怒

愤怒是由于目的和愿望不能达到，特别是一再受阻、受挫而产生的情绪反应，表现为从不满、生气、烦恼、怨恨，到愤怒、大怒、暴怒等。控制愤怒的情绪对每一个人来说都很重要。正如我们常说的，生气是拿别人的错误来惩罚自己。

引起愤怒的原因有很多，如恶意的伤害、不公平的对待等都能引起愤怒的情绪。愤怒的产生取决于人对障碍的意识程度，只有当个体清楚地意识到某种障碍是必然的时，愤怒才会产生。

（三）悲哀

悲哀是失去所盼望的、所追求的东西或失去所爱的人而引起的情绪情感体验。从遗憾、失望，到难过、伤心、沮丧、悲痛、哀切、绝望。人悲哀时会哭泣，哭泣可以释放积压的痛苦，对健康有利。

引起悲哀的原因比较多，如亲人去世、升学考试失意、自己所珍爱的物品丢失等，都会引起悲哀的情绪体验。

(四) 恐惧

恐惧是当个体企图摆脱、逃避某种有害或危险情境时，却缺乏处理或摆脱可怕情境的能力而产生的一种情绪情感体验。当人们对一件事感到奇怪、陌生、反常时都可能引起人的恐惧感，其表现为忧愁、焦虑、警觉、惊恐、慌乱、急躁等。

引起恐惧的原因有很多，如黑暗、巨响、意外事故等。恐惧的程度取决于个体处理紧急情况的能力。

在快乐、愤怒、悲哀、恐惧这四种基本情绪中，快乐属于肯定的、积极的情绪体验，它对个体具有积极的作用，而愤怒、悲哀、恐惧通常情况下属于消极的情绪体验，对人的学习、工作、健康具有消极的作用，因而应当把它们控制在适当的水平上。但在一定条件下，愤怒、悲哀、恐惧也可以起到积极的作用，如战士的愤怒有利于他们在战场上勇敢战斗；悲哀可使人"化悲痛为力量"从而摆脱困境，对可怕后果的恐惧有利于提高个体的责任感与警惕性。

● 心理故事

情绪调色盘

在大学校园的心理咨询室里，小萱静静地坐在沙发上，眼神中满是困扰。她面前的咨询师微笑着轻声问道："小萱，今天想和我聊聊什么呢？"

小萱深吸一口气，缓缓说道："我觉得自己的情绪像一团乱麻。上了大学后，周围优秀的同学太多了，每次考试看到成绩排名，我就特别沮丧，觉得自己怎么努力都追不上。还有在宿舍里，有时候室友们讨论得热火朝天，我却融不进去，那种被孤立的感觉让我很愤怒，可又不知道该怎么说。"

咨询师轻轻点头："那这些情绪出现的时候，你通常会怎么做呢？"

小萱无奈地耸耸肩："我就自己一个人憋着，晚上躺在床上翻来覆去地想，越想越难受，有时候还会偷偷地哭。我不想让别人看到我这么脆弱，可这样真的好累。"

咨询师递给小萱一盒彩笔和一张白纸，说："小萱，你把自己的这些情绪想象成不同的颜色，然后在纸上画出来吧。"小萱有些疑惑，但还是拿起笔开始画。她用黑色画了一大片厚重的乌云代表沮丧，用红色涂出一团火焰表示愤怒，又用灰色勾勒出一个蜷缩在角落的小人象征孤独。

画完后，咨询师看着画说："你看，你用颜色把无形的情绪具象化了。其实情绪就像这调色盘里的颜色，单独看可能有些刺眼或暗淡，但如果学会调配，就能创造出不一样的画面。比如沮丧时，你可以试着找个朋友倾诉，就像用白色去调和黑色，让它不再那么沉重；愤怒时，你可以先深呼吸，冷静一下，这是给红色降温。而对于孤独感，你可以通过参加社团活动，融入集体，让灰色慢慢被其他温暖的颜色覆盖。"

小萱若有所思地看着画，说："我好像明白了，我一直都在被情绪牵着走，却没有想过可以去改变它们的'浓度'和'色调'。"

从那以后，小萱开始尝试按照咨询师说的方法去做。当再次面对不理想的成绩时，她主动找成绩好的同学请教，沮丧渐渐被决心取代；当在宿舍感觉被冷落时，她会笑着提出一起点外卖或者看电影的建议，愤怒和孤独也慢慢消散。她知道，自己正在学会成为情绪的主人，用积极的行动去调配属于自己的情绪色彩。

◐ **心理训练**

辨别消极情绪

（1）问君能有几多愁，恰似一江春水向东流。
（2）怒发冲冠。
（3）四面楚歌。
（4）风声鹤唳，草木皆兵。
（5）杯弓蛇影。
（6）哀民生之多艰。
（7）邯郸学步。
（8）垂头丧气。
（9）杞人忧天。
（10）本是同根生，相煎何太急。

你知道上面这10个词句的含义吗？知道这些词句的相关典故吗？请将上述词句归类：

哀愁：
自卑：
嫉妒：
愤怒：
忧郁：
恐惧：

结合这些词句的含义与典故，谈谈你对上述这些消极情绪的理解。

四、情绪的状态

情绪状态是指在某种事件或情境的影响下，在一定的时间内产生的情绪。根据情绪发生的强度、速度、持续度和紧张度等指标，可分为心境、激情和应激三种状态。

（一）心境

心境是指人比较微弱、平静而持久的情绪状态。心境具有弥漫性，它不是关于某一事物的特定体验，而是以同样的态度体验对待一切事物。心境缓和而又微弱，人们甚至察觉不到它的存在。心境的持续时间很长，少则几日，长则数月或更长的时间。一种心境的持续时间依赖于引起心境的客观刺激的性质及个体的人格特征。心境也就是人们平时常说的心情。

心境产生的原因是很复杂的。工作的状况、生活的状态、人际关系是否融洽、身体健康状况等，甚至是自然环境的变化，都可能引起某种心境。

心境对人的生活、工作、学习和健康有很大的影响。积极向上、乐观的心境，可以提高人的学习和工作效率，增强信心，让人神清气爽，充满干劲，有益于健康；消极悲观的心境，会降低认知活动效率，使人愁眉不展，萎靡不振，丧失信心和希望，有损健康。

（二）激情

激情是一种强烈的、爆发性的、短促的情绪状态。这种情绪状态通常是由突然发生的对个人有重大意义的事件引起的，如亲人突然死亡、失恋、取得重大的成功、通过重大的考试等，都会引起激情状态。激情也就是人们平时常说的激动。

激情状态具有激动性和冲动性。激情一旦产生，人会完全被情绪左右，言行缺乏理智，具有很强的激动性和冲动性。激情持续的时间往往很短暂，一时冲动之后，激情会弱化或消失。激情通常由特定的对象引起，具有明确的指向性，如亲人的突然病故引起悲痛。激情状态往往伴随着生理变化和明显的外部行为表现，例如，盛怒时"咬牙切齿"，狂喜时"眉开眼笑"，极度恐惧、悲痛和愤怒之后，可能导致精神衰竭、晕倒、发呆，有时表现为过度兴奋、言语紊乱、动作失调，甚至出现休克。

人们能够意识到自己的激情状态，也能够有意识地调节和控制它。因此要善于控制自己的激情，做自己情绪的主人，培养坚强的意识品质，提高自我控制的能力。激情分为积极和消极两种，积极的激情可以激励人们积极向上，克服困难，促进进步。消极的激情可以使人暂时丧失理智，使情绪和行为失控。

（三）应激

应激是指人在出乎意料的情境下或危急情况下做出的适应性情绪反应状态。例如，人在遇到某种突如其来的意外危险或面临某种突发事件时，必须迅速做出选择，采取有效行动，此时人的身心处于高度紧张状态，即为应激状态。

应激状态的产生与人们面临的情境及人对自己能力的估计有关。当情境对一个人提出了要求，而他意识到自己无力应对当前情境的过高要求时，就会体验到紧张而处于应激状态，如火灾、地震、车祸、突发战争等。

人们在应激状态下，会引起机体的一系列生物性反应，如心率、血压、呼吸以及肌肉紧张度都会出现明显的变化。这些变化有助于人们适应急剧变化的环境刺激，提高身体的应变能力。在应激状态下人们往往会有截然不同的两种极端表现：一种是惊恐失措、目瞪口呆，另一种是沉着冷静、急中生智。在应激状态下人们往往能够完成平时难以做到的事情，但过于强烈的应激情绪，会导致人的暂时性休克甚至死亡，也会导致心理创伤。长期来看，适度的应激有助于顺利完成各项活动，有利于个体的身心健康和能力提升，但是长期或频繁地处于应激状态会影响身心的正常机能，对健康极为不利。

五、情绪的功能

（一）适应功能

从生理学的角度来看，当动物的神经系统发展到一定阶段，生理唤醒在脑中会存留下相对应的感受，就形成了原始的情绪。情绪的作用在于调节机体的状态，使其处于适宜的生存和发展状态，并通过外在行为表达出相应的感受，以获得共鸣和援助。情绪是机体适应生存和发展的一种重要方式，如婴儿饥饿时会啼哭，人遇到危险时会呼救，就是为了适应生存和发展所衍生的一种本能。情绪是人类早期赖以生存的手段，可以让人们正确地知觉情境的危险，帮助人们适应环境。

（二）动机功能

情绪是动机系统的一个基本成分。适度的情绪能够激励人的活动，提高人的活动效率，放大生理内驱力信号，可以使个人能力强化，身心处于活动的最佳状态，进而推动人们有效地完成工作。例如，在地震中，一位母亲面临对死亡的恐惧，用身体承受倒塌物的压力，为怀中的孩子撑起一个空间，直至生命逝去，仍保持着这个姿势。又如，在成功者面前的自卑，促使我们发愤图强，取得成功。每种情绪都有它的意义和价值，能够给人相应的力量和指引。

（三）组织功能

情绪是一个独立的心理过程，有自己的发生机制和发生、发展的过程，情绪对其他心理活动具有组织功能。这种功能表现为积极情绪的协调作用和消极情绪的破坏、瓦解作用。情绪的组织功能还表现在对人的认知、行为也具有影响作用，影响作用的大小取决于情绪的性质和强度。中等强度的愉快情绪对于提高认知活动的效果是最好的。当人们处于积极、乐观的情绪状态时，则倾向于注意事物美好的一面，其行为友好，乐于接纳和帮助别人。而当人们处于消极的情绪状态时，则倾向于关注事物丑恶的一面，使人失望、悲观、自暴自弃，甚者自我伤害或攻击他人。

（四）信号功能

情绪能直接反映人们生存的状况，是人们心理活动的晴雨表，也是人与人之间沟通的纽带。人的各种情绪都具有特定的表情、动作、神态及语调，构成了人类表达情绪状态的特殊信号。借助它们，人们既可以向他人传递自己的思想和感受，又可以从中判断他人的态度和倾向，如用微笑表示赞赏，用点头表示默认等。它们也是言语交流的重要补充，如手势、语调等能使语言信息表达得更加明确或确定，从而使自己对于事物的认识和态度具有鲜明的外露特色，更易为他人所感知和接受，有时情绪信号的作用甚至比语言更为直接、强大和有效。

（五）感染功能

当情绪在个体身上发生时，个体会依据自身的主观经验，通过外部表情和动作表现出来，而当外部的形态表现被他人所察觉和感受到时，可能会引起他人相应的情绪反应，这种现象被称为移情。当一个人的情绪影响到他人时，他人的情绪也可以反过来再影响这个人的情绪，人与人之间的情绪会产生交互作用。这个功能可以为人与人之间的情感交流提供桥梁，使个体的情绪社会化，同时也可以通过情绪影响来改变他人的情绪。

● 心理故事

不一样的"60分"

在心理健康课的课堂上，老师出了一道题目："假如你收到了英语成绩通知单，你的英语考试得了60分，你现在的感受是什么？"一个同学站起来说："我感到无地自容，很不能接受，因为我从来没得过这么低的分数。"但另一个同学举手说："我感到很幸运，终于及格了，虽然分数不高，但不用再补考了。"也有同学说："那要看看别的人得了多少分，如果大家都差不多，我会感到心安理得。"接着老师又补充道："其实这个考试的试卷是一份大学英语竞赛题，很少有人成绩能达到60分以上……"老师又问大家："现在的感受是什么？"学生异口同声地说，感觉很高兴。接下来老师开始引导大家思考从上面的不同感受中领悟到了什么。

六、情绪智力

情绪智力是由美国心理学家沙洛维和梅耶首先提出的一个概念。情绪智力的高低用情商（emotional quotient，EQ）来表示。专家认为，在一个人的职业发展过程中，智商决定他能否被录用，而情商决定他能否升职。

1995 年，美国哈佛大学的丹尼尔·戈尔曼教授在《情绪智力》一书中丰富了情绪智力的概念，指出情绪智力包括以下五个方面的内容。

（一）情绪的察觉能力

情绪的察觉能力是指个体能认识自己的感觉、情绪、情感、动机、性格、欲望和基本的价值取向等，并以此作为行动的依据。自我觉察能力强的人能够较好地适应所处的环境。

（二）情绪的管理能力

情绪的管理能力是指个体能够有效地调节、控制自己的情绪，善于控制自己的不良情绪，克服不良情绪的干扰，控制情绪的冲动。情绪自我管理能力高的人能够管理和协调自己和他人的情绪，可以通过自我调整和运动放松等途径，有效地改善不良情绪的影响；而情绪管理能力弱的人常常陷入消极情绪中无法自拔。

（三）情绪的自我激励能力

情绪的自我激励能力是指个体能够根据所处的情境及时调整自己的情绪，能够随时自我激励、自我鼓舞、自我鞭策，始终保持高度热情，在逆境中不断激励自我克服困难，战胜挫折。

（四）对他人情绪的认识能力

对他人情绪的认识能力是指个体能够认真聆听他人的想法，能够感同身受地理解他人的感受，产生情绪共鸣，能够与人顺利交往和沟通。

（五）人际关系的处理能力

人际关系的处理能力是指个体能够与不同背景和性格的人融洽交往，建立和谐的人际关系，善于通过观察来判断他人的内心感受，洞悉他人的动机和想法。

第二节 大学生的情绪特点及其影响

大学阶段是人一生中的黄金时期，此时大学生身体发育基本成熟，精力充沛、朝气蓬勃，但心理上还未完全成熟，又受到社会地位、知识素养、成长背景等多方面因素的影响，其情绪发展具有鲜明的特点。在关注社会和个人时，大学生极易受到外界的干扰，从而影响自身的学习、工作和生活。

一、大学生的情绪特点

（一）情绪表现丰富，自我意识增强

随着年龄的增长，大学生正处于生理发育已基本成熟，心理发展由不成熟向成熟转变的过渡时期。他们既有未成年人的纯真烂漫，又有成年人的成熟缜密，学习和掌握的知识在逐渐增多，生活范围也在不断扩大，自我意识基本完善，有了一定的社会阅历和生活经验，在他们身上可以体现出几乎人类所具有的全部情绪。他们的自我体验更加丰富，自我尊重的需求更加强烈，同时自卑、自负等情绪也处于高发期。他们的人际交往的范围也在扩大，与老

师、同学、朋友的交往趋于多层次化和复杂化，其中由于恋爱情感体验的介入，社会实践过程中所扮演的角色变化为大学生的情绪体验注入了新的内容。他们开始思考自己的身份、角色、价值、恋爱、婚姻等深入的问题，这些思考使他们的情绪更加丰富多样，同时所惧怕的事物更趋向于抽象、情绪方面，如寂寞、空虚等。

（二）情绪表现强烈，自控性较差

大学生的情感丰富而又敏感，他们有较强的自我意识，感觉自己是成熟、独立的个体，有强烈的自主感，可以自己做出正确的决策。他们有较强的自尊心、自信心和好胜心。他们通常疾恶如仇，爱憎分明，情绪易受到外界事物的影响，时而平静时而激动，时而积极上进时而消极懈怠，波动性较大。与成年人相比，他们的喜怒哀乐相对溢于言表，他们高兴的时候对周围的人和事物都产生好感，干劲十足，也易于接受别人的意见和建议；不高兴的时候我行我素，对周围的人和事物厌烦、冷漠、不理不睬，不愿与其他人沟通，即使是对平时最感兴趣的事也兴味索然。他们的情绪变化往往比较频繁，前一分钟还兴高采烈，下一分钟就可能垂头丧气，考虑问题容易两极分化和走极端。同时，大学生血气方刚，充满活力与激情，有时会因为一些小事生气、争吵，甚至大打出手。

（三）情绪发展呈阶段性，特征鲜明

大学生进入高等学府学习后，受到不同年级、不同专业的限制，课程设置、培养目标和学习任务都会有很大区别。结合个人自身的社会背景、人际交往状况，情绪特点也会因人而异，呈现出鲜明的阶段性。大学新生一般面对的是入学后角色的转换和新环境的适应问题，放松感和压力感兼有，新鲜感和恋旧感交替；大学二、三年级的学生面临的是学业问题、爱情问题、人际交往问题等所带来的困扰；临近毕业的大学生面临的是毕业后的就业问题、考研问题、进入社会后的角色转变、婚姻问题等带来的困扰。

（四）情绪表现内隐性

同中学生相比，大学生的情感内容更加丰富而深沉，由于自我意识的增强，生活经验的增多，他们可能有意识地掩饰自己的真实情绪，不肯轻易地吐露真实想法。说还是不说，吐露多少，说真话还是说假话可能受时间、对象、场合影响，尤其在一些特殊的场合和情境下，内心感受和外在表现甚至会大相径庭，如考试考了第一名，会面带笑容，但不会喜形于色，手舞足蹈；在面对倾慕的异性时，会表现出冷漠、排斥的情绪等。他们对情绪表现出较强的自我控制能力，一般能用理智约束冲动，对不良情绪进行自我调适，不再像一般的青少年一样一触即发。在受到误解和不公正的待遇时，他们能够克制情绪，寻找积极、合理的方式和途径去解决问题。

二、情绪对大学生的影响

（一）情绪对大学生身心健康的影响

现代生物学、心理学和医学的研究成果表明，情绪对人的身心健康具有直接的影响。如果一个人能够经常处于愉快、满意、幸福、欣喜等积极情绪中，则人体的免疫功能活跃，有益于身心健康。良好的情绪可以为有效的机能作用和创造力提供动机，能够使人充满自信，思维敏捷，富于创造力，提高学习效率，对于大学生的学习、工作和生活以及人格发展都有重要影响，可以促进良好的人际关系形成。反之，长期处于悲伤、忧愁、愤怒、急躁等消极

的情绪中，会对神经系统和内脏器官造成伤害，引起身体不适和肠胃机能失调，也会引发多种心理疾病，使人意识范围狭窄，判断力减弱，失去理智和自制力。

大学生情绪波动较大，难免会有情绪消极的时候，将消极情绪能动地适应环境并转化为积极情绪是十分必要的，对身心健康也是非常有益的。我们常说的"化悲痛为力量""奋起直追"等说的就是这个道理——将消极的情绪转化成积极进取的动力。

（二）情绪对于大学生学习的影响

良好的情绪往往使大学生行动力强，对学习、工作和活动充满兴趣，有助于开阔思路，提高学习、工作效率，提高创造力。心理学家研究发现，精神愉快、心情放松、适度紧张是思考和学习的最佳状态，适度的紧张和焦虑可以提高学习效率，焦虑程度过高和过低都会导致学习效率降低，难以达到理想状态。生活中常常出现这种现象，有的学生在考试时过于紧张，结果晕倒在考场；有的学生过于不在意，在考场上蒙头大睡，处于这样不良情绪下的学生很难取得好的成绩。学会对情绪进行调控，对学习生活的适应和学习成绩的提高有很重要的作用。

（三）情绪对于大学生人际关系的影响

在人际关系的建立中，乐观、热情、自尊、真诚这些良好情绪特征是吸引对方的重要条件，良好的情绪能够拉近彼此的距离，使交往融洽。同时，在和谐的人际关系中，大学生能够获得充分的自我满足感和自我价值感，推动行为方式的提升和改善。具有良好情绪特征的个体能够认知、表达和调控自身的情绪，觉察和把握他人的情绪，在人际关系的情绪互动中进一步培养自身的情绪调控能力，进而拥有稳定和谐的人际关系。情绪具有感染性和传染性，不良情绪会影响周围人的情绪体验，人们在趋利避害的心理作用下，往往会对具有不良情绪的人避而远之，而更趋向于围绕在具有良好情绪的人周围，以获得愉快的情绪感受。具有良好情绪的个体更容易受到别人的赏识，形成良好的人际关系。

（四）情绪对于大学生人格品质的影响

健康的情绪是健全人格的必要条件之一。一般而言，情绪的目的性恰当、反应适度，不带有幼稚、冲动的特征，符合社会规范的要求，就是情绪健康的标准。心理学家埃普斯顿在《人类情绪的生态学研究》一文中提到，当体验到的是如高兴、亲切、安全、平静等积极的情绪时，大学生的行为目标也往往是积极的、生动的，对于新的经验和事物更容易接受，对于周围人的尊重和理解明显加深，对价值和人生目标等理想信念能够有更深的认识。反之，处于痛苦、愤怒、紧张、危险等消极情绪下的大学生，其中一部分对新的经验和事物持怀疑、审慎，甚至抗拒的态度，反社会行为增加；另一部分则将消极情绪转化为积极的动力。实验结果表明：积极的情绪体验与积极的行为变化总是呈现一致的关系。有效调控情绪能使大学生保持良好、积极、稳定的情绪，有助于培养其乐观向上、积极进取、百折不挠的优秀品质，培养真诚友好、善解人意的良好性格。

心理知识

大学生情绪健康的标准

（1）热爱学习、热爱生活，具有获取知识、掌握技能以解决现实问题的能力。

（2）积极参与社会活动，能够克服生活中的困难与挫折，并获得快乐体验。

（3）保持健康，控制因身体疲劳、睡眠不足、头疼、消化不良、疾病等引起的情绪不稳定。

（4）能找出方法应对挫折情境，缓解生活中的不愉快，消除情绪困扰。

（5）接受自己和他人的优点，客观认识他人和自己的优势与不足，能够觉察自己的情绪，理解他人的情绪，乐于与他人交往。

（6）情绪基调积极、乐观、愉快、稳定，对不良情绪具有调控能力，情绪反应适度，理智感、道德感、美感等高级社会情感能得到良好发展。

第三节　培养良好的情绪

为了保持健康的情绪，减少或避免不良情绪带来的负面影响，大学生应该学会对情绪进行自我调适。学会保持良好的情绪，维护良好的心境，当产生不良情绪时，学会克服和约束不良情绪的表达。

心理故事

老人与坏情绪

有一位老人，他有两个儿子，大儿子卖雨伞，小儿子卖盐。

晴天的时候，老人就唉声叹气，担心大儿子的雨伞卖不出去；雨天的时候，他也愁眉苦脸，因为小儿子的盐不好晾晒。所以，老人总是被坏情绪笼罩，身体也每况愈下。

有一天，一个智者路过，询问老人为何如此忧愁。老人道出了缘由。智者听后，微微一笑说："您为何不换个角度看呢？晴天时，小儿子的盐可以顺利晾晒，生意定会兴隆；雨天时，大儿子的雨伞就会畅销。"

老人听了智者的话，豁然开朗。从此，他试着用积极的眼光看待天气变化，情绪逐渐好了起来，身体也慢慢恢复了健康。

一、培养良好情绪的基本原则

（一）确立正确的人生态度

不同的人在面对相同的情境和遭遇时会表现出不同的情绪反应。有的人面对困难时乐观向上，有的人面对挫折时萎靡不振，这是因为人的情绪是受其人生态度所影响的。树立正确的人生观、世界观和价值观才能使人保持乐观积极的人生态度，客观地评价自己和他人，正视学习和生活中面对的困难和挫折，用百折不挠的精神去迎接各种各样的考验。

（二）培养豁达的胸怀

常常纠结于琐事而斤斤计较的人很难保持良好的情绪，只有心胸豁达，目光长远的人才会健康、快乐。要提高个人修养，心胸开阔，宽以待人。每个人都会有各自的长处和缺陷，"人非圣贤，孰能无过"，不要过于苛求他人，为微不足道的小事而大伤感情，不要因自己的利益受到损伤、自己的要求得不到满足而耿耿于怀。"塞翁失马，焉知非福"，要明白任何事物都具有两面性，有阳光的一面就必定有黑暗的另一面，要将事物的消极方面转化为积极方面，从教训中发现经验，从失去中寻找收获，成为真正的成功者。

(三)培养坚忍的意志

从点点滴滴的小事(如按时作息,按时学习,按时锻炼等)做起,脚踏实地、持之以恒地认真完成,是磨炼意志最好的方式。在遇到困难时,意志坚忍的人会正面迎击,用坚毅、顽强、乐观的意志去克服困难,在风雨中历练自身;而意志薄弱的人就会得过且过,回避困难。可以通过体育锻炼、对比训练、强化训练等方式,克服恐惧、懒惰、犹豫的情绪,控制冲动行为的发生,培养自我控制能力。

(四)培养沟通的艺术

融洽的人际关系是保持良好情绪的重要手段,学会对自我情绪的及时察觉、恰当表达和正确调控,以及对他人情绪的感知和把握,是建立和谐人际关系的关键。在大学生人际交往中,语言和动作表达中如果恰当地加入幽默成分,往往会达到事半功倍的效果。幽默能展现人独特的风度和魅力,缓解紧张情绪,使氛围变得自然融洽。

● **心理训练**

大学生情绪觉察与调节心理训练

准备一本笔记本和一支笔,选择一个安静、舒适且不会被打扰的空间,如校园的花园角落或自己的宿舍。

训练步骤:

(1)情绪觉察。放松身体,深呼吸几次后闭上眼睛,回忆最近一周内让自己的情绪产生明显波动的事件,如与朋友的争吵、考试压力等。在笔记本上详细记录事件经过,重点描述当时自己的情绪感受,是愤怒、焦虑、悲伤还是喜悦等,尽量多使用形容词来精准表达情绪的强度和特点。

(2)情绪分析。针对所记录的每个情绪事件,分析是什么想法导致了这种情绪产生。例如,如果因为考试临近而焦虑,思考是"担心考不好会被父母责备"还是"害怕成绩不理想影响评优"等具体想法在起作用。将这些想法写在笔记本上对应情绪事件的旁边,并分析这些想法是否合理,有没有其他看待该事件的角度。

(3)情绪调节实践。选择其中一种负面情绪事件,根据分析出的不合理想法,尝试进行认知重构。比如,将"考不好会被父母责备"重构为"父母更关心我的学习过程和成长,一次考试结果不能定义全部,我只要尽力就好"。然后,在笔记本上写下重构后的想法,并再次感受情绪是否有变化。接着,进行放松练习,如深呼吸,慢慢地吸气,再缓缓地呼气,重复5~10次,同时在心中默念"放松",感受身体和情绪的舒缓。

(4)回顾总结。回顾整个训练过程,总结自己在情绪觉察、分析和调节方面的收获与体会,在笔记本上记录下来。思考哪些方法对自己调节情绪最有效,以及在未来遇到类似情绪问题时打算如何应对。

二、保持良好情绪的基本方法

(一)移情法

移情法就是把注意力的焦点从引起不良情绪的刺激情境转移到其他事物或活动中。移情法大致分为三种。

（1）冷却情绪。当不良情绪膨胀，即将爆发时，降低说话的音量，放慢说话的语速，深呼吸，在心中默数50个数，有意使自己平静下来。情绪最易爆发的时间段一般在刺激点发生的30秒内，默数50个数之后，人的怒气会自然减弱，有助于实现自我控制。

（2）转变环境。当你产生愤怒等不良情绪时，可以暂时离开让你产生情绪困扰的环境，最好是到让你感到宁静、舒适的环境中，如公园、景区或对你情感上有特殊意义的安全空间，避开矛盾的锋芒，平静心情。

（3）转移注意力。当你产生不良情绪时，可以将注意力转移到你感兴趣的事物上去，如运动、唱歌、逛街、看电影等，缓解不良情绪，增加积极的情绪体验。

（二）宣泄法

宣泄法就是通过各种方式将不良情绪释放出来，使心情得到缓解。常用的宣泄方法有以下几种。

（1）哭泣。科学研究表明，哭泣时会产生某种生理物质，使人得到释放，恢复平静。在悲伤或委屈时痛哭一场，可以有效地缓解情绪。人在悲伤时刻意抑制不哭对身体是有害的。

（2）倾诉。遇到挫折、痛苦、委屈等不良情绪时，最好的方法是能够找到信任的亲人和好友将心中的苦闷向他们倾诉，把内心的不良情绪释放出来。如果一时之间找不到合适的倾诉对象，也可以用你身边熟悉的事物，如玩偶、大树、小狗等来充当，还可以用写信、写日记的方式来抒发情绪。

（3）运动。科学研究表明，运动有助于释放不良情绪，减缓心理压力。在受到不良情绪困扰时可以尝试跑步、游泳、舞蹈、打沙包等方式来消除。

（4）转移注意力。情绪不佳时，转移自己的注意力是一种消除不良情绪的好办法，如转换一下电视频道，做些自己感兴趣的事——外出散步、看电影、读书、打牌、找朋友玩、换换环境等。

（5）模拟宣泄。这是目前新兴的一种调节情绪的方法。例如，一些日本公司的充气模拟上司就是让员工用来宣泄对上司的不满的。员工通过对模拟上司宣泄烦恼，宁心息怒。

（三）自我暗示法

自我暗示法就是利用语言、合理想法等方式对自身进行积极心理暗示，达到缓解紧张状态，调整不良情绪的效果。常用的自我暗示方法有两种。

（1）语言暗示。当你产生不良情绪时，自己默念：生气是拿别人的错误来惩罚自己；生气只会让气人者更高兴；身体是自己的，气大伤身，伤害自己的身体是愚蠢的表现等。这样进行自我提醒，会缓解和调试不良情绪。

（2）合理理由暗示。在陷入不良情绪时寻找合理的理由来进行自我安慰。这种方法可以冲淡痛苦，起到缓解不良情绪的作用，如失败时暗示自己"失败是成功之母，也许下次就成功了"；遭遇困难时暗示自己"世界上比你处境艰难的人比比皆是，这点儿挫折算什么"等。

（四）放松训练法

当前经过科学的实验和研究，归纳和总结出很多专业方法来实现放松情绪的目的。利用这些方法可以有效地缓解紧张、抑郁、焦虑等不良情绪。下面仅介绍几种最简单易行的方法。

1. 音乐放松法

音乐作为一种艺术,是人的情绪的一种表现方式。曲调和节奏不同的音乐可以使人产生不同的情绪体验。比如,忧郁烦恼时可以听《蓝色多瑙河》《卡门》《渔舟唱晚》等意境广阔、充满活力、轻松愉快的音乐;失眠时可以听莫扎特的优雅宁静的《摇篮曲》、门德尔松的《仲夏夜之梦》等乐曲;情绪浮躁时可以听《小夜曲》等宁静清爽的乐曲。每个人都可以根据自己的情绪状况,选择适合自己的音乐来调节自己的情绪。

2. 想象放松法

冥想是缓解压力的一种有效方法,冥想具有训练注意力、控制思维过程、提高处理情绪的能力和放松身体的作用。只要坚持练习,运用得当,冥想是应对压力、抑郁、烦恼以及其他不良心理和情绪问题的最有帮助的方法之一。

在宁静的环境中,通过想象可以有效放松情绪。选择一个幽雅宁静的环境,闭上眼睛,想象一些美好的事物,如广阔的大草原、慢慢涨落的海水、平静的湖面等,也可以回忆一些美好的经历,在想象的同时调整呼气的节奏,之后慢慢张开眼睛。

3. 肌体放松法

通过肌体放松来缓解焦虑情绪,提高情绪控制能力,同时结合想象和音乐,可以达到全身松弛、轻松舒适、心情平静。对于焦虑、恐惧、烦躁等不良情绪有很好的效果。

● 心理自测

情绪稳定性测试

1. 看到自己最近一次拍摄的照片,你有何想法?
A. 觉得不称心　　　　　　B. 觉得很好　　　　　　C. 觉得可以
2. 你是否想到若干年后会有什么使自己极为不安的事?
A. 经常想到　　　　　　　B. 从来没想过　　　　　C. 偶尔想到过
3. 你是否被朋友、同事或同学起过绰号、挖苦过?
A. 这是常有的事　　　　　B. 从来没有　　　　　　C. 偶尔有过
4. 你上床以后,是否经常再起来一次,看看门窗是否关好(或炉子是否封好等)?
A. 经常如此　　　　　　　B. 从不如此　　　　　　C. 偶尔如此
5. 你对与你关系最密切的人是否满意?
A. 不满意　　　　　　　　B. 非常满意　　　　　　C. 基本满意
6. 半夜的时候,你是否经常觉得有什么值得害怕的事?
A. 经常　　　　　　　　　B. 从来没有　　　　　　C. 极少有这种情况
7. 你是否经常因梦见什么可怕的事而惊醒?
A. 经常　　　　　　　　　B. 没有　　　　　　　　C. 极少
8. 你是否曾经有多次做同一个梦的情况?
A. 经常　　　　　　　　　B. 没有　　　　　　　　C. 记不清
9. 有没有一种食物使你吃后呕吐?
A. 有　　　　　　　　　　B. 没有　　　　　　　　C. 记不清
10. 除去看见的世界外,你心里有没有另外一个世界?
A. 有　　　　　　　　　　B. 没有　　　　　　　　C. 记不清

11. 你心里是否时常觉得你不是现在的父母所生的?
A. 时常　　　　　　　　B. 没有　　　　　　　　C. 偶尔有
12. 你是否曾经觉得有一个人爱你或尊重你?
A. 有　　　　　　　　　B. 没有　　　　　　　　C. 记不清
13. 你是否常常觉得你的家人对你不好,但是你又确知他们其实对你好?
A. 是　　　　　　　　　B. 否　　　　　　　　　C. 偶尔
14. 你是否觉得没有人十分了解你?
A. 是　　　　　　　　　B. 否　　　　　　　　　C. 说不清楚
15. 你在早晨起来的时候,最经常有的感觉是什么?
A. 忧郁　　　　　　　　B. 快乐　　　　　　　　C. 讲不清楚
16. 每到秋天,你经常有的感觉是什么?
A. 秋雨霏霏或枯叶遍地　B. 秋高气爽或艳阳天　　C. 不清楚
17. 你在高处的时候,是否觉得站不稳?
A. 是　　　　　　　　　B. 否　　　　　　　　　C. 不清楚
18. 你平时是否觉得自己很强健?
A. 是　　　　　　　　　B. 否　　　　　　　　　C. 不清楚
19. 你是否一回家就立刻把房门关上?
A. 是　　　　　　　　　B. 否　　　　　　　　　C. 不清楚
20. 你坐在小房间里,把门关上后,是否觉得心里不安?
A. 是　　　　　　　　　B. 否　　　　　　　　　C. 偶尔
21. 当一件事需要你做出决定时,你是否觉得很难?
A. 是　　　　　　　　　B. 否　　　　　　　　　C. 偶尔
22. 你是否常常用抛硬币、翻纸牌、抽签之类的游戏来测凶吉?
A. 是　　　　　　　　　B. 否　　　　　　　　　C. 偶尔
23. 你是否常常因为碰到东西而跌倒?
A. 是　　　　　　　　　B. 否　　　　　　　　　C. 偶尔
24. 你是否需要一个多小时才能入睡,或醒得比你希望的早一个小时?
A. 经常这样　　　　　　B. 从不这样　　　　　　C. 偶尔这样
25. 你是否曾看到、听到或感觉到别人觉察不到的东西?
A. 经常这样　　　　　　B. 从不这样　　　　　　C. 偶尔这样
26. 你是否觉得自己有超乎常人的能力?
A. 是　　　　　　　　　B. 否　　　　　　　　　C. 不清楚
27. 你是否曾经觉得因有人跟着你走而心里不安?
A. 是　　　　　　　　　B. 否　　　　　　　　　C. 不清楚
28. 你是否觉得有人在注意你的言行?
A. 是　　　　　　　　　B. 否　　　　　　　　　C. 不清楚
29. 当你一人走夜路时,是否觉得前面暗藏着危险?
A. 是　　　　　　　　　B. 否　　　　　　　　　C. 偶尔
30. 你对别人轻生有什么想法?
A. 可以理解　　　　　　B. 不可思议　　　　　　C. 不清楚

计分与评定:

以上各题,选A得2分,选B得0分,选C得1分。请将你的得分统计一下,算出总分。得分越少，说明你的情绪稳定性越佳，反之则越差。

0～20分：说明你情绪稳定，自信心强，具有较强的美感、道德感和理智感。你有一定的社会活动能力，能理解周围人的心情，顾全大局。你是个性爽朗、受人欢迎的人。

21～40分：说明你情绪基本稳定，但较为深沉，对事情的考虑过于冷静，处事冷漠消极，不善于发挥自己的个性。你的自信心受到压抑，办事热情忽高忽低，易瞻前顾后，踌躇不前。

41分及以上：说明你情绪不稳定，日常烦恼太多，使自己的心情处于紧张和矛盾之中。如果得分在50分以上，则是一种危险信号，应当请心理医生做进一步诊断。

第四节　不良情绪的表现及调适

💡 心理知识

关于情绪与健康的几个实验

1. 网络信息浏览与情绪健康的实验

伦敦大学的 Tali Sharot 和 Christopher A.Kelly 在 2024 年进行了关于网络信息浏览和情绪健康的四个实验。第一个实验有 287 名参与者，需要在 5 天内每天上网 20 分钟；第二个实验有 447 名参与者，需要在一天内上网 30 分钟。研究人员对参与者进行情感分析和心理健康测量，结果显示倾向浏览负面信息的参与者心理健康状况较差。在第三个实验中，102 名参与者被随机分组，浏览负面或中性内容，结果显示浏览负面内容者情绪低落且后续更倾向于浏览负面内容。在第四个实验中，109 名参与者分为两组，一组浏览带情感标签的网页，另一组浏览无情感标签网页，同时还进行了由 200 名参与者参与的后续标签干预实验。结果表明情感标签可减少负面信息接触，改善情绪和心理健康。

2. 生气情绪与心脑血管的实验

2024 年，《美国心脏协会杂志》发表了一项研究。研究招募了 280 名平均年龄为 26 岁的健康志愿者，要求完成回忆生气经历、面对焦虑事件、阅读负面文章以及保持情绪稳定进行计数任务等 4 项情绪任务。结果发现，回忆令人生气的经历 8 分钟，对血管的负面影响可达 40 分钟，导致血管扩张能力受损，而焦虑和悲伤未引起类似变化。

3. 自然环境散步与情绪的实验

2022 年，《分子精神病学》发表了一项研究。研究招募了 63 名 18～47 岁的成年人，随机分为自然散步组（32 人）和城市散步组（31 人），分别在公园等自然环境或商业步行街等城市环境中散步 60 分钟，并在实验前后对参与者进行磁共振成像检测。结果显示，在公园等自然环境中散步后大脑杏仁核区活动显著降低，压力、焦虑等负面情绪得到缓解；而在城市环境散步后，大脑杏仁核区活动不变。

资料来源：摘自《美国心脏协会杂志》《分子精神病学》。

大学生活信息量大、竞争激烈，大学生的情绪易处于紧张状态。一般认为，适度的、情境性的消极情绪反应，如考试中的紧张和焦虑、失意后的悲伤等情绪是正常的。但是，如果大学生不能很好地处理生活和学习中的各种问题，极易产生不同程度的情绪问题，从而影响身心的健康和发展。轻则影响生活和学习，重则形成情绪障碍，影响思维和行为。下面让我们来认识一下大学生中常见的不良情绪表现及其调适方法。

一、焦虑

（一）焦虑情绪的主要表现

焦虑是十分常见的现象，是在学习、工作、生活中遇到压力或危机时产生的一种烦躁、忧虑的复杂心理，是个体主观上预料将会有某种不良后果产生的不安感。每个人都有过这种经历，适度的焦虑是正常的，可以成为推动个体行为的动力，但是如果过度焦虑就会形成情绪障碍，常伴有紧张、不安、担忧、惧怕等混合的情绪体验，会出现思维混乱、记忆力下降、注意力不能集中，还有可能产生头痛、失眠、食欲不振、胃肠不适等生理反应。

大学生常见的焦虑有自我形象焦虑、考试焦虑与情感焦虑和社交焦虑等。自我形象焦虑是担心自己外貌不够漂亮、没有魅力，如担心身材矮小、肥胖、脸上有粉刺、雀斑、胎记等影响个人形象而引起的焦虑。考试焦虑，在学生中表现最为普遍，是由于对考试过于紧张、缺乏自信心，对结果担忧而引起的焦虑。情感焦虑多数是由于恋爱受挫而引发的自我否定，认为自己不具备爱人与被爱的能力，因过度担心而引起焦虑。社交焦虑往往是由于过于在意他人的评价，尤其担心他人对自己负面的评价，对自己缺乏自信心引起的。

（二）焦虑情绪的调适方法

1. 寻找根源

首先对自身进行客观分析，可以采用问答法，自问："我在焦虑什么？"然后拿出纸和笔来将自己的答案清楚地写下来，逐条进行分析，找到问题的根源。这个过程也是帮助自身释放和排解负面情绪的过程。

2. 调整期望值

具有焦虑情绪的大学生往往背负着过重的思想包袱，对事情的结果看得过重，对自己的要求过高，适当的调整期望值和自我要求，使心态平和，有助于缓解焦虑。

3. 自我暗示

处于焦虑情绪中的大学生往往缺乏自信心。在面对问题和困难时应该沉着冷静，稳定自己的情绪，要相信自己有解决问题和困难的能力，做些放松性的自我暗示，如"我能行""问题一定会解决的""困难只是暂时的"。这样有利于形成成功的良性刺激，在增加成功体验之后，得到进一步放松。

4. 放松训练

觉得紧张、焦虑时，最简单的方法是进行深呼吸来放松。例如，站定后，双肩自然下垂，闭上双眼，深吸一口气，然后慢慢地呼气。

参加自己喜欢的文娱、体育活动及其他社会活动，也可以转移注意力，使情绪得以放松，心境得以开阔。听一听优美舒缓的轻音乐，也是一种让大脑放松的好方法。

二、抑郁

（一）抑郁情绪的主要表现

抑郁是大学生常见的情绪问题，引发抑郁的原因一般分为两类：一类是因一定的事件而引发的抑郁；另一类是由于身体疾病或用药后反应引起的抑郁。易发抑郁情绪的大学生大多性格较为孤僻、内向、敏感、不善言辞、不愿与他人交往。抑郁情绪的外在表现主要为情绪低落，整天无精打采，对事物缺乏兴趣，注意力不能集中，经常发呆走神，记忆力变差，做事缺乏主动性，逃避群体活动，不愿与人交往，失眠、食欲减退、体重骤增或骤减等。抑郁是一种持续时间较长的低落、消沉的情绪体验，它常常与苦闷、不满、烦恼、困惑等情绪交织在一起。

（二）抑郁情绪的调适方法

1. 改变消极思维

抑郁情绪下的人常会用消极的思维方式去思考问题，放大消极因素。试着改变思维方式，调整心态，遇到不愉快的事时，用积极乐观的心态去寻找事情的光明的一面。

2. 增加自信心

要客观地评价自己和他人，认清自己的优点和长处，增加自信心。要学会自我欣赏、自我赞美，不妄自菲薄，保持心境的稳定，相信"天生我材必有用"。

3. 加强交际

多与人沟通，多交朋友，不局限于自我的小天地，尤其是多与性格开朗、充满活力的人接触。虽然你可能对此没有兴趣，但是要强制自己去参加一些社交活动，开阔自己的心胸，体育锻炼、旅游、聊天都是很好的方式。

4. 及时宣泄

不良情绪一定要通过释放才能消失和减弱。最重要的释放方式就是与信赖的亲人或志同道合的朋友坦诚交谈，可以向他们倾吐苦衷和烦恼，在得到他们的理解、安慰和支持的同时，也可以化解心中的苦闷。另外，还可以到僻静的地方，大声吼叫、捶打，也是排解积郁的好方法。

5. 规律生活

早睡早起，有规律地起床、就寝、进餐、学习，可以增强体质，放松心情，保持身心健康，提高学习和工作效率，让自己做事情更有条理性，增加自身的成就感。

三、愤怒

（一）愤怒情绪的主要表现

愤怒是一种暂时性的剧烈情绪，是指由于客观事物与人的主观愿望相违背，或因愿望无法实现，人们内心产生的一种激烈的情绪反应。愤怒常常在自尊心受损、人格受到侮辱、人身安全受到威胁、遭遇不公正待遇、受到外界强烈干扰等情况时产生。心理学研究表明，当愤怒发生时，可能导致人体心律失常、高血压等躯体性疾病，同时还会使人的自制力减弱甚至丧失，思维受阻，行为冲动。如果控制不当可能会出现攻击性行为，甚至会造成不可挽回的局面。

大学生年轻气盛、血气方刚，往往好激动、易动怒。有时会因一句刺耳的话或不顺心的小事而暴跳如雷，或因别人的观点或意见与自己不合而恼羞成怒，事后却后悔不已。如果无法对这种情绪进行调控，对于大学生健康人格的形成十分有害。

（二）愤怒情绪的调适方法

1. 开阔心胸

心胸越开阔的人，越不容易动怒；越小肚鸡肠的人，越容易斤斤计较，怒气冲冠。有时愤怒的原因在于自身，当你要发怒时，先冷静下来想一想：是不是自己太自私了？是不是自己对别人要求过高，太崇尚完美主义了？是不是自己误解了别人的意思？还可以进行换位思考：如果你是对方，这种情况下你会怎么做？

2. 妥善表达

要学会用适当的方式来表达愤怒，如果通过谩骂、指责，甚至是攻击性行为直接将怨恨发泄到让你愤怒的人身上，你的愤怒只是得到了暂时性的发泄，但是可能引发更大的冲突和仇恨，造成不可挽回的局面。要权衡利弊后妥善表达自己的想法，清楚地告诉对方他做了什么事，对你造成了怎样的影响和伤害。

3. 延迟发怒

如果你在某一具体情况下总会发怒，那么尝试推迟15秒再发怒，下次再试着推迟20秒再发怒，逐渐增加延迟发怒的时间，直至怒气减弱或消失。

4. 学会宽恕

"金无足赤，人无完人。"每个人都有自己看待问题的思维方式和角度，会因人生观、价值观不同而出现分歧，没有绝对的评判标准。要理解自己和他人，原谅自己和他人所犯的错误，宽容地对待身边的亲人、老师、朋友和同学，宽以待人的同时也会使自己更快乐。

四、嫉妒

（一）嫉妒情绪的主要表现

嫉妒是指因他人在某些方面胜过自己而引起的不快，甚至是痛苦的情绪体验。嫉妒是人类的一种本能，是人们企图缩小和消除差距，维持自身生存和发展的正常心理防御。嫉妒之心人皆有之，但强度的差异会导致截然不同的结果。轻微的嫉妒可以使人具有危机意识，奋起直追；高度的嫉妒会使人产生愤怒、怨恨等不良情绪，甚至做出伤害他人的行为，这就成为一种心理障碍。

嫉妒在大学生中普遍存在。例如，当看到他人学识能力超群，品行、相貌出众，穿着打扮时尚，经济条件优越，在人际交往中受人欢迎时，内心会产生失衡、痛苦、愤怒等感觉；当别人遭遇不幸或处于困境时则幸灾乐祸，甚至落井下石，在人背后谣言中伤、恶语诋毁。过分的嫉妒是一种情绪障碍，会扭曲人的心灵，损害身心健康，降低学习效率，使人际关系恶化。当事人常常陷入苦恼之中不能自拔，时间长了会产生自卑，甚至可能采取不正当的手段攻击和伤害别人，最终害人害己。

（二）嫉妒情绪的调适方法

1. 客观认识自我

要正确认识自己的优点和长处，也要客观地评价和欣赏他人。要看到他人的优势，认识自身的不足，同时也要看到自身的长处和他人的缺点，做到知己知彼，取长补短，才能不断获得进步。

2. 转化情绪

看到他人的进步和成功时不要极力贬低，恶语诋毁，要正面承认自己和他人之间的差距，嫉妒不能给自己增加砝码，只会凸显自己的自私和狭隘。应当把对于对手的羡慕转化为积极学习的动力，学习对方的长处，充实、丰富自己，纠正和克服自己的缺点。这样才会缩小两者之间的差距，达到减弱以至消除嫉妒的目的。

3. 充实自我

积极寻找和开拓有利于充分发挥自身潜能的领域，寻找新的自我价值，扬长避短，俗语说"失之东隅，收之桑榆"，踏实的学习可以使自己处于其他领域的领先位置，成为他人羡慕、欣赏的对象，嫉妒情绪自然会得到化解。

五、自卑

(一) 自卑情绪的主要表现

自卑是指由于某种心理或生理缺陷或其他原因所导致的个体消极自我认知体验。这也是一种在大学生当中常见的情绪问题。自卑是一种消极的情绪，具有自卑心理的人"自发"地认为自己不如别人，自己看不起自己，自惭形秽，自我定位在低人一等的地位，对别人的评价过于敏感，自我封闭，逃避现实；对自己的能力和品质评价过低，过分夸大自己的缺陷，对自己持怀疑态度。自卑是对自我潜能的人为压抑，更是一种自我损害的情绪。

大学生产生自卑情绪的根源来自主观因素和客观因素两方面。主观因素主要体现在大学生在面对理想与现实的差距、自身能力的不完善、情感受挫等情况时对自己没有正确的评估。客观因素主要体现在大学生的成长环境、文化背景、经济条件、个人先天的条件等方面存在差异。

(二) 自卑情绪的调适方法

1. 正确认知自我

自卑情绪往往源于自己，在认知自我时往往忽略自己的闪光点，放大自身的缺点。要仔细地剖析自己的优缺点，不要妄自菲薄。人无完人，没有人是十全十美的，即使是非常成功的人也会在某个方面存在缺点。要避免"我肯定不行""别人都比我强"这样的消极心理暗示，在这种暗示下人往往会不战而败。

2. 树立自信

每个人都会存在缺点和不足，具有缺点并不意味着你比其他人差。西方有句谚语说："上帝给你关上了一扇门，必定会在其他地方为你开一扇窗。"要用欣赏的眼光来看待自己，不要总把目光集中在自己的缺点上，可以把自己的优点逐一列举出来，多关注自己的优点，建立自信心，拓宽视野，你就会发现一个全新的自我。

3. 勇敢交往

人生中总是会有荆棘和坎坷，没有人会一辈子都是一帆风顺的。由于人的性格、品行存在差异，不要期望所有的人都会喜欢你、善待你，不要因为少数人的刻薄和冷淡而将自己封闭起来。放下心理包袱，坦然接受，尝试友好地接纳别人，勇敢地面对生活，你就会发现世界是美好和光明的。

六、冷漠

(一) 冷漠情绪的主要表现

冷漠是指人对外界刺激漠不关心、无动于衷，缺乏相应的反应的消极情绪体验。大学生风华正茂，血气方刚，应该情感丰富、真诚热情。但少数大学生对周围的人和事漠不关心，对集体和同学态度冷淡，对集体活动不关心、不参与，对自己的前途命运、国家大事等漠然置之，似乎什么事情都与自身无关。具有这种情绪的人往往是由于：自己得不到他人的理解；自己的工作得不到他人的支持和认可；对于事情无能为力或力不从心；与自身利益无关，不予关注。这类人从表面上看虽然平静、冷漠，但内心却往往有强烈的痛苦、孤寂和压抑感。如果大学生长时间处于这种情绪状态下，容易导致责任感下降、生活意义缺失与自我价值放弃，巨大的心理能量无法释放，会致使心理平衡遭到破坏，影响身心健康。

（二）冷漠情绪的调适方法

1. 改变认知

正确认识自我与他人、个体与社会之间的关系，并不断矫正自己的非理性观念。人生活在社会中，每天都要与他人打交道，个体无法脱离群体和社会独善其身。事物之间存在着普遍联系，有些事物虽然表象上与自身无关，但是可能会对自身产生影响。

2. 积极交际

积极投身于各种形式的群体活动中，即使本身不愿意参与，也要努力使自己融入集体中，感受他人和集体的温暖，进行积极的自我暗示与自我提升，如参加旅游、体育锻炼、文娱活动等。

◆ 心书推荐

《蛤蟆先生去看心理医生》
［英］罗伯特·戴博德

《蛤蟆先生去看心理医生》一书巧妙地借助了经典童话《柳林风声》里广为人知的角色蛤蟆先生，开启了一段深刻的心灵探索之旅。在故事中，蛤蟆先生原本那充满活力与冒险精神的形象被自卑和抑郁的阴霾所笼罩。通过一系列与心理医生的深入对话与互动，层层剖析出这些负面情绪滋生的根源。读者跟随着蛤蟆先生的视角，会惊觉其童年经历犹如一把隐藏的钥匙，那些在成长过程中被忽视的情感创伤、家庭环境的微妙影响以及亲子关系中的未解心结，一直在他内心深处徘徊，潜移默化地塑造了他成年后的情绪模式与自我认知。

而这本书的精妙之处，不仅在于精准地揭示了这种内在联系，更在于它为读者清晰地指明了在心理层面走向成熟、摆脱情绪困境的路径。它像是一位富有智慧的引路人，教导我们如何去识别那些被童年经历所束缚的旧有思维习惯和情绪反应，并且勇敢地运用自我觉察、自我接纳以及积极的心理调适方法，斩断过去的枷锁，从而真正地在心理上实现蜕变，成长为一个独立、自信且情绪稳定的个体，以全新的姿态去拥抱生活中的喜怒哀乐，构建更加健康和谐的人际关系与内心世界。

◆ 素养提升

"心宁则智生，智生则事成"

"心宁则智生，智生则事成"的含义为，内心的宁静是智慧产生的源泉。当一个人能摆脱外界的喧嚣、纷扰和杂念，让内心回归平静，此时思维会变得清晰、敏锐，能够更深入地思考问题，进而激发出潜藏的智慧。拥有了智慧，在面对生活、学习、工作中的各类事务时，就能做出更明智的判断、选择更合理的方法，有条不紊地付诸行动，从而提高事情成功的可能性。这句话深刻地揭示了在追求成功的道路上，保持平和、宁静的心态至关重要，为人们指明了修养身心、实现目标的一种途径。

◉ 思考启迪

重塑情绪的视角

很多时候，我们的情绪并非取决于事件本身，而是取决于我们对事件的看法。认知重构就是以全新的视角看待世界。例如，当你在工作中遭遇失败时，不要陷入"我能力太差，注定一事无成"的消极认知，而是换个角度思考："这次的失败是一次宝贵的经验教训，它让我清楚地看到自己的不足，为我指明了成长和改进的方向。"

当面对他人的批评时，把"他在故意挑我的刺，想让我难堪"的想法调整为"他的反馈可能是我提升自己的契机，虽然话语有些尖锐，但我可以从中汲取有益的部分"。通过不断练习认知重构，你会发现生活中的许多负面情绪渐渐消散，被积极乐观所取代。

习近平总书记指出："青年的人生之路很长，前进途中，有平川也有高山，有缓流也有险滩，有丽日也有风雨，有喜悦也有哀伤。心中有阳光，脚下有力量，为了理想能坚持、不懈怠，才能创造无愧于时代的人生。"认知重构是培养辩证思维与积极人生态度的重要路径。它激励我们在面对困境时，全面、联系、发展地看待问题，不被一时的困难吓倒，始终坚定理想信念，保持昂扬向上的精神风貌，为实现个人价值与社会理想奋勇前行，在时代的浪潮中书写属于自己的壮丽篇章。

在过往经历中，有哪一次强烈的负面情绪对你产生了重大影响？当时你对该事件的认知是怎样的？如果运用认知重构的方法，你现在能从哪些全新的视角去理解和看待那次经历？

◉ 心理测试

焦虑自评量表（self-rating anxiety scale，SAS）

下面有20个小题，请仔细阅读每一题，把意思弄明白。然后根据你最近一个星期的实际情况，选择符合自己的选项。A表示没有或很少时间如此，B表示少部分时间如此，C表示相当多时间如此，D表示绝大部分或全部时间如此。

1. 我容易紧张或着急。A　B　C　D
2. 我无缘无故感到害怕。A　B　C　D
3. 我容易心里烦乱或感到惊恐。A　B　C　D
4. 我觉得我可能要发疯。A　B　C　D
5. 我觉得一切都很好，也不会发生什么不幸。A　B　C　D
6. 我手脚发抖打颤。A　B　C　D
7. 我为头痛、颈痛或背痛而苦恼。A　B　C　D
8. 我容易感觉衰弱和疲乏。A　B　C　D
9. 我觉得心平气和，并且容易安静地坐着。A　B　C　D
10. 我觉得心跳加快。A　B　C　D
11. 我为一阵阵头晕而苦恼。A　B　C　D

12. 我有晕倒发作，或有要晕倒似的感觉。A　B　C　D
13. 我呼气、吸气都感到很容易。A　B　C　D
14. 我的手脚麻木和刺痛。A　B　C　D
15. 我为胃痛和消化不良而苦恼。A　B　C　D
16. 我常常要小便。A　B　C　D
17. 我的手脚常常是干燥而温暖的。A　B　C　D
18. 我脸红发热。A　B　C　D
19. 我容易入睡并且一夜睡得很好。A　B　C　D
20. 我会做噩梦。A　B　C　D

计分与评定：

A、B、C、D 分别记 1 分、2 分、3 分、4 分，其中 5、9、13、17、19 题为反向计分，按 4 分、3 分、2 分、1 分计分，将所有得分相加，再将总分乘以 1.25 后取整数，即可得到标准分。分值越小代表焦虑程度越低，分值越大代表焦虑程度越高，临界值为 50 分。

知识导图

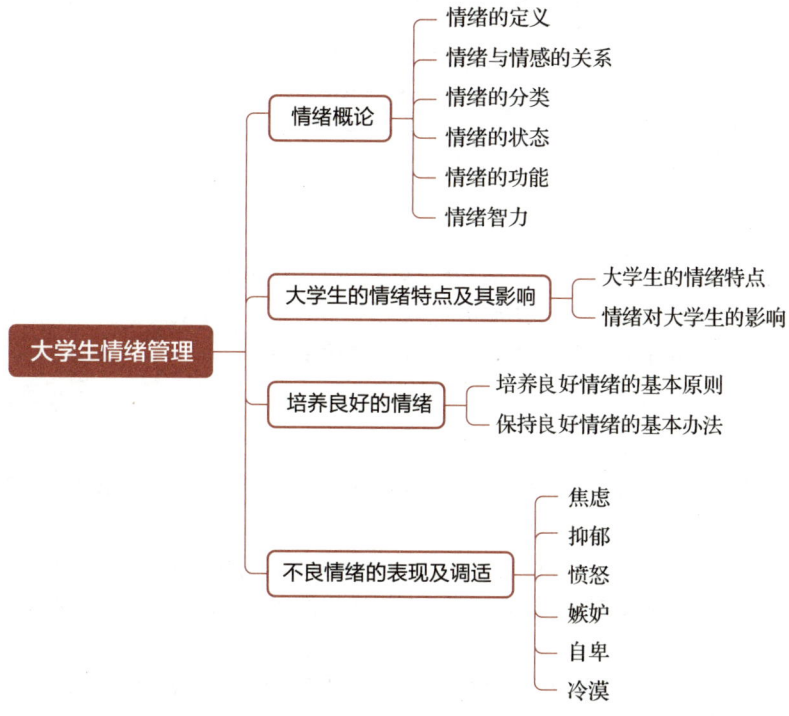

课后习题

1. 情绪的自我觉察

通过表现各种情绪来探究自己的情绪，提高情绪的自我觉察能力。

（1）利用表情，表现出高兴、愤怒、害怕、悲伤、惊奇、厌恶等情绪。

（2）写出代表快乐、愤怒、悲哀、恐惧四种基本情绪的词汇，写得越多越好。

快乐：

愤怒：

悲哀：

恐惧：

（3）写出自己出现各种情绪时习惯性的反应。

当我生气时，我会_____。

当我愤怒时，我会_____。

当我高兴时，我会_____。

当我紧张时，我会_____。

当我害怕时，我会_____。

当我嫉妒时，我会_____。

当我郁闷时，我会_____。

（4）根据自己现在的情绪描述情绪特征，并描述情绪产生的背景和原因。

情绪特征：

情绪描述：

2. 突破困境

尝试用正面的语句代替下面所列出的负面语句，也就是用积极的想法去突破困境。

（1）这个问题没法解决_____。

（2）我有很大的压力_____。

（3）我做不好这件事_____。

（4）从来没有想过_____。

（5）以前从来没有人做成功_____。

3. 思考题

（1）通过本章的学习，你能够准确地觉察自己的情绪吗？

（2）你计划如何提高自己的情绪智力呢？

（3）你的情绪中有哪些消极的想法，今后如何改变呢？

参考文献

［1］陈秀元，刘好贤. 团体心理活动与辅导：大学生心理健康教育［M］. 苏州：苏州大学出版社，2021.

［2］谢莹. 网络时代大学生心理健康理论与方法［M］. 南京：南京大学出版社，2020.

［3］温金梅. 学校团体心理辅导的理论、技术与应用［M］. 北京：中国纺织出版社，2023.

［4］胡尚峰. 大学生心理健康教育［M］. 北京：北京师范大学出版社，2024.

［5］贾楠，乔凯平. 心理与成长：大学生心理健康指导［M］. 北京：机械工业出版社，2021.

第九章　心灵交汇的桥梁
——大学生人际交往

◉ 学习目标

（1）了解人际交往的意义、特点及类型；

（2）了解影响大学生人际交往的因素，掌握基本的交往原则和技巧；

（3）了解人际关系障碍的类型及调适方法，提高人际交往能力。

◉ 案例导入

小明是一名性格内向的大一新生，刚进入大学，面对新环境和陌生的同学，他感到十分不适应，总是独来独往，很少主动与他人交流。

在班级组织的一次小组作业中，小明所在的小组有几位性格开朗、外向的同学，他们在讨论作业时积极发言，提出各种想法和建议。小明虽然有一些不错的想法，但因为害怕被嘲笑或否定，始终不敢开口表达。在小组讨论过程中，其他同学也没有特别留意到小明的沉默，这让小明觉得自己被忽视，更加陷入自我封闭的状态，甚至产生了逃避小组作业的想法。

然而，小组中有一位细心的同学小李其实注意到了小明的情况。小李主动在课后找小明聊天，询问他对作业的看法，并鼓励他在小组中大胆发言。一开始，小明有些犹豫和紧张，但在小李的耐心引导下，他逐渐放下了防备，说出了自己的想法。小李对小明的想法给予了肯定和支持，并提议下次小组讨论时由小明来负责介绍一部分内容。

到了下次小组讨论，小明虽然还是有些紧张，但在小李鼓励的眼神下，他鼓起勇气站了起来，结结巴巴地介绍了自己负责的部分。其他同学认真听完后，纷纷对小明的想法提出了一些建设性的意见，并没有出现小明之前担心的嘲笑和否定的情况。这次经历让小明感受到了与他人交流合作的乐趣和成就感，他开始逐渐主动参与到小组讨论和班级活动中，与同学们的关系也越来越融洽，性格也变得开朗了许多。

> 【思考】
> （1）性格内向的学生在大学生人际交往中，如何迈出第一步？
> （2）在大学生学习生活中，如何沟通协调，化解矛盾？
> （3）大学生人际交往的原则是什么？

对于大学生来说，从他们踏入大学校园的那一刻起，就意味着进入了一个与中学时代迥异的新世界，到处充满了新鲜感，也充满了挑战。大学校园中的人际交往是每个大学生不可缺少的"必修课",也常常使同学们感到头疼和苦恼。如何理解人际关系,如何面对和处理人际关系中存在的问题,如何建立良好的人际关系,是当代大学生适应社会、寻求发展所必须回答的问题。本章将围绕这些方面展开。

第一节 人际关系概述

一、人际交往的概念

人际交往是指人们在各种社会领域中,运用语言或非语言符号交换意见、传达思想、表达感情和需要等的交流过程,包括物质交往和精神交往。它反映在群体活动中人们相互之间的情感距离。它是人类社会特有的社会现象,是群体成员之间交流情感、传递信息的重要手段。在人际交往过程中建立和发展起来的人与人之间的关系就是人际关系。

人际交往源于个人或群体之间想要满足的某种需要、实现的愿望或达到的目标。人际交往是人与人之间最基本的交往,是为了建立和维护人际关系而产生的感知、识别和理解等行为。在交往过程中总会伴随一定的情绪和情感体验,这些体验反过来又会决定个体对待对方的态度。大学生人际交往是指大学生之间、大学生与其他社会人群之间沟通信息、交流思想、表达情感、协调行为的互动过程。卡耐基认为,一个人的成功15%靠他的专业知识、智商和经验,85%取决于良好的心理素质和人际关系。通过人际交往建立起来的人际关系对于大学生的成长和发展具有重要影响。积极的人际交往和真挚的友谊,有助于促进大学生的社会化进程,深化自我认识;有助于大学生个性发展与完善;同时也是大学生身心健康的重要保证。因此,了解人际交往知识,建立和谐的人际关系,特别是建立真挚的友谊,对大学生具有重要的人生意义。

> **心理故事**
>
> #### 别让言语成为伤人的"钉子"
>
> 从前,有个男孩脾气暴躁,父亲给了他一袋钉子,让他每次发脾气时,就在后院围篱上钉一根钉子。第一天,男孩钉了37根。之后每天钉的数量逐渐减少,因为他发觉控制脾气比钉钉子容易。
>
> 终于有一天,男孩不再乱发脾气,他告诉了父亲。父亲便让他从这天起,每控制一次脾气,就拔出一根钉子。日子一天天过去,男孩把所有钉子都拔出来了。
>
> 父亲拉着男孩来到后院,语重心长地说:"孩子,你做得很棒。但看看围篱上的洞,它们永远无法恢复如初了。你生气时说的话,就像这些钉子,会留下痕迹。好比拿刀伤人,即便说了无数次对不起,伤口也永远在那。话语造成的伤痛,和真实的伤痛一样让人难以承受。"
>
> 生活中,人与人之间常常因一些执念,给彼此造成无法挽回的伤害。倘若我们都能宽容待人,定会收获意想不到的美好。给别人一份宽容,也是为自己打开一扇望向广阔天空的窗,让温暖与善意照亮生活中的每一处角落。

二、人际交往与人际关系

人际交往和人际关系是两个既有联系又有区别的概念。人际交往是人际关系实现的根本前提和基础,也是人际关系形成的途径;而人际关系则是人际交往的表现和结果。两者的区别是人际交往侧重于人与人之间的联系与接触的过程,以及行为方式和程度等;人际关系侧重于在交往基础上所形成的心理状态和结果。从时间上看，人际交往在前，人际关系在后，人际交往是一个动态的过程，而人际关系则具有相对的稳定性。

三、大学生人际交往的意义

人的一生几乎都是在与他人的交往中度过的，积极的社会交往有助于人的个性形成和社会适应；消极的社会交往会导致心理冲突，阻碍个体适应社会，影响人格发展。人际交往是满足人的基本需求的重要途径，对大学生个体成长、发展有着直接的影响，与大学生素质的提高、人格的完善有着密切的关系。

（一）人际交往有利于大学生认知水平的发展

每个人的听、说、读、写的能力不是天生的，而是在人际交往中学会的，人的行为和思想的形成、发展，社会信息的获得，都不可能离开人际交往。与人交往是一种超出书本之外的学习，是我们获得信息的重要渠道。大学生在与老师、同学和朋友之间的交流、切磋中，除了可以掌握基本知识和技能，还可以开阔眼界和思路，拓宽知识面，获得启发。尤其是在现今这个信息爆炸的时代，获得信息的能力也是决定一个人成功与否的重要因素。

（二）人际交往有利于大学生加速社会化程度

一个人的成长水平不仅与身心发展水平有关，而且取决于社会化的程度，而社会化程度的提高，又依赖个体的社会交往、实践活动。大学生需要在与他人的交往过程中，不断地调整自己，通过他人对自己的态度和评价来客观地认识自己，以及自己在社会中所处的地位，从而充当正确的社会角色。大学生要想使社会化程度不断提高，就必须进行人际交往，在人际交往中发展自我、完善自我，使自己成为社会所需要的合格人才。

（三）人际交往有利于大学生深化自我认识

"当局者迷，旁观者清。"人对自己的认识总是在与他人的交往中来实现的，大学生总是需要在与他人的交往中通过他人对自己的评价和态度，以及在与他人的比较中，对自己的形象加以认识。只有与不同的人交往，获得不同的态度体验，才能促使大学生不断提升自我，形成良好的自我形象。离开了交往对象或相比较的对象，就失去了衡量自己的尺子和明鉴自己的镜子。

（四）人际交往有利于大学生的身心健康

心理健康是一种持续的、积极的心理状态，是大学生必备的素质之一，也是大学生更好地适应社会、发展自我、完善自我的重要条件和保证。大学生正处在心理矛盾、冲突和需要最多、最剧烈的青春期，当拥有和谐融洽的人际关系时，就会感到被人尊重、需要和接纳，产生满足感，同时产生愉悦、幸福、成功等积极体验；当人际关系失调时，就会感到不被人理解、接纳和关注，同时也会产生孤独、烦恼、痛苦等消极体验。只有良好的人际交往才能使大学生完善个性，促进大学生的身心健康，让大学生体会到人生的快乐和幸福。

> **心理知识**

$10m^2$ 小屋孤独实验

美国曾开展过一项极具震撼力的孤独实验。研究人员精心挑选了一名志愿者，并将其安置在一个仅有 10m² 的小屋内，小屋与外界完全隔绝，没有网络、通信设备，也没有任何娱乐物品，仅配备了维持基本生存的水和食物。

实验开始后，志愿者的生物钟迅速陷入混乱。第一天，他在小屋里尝试通过睡觉来打发时间，然而醒来后却无法准确判断时间，错将凌晨当作夜晚，作息变得毫无规律。随着时间的推移，他的情绪逐渐失控，时而愤怒地捶打墙壁，时而又悲伤地蜷缩在角落里哭泣，甚至出现无端的傻笑和长时间的发呆，精神状态急剧恶化。

在 72 小时的实验结束后，对志愿者的身体检查显示，他的血压大幅升高，心跳明显加快，身体呈现出明显的应激反应。而在心理层面，尽管难以在短期内精确衡量其受到的深层次伤害，但从他的行为表现可以明显看出，短暂的孤独体验已使其认知出现偏差，对现实的感知变得模糊，精神也极度疲惫和脆弱。

这一实验深刻地揭示了孤独对人类身心的巨大冲击，警示着我们认识到人际交往对于维持身心健康的重要性。孤独绝不仅仅是一种心理感受，更会在生理层面留下深刻的印记。

四、大学生人际交往的特点

大学生活是一种完全不同于任何其他时期的生活，大学生每天穿梭于教室、宿舍、食堂、图书馆之间，其中既充满了学习的紧张、枯燥和艰辛，同时也充满了生活的自由、浪漫和丰富多彩。大学生处于这种特殊的生活环境下，其人际交往也具有鲜明的特点，主要包括以下四点：交往主体的局限性和交往范围的狭窄性、交往要求的迫切性和交往行为的被动性、交往愿望的单纯性和交往动机的复杂化、与异性交往愿望的强烈性和交往的拘谨性。

第二节　大学生人际交往的类型及影响因素

大学生是社会当中一个比较特殊的群体，大学生的生理和心理特点及所处的环境限制了他们的交往范围和交往对象，这在某种程度上决定了人际交往的类型和特点，也细化了影响大学生人际交往的因素。

一、大学生人际交往的类型

（一）按照交往对象的特征进行分类

1. 业缘型

大学生在校园中最基本的活动是学习。因此，围绕学习活动，在学习过程中产生的人际交往形成了大学生中最基本的人际关系。这种人际交往中包含了学生与各位讲授课程的老师之间形成的师生交往，共同学习的同学之间形成的同窗交往，还有学生与学校各职能部门工作人员产生的业务交往等。其中，师生交往最为重要，师生交往是大学生人际交往中的重要内容，师生关系如何，直接影响到大学生能否健康成长。

2. 地域型

大学生来自五湖四海，其中一些学生会因为生活的地理位置接近而交往意愿增强，交往频率提高，建立相对密切的人际关系。"老乡会"成为大学校园里一道独特的风景，它是由来自同一地区的学生组成的，不分专业和年级，一般以省或市为界，老乡会是同乡之间维系感情的重要载体。因为老乡之间有更多的相似点，更多的共同话题，所以更具有亲切感，更容易形成一种亲密的关系。此外，同一宿舍或相邻宿舍的舍友，相互之间也会因为地理位置接近而形成密友关系。虽然性格、爱好、家庭背景等不尽相同，但因为频繁的接触而建立起亲密关系，在大学宿舍中以兄弟姐妹排行相称、结伴而行、一起活动是非常常见的现象。

3. 投缘型

大学生活中经常会有来自不同专业、不同年级、不同地域，甚至是不同院校的学生因为具有相似的性格、共同的兴趣和爱好或奋斗目标而意气相投，结成亲密的朋友关系。比如，大学中有各类如英语口语、舞蹈、科技等社团和协会，也有因考级和考证等共同目标聚在一起共同学习的团体。由于具有相似的性格或共同的爱好和目标，大家的观点、意见和态度彼此认同，彼此产生好感，彼此之间建立起亲密的挚友关系，这也是大学生中比较常见的一种交往类型。

4. 情感型

大学生处于生理成熟和心理趋于成熟的特殊阶段，远离亲人和熟悉的环境，会感到孤独、焦虑和恐惧，需要在情感上得到关怀和慰藉；需要在遇到困扰和痛苦时有人可以倾诉，在喜悦时有人可以分享；需要得到关心、支持和尊重。除此之外，这个阶段的大学生也产生了与异性建立亲密关系的渴望和需要。因此，大学生会与在情感上能够吸引和满足他的人形成亲密的人际关系。

（二）按照交往产生原因进行分类

1. 新生型

大一新生刚刚进入大学学习，周围是陌生的人群和环境，从原来的与家人一起生活改变为独立的群体生活，尽管可以通过先进的通信手段与家人保持联系，但与家庭生活的联系大大减弱，会造成亲情的缺乏，急需有新的情感来弥补，而大学生人际交往过程中产生的情感恰恰可以实现这个功能。此外，刚刚进入新的环境，大学新生充满了好奇，对于周围的人和环境的探索欲望增强，也推动大学新生积极与他人进行人际交往。这个阶段是大学生人际交往频率最高、最活跃的时期。

2. 成长型

随着对大学生活的逐渐熟悉和适应，大学生的生理、心理、思想都逐步更加成熟，在人际交往上已不满足于情感需求，对于了解社会、熟悉社会、适应社会的需求愈发强烈，希望在人际交往中互相学习，逐渐成长和成熟。这个阶段的人际交往除了情感需求外还趋于功利化，更关注于社会价值的获得和社会能力的培养。这个阶段是大学生人际交往的转型期。

3. 毕业型

大学生进入大学高年级阶段，面临升学和就业问题，除了加强知识和能力的学习和培养外，更加关注于选择职业和推销自己，压力增大。这个阶段的人际交往多围绕在如何顺利毕业以及找到满意的工作方面，交往的对象倾向于各个招聘单位，人际交往的功利性和现实性增强，交往对象趋于复杂化，交往的目的更具针对性。

二、影响大学生人际交往的因素

（一）接近性与熟悉度

在日常生活中，人们的交往经常是从身边的人开始的，距离接近有利于人们之间的交流和沟通，自然空间距离近的人彼此之间存在相对较大的交往可能性，并在其中选择交往或合作的伙伴。我们经常接触和交往最多的人往往会成为我们的朋友，比如邻居、室友等。心理学研究结果表明，熟悉引起喜欢，喜欢有助于人际交往进一步发展。大学生进入大学后，最初的人际交往都是从室友、老乡、同班同学开始的。室友由于安排在一个房间里，彼此的熟悉程度显然高于非本宿舍成员，大学生最好的朋友往往都在同一宿舍；而老乡由于地域关系，在陌生的环境里会产生心理上的亲近感，也成为经常交往的对象。

（二）相似性

相似是人际交往中双向吸引的重要因素，人们一般会喜欢那些在态度、价值观、兴趣、背景、个性等方面与自己相似的人，交往双方的相似性在人际交往中有着重要的意义，如兴趣爱好相似的球迷因为一场球的品评成为知音；喜欢打扮的人，周围的朋友也大都热衷于追求时尚。有相近职位、地位的人会更容易成为朋友。经调查研究，在挑选婚姻伴侣时，如果男女双方在年龄、家庭背景、受教育程度、智力水平、外貌、价值观等方面相似或相当，也就是俗语说的"门当户对"，更容易互相吸引，结成的婚姻关系更加稳定、和谐，持续的时间也更加长久。

（三）互补性

人在寻找人际交往对象时，往往都有寻求能够弥补自己不足的朋友的倾向，从而使交往双方共同形成完整人格的一种心理。因为当交往双方能够满足彼此的需要和期望时，就会增加吸引力。比如，依赖性强的人愿意与独立性强的人交朋友；急性子往往愿意与个性较稳重、有较强容忍力的人做朋友；遇事犹豫不决的人希望能有一个处事果断的朋友替他出谋划策。大学生如果选择与性格互补的人交往，可以使交往的层次更丰富，对于认识世界、开拓处理问题的思路更有益处。

（四）互好性

一般来说，如果对方对我们热情、友善，我们也愿意接纳对方。所以对方是否欣赏我们，也是决定我们是否欣赏对方的一个重要因素。科学研究表明，人们在人际交往中往往喜欢那些对自己有好感、做出积极评价的人，而厌烦对自己做出消极评价的人。当然也有个别自尊心水平较低的人会认为他人对自己的友好行为只是表面现象、虚假行为，相应地也不会做出良好反应。

（五）外表吸引

在交往的过程中，特别是初次接触时，人们往往更容易注意到的是他人的外表。一个人的相貌、着装、风度等外在因素起着重要作用。在其他条件相同的情况下，那些相貌漂亮、有气质、风度翩翩的人更容易被人接纳，使人产生与之交往的愿望和行为。这也是人们在人际交往中特别注意第一印象的原因。但随着交往时间越长，外表因素的作用越来越小，人的内在品质的作用越来越大。

◎ 心理知识

美国心理学家奥斯特夫和赛格尔做过一个有趣的实验。他们制作了模拟犯罪案卷让一些人来阅读，这些案卷的封面上贴有罪犯的照片，其中有相貌漂亮的，也有丑陋的。当人们阅读了案卷后，根据要求对案犯进行判决，结果发现长得丑陋的罪犯大多数被判得较重，而长得漂亮的罪犯则被判得较轻。

（六）能力吸引

在其他条件相同的情况下，一个人能力越强，往往就越容易被人喜欢。在一定范围内，能力与被人喜欢的程度成正比，比如说，学习成绩好的人容易成为大家的交往对象。不过，虽然能力与被人喜欢的程度在一定范围内成正比，但近乎完美的人往往使人倍感压力，反而让人产生距离感。通常来说，能力出众又有一点小缺点或小过失的人往往更具吸引力。在现实中，我们往往有所感触，越是各方面都出类拔萃的学生，反而同学们不愿或不敢与之亲近，对他敬而远之。

（七）人格吸引

具有持久吸引力的人是那些具有优秀品质的人。美国心理学家安德森在1968年做了一项调查：他收集了555个用于描述品质的形容词，让大学生评价对于这些品质的喜欢程度。结果，其中最受人喜欢的六个品质分别是：真诚、诚实、忠诚、真实、可信、可依赖，最让人讨厌的品质是虚伪和说谎。可见一个人的人格因素在人际交往中起到非常重要的作用，一个人的优秀品质越多，其受他人欢迎的程度越高。

（八）心理效应

社会心理学研究表明，在人际交往中有一些非常有趣的心理效应。科学地利用或者避免人际交往中的心理效应，对大学生进行有效的交往具有重要的指导意义。

1. 首因效应

首因效应是指在人际交往中第一印象形成的心理效果。在人际交往中，第一印象会在相当长的时间里一直影响人们对交往对象的评价和看法。人们往往对第一次见面时的印象，如对方的容貌、表情、身材等因素记忆深刻，而对后来接触到的因素不太注意甚至忽略。

如果第一印象良好，在以后的交往中总倾向于从积极的方向去理解对方；反之，则容易形成偏见，从消极的方向去看待对方。例如，在恋爱交往中，双方见面时如果第一印象良好，之后能够继续交往的可能性就大大增加。不过，第一印象往往是建立在外表印象基础上的，并不一定是真实可靠的。首因效应往往在人际交往的初期起重要作用。

> 心理知识

洛钦斯的实验

美国心理学家洛钦斯（A.S.Lochins）编写了两段文字材料来描述一个叫吉姆的学生。第一段文字将吉姆描写成一个热情、外向的人，比如"吉姆去买文具，和售货员热情地打招呼，还和旁边的人聊天，帮助迷路的小孩找妈妈等"；第二段文字则把吉姆描述成一个冷淡、内向的人，如"吉姆独自坐在角落里看书，很少和别人说话，对周围的热闹场景也不感兴趣"。然后，他将这两段材料进行不同的组合并分别让四组被试者阅读。第一组被试者先阅读描写吉姆热情、外向的材料，后阅读描写他冷淡、内向的材料；第二组被试者阅读顺序相反；第三组被试者只阅读描写吉姆热情、外向的材料；第四组被试者只阅读描写吉姆冷淡、内向的材料。读完后，让被试者评价吉姆是一个怎样的人。

结果显示，第一组被试者中有78%的人认为吉姆是友好、外向的；第二组被试者中只有18%的人认为吉姆是友好、外向的；第三组被试者全部认为吉姆是友好、外向的；第四组被试者全部认为吉姆是冷淡、内向的。这表明先呈现的信息对被试者的评价产生了关键影响，验证了首因效应，即第一印象在人们的认知过程中占据重要地位，后续信息很难改变最初形成的印象。

2. 近因效应

近因效应是指在人际交往中近期印象形成的心理效果。在人际交往中，人们往往对最近获得的印象记得清晰、深刻，会冲淡和破坏过去一直存在的印象。当同一个人的两段信息被连续感知时，人们会对前一段信息印象更深刻，也更倾向于相信；但当同一个人的两段信息被间断感知时，人们往往会更关注于后一段信息，这段信息有冲淡和破坏之前信息的作用。前者就是我们之前提到的首因效应，后者就是近因效应。

首因效应与近因效应不是对立的，而是一个问题的两个方面。在大学生的人际交往中，第一印象固然重要，但最后的印象也是不可忽视的。在对陌生人的认知中，首因效应比较明显；而在对熟识的人的认知中，近因效应比较明显。

3. 光环效应

光环效应又叫晕轮效应，指的是在人际交往中，人们常将对方所具有的某个特性泛化到其他方面的一系列特性上，从局部信息推论形成一个完整印象，做出全面结论的心理现象。

光环效应往往会影响到人们的相互交往，当你认为对方某个方面优秀时，就会觉得他处处顺眼，所有方面都非常优秀，"爱屋及乌"，甚至对他的缺点和错误也会觉得可爱；当你认为某人有缺陷时，就会觉得他处处不顺眼，对其优点与成绩也视而不见。光环效应容易产生以偏概全的结果，以个别特征代替全部特征，主观地歪曲了交往对象的形象，对人做出不公正评价，这在人际交往中是比较常见的。我们在人际交往中要特别注意，尽量避免光环效应带来的负面影响。

4. 投射作用

投射作用是指在人际交往中，在形成对别人的印象时总是假设他人与自己有相同的倾向、态度和体验等，把自己的某些心理特性加在他人身上。"以小人之心，度君子之腹"就是这种投射作用的写照。在大学生中这种作用普遍存在，如当一个男生喜欢某个女生时，觉得对方的一笑一颦都在对自己发出爱的信号；在寝室交往中，有的同学对别人有偏见，在生活中也会觉得对方处处都针对他。这种以己度人、主观想象容易造成人际交往中的误会和矛盾。

5. 刻板印象

刻板印象是指人们对于某一类事物或人物形成一种比较固定、概括和笼统的看法，并认为所有这类事物或人物都具有这些特性。比如，对于英国人的普遍看法是传统、具有绅士风度；又如，认为北方人高大威猛、豪爽大方；再如，某些农村来的同学认为城市里的同学见多识广，但狡猾、虚伪，某些城市里来的同学则认为农村来的同学孤陋寡闻，但忠厚、老实等。一旦形成了刻板印象就会忽略个体的真实表现，容易形成交往中的偏见和误解。这类心理现象常常是许多人在不知不觉中产生的，会对人际交往带来不同程度的影响。

6. 定势效应

定势效应是指人们在认知活动中用已有的知识和经验来看当前事物的一种心理倾向。在交往中，定势效应常导致人们对他人的认知固定化。比如，某些人与老年人交往，往往会认为他们思想僵化、墨守成规、过时落伍；与年轻人交往，又会认为他们"嘴上无毛，办事不牢"；与男性交往，往往会觉得他们粗手粗脚、大大咧咧；与女性交往，则会觉得她们柔柔弱弱、心细如针。

心理知识

社会知觉实验

实验者向两组被试者展示同一个人的照片。对第一组被试者，实验者事先告知这个人是一个罪犯；对第二组被试者，告知这个人是一位著名的学者。

然后让两组被试者分别描述照片上的人的外貌、性格等特征。第一组被试者大多使用了"凶狠""狡猾"等带有负面色彩的词汇来描述；第二组被试者则更多地使用"睿智""儒雅"等带有正面色彩的词汇来描述。

这个实验说明被试者之前获得的关于"罪犯"或"学者"的认知定势影响了他们对照片中人物的判断。在人际交往中，我们对他人所属群体的认知定势会影响我们对他人的认知和评价。

心理自测

交友能力测试

在现代生活中，交朋友成了一项越来越重要的活动。事实上，善于交朋结友的人不仅生活过得快乐自在，而且事业上也容易获得成功。那么你的交友能力怎样？下面一组自测题可以帮助你了解个大概。请实事求是地回答每一个问题，如果你的回答是肯定的，就在题号前打"√"，如果回答是否定的，就不要做任何记号。

（1）除了父母、配偶及兄弟姐妹，你是否还有一个可以互诉衷肠的知心人？
（2）你有两个以上交往多年的老朋友吗？
（3）你有至少一个称得上知己的异性朋友吗？
（4）除了同龄人，你是否还有一些忘年交？
（5）当你遇到意外事故时，你是否能轻而易举地找到一个朋友帮助你解难？
（6）你是否每周至少去一次朋友家坐坐？
（7）遇到节假日，你常会想念朋友吗？
（8）朋友邀你去玩时，在一般情况下，你是否会找到诸如"最近我太忙"之类的借口婉言谢绝？
（9）朋友遇到困难（如生病、搬家等）时，你是否会主动去表示关心？
（10）你是否经常用打电话或写信的方法，同远方朋友保持较为紧密的关系？
（11）每过一段时间，你是否会增加新朋友？
（12）你交友的目的是为使自己获得某种"方便"，还是纯粹为了赢得友谊和感情？
（13）你正忙时恰遇朋友来访，这时你仍会热情接待吗？
（14）除了赠送礼品，你还有其他增进友谊的办法吗？
（15）当你遇到不幸或感到寂寞时，你会走出家门向朋友诉苦或发牢骚吗？

计分与评定：

一个"√"计1分，累计总分达到13分及以上，那就说明你有很强的交友能力；总分为9~12分，说明你有较好的交友能力；6~8分，意味着你尚能维持与朋友的友谊；总分为5分及以下，那就意味着你的交友能力很差。人的心理是动态的，随着时间、地点、条件而转移，而且受到心境的制约，愉快的心境和不愉快的心境都会影响对事物的判断。因此，自测的结果只能作为参考。人贵有自知之明，自测的目的不是下定论，而是帮助你认识自己，发现自己在人际交往中的长处与短处，并据以发扬优点，逐渐完善自己。

第三节　大学生人际交往原则及技巧

俗话说,"没有规矩,不成方圆"。在大学生人际交往的过程中也要遵循一定的原则,掌握一些技巧,才能使交往积极、顺畅地进行下去,形成良好的人际关系。

一、大学生建立良好的人际交往的基础

(一) 个性品质

良好人际关系的建立需要良好基本素质作为基础,个性品质是其中之一,它主要包括以下六个方面。

1. 真诚

"人之相知,贵相知心。"真诚能使交往双方心心相印,彼此肝胆相照,真诚的人能使友谊地久天长。

2. 信任

美国哲学家和诗人爱默生说过:"你信任人,人才对你忠诚。"在人际交往中,信任就是要相信他人的真诚,从积极的角度去理解他人的动机和言行,而不是胡乱猜疑,相互设防。信任他人必须真心实意,而不是口是心非。

3. 克制

与人相处,难免发生摩擦冲突,克制往往会起到"化干戈为玉帛"的效果。克制是以团结为重,以大局为重,即使是在自己的自尊与利益受到损害时也是如此。但克制并不是无条件的,应有理、有利、有节,如果是为一时苟安,忍气吞声,任凭他人无端攻击、指责,则是怯懦的表现,而不是正确的交往态度。

4. 自信

俗话说:"自爱才有他爱,自尊而后有他尊。"自信也是如此,在人际交往中,自信的人总是不卑不亢、落落大方、谈吐从容,而绝非孤芳自赏、盲目清高。自信的人对自己的不足有所认识,善于听从别人的劝告并接受帮助,勇于改正自己的错误。

5. 热情

在人际交往中,热情能给人以温暖,能促进人的相互理解,能融化冷漠的心灵。因此,待人热情是沟通人的情感,促进人际交往的重要心理品质。

6. 豁达

豁达,是人际关系能顺利开展、维持和发展的润滑剂和催化剂。豁达的人心胸宽广,对人对事总是宽容大度。豁达的人知道人无完人,对他人的过错坦然一笑,总是给人宁静、放松、安然的感觉,让人不由自主地想靠近他。

(二) 人际魅力

人际魅力是人际交往中最具有聚集力的一种能力,主要表现在以下几个方面。

1. 仪表魅力

仪表首先体现在外貌的美丑,也包括人的穿着、体态、风度等因素,他们对人际吸引力

都有影响。风度是一个人的先天素质和后天文化教养相结合在言谈举止中的表露。大学生的风度应当体现为谈吐儒雅、举止得体、言行有礼有节等。

2. 态度魅力

大学生要使自己在人际交往中具有魅力，就应拥有真诚、信任、克制、自信、热情、没有偏见等态度。

3. 才能魅力

大学生的主要职责是学习和增长才能，因此大学生应当有过硬的专业知识本领，要不断地学习和掌握本专业的新知识、新信息，逐步成为该领域的专家；要学会含蓄，适当地展示自己的才华；要谦虚谨慎，不恃才傲物，形成"学然后知不足"的良好学风。

4. 性格魅力

大学生要形成尊重他人、关心他人、富于同情心、热爱班集体活动、做事认真负责、忠厚老实、热情开朗、待人真诚的性格特点，培养受欢迎的个性。

二、大学生人际交往的基本原则

（一）平等原则

每个人在人格上都是平等的。平等是建立良好人际关系的前提，也是人际交往中最基本的原则。大学生来自祖国的五湖四海，虽然家庭背景、经济状况、个人能力不同，但在人格上都是平等的，无高低贵贱之分。大学生之间良好的人际交往应该建立在真诚、平等的基础上，不要把自己的想法强加于他人，更不能趾高气扬、盛气凌人。只有平等相处，将心比心，不戴着有色眼镜去对待他人，才能达到相互间的共情，获得他人的尊重和理解，人际交往才能协调和融洽。

（二）真诚原则

真诚是所有道德品质中最受喜爱的一种，它是人们进行人际交往的基本要求，是人与人之间建立信任关系的基础。真诚原则也是大学生在人际交往中最重要的原则。对于别人的优点要真诚地、发自内心地赞美，对于别人的困难要尽心尽力地给予帮助。只有在交往中以诚相待，无论说话、做事都发自真心，用真情去打动别人，才能赢得别人的信任，建立深厚的友谊。

（三）宽容原则

宽容是指在人际交往中宽以待人、求同求异，能够容忍他人的过失和不足。宽容并不是无原则地接受一切，而是在非原则性的问题上不斤斤计较。宽容是维系良好人际关系的纽带，也是增强人际吸引力的要素。大学生正处于血气方刚的年龄，又处于集体生活中，每个人的性格、习惯、爱好和生活方式都存在或多或少的差异，只有胸襟宽广，容忍差异和他人的缺点，才能与他人顺利交往。特别是在寝室中的人际交往，更要学会谦让大度，克制忍让。宽容他人也是对自己的能力有信心、心理成熟的表现。

（四）诚信原则

诚信是指在人际交往中诚实、不欺骗、讲信用、遵守诺言。诚信是交往的潜在力量，显示了个体的自重和内心的安全感，是人与人之间相互信赖的前提和基础。诚信有助于构建和谐轻松的人际关系。大学生都愿意与诚实守信的人交往，不会担心被欺骗和出卖。一个不讲信用的人很难获得别人的信任和认可，很难得到真正的友谊，也很难建立良好的人际关系。

（五）互利原则

人与人之间的交往本质上是一种社会交换行为，这不同于简单的物质交换，而是涉及精神、情感等方面的交换。在交往过程中应当能够满足双方的需要，达到共利、共赢的目的。只有双方在交往过程中都能够满足需要，才能保持良好的互动。在交往中，彼此关心、相互帮扶、相互爱护是互利原则的根本体现，单方面的付出、索取，或是想少付出、多回报，都不会得到良好、稳定的人际关系。

（六）适度原则

适度原则是指在人际交往中要把握好言行举止的尺度和交往的广度。每个人都有各自的性格特征，有相似性也有特殊性，需要找到自己与他人交往的适当距离，距离过近或过远都会让彼此感觉不舒服。适当的距离可以既满足人与人之间沟通、交流的需要，又能保持相对的自我独立空间，让双方都觉得温暖、舒服、放松。此外，大学生还要注意交往的广度，交际范围不宜太广，交际范围太广容易分散精力，影响学习。毕竟大学生的主要任务是学习，不能舍本逐末。

心理知识

关于宿舍关系的建议

1. 协商作息时间

进入大学后，就开始了群居生活方式，宿舍不同于自己家，宿舍成员要尽可能统一起居时间。如果有的同学喜欢熬夜，注意在熄灯后尽量减少动作，不要发出声响，可以自己戴着耳机听听英语和音乐；如果有个别同学不考虑他人的情况，为所欲为，寝室长要代表其他同学直接向他提出建议，要尽量单独交流，避免当众发生冲突。

2. 卫生分工明确

没有规矩，不成方圆。寝室长要安排好值日表，并将责任落实到人。如果谁违反或忘记值日，就要接受一定的惩罚；如果谁多承担值日工作，就要进行奖励。

3. 理智控制矛盾

俗话说"远亲不如近邻"，要尽量避免口舌之争，每个人都有自己的世界观和价值观，不要要求他人看待问题的角度与你一致，可以多听听旁观者的意见。

4. 尊重他人的隐私

尊重别人就是尊重自己。

5. 善待他人

不取笑别人的缺点或身体缺陷，在他人有困难时真诚相助。

6. 宽以待人

不要斤斤计较，宽容会使你更快乐。

7. 及时化解矛盾

不要让小矛盾升级成大冲突，有困扰时及时向亲人、老师和朋友求助，听听他们的意见和建议。

三、大学生人际交往的技巧

人际交往是一种能力，也是一门艺术。大学生需要恰当地运用一定的交往技巧，并通过学习和练习提高沟通能力，维系良好的人际关系。

（一）重视第一印象

前文中提到，在与陌生人初次交往时，首因效应影响深远。如果在首次交往中给对方留下诚恳、热情、大方的印象，双方进一步的交往就有了良好的基础；相反，如果在首次交往中就留下虚伪、冷漠、呆板的印象，对方就会敬而远之。因此，加强自身的修养，重视交往中的第一印象十分重要。

（二）寻找共同话题

共同感兴趣的事可以使交往双方产生共鸣。要使交往顺利进行，选择话题很重要。最好是事先了解对方的兴趣与爱好，或者个人经历，交谈一些有共同语言的话题。这样能打破谈话的僵局，拉近双方的交往距离，双方的感情自然会融洽起来，为今后的交往打下良好的基础。

（三）面带微笑

俗话说"伸手不打笑脸人"，微笑有强大的感染力。在人际交往中，真诚、友善的微笑往往会给人留下深刻、美好的印象。微笑能给人以温暖的感觉，让对方感受到你的友好和真诚，也给予对方轻松、愉快的体验。人们普遍愿意与满面笑容的人交往，而不愿意与一个整天板着脸孔的人在一起。

（四）讲究语言艺术

讲究语言艺术是人际交往的重要内容。要注意正确地运用语言，学会用清晰、准确、简练、生动的语言表达自己的思想，妥善地运用赞扬和批评。赞扬他人时要选准角度、恰如其分，态度要真诚；批评他人时要婉转温和，不要挫伤他人的自尊心。力求使语言有幽默感。幽默的语言可以缓解尴尬的气氛，化解没有恶意的冲突。

（五）用心倾听

耐心、虚心地倾听他人的讲话也是一项重要的交往艺术。倾听是人际交往的法宝，当对方讲话时要精神集中、表情专注，要不时地与对方进行目光交流，同时用点头、微笑等动作表示赞同。可以适当发问，对方会感觉你对他的话听得很认真，但不要随意打断别人的谈话。要注意对方表达的情绪，同样的一句话会因为使用的语气、语调、肢体语言等不同而表达出不同的情绪。非语言信息比语言更能反映出一个人内心的真实情感和意图，要学会用心来进行倾听。

（六）选择适当交往距离

交往的距离过近或过远都会影响人际关系的质量，相距太远会使对方感到冷漠，相距太近又会使对方感到没有自我空间。因此在交往的过程中，把握彼此关系的现状以及对方的性格特征等要素，再在此基础上选择适当的交往距离，这也是交往的一种艺术。

🔴 心理知识

刺猬法则

所谓"刺猬法则",是说为了研究刺猬在寒冷冬天的生活习性,生物学家做了一个实验:把十几只刺猬放到户外的空地上,这些刺猬被冻得浑身发抖,为了取暖,它们只好紧紧地靠在一起,而相互靠拢后,又因为忍受不了彼此身上的长刺,很快就各自分开。可天气实在太冷了,它们又靠在一起取暖。然而,靠在一起时的刺痛使它们不得不再度分开。挨得太近,身上会被刺痛;离得太远,又冻得难受。就这样反反复复地分了又聚,聚了又分,不断地在受冻与受刺之间挣扎。最后,刺猬们终于找到了一个适中的距离,既可以相互取暖,又不至于被彼此刺伤。

刺猬法则强调的就是人际交往中的心理距离。这个法则提醒我们,社会生活中的每个人都需要有个人空间,交往过程中,要保持适当的人际距离。

（七）记住对方的名字

记住对方的名字,说明对方在你心目中是有分量的、有地位的,会让对方获得成就感和满足感。在与对方初期交往时,能够记住对方的名字,会拉近双方之间的距离,增加双方之间的亲切感。记住对方的名字,是对他人的一种变相的赞美和肯定。

（八）主动问候对方

有些大学生在人际交往中,尤其是在与陌生人进行交往时往往受到自卑心理和羞怯心理的影响,怕自己主动交往却得不到对方的认可和回应,总是畏首畏尾,不愿主动示好。要知道,主动问候对方是一块试金石,如果对方也有交往的意愿就会积极地回应,使你得到肯定和满足。即使对方反应冷淡,你也可以从中获得反馈,重新审视与其交往的程度和方式。无论结果如何,你都不会有所损失。若要正常和成功地与人交往,就必须努力克服上述的交往心理障碍。

（九）换位思考

换位思考对建立良好的人际关系具有重要的指导作用。在处理交往中产生的问题时,我们应该经常自问:"如果我处在他的位置上,我会怎样处理?"经常站在对方的角度去理解和处理问题,就会有不同的认知和结果。"己所不欲,勿施于人"说的也是这个道理,得到朋友的最好办法是使自己成为别人的朋友,而不是一味地要求他人按照自己的方式思考和处理问题。要懂得,与朋友相处时应求大同、存小异。

🔴 心理故事

关于眼睛颜色的实验

有一位美国的小学教师对她的学生做了这样一个实验,她把她的学生按眼睛的颜色分成两个组:棕色一组,蓝色一组。她向学生们宣布,棕色眼睛的学生比蓝色眼睛的学生聪明。于是,上课时她便故意诱导棕色眼睛的学生形成自信、傲慢的态度和对蓝色眼睛学生的挑剔和鄙视。结果,棕色眼睛的学生个个洋洋得意,自觉高人一头,而蓝色眼睛的学生因备受嘲笑和挑剔，自尊心受到伤害而显得焦虑、痛苦，在举止上好像低人一等。一周后，当学生们还带着上周形成的态度时，女教师突然宣布："上周我搞错了，实际上恰恰相反，蓝色眼睛的学生才更优秀、更聪明！"于是，棕色眼睛的学生们本来的得意之情一下子转为失望和懊丧，而蓝色眼睛的学生也由垂头丧气变得兴奋而自得。不同的是，这一次蓝色眼睛的学生已经不像上周棕色眼睛的学生那样刻薄地对待对方了，因为他们有了受人歧视的体会，知道歧视他人会使他人在心灵上产生痛苦的感受。

最后，女教师告诉学生们，这一切只不过是一场游戏，仅凭眼睛的颜色怎么能够判断一个人是聪明还是愚蠢，是"上等"还是"下等"呢？学生们知道真相后，回顾整件事的经过，从角色互换中体会到一个十分简单的道理——受人歧视是痛苦的，耻笑他人是荒唐的，也懂得了要理解他人、要以正确的态度与人友好交往。

（十）乐于助人

要从帮助别人中获得乐趣，对人提供真诚的热情帮助。当别人有困难时竭尽所能地帮助他人，有力出力，有钱出钱，有物出物，出谋划策，别人同样也会投桃报李。"雪中送炭"会使人际关系更融洽，友谊长存。

● 心理实践

游戏：初相识

所有学生分成两排，依次报号，号码相同的为初相识的朋友，有30分钟时间自由交谈，相互了解，可自选地点。

30分钟之后，回答以下问题：

1. 谈话时间与停顿时间的比例大约为_____。
2. 你感到30分钟时间_____。
   A. 太短　　　　　　B. 不长不短　　　　　　C. 太长
3. 你感到交谈的气氛_____。
   A. 轻松自在　　　　B. 有点紧张　　　　　　C. 很难受，希望早点结束
4. 你认为你们的交流_____。
   A. 成功　　　　　　B. 不成功　　　　　　　C. 还可以
5. 通过30分钟的交流，你认为对对方_____。
   A. 了解了很多　　　B. 有一点了解　　　　　C. 一点不了解
6. 随着时间的推移，你们的交谈_____。
   A. 步步深入　　　　B. 没有深入　　　　　　C. 简单深入
7. 除了谈话，你还通过什么方式了解对方？_____。
   A. 表情　　　　　　B. 动作　　　　　　　　C. 其他

讨论：初次相识，交流从何入手？怎样才能使交流步步深入？

练习框架：

1. 寻找自我介绍中的共同点。
2. 寻找共同经历。
3. 寻找思想与感受的共同点。
4. 可以与初相识的朋友拥有一个共同的秘密吗？

● 心理自测

处世能力测试

你想检验自己的处世能力吗?如果想,那就请实事求是回答以下测试题,对照评定结果,看看结果如何。

1. 当你埋头赶着做一件事时,一个朋友上门来找你倾诉苦闷,你怎么办?

A. 放下手中的工作,耐心倾听

B. 显得很不耐烦

C. 似听非听,还在想自己的事

D. 向他解释,另约时间

2. 在公共汽车上,你无意踩了别人一脚,别人对你骂个不停,你怎么办?

A. 充耳不闻,任其去骂

B. 同他对骂

C. 推说别人先挤你

D. 请他原谅,同时提醒他骂人不对

3. 在电影院里,你的邻座旁若无人地讲话,你感到厌烦,你怎么办?

A. 希望别人会向这个人提意见

B. 大声指责他

C. 叫来服务员干涉他

D. 有礼貌地请对方别讲话

4. 家中有急事,领导不了解情况,要你加班,你怎么办?

A. 去加班,心中却在埋怨

B. 拒绝加班,言语生硬

C. 推说有病不能加班

D. 同领导商量能否不加班,的确需要加班,就服从安排

5. 你辛苦了好几天,自以为某项工作做得不错,不料领导却批评了你,你怎么办?

A. 满腔委屈,但不作声

B. 拂袖而去,不受委屈

C. 把责任归于客观原因

D. 注意自己做得不够好的地方,以后加以改正

计分与评定:

若多选择 A,说明自制力较强,但胆小怕事,注重明哲保身,不够直爽,欠缺原则性。

若多选择 B,说明自制力很强,虽直爽,但不善于待人接物。

若多选择 C,说明虽灵活,但为人不够真诚、坦率。

若多选择 D,说明既有较强的自制力,积极向上,又为人真诚、坦率。

检测结果仅供参考。

第四节　大学生人际关系障碍及调适

每个大学生都希望自己被他人接纳、被他人喜欢,拥有良好的人际关系,但现实中往往会出现困扰和冲突,无法顺利解决,令人困惑和苦恼。这往往是由于在人际交往中存在一

些不健康的心理和行为，阻碍了人际交往的顺利进行和发展。想要建立和谐、良好的人际关系，就要了解人际关系障碍形成的原因，并对其进行合理调适。

一、社交恐惧心理

（一）社交恐惧心理的表现和成因

社交恐惧是人在面对新的环境，接触陌生人群时产生的具有不安和恐怖色彩的情绪反应，个体常会莫名其妙地感到紧张、害羞、脸红，甚至手足无措、语无伦次，严重时会逃避见人。如果这种情况仅表现在面对异性的时候，称为异性恐惧。

社交恐惧心理的形成通常是由于三种原因。第一种是由于个体的个性气质决定的，这类人天性内向、羞怯、谨小慎微、瞻前顾后，对于自己的言行和举止过于敏感，怕在他人面前出丑，结果越是担心，就越是无法控制自己的行为，造成异常紧张。第二种是由于在以往的交往中有过失败的经验，使自尊心受到强烈的挫伤，再遇到类似的情况和情境时，失败经验不由自主地涌入脑海，引起莫名的恐慌。第三种是由于自我认知出现偏差，对自己没有自信，在交往过程中过于纠结于自身形象，害怕别人发现自己的弱点，而形成一种自我保护意识的心理压力，缺乏交往的主动性。

（二）社交恐惧心理的调适

社交恐惧是一种因过度紧张而造成的不良心理状态。它对大学生的身心健康、生活质量都会产生巨大的影响。克服社交恐惧，可以通过不断练习来实现。

（1）要积极参与人际交往活动，增强人际交往意识和自觉性。有社交恐惧的大学生往往逃避与他人交往，越是逃避，恐惧心理就越强烈。要主动参与社交活动，正确看待人际交往中出现的嘲笑、冷淡、挫折等，只有在积极的人际交往中汲取经验，掌握交往技能，才能增强自己的社交能力。

（2）分析产生恐惧的根源，增强心理承受能力，锻炼应激能力，改变个性中不利于人际交往的品质。一旦确定了产生恐惧的原因，就可以对症下药，针对这些情况可以适当做些准备，如在交往时自己应该说什么、可能会出现哪些情况、自己该如何应对这些情况等，也可以适当做些放松训练。

（3）正确认知自我，增强自信。在人际交往过程中，常常会出现失误、遭到别人拒绝，甚至是被嘲笑、讥讽等情况。关键在于如何看待这些现象，不要觉得出现这样的情况就会丢人现眼，要明白这些都是应当面对的现象，不要过于担心和恐惧。没有人是十全十美的，不要对自己要求过高，希望自己的表现让人无可挑剔。

二、社交自负心理

（一）社交自负心理的表现和成因

具有社交自负心理的人不能客观地认识自己和他人，过高地评价自己，自命不凡。有些大学生在人际交往中往往以自我为中心，盲目地坚持自己的意见，不愿接受别人的建议，总喜欢将自己的意志强加到别人身上，以自己的态度作为他人态度的"标准"，甚至抬高自己，贬低别人。自负心理并不是天生形成的，而是在后天的身心发展过程中受到周围环境的影响而形成的，比如家长过于溺爱，家庭环境优越，或是在某一方面具有特长，经常被他人夸赞等。这种不良心理严重影响正常人际交往。

（二）社交自负心理的调适

（1）正确评价自己。每个人都不是十全十美的，既要看到自己的长处，也要看到自己的短处，要学会全面地、客观地评价自己。多听取他人的评价和反馈，避免过高评价自己，造成"自命清高""孤芳自赏"的情况。

（2）正确评价他人。每个人都有自己的特长和弱项，要学会用一种客观、谦虚的态度看待他人，学会发现他人的优点和长处，多与他人交流，尊重他人，取长补短。

（3）学会尊重他人。在人际交往中要多尊重他人，顾及他人的感受，而不是只考虑自己的需求和想法，学会从他人的角度考虑问题，尽量满足双方需求。

三、社交自卑心理

（一）社交自卑心理的表现和成因

社交自卑是指在人际交往过程中个人由于生理或心理缺陷而感到羞愧和畏缩；缺乏自信，感觉别人看不起自己；常常对自己的能力、品质等做出偏低的评价，认为自己低人一等而悲观失望。这类人感情脆弱、多愁善感，不能及时摆脱失败和挫折带来的打击。究其原因，往往是由于自身的身体存在缺陷或是失败和挫折的次数多，害怕遭到别人的嘲笑和讥讽，同时也对自己失去了信心，久而久之，就形成了对自己过低的评价，产生了社交自卑心理。

（二）社交自卑心理的调适

自卑心理最根本的问题是自己看不起自己，缺乏自信。其调适方法如下所述。

（1）正视失败。正确认知生活和学习中的失败和挫折，在大学生活中遭遇失败和挫折都是在所难免的，不要因为几次失败就认为自己不如别人，没有人会一帆风顺，"失败乃成功之母"，只有不断战胜人生中的一个又一个"失败"，才能取得更大的成功。

（2）正确评价自己。俗话说"尺有所短，寸有所长""金无足赤，人无完人"，大学生应正确评价自己，扬长避短，充分认识自身的优点，寻找自身的长处，提高对自己的评价，增强自信心。

（3）积极的自我暗示。在交往活动中，用积极的自我鼓励方式暗示自己，如"没关系的，虽然我长相不出众，但是我的诚意会打动他的""不要妄自菲薄，我没有想象的那么差"。这种积极的自我暗示会缓解消极情绪，逐渐增强自信心，将获得的成功经验逐渐累积，就会从自卑的阴影中走出来。

（4）积极参与交往。大学生要敢于与人交往，越是回避交往，越得不到成功的交往经验，要积极参与交往，使自己获得他人更多的理解。通过不断的练习，尤其是获得成功经验后会增强自信，逐渐变得乐观、开朗。

四、社交虚荣心理

（一）社交虚荣心理的表现和成因

社交虚荣是指在人际交往中为了保持自己的自尊心而采取以不适当的虚假方式取得荣誉或吸引他人注意力。它是在交往活动中自尊心过强的一种表现，是一种不正常的社会情感。在虚荣心的驱使下，有些人往往只追求面子上的好看，不顾现实条件，最后造成危害。在强烈的虚荣心驱使下，有时会产生可怕的动机，带来非常严重的后果。大学生在人际交往中应努力克服此种心理，实事求是，悦纳自己，从而更好地适应社会。

（二）社交虚荣心理的调适

（1）自尊与自重。社交虚荣心是由于在人际交往中，一个人在各方面的尊重需要得不到满足而产生的。只有做到自尊、自重、诚实、正直，才不至于在外界因素的干扰下失去人格。人有一定的虚荣心是可以理解的，但虚荣心过重既不利于人际交往，也不利于自己的健康成长。

（2）树立正确的价值观。正确评价自己，实事求是，不贪图虚名，树立切合实际的理想目标与抱负水平，自信、自强，在人际交往中有自知之明，既看到自己的长处，也看到存在的不足，时刻以缩小现实与理想之间的差距而努力。

（3）正确对待舆论。在人际交往中，他人的议论、他人的优越条件，都不应当是影响自己进步的因素，起决定性作用的应该是自己的后天努力。只有自信和自强，才能不被虚荣心驱使。

五、社交孤独心理

（一）社交孤独心理的表现和成因

社交孤独是指在人际交往中不愿与他人接触，独来独往，但又时常感到孤独和寂寞的心理表现。具有社交孤独心理的大学生往往戒备心强，将自己封闭起来，只喜欢待在自己的独立空间里，不愿与人沟通并对别人善意的沟通表现出不耐烦，不表露自己的真实情感，身边少有知心的朋友。社交孤独心理多是由于家庭环境、氛围和父母的教养方式造成的。在吵闹、压抑、暴力等环境下成长的孩子，往往会形成孤僻、冷漠、情绪波动大的性格特点。父母过于严厉，在教养孩子过程中简单、粗暴，也会给孩子造成心理阴影，使孩子变得唯唯诺诺、胆怯、自卑、不信任他人。另外，在交往中屡次受挫也可能造成心理阴影，不愿或不敢再与他人交往。

（二）社交孤独心理的调适

（1）改变认识。要从主观上认识到社交孤独心理的危害，意识到只有与他人交往才能得到友爱和支持，才能改变孤独、空虚、压抑的现状。只有改变观念，才能产生交往的愿望和信心。

（2）勇于尝试。具有社交孤独心理的大学生多会寻找各种各样的理由回避交往，但实际上，这些只是他们害怕和拒绝交往的借口。只有鼓起勇气，开放自我，积极参加交往活动，增进与他人的交流，才能消除孤僻心理。

六、社交嫉妒心理

（一）社交嫉妒心理的表现和成因

社交嫉妒心理是指在人际交往中，因与他人比较或竞争，自己感觉在能力、地位等方面不如对方而产生的愤愤不平、怨恨、失落等复杂的情感体验。例如，当看到他人取得了超过自己的成绩就忌恨、不满；看到他人失败或陷入麻烦就幸灾乐祸，甚至落井下石。巴尔扎克曾说过："嫉妒者比任何不幸的人更为痛苦，因为别人的幸福和他自己的不幸，都将使他痛苦万分。"社交嫉妒不仅妨碍人际交往活动，还直接损害人的身心健康。大学生中常见的是对于他人的学习成绩、获得的荣誉、外貌穿着、家庭条件等的嫉妒。

(二) 社交嫉妒心理的调适

（1）树立正确的人生观和价值观。社交嫉妒心理是大学生在人际交往中，偏离了正常轨道的自尊心膨胀导致的，它不是一种独立的心理活动，受到个人人生观和价值观的影响。只有树立了正确的人生观和价值观，才能把别人给予自己的压力转化为自己积极进步的动力。

（2）完善自身人格。具有社交嫉妒心理的人往往心胸狭隘，斤斤计较。只有培养开阔的胸襟，做到"不以物喜、不以己悲"，积极调整心态，转移不良情绪，以客观平和的态度看待问题，才能克服社交嫉妒心理。

七、社交猜疑心理

(一) 社交猜疑心理的表现和成因

社交猜疑是在人际交往中由主观推测而产生的对他人怀疑、不信任的复杂情感体验。具有社交猜疑心理的人时刻怀有很强的戒备心，喜欢用主观想象去猜测他人的想法和意图，认为别人在注意他、议论他、说他坏话、跟他作对，疑神疑鬼，容易造成对他人的误解，难以和他人建立信任、真诚的人际关系。它多是由缺乏自信心、心胸狭隘等心理因素引起的。

(二) 社交猜疑心理的调适

（1）理智地控制自己的情绪。当猜疑情绪产生时，就会无事实根据地自我证实，越想越觉得自己是正确的。要学会控制自己的情绪，在产生猜疑时，理智地寻找事实根据，没有依据的猜疑就会不攻自破。

（2）增强自信心。很多大学生产生猜疑心理是由于不自信。他们对自身的缺点和不足过分放大，害怕别人关注自己的缺陷，瞧不起自己，因此疑神疑鬼，对他人的言行过于敏感，这也是自卑心理作祟的结果。要学会辩证地看问题，增强自信心，学会自我鼓励。

（3）及时沟通，消除误会。很多时候猜疑往往是自我臆断的结果。如果发现问题，可以及时沟通，坦诚地说出自己的想法，这样就可能消除误会，增加彼此的信任感，从而消除猜疑心理。

📖 心书推荐

《人性的弱点》
［美］戴尔·卡耐基

《人性的弱点》是美国作家戴尔·卡耐基的代表作之一，自1936年首次出版后，畅销至今，全球总销量超过一亿册。

书中从多方面发掘人性弱点，如人们不愿责备自己、渴望被重视、只在意自身需求等，并总结出实用的人际交往准则和生活技巧，包括不要批评、指责、抱怨他人，要真心实意感谢、赞美他人，激发他人需求等。

全书分为多个部分，第一部分阐述处理人际关系的基本技巧，如避免批评、学会欣赏等；第二部分介绍让人喜欢你的六种方法，如对他人感兴趣、微笑等；第三部分讲述如何赢得别人对自己的思维方式的赞同，如避免争论、尊重他人的意见等；第四部分说明作为领导者如何改变他人而不得罪人或引起怨恨，如巧妙批评、激励他人等；第五部分则给出了增加家庭生活幸福感的七个方法。

它能帮助读者提升自我认知，让人了解自己和他人在交往中的心理特点。例如，懂得人们渴望被赞美，就会避免无意的言语伤害，还能提高沟通能力，让表达更具亲和力，有助于建立良好的人际关系。书中阐释的技巧能指导读者与他人相处，像如何有效地赞美别人，使对方更容易接受自己，无论是职场社交还是朋友交往，都能让彼此关系更加融洽。

● 素养提升

杨绛先生曾说过："开始让人舒服的，一定是言语；后来让人舒服的，一定是人品。生活不全是利益，更多的是相互成就，彼此温暖。人与人的关系一定是，敬于才华，合于性格，久于善良，终于人品。"

这句话指出，在人际关系中，最初交往时言语得体令人愉悦，但长期相处后，人品才是关键。生活中不应仅看重利益，而是应相互帮助、共同成长，彼此给予温暖。而人与人建立关系，往往始于对彼此才华的欣赏，因性格相投而契合，在善良的滋养下长久稳固，最终以人品作为关系的基石。

● 思考启迪

"己所不欲，勿施于人"出自《论语·颜渊篇》，是孔子经典的言论之一。

这句话的意思是自己不愿意接受的，不要施加给别人。它体现了一种推己及人的道德观念和处世原则。从人际关系角度看，这是一种换位思考的智慧。它提醒人们在思考和行动时，要考虑他人的感受和处境，设身处地为他人着想，避免以自我为中心的行为方式。在一个集体中，比如大学宿舍，如果一个人不喜欢室友在自己休息时大声喧哗，那他在室友休息时也不大声吵闹，就能减少矛盾，相互尊重，友好相处。如果自己不喜欢被别人在背后议论是非，那么就不要在背后议论他人；自己不想被别人欺骗，那么就不要去欺骗别人。

在社会生活中，"己所不欲，勿施于人"有助于构建和谐的人际关系。当人们都能以这种观念来对待他人时，能减少许多冲突和矛盾。在团队合作、朋友交往、家庭生活等场景中，它都是一种基本的行为准则。这一观点在古今社会交往、政治治理、文化交流等诸多领域都有着深远的价值。比如，在国际交往中，国家之间遵循互相尊重主权和平等互利的原则，不把自己不愿意接受的经济制裁、武力威胁等手段强加给别的国家，这其实也是"己所不欲，勿施于人"观念的一种延伸。

● 心理测试

人际关系综合能力测试

本测试共28个问题，每个问题用"是"（打"√"）或"否"（打"×"）来回答。打"√"的每题计1分，打"×"的每题计0分。请认真回答。

1. 对于自己的烦恼有苦难言。
2. 和生人见面时感觉不自然。
3. 过分羡慕和妒忌别人。
4. 与异性交往太少。

5. 对连续不断的会谈感到困难。
6. 在社交场合感到紧张。
7. 时常伤害别人。
8. 与异性来往感觉不自然。
9. 与一大群朋友在一起,常感到孤寂或失落。
10. 极易感到窘迫。
11. 与别人不能和睦相处。
12. 不知道与异性相处如何适可而止。
13. 当不熟悉的人对自己倾诉他的生平遭遇以求同情时,感到不自在。
14. 担心别人对自己有什么坏印象。
15. 总是尽力使别人欣赏自己。
16. 暗自思慕异性。
17. 时常避免表达自己的感受。
18. 对自己的仪表(容貌)缺乏信心。
19. 讨厌某人或被某人所讨厌。
20. 瞧不起异性。
21. 不能专注地倾听。
22. 自己的烦恼无人可倾诉。
23. 受别人排斥与冷漠对待。
24. 被异性瞧不起。
25. 不能广泛地听取各种意见、看法。
26. 自己常因受伤害而暗自伤心。
27. 常被别人谈论、愚弄。
28. 与异性交往不知如何更好地相处。

测试结果的解释与参考建议如下:

如果你得到的总分在0～8分之间,那么说明你在与朋友相处上的困扰较少。你善于交谈,性格比较开朗,主动关心别人,你对周围的朋友都比较友好,愿意和他们在一起,他们也都喜欢你,你们相处得不错。而且,你能够从与朋友的相处中得到许多乐趣,你的生活是比较充实而且丰富多彩的,你与异性朋友也相处得很好。一句话,你不存在或较少存在交友方面的困扰,你善于与朋友相处,人缘很好,获得许多人的好感与赞同。

如果你得到的总分在9～14分之间,那么你与朋友相处存在一定程度的困扰。你的人缘很一般,换句话说,你和朋友的关系并不牢固,时好时坏,经常处在一种起伏波动的状态之中。

如果你得到的总分在15～28分之间,那么说明你在同朋友相处上的行为困扰较重。分数超过20分,则表明你的人际关系的行为困扰程度很严重而且在心理上出现较为明显的障碍。你可能不善于交谈,也可能是一个性格孤僻的人,不开朗,或者有明显的自高自大、冒犯他人的行为。

大学生在人际关系上所存在的一些心理问题总是主要表现为自我中心、多疑、害羞、孤僻、自卑、嫉妒、社交恐惧症等。一些研究表明,人际关系不和谐的大学生,其个人的成才及其未来的成就会因此而受到严重的影响。及时地诊断并采取必要的措施予以治疗,是消除大学生人际关系方面心理障碍的较好途径。

知识导图

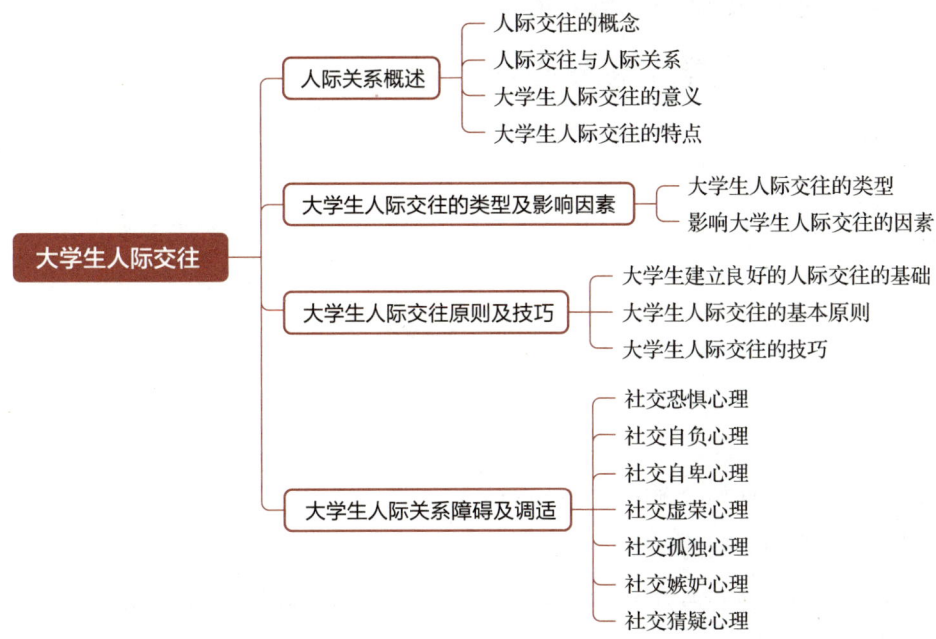

课后习题

1. 你通常用什么办法结识新朋友，又如何向别人介绍自己？
2. 你同意以下的说法吗？

说法一：如果周围的同学不喜欢你，就说明你的人缘不好。

说法二：如果我拒绝了别人，就会破坏人际关系。

说法三：为了维持良好的人际关系，我永远只能是一个奉献者。

3. 请用人际交往理论分析你自己体会最深的一次人际交往实践。分析你在人际交往中存在的主要问题，并思考如何解决这些问题。

4. 请尝试与10个陌生人打招呼，并与同学分享个人体验。

5. 根据你所在寝室的实际，起草一份可行的"寝室公约"，并说服寝室同学一起修改和完善后执行。

6. 思考：

（1）大学生人际交往的特点及类型是什么？

（2）人际交往中应当遵循哪些原则？

（3）大学生如何进行良性的人际交往？

参考文献

［1］贾楠，乔凯平. 心理与成长：大学生心理健康指导［M］. 北京：机械工业出版社，2021.

［2］温金梅. 学校团体心理辅导的理论、技术与应用［M］. 北京：中国纺织出版社，2023.

［3］胡尚峰. 大学生心理健康教育［M］. 北京：北京师范大学出版社，2024.

［4］洪显利. 心理健康教育活动设计与指导［M］. 重庆：重庆大学出版社，2023.

［5］章劲元. 大学生心理健康十二讲［M］. 武汉：华中科技大学出版社，2023.

［6］谢莹. 网络时代大学生心理健康理论与方法［M］. 南京：南京大学出版社，2020.

第十章 解锁爱情密码
——大学生恋爱心理

◉ 学习目标

（1）了解大学生性生理和心理的发展特点；
（2）认识大学生恋爱心理的特点；
（3）了解大学生在恋爱心理方面存在的问题，形成对恋爱心理的正确认识。

◉ 案例导入

小美是一个美丽的女孩，她与男友在大一时相恋。在别人眼里，他们两人是郎才女貌的一对。一开始，他们相处得比较愉快，但是随着关系更加亲密，两人之间开始风波不断，她越来越不确定男朋友是否真的爱自己，内心感到非常焦虑。比如，有一次小美约男朋友一起去看电影，可男朋友却说自己需要参加一个很重要的社团活动。小美听到男朋友的答复，生气地说："我就知道你不爱我，你的社团活动比我重要多了，下次你约我我也没时间。"于是，两人开始了争吵。这种小事引起的吵闹不断，小美陷入了困惑，两人的关系也渐行渐远。

【思考】
（1）恋爱遇到难题，大学生该如何获得"恋爱良药"？
（2）如何更好地维持一段恋爱关系？

第一节 爱情的心理实质

法国著名作家雨果曾经说过，人生有两次出生：头一次是开始生活的那一天；第二次则是在爱情萌发的那一天。步入大学，很多同学都开始了自己恋爱的旅程。然而，什么是爱情、应如何对待爱情，是每个大学生所面临的重要课题。

一、爱情概述

（一）爱情的含义

自从有了人类社会，爱情就一直是一个古老而又常新的话题。爱情是一种最复杂、最微妙的情感，人们用最美丽的语言来描述爱情——爱情是一首诗，爱情是一首歌，爱情是涓涓的流水……

古往今来，在哲学、伦理学、心理学、美学、文学艺术等各个不同的领域中，人们都在对爱情进行着这样或那样的探讨，得出的结论和定义虽然各不相同，但也有共同点，即爱情是一种强烈的内心情感体验，爱情内含着深刻的社会内容等。

概括地说，所谓爱情，就是两个个体之间，基于一定的社会关系和共同的生活理想，在各自内心中形成的对对方最真挚的倾慕，并渴望对方成为自己的终身伴侣的最强烈的感情。爱情是两颗心灵相互向往、吸引、达到精神升华的产物，是一种高尚的精神生活。

（二）爱情的特征

（1）对异性的欲望与需求，是爱情产生的前提和基础。当一个人开始进入青春发育期，随着性生理和心理的迅速发展，自然会产生对异性的好感和相互的吸引，产生与之相结合的欲望和需求，这是人的生理本能。人类正是依靠这种本能得以繁衍后代、延续种族。随着性意识的成熟而萌发的对异性的欲望、向往和追求，是爱情产生的自然前提和生理基础。

（2）相互炽烈的情感，是爱情产生和发展的内在动因。爱情是人类所特有的一种异性之间相互爱慕、倾心的特殊情感。爱情的产生不仅有其生理基础，更有心理的内在动因。它是双方相貌相互吸引、性格气质相容、理想信念一致所萌发的情感共鸣而产生的兴奋、愉悦、和谐、眷恋和炽烈的内心体验，以至达到精神上的情感交融、心灵相通，渴望相互结合的强烈感情。这种其他任何人所无法替代的情感，是爱情产生和发展的内在心理动因。

（3）深刻的社会性，是爱情心理的本质属性。在现实生活中，爱情内嵌了深刻的社会内容，以一定的社会物质条件和社会文化习俗为背景，这也构成了爱情存在的社会基础。爱情心理是生理性、情感性与社会性的内在统一，但是，社会性才是爱情的本质属性。

◎ 心理知识

当我们坠入爱河时，我们对自己的看法会发生改变。阿瑟·阿伦和伊莱恩·阿伦（Arthur 和 Elaine Aron）夫妻俩都是社会心理学家，他们提出的自我延伸模型（self-expansion model）认为，随着伴侣给我们带来了新的体验和新的社会角色，爱情会使我们的自我概念得到扩展和变化，我们会渐渐了解我们以前所不认识的自己（Aron 和 Aron，2006）。的确，一项对恋爱的年轻人跟踪 10 周的研究发现，他们的自我概念变得更加多样化，自尊也得到提升，这就是坠入爱河让人如此快乐的两个原因（Aron et al.，1995）。

资料来源：米勒. 亲密关系：第 8 版［M］. 王伟平，译. 北京：人民邮电出版社，2024.

二、斯腾伯格的爱情三因素理论

（一）爱情的三种成分

美国心理学家斯腾伯格提出了爱情三因素理论，认为人类的爱情虽然复杂多变，但基本上是由三种成分组成的。

1. 动机成分

动机成分是产生爱情行为的驱动力。人类产生爱情行为的一个重要原因是性的需求，这种需求除了受内在性驱力的驱使外，还受异性的外表、情境等因素的诱发。

2. 情绪成分

情绪成分是指爱情双方在一起时所感受到的各种情感体验，如相知的亲密感、冲突后的伤心等，即所谓酸甜苦辣的爱情滋味。

3. 认知成分

认知成分是指从理智上对双方感情的认识，如对感情的评价、对爱情行为的调节控制等。认知成分是一种控制因素，是维持关系长久的动力。它充分体现在忠诚、患难与共的关系中。

（二）爱情的三个要素

斯腾伯格认为，虽然两性间的爱情形式因人而异，但都是由这三种成分以某种方式的混合所演绎的。由于三种成分的不同，形成了两性间各种各样的关系。斯腾伯格进一步将动机、情绪、认知各自单独在两性间发生的爱情关系称为激情、亲密和承诺，形成爱情的三个要素。

1. 激情

激情是指强烈地渴望与伴侣结合，促使关系产生浪漫和外在吸引力的动机，也就是与性相关的动机驱力，是以动机为主的两性关系，属于爱情的动机成分。

2. 亲密

亲密是指与伴侣间心灵相近、互相契合、互相归属的感觉，是以情绪为主的两性关系，属于爱情的情绪成分。

3. 承诺

承诺包括短期和长期两个部分，短期的部分是指个体决定去爱一个人，长期的部分是指对两人之间亲密关系所做的持久性承诺，是以认知为主的两性关系，属于爱情的认知成分。

这三个要素分别代表了爱情三角形的三个顶点（见图 10-1）。任意改变三角形的一边，就会形成不同形状的爱情三角，爱情关系中的亲密、激情和承诺随着时间的变化，所占的比例也会不断变化。在爱情初期激情具有重大作用，但随着时间推移，亲密必须不断加强，并加入承诺的约束，以促使关系稳定。

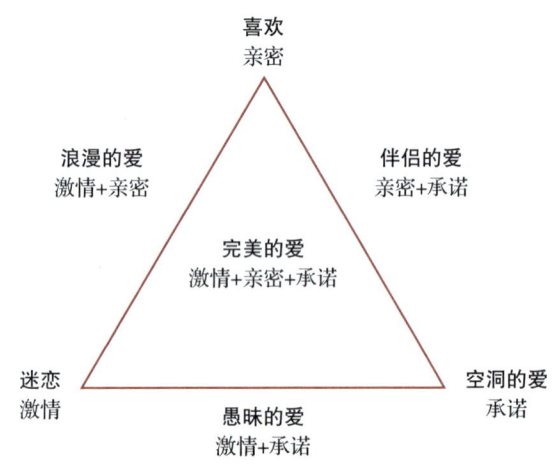

图 10-1 斯腾伯格爱情三因素理论

（三）爱情的八种类型

斯腾伯格认为，根据激情、亲密和承诺的不同结合方式，爱情可以分为八种不同的类型。

（1）无爱：如果激情、亲密和承诺都缺失，爱就不存在。在这种情况下，两个人是熟人或一般朋友，彼此的关系是随便的、肤浅的、没有承诺的。

（2）喜欢：只包括亲密。喜欢发生在亲近和温暖的友情中，但尚未迸发出激情而决定要与对方共度一生。相处的双方在交往中会感觉既亲切又轻松，有着很强的信赖感，表现在生活中就是两性之间真诚的友谊。

(3)迷恋：只包括激情。当事人之间有着浓烈的激情，有强烈的性的吸引，但彼此缺乏了解和信任，缺乏亲密感和相互之间的承诺。当人们被不太熟悉的人激起欲望时就会有这种体验。比如，某人喜欢上了一个人，整天都在单相思，神魂颠倒，只要看到了想见的那个人，心情就会非常愉悦，这就是一种深度的迷恋。许多"追星族"对于异性明星就有这样强烈迷恋的心理体验。迷恋开始于生活中的一见钟情，但这种刹那间灿烂如花的情绪是否有生命力，能否发展为稳定的情感，还取决于是否有亲密和承诺因素的形成。

● 心理知识

真爱与迷恋的区别

真爱与迷恋有可能看起来很像。我们常常会把影视剧中男女主人公之间的激情之爱理解为真爱，但实际上真爱与迷恋之间是有差别的。具体而言，有以下五个主要的差别。

第一，迷恋往往在很快、很短暂的时间内发生。"一见钟情"大部分都是迷恋。真爱必须经过很长时间，等热恋期的激情退却以后，对彼此的优点和缺点有充分了解之后才会产生。

第二，迷恋通常是基于一种投射，而真爱是基于对伴侣长期、全面的了解。一个男性可能从小就在心中编织了一幅"爱情地图"，如果在某个场合突然看到一个女孩很像他心目中的"公主"，也许是她的长相，也许是她的气质，让他有一种特别的感觉，就会不自觉地疯狂爱上她。这样产生的爱情是心理学中所称的"投射"，即他们爱上的都是自己心目中的形象，和真实的人有很大的差距。

第三，迷恋通常是以自我为中心的，有强烈的占有欲，充满了嫉妒、不满和欲望。但真爱是想要了解对方，愿意帮助他（她）成长，让他（她）得到幸福和快乐。

第四，迷恋常常是身体产生的激情，激情的产生与化学作用有关。

第五，迷恋一般很难长久和持续，而真爱是两性之间的长期承诺。

大部分经过热恋又分手的情侣都是被一时的激情和迷恋的感觉迷惑了，没能真正看清对方的优缺点和人格特点。所以，恋情持续时间不长就会感到失望，以为看错了人，而事实上，是因为从来就没有看清楚过。按照斯腾伯格的爱情三因素理论，如果能够在激情退却后，依然有激情、亲密和承诺，这样的感情就是真爱的体现。

资料来源：陆瑜芳. 情礼之间：身心灵的自由［M］. 上海：上海大学出版社，2018.

(4)空洞的爱：只包括承诺。当恋人之间没有亲密和激情而只剩下承诺时，爱情就变成了空洞的爱。在这种爱的关系中，双方只有责任和义务，只存有对于爱情的最后承诺，是高度道德化的或价值高度异化的两性伙伴关系。就爱情本身而言，这是缺少爱情成分的爱。

(5)浪漫的爱：当程度高的激情与亲密一起发生时，人们体验的就是浪漫的爱。这种爱的特征是激情和亲密两个要素的结合，深深的关爱和生理性的相互吸引掺杂在一起。当两性之间的关系具有激情和亲密，没有承诺来维系时，这种关系就被认为是一种最轻松的浪漫的爱。然而，若是缺乏承诺的意愿，浪漫的爱就会与婚姻无缘，"相爱容易相处难"正是对浪漫的爱的真正揭示。

(6)伴侣的爱：包括亲密和承诺。这种爱虽然缺少了以往的激情，性吸引力的程度有所降低，但有着更多的亲近、交流、分享和双方对于情感的倾心投入，两人努力维护着深厚而长期的友谊。彼此的关系已经升华为亲情式的信任与依赖，具有难以描述的感情深度，两人成为不离不弃的心灵伴侣。这种类型的爱情集中体现在长久而幸福的婚姻中，就像携手走过浪漫人生路的银发夫妻。

> **心理知识**
>
> ### 伴侣之爱
>
> 当问及数以百计的结婚至少 15 年以上的夫妻，为什么他们的婚姻能持续时，他们并没有像浪漫的爱人所认为的那样，会为配偶做任何事情或者认为失去对方会很痛苦（Lauer 和 Lauer，1985）。恰恰相反，双方提到最多的两个理由是"配偶是我最好的朋友"和"我很喜欢配偶这个人"。持久、满意的婚姻似乎包括了很大程度的相伴之爱。
>
> 资料来源：米勒. 亲密关系：第 8 版 [M]. 王伟平，译. 北京：人民邮电出版社，2024.

（7）愚昧的爱：包括激情和承诺，缺乏亲密，这会产生愚昧的体验和愚蠢的行动。这种爱常常发生在旋风般的求爱过程中，两人在势不可挡的激情中快速结合，即"闪恋"或"闪婚"。这类爱情中，恋人彼此之间没有以了解、喜爱和信任为基础的亲密关系，爱情缺乏坚实的基础，是虚幻的空中楼阁，随时都可能倒塌，风险很大。

（8）完美的爱：当激情、亲密和承诺都以相当的程度同时存在时，人们体验的就是"完全的"或"圆满的"爱。这种爱集这三种成分为一体，体现出热烈、温暖和责任。在对爱情的渴望中，圆满的爱是人们努力追求的目标，而且大部分的爱情至少在某一阶段达到了这个目标。真正圆满的爱，一定要以亲近和信任为基石，以性的吸引和欣赏为保鲜剂，以承诺和担当为约束，缺少了哪一个部分，都不会收获圆满的爱情。

在现实生活中，人们对于爱情的实际体验是非常复杂的。由斯腾伯格划分的八种爱情类型，远不能表明人类所有的爱情形态。然而，这个划分为研究千姿百态的爱情提供了一个框架，引领了人们对于爱情问题的深入探讨。

三、爱情的依恋理论

婴儿在同主要抚养者（通常是母亲）的相互接触和感情交流中，会逐渐建立一种特殊的社会情感联结，产生强烈的感情纽带，即婴儿对母亲产生依恋。心理学家安斯沃斯（M.Ainsworth）等将婴儿依恋分为安全型依恋、回避型依恋和矛盾型依恋三种类型。其中，安全型依恋为良好、积极的依恋，而回避型依恋和矛盾型依恋又被称为不安全型依恋，是消极、不良的依恋。

Hazan 和 Shaver 于 1987 年提出了关于爱情的成人依恋理论，将爱情与个体童年的依恋相联系。婴儿时期与人建立的依恋关系，会使个体形成一种持久而稳定的人格特征，这种特征在个体与异性建立亲密关系时会自然流露出来。Hazan 和 Shaver 认为，爱情关系的建立过程类似于童年期与亲人建立依恋的过程，成人的爱情即是与恋人建立依恋的过程。情侣之间的依恋与儿童早期的依恋类型非常相似，分为以下三种类型。

（1）安全型依恋。这是一种稳定和积极的情感联系，童年期是安全型依恋的人，倾向于与恋人建立相似的关系。与恋人分离时，虽然会感到难过，但当两人相聚时，又会快乐地彼此相待。这种类型的人认为自己是友好、善良的人，也认为别人普遍是友好、可靠和值得信赖的。他们十分容易与他人接近，总是放心地依赖他人和让别人依赖自己。一般来说，他们既不会过于担心被抛弃，也不怕别人在感情上与自己过于亲近。通常情况下，他们与伴侣的关系良好、稳定，能彼此信任、互相支持。他们倾向于用正面的词语形容自己的父母，如体贴、公正、热情、婚姻幸福等。

（2）回避型依恋。这种类型的人较少表露情绪，当与恋人分离时不会表现出不悦，当相聚时则表现出冷淡与逃避，这种举动常让对方不知所措。回避型依恋者表现出惧怕亲密关系和拒绝信赖别人的倾向，情绪起伏较大，对爱情的正面描述低于平均水平。他们往往在关系未能向好的方向转变之前就开始退缩，对爱情多疑且冷淡，认为别人不可靠或过分急于对爱情做出承诺，结果是他们觉得难以完全相信和信赖别人，只要有人试图在感情上亲近他们，他们就会开始紧张。他们通常拒绝承认自己的依恋需要，认为恋爱的失败对自己影响不大，更专注于工作。与安全型依恋的人相比，他们更倾向于形容自己的父母是苛求的、批评的和冷漠的。

（3）矛盾型依恋。其特征是对人际关系怀着混合的情感，使人处于爱、恨、怀疑、拿不起放不下的冲突情感之中，导致一种不稳定和矛盾的心理状态。他们不太能忍受分离，当恋人回来时，即使心中想要亲近对方，但行为却表现出排斥与抗拒，造成关系紧张。这种类型的人时常会出现情绪不稳、极端反应的现象，容易嫉妒且希望跟伴侣的关系是互惠的。通常，矛盾型依恋的人总觉得自己被误解或不受赏识，认为自己的恋人不可靠，不愿意与自己建立持久的关系，担心恋人并不是真正爱自己或者会离开自己。因此，他们一方面希望能与恋人极为亲近，另一方面又对恋人是否可靠和可信满腹猜疑。与安全型的人相比，他们倾向于形容自己的父母为干涉的、苛求的、婚姻不幸福的、不关心自己的。

人们总是按照自己在儿童早期的依恋经验来建立后来的人际关系心理模式，再根据这样的模式来建立、维持和结束与他人的爱情和感情关系（Sroufe，2005）。因此，我们可以根据一个人在童年时代与其家长及其他抚养者之间关系的性质来理解其在成年后处理爱情关系的方式（Fraley 和 Shaver，2000）。

四、爱情的基本特征

（一）互爱性

爱情是一种纯洁、复杂而又高尚的感情交流，是双方心心相印的双向感情交流，是在共同生活目标下的共鸣、精神上的相互倾慕。真正的爱情是不可强求的，只能以当事人的互爱为前提。在爱情发展中，双方处于平等互爱的地位。单恋虽然也是一种强烈的情感，但它却不是互爱意义上的爱情。

（二）自主性

两性之间爱情关系的确立，必须建立在当事人充分自愿的基础上，而不能是其他任何外来因素和势力干预的结果。双方出于自愿和自主，既是爱的一方，又是被爱的一方。

（三）平等性

爱情是完全平等的，真正的爱情双方不存在依附或占有的关系，双方有人格上的平等性。平等的双方才能奏出和谐的爱情旋律。

（四）排他性

排他性也叫专一性，是指恋爱一方排斥他人对自己所钟爱对象的任何亲近或接触的心理倾向。爱情是两颗心相撞发出的共鸣，男女一旦相爱，就会要求相互忠贞，并且排斥任何第三者亲近双方中的一方。伟大的教育家陶行知曾经说过："爱情之酒甜而苦，两人喝是甘露，三人喝是酸醋，随便喝要中毒。""三角恋爱"和"多角恋爱"都不会发展为美好的爱情。

(五) 无私性

爱情意味着你对伴侣的命运、前途承担责任。爱情具有无私性，应真诚地把自己的精神力量献给爱侣，与他缔结幸福。

(六) 持久性

爱情是一棵苍松而不是一枝昙花，爱情所包含的感情因素和义务因素，不仅存在于婚前的整个恋爱过程中，而且延续到婚后的夫妻生活和家庭生活。恰如莎士比亚所说："真正的爱，非环境所能改变；真正的爱，非时间所能磨灭；真正的爱，给我们带来欢乐和生命。"此外，"少年夫妻老来伴""相濡以沫"等词句都讲的是爱情的持久性。

第二节 大学生恋爱心理发展

任何事物都有其发展变化的规律，恋爱也是如此。人的性心理和恋爱心理的形成，是一个逐步发生和发展的过程。

一、大学生性心理的发展概述

(一) 性生理的成熟

大多数大学生处于身心发育基本成熟的青年中期。这个时期最大的生理变化是生殖系统发育成熟，也叫性生理成熟。性生理成熟涉及极为广泛的整个生理机能的变化，它不仅包括身高、体重的增加，肌肉能力和运动能力的发达等外形上的发育成熟，还包括内分泌腺的变化和神经系统、内在诸器官的发育等。直接影响性生理成熟的是脑垂体前叶分泌的性激素。性激素唤醒了性意识，性意识的萌发让个体产生对异性的好奇、爱慕和吸引等。

(二) 性心理的逐渐成熟

性是爱情心理结构的基础，在关于性征、性欲、性行为等方面，有着极其复杂的性心理。个体性心理的发展是与性的生理发育和性的社会文化影响密切相关的，并大致经历了以下四个阶段。

1. 异性疏远期

异性疏远期一般在12~14岁，从青春期开始时，少男少女对性的差别变得特别敏感。第二性征的出现，在他们内心深处产生了春情初动的朦胧感觉，对异性的秘密和男女之间的关系也看得很神秘，与异性交往时往往会表现出羞涩、忸怩或不自然。这是由于性意识的出现引起了闭锁性心理状态，在短时间内很难消除。

2. 异性向往期

异性向往期一般在15~16岁，随着性生理的发育，尤其是性意识的发展，男女生逐渐从疏远、抵触开始转向为彼此产生好感，欲求一起学习、游戏和活动。

3. 异性接近期

异性接近期一般在16~18岁，进入青年初期后，随着生理机能的进一步发展，生活阅历的日益增加，青少年对异性之间的关系有了进一步的理解和认识，对性意识的情感体验也开始有了新的变化。异性间的羞涩心理较之前大大减少，对异性会产生朦胧的、隐蔽的、泛泛的好感和爱慕。

4. 异性爱恋期

异性爱恋期一般在 18 岁以后，随着性生理和性意识的成熟，对异性之间的关系有了正确的态度，开始各自扮演社会赋予每个性别的特定角色，期盼着自己的理想恋人。

二、大学生恋爱心理的发展过程与特点

（一）大学生恋爱心理的发展过程

爱情的培育过程也就是爱情双方情感的不断深化和相互交融的心理过程。在心理学家看来，一段成熟的、称得上真爱的恋情必须经历以下四个阶段。

第一个阶段：共存。恋人不论何时何地总是希望能在一起，总有说不完的话，甚至可能为此寝食难安，心甘情愿地消耗大把时间。

第二个阶段：反依赖。待到情感比较稳定后，恋人不能永远停留在互相吸引的阶段，否则学习、工作等其他事情都无法正常进行。这时，至少会有一方想要有多一点自己的时间，做自己想做的事，这时另一方就可能感觉到被冷落，激情慢慢地减少，但这也正是下一个爱情阶段的开始。

第三个阶段：独立。这是第二个阶段的延续，双方都要求有更多独立自主的时间，做自己想做的事情。在这个阶段里恋人之间要学习怎么处理冲突，不断地经营爱情，更加全面地了解对方。

第四个阶段：共生。这个时候新的相处之道已经形成，你的他（她）已经成为你最亲的人。双方在一起相互扶持，共同开创属于你们自己的人生。而这时，双方在一起不会互相牵绊，而是共同成长。

据调查，很多恋情都走不过第二、三阶段。这主要是因为爱情中常出现以自我为中心的因素，如怀疑、任性、不沟通等导致两人分道扬镳。因此，处在爱情的第二、三阶段，只有互相体谅，互相信任，勤于沟通，才能缩短经过的时间，从而顺利地进入幸福的第四阶段。

（二）大学生恋爱心理的特点

当代大学生是青年群体中文化层次较高的一部分，与其他同龄人以及以前的大学生相比，他们的恋爱具有明显的特点。

1. 恋爱选择的自主性

大学生脱离了家庭的束缚，自主自立意识明显增强。在恋爱问题上，他们个性突出，大多是自己做主、自由选择，不受传统习俗的局限，显示出较强的独立性。

2. 表达方式公开化

越来越多恋爱中的大学生一改过去的隐蔽形式，转为公开的表达方式。他们不再躲躲闪闪，不在乎别人的注目，在校园里形影不离。他们认为这是两个人之间的私事，别人无权干涉；认为这是感情真诚、奔放的自然流露。

3. 情感不成熟性

在大学生尤其是低年级学生中，由于社会阅历浅、思想单纯，很多学生对于自己的人生

需要和目标，还没有一个很清楚的概念，造成在恋爱问题上简单、不成熟。在恋爱择偶标准上，往往重外表、轻内在，在恋爱行为中，往往重过程、轻结果；在恋爱目的上，重享乐、轻责任，把爱情视为一种"生活消遣"方式，而缺乏对自己、对对方、对他人和社会的责任意识。

4. 耐挫折力弱

感情受挫后出现心理低潮期是正常的，绝大多数学生通过"找朋友诉说"或"理性思考"后，能对自己和对方采取宽容的态度，尊重对方的选择。但仍有一部分学生摆脱不了"情感危机"，有的失去信心，放弃对爱情的追求；有的一蹶不振，认为一切都失去了意义，自暴自弃；有的视对方如仇人，肆意诽谤，甚至做出极端行为伤害对方。

第三节　大学生恋爱心理问题及调适

恋爱给人带来美妙的感觉，但爱情就像玫瑰花，它给我们带来馨香的同时，也会刺伤脆弱的心灵。大学生生理发育成熟而心理渐趋成熟的矛盾，丰富的情感与脆弱的理智的矛盾，导致他们在恋爱过程中常会出现各种苦恼，直接影响着他们的身心健康与发展。因此，学会调适恋爱过程中的各种心理困惑，正确对待失恋，有利于大学生的身心健康和全面发展。

一、大学生常见的恋爱心理困惑

（一）单恋

单恋是指异性关系中的一方倾心于另一方，却得不到对方回报的单方面的"爱情"。一个人执着地想获得一样东西，但又无法获得，这是最令人痛苦的事。尤其当想获得的是爱情时，痛苦倍增。单恋就属于这种情况，误认为别人爱上了自己或明知别人不爱自己，却深深爱着对方，这种爱的情感越深，它所带来的情感折磨就越痛苦。

单恋通常表现为三类：一种是自作多情，明知对方不爱自己，还一味地追求和纠缠；二是误会，一些人因缺乏同异性交往的经验，因而在与异性接触时，对对方的言行、情感过于敏感，误把对方的友情当作爱情；三是自己深爱对方，又怯于表达，从而苦苦思念。

单恋形成的原因很复杂，主要与单恋者的性格特征与认知偏差有关。单恋现象较多地出现在性格内向、敏感、富于幻想、有自卑感的人身上。之所以出现单恋，主要是当事人把对方的言行举止纳入自己主观需要的轨道中来理解，造成对对方认知的偏差。

● 心理知识

单　恋

你是否爱过并不爱你的人？或许爱过。根据不同的样本，有80%～90%的年轻人报告他们经历过单恋：浪漫地、充满激情地被某个人所吸引，但对方并不爱自己。单恋是一种很普遍的爱情体验，在个体青少年晚期，即16～20岁似乎最为多见（Hill et al., 1997）。不过，并不是每个人都会经历单恋，男性比女性更多地发生单恋（Hill et al., 1997），痴迷型依恋风格的人比安全型或回避型风格的人更可能发生单恋（Aron et al., 1998）。

为什么我们会经历这样的爱情？可能有几个原因。首先，想要成为对方恋人的人总是被不太愿意的对象强烈吸引，他们想当然地认为与对方的爱情关系值得努力和等待。其次，他们过于乐观地高估了对方喜欢自己的程度（Aron et al., 1998）。最后，可能也是最重要的一点，单恋虽然很痛苦，但仍有奖赏价值。想要成为对方恋人的人体验到的感受除了沮丧之外，还有身陷情爱而实实在在体验到的激动、得意和兴奋（Baumeister et al., 1993）。

资料来源：罗兰·米勒. 亲密关系：第8版［M］. 王伟平，译. 北京：人民邮电出版社，2024.

（二）失恋

当沉浸在美好的爱情当中时，我们对生活充满了憧憬，充满了幸福感和价值感。一旦失去这份感情，会给当事人带来严重的创伤。失恋是指恋爱的一方否认或者终止恋爱关系，是一种痛苦的情感体验。

失恋带来最直接的感受就是自卑感和挫败感。有的同学失恋后，觉得自己在别人面前抬不起头来；有的则对自己的各方面表现感到不满，觉得自己一无是处。但是，成长过程中，人生不如意十有八九，失恋是人生经验，也是成熟的代价。有项调查表明，和初恋对象结婚并且一直幸福的人不超过12%。这就是说，人们在和初恋对象分手之后，往往会继续开始新的恋爱，直到最后走向婚姻。

（三）三角恋或多角恋

三角恋或多角恋，是指一个人同时与两个或两个以上的人建立恋爱关系，是一种反常的恋爱现象。

导致三角或多角恋的原因主要有以下几个方面。一是大学生信念感差，择偶标准未成形。一些大学生没有明确的择偶标准，与多位异性保持亲密关系，但又不确定哪个更适合自己，导致三角恋的出现。二是受社会上一些错误思想的影响，没有树立正确的恋爱观，将恋爱视作游戏。三是由于一些大学生虚荣心强，以追求者众多为荣，导致出现脚踏两只船的现象。对于三角恋或多角恋，最重要的是要端正自己的恋爱观，正确面对，妥善处理。

二、大学生恋爱心理问题的调适

（一）单恋的自我调适

1. 克服爱情错觉

心理单恋者往往由于对倾慕对象一往情深，希望得到对方的爱情的动机十分强烈，常常会把对方的言行举止纳入自己的主观需要来理解，从而造成对对方认知的偏差。因为自己爱对方，于是觉得对方也一定爱自己，看他（她）的一言一行都好像在向自己示爱，这是人们常犯的所谓"爱情错觉"。如果一时难辨自己感觉的真伪，可以将自己的心事告诉密友，让其帮助自己进行客观的分析判断，拨开自己心中的迷雾。必须客观看待对方的言行，勇于承认自己产生了爱情错觉，才可能成功地转移自己的感情。

2. 克服羞怯和自卑心理，以适当的方式传递自己的感情

对自己身边的同学、朋友产生了单恋后，可以委婉地试探或者鼓足勇气，大胆地向对方表白自己的感情。比如，开玩笑地问他（她）对象的一些情况，观察他（她）的反应或者直截了当地向对方表达心中的爱意。

3. 扩大人际交往范围

将自己已经积聚的相思之情淡化，并转化成更广泛的爱，如增加对父母的关心，与朋友加强联系，积极参加集体活动等。

4. 转移注意力

如果发现对方对自己根本没有爱的意思，就应该及时改变生活目标，把精力放在学业上，等待心理恢复平静后，可以在更高的心理境界上考虑择偶。事实证明，在个人恋爱的目标受挫时，以另一种可能成功的活动来代替，可以获得成功的心理慰藉。

（二）失恋的自我调试

1. 正视现实

勇敢面对失恋的残酷现实，爱情不是同情、怜悯，更不是强求。认识到"有失必有得"，爱情既有成功、甜蜜的，也有失败、苦涩的。只有正视失恋的现实，勇敢地面对现实，才能顺利走出心理阴影。

2. 冷静分析，逆向思考

冷静分析自己失恋的原因，如性格不合、兴趣不同、价值观不一致等。因为种种原因，恋爱结束，不必过于痛苦，不妨学着逆向思考——如果勉强凑合，造成以后的感情不和，两人也很难获得幸福。失恋固然不是幸事，然而没有志同道合、个性契合的恋人，及早分手也并非坏事，正所谓"塞翁失马，焉知非福"。

> ● 心理实践
>
> ### 失恋的十大好处
>
> 活动目的：理性看待失恋，学会从失恋中成长。
>
> 活动过程：
>
> （1）以下面的句型为模板，写出十句话来描述失恋带来的好处（没有失恋经历的同学可以根据自己的设想列举）。
>
> 因为我失恋了，所以我获得了_____。
>
> （2）分享与讨论，找出小组同学公认的失恋带来的好处与自己获得的成长。
>
> 资料来源：陈发祥，潘莉，黄志斌. 新编大学生心理健康教育：慕课版［M］. 北京：中国民主法制出版社，2023.

3. 合理化

合理化是指当一个人追求的目标不能实现时，会找某些理由为自己开脱，使自己的心理上得到安慰。根据理性情绪疗法的观点，一个人失恋之后，顿感昔日恋人一切都好，认定自己绝对不可能再找到如此美好的爱情，把失恋看得糟糕透顶、可怕至极等，都是源于非理性的信念。因此，针对失恋，可以通过自己跟自己辩论的方式，有意识地在头脑中强化理性的信念，如"天涯何处无芳草"等。

4. 情感宣泄

不要过分埋藏和压抑失恋的痛苦。找亲朋好友倾诉一番，甚至大哭一场，你会感觉轻松、好受得多。如果感到积郁很深，实在难以排解，甚至自己感觉已有某些神经症性的症状，就有必要寻求专业心理咨询的帮助。

5. 自我升华

把精力引向学习及自身事业的发展之中，把失恋升华为一种奋发向上的动力。爱情固然重要，但不是生活的全部。对于大学生来说，切不可因为盲目追求爱情而忽视其他人生价值，要提醒自己不断进步，会有机会赢得新的、更加美好的爱情。

（三）三角恋的自我调适

1. 正确认识三角恋的危害

恋爱过程就是培养和加深爱情的过程，如果三角恋发生，三人之间将无法把精力投入到了解和加深感情上，而是过多地纠缠于感情冲突。此时的恋爱，在很大程度上失去了正常的恋爱特征，更多的是矛盾、痛苦、纠葛等，令当事人烦恼不堪，也会给以后的恋爱生活留下阴影。

2. 树立正确的恋爱观

恋爱是一件非常严肃的事，但有些人对此不以为然，特别是受西方性文化的影响，对恋爱持一种轻率、随便的态度，认为爱情应该是多方位的。但生活中爱情不是游戏，三角恋必将给当事者带来痛苦和伤害。

3. 学会拒绝和放弃

对被追求者来讲，要学会拒绝。在恋爱过程中，如果自己有了恋爱对象，同时又被别人追求，一定要明确拒绝。但也应注意拒绝的艺术，做到既拒绝了对方，又不伤害对方的自尊。

对爱情的竞争者来讲，应以宽容和理解的态度处理自己的感情危机。如果发现自己误入别人的恋爱关系，或者发现与恋人的关系可能无法发展下去，就应该学会放弃，积极地退出来。这种做法看似消极，实际上却是解决三角恋问题的一种积极策略。因为在三角恋中，人的感情往往是说不清、道不明的，在上面耗费时间和精力，是没有多大价值的，而且一旦陷入感情的纠葛中，可能会给自己的感情带来更大的伤害。"急流勇退"是摆脱三角恋感情纠葛的最明智的选择。

第四节 培养健康的恋爱观和择偶观

弗洛姆认为，爱是一门需要学习的艺术。对于大学生来讲，在大学生涯中正确认识爱情，树立健康的恋爱观，也是一门必修的功课。

一、培养健康的恋爱观

（一）提倡志同道合的爱情

在恋人的选择上最重要的条件应该是志同道合，思想品德、事业理想和生活情趣等大体一致，有心灵上的默契和共鸣。爱情应该是理想、道德、义务、事业等的有机结合。

（二）摆正爱情与学业的关系

大学生应该把学业放在首位，摆正爱情与学业的关系，不能把宝贵的时间都用于谈情说爱而放松了学习。因为学业是大学生价值感的主要支柱。当大学生把爱情视为生命的唯一时，爱情就是一株温室中的花朵，娇弱美丽却经不起任何的打击。当爱情成为女性或男性唯一的存在价值时，本人就会失去人格的独立和魅力，也很容易失去被爱的理由。

（三）懂得爱情是一种相互理解、相互信任，是一份责任和奉献

理解对方能够营造一种轻松和快乐的氛围，没有人追逐爱情只是为了被约束，相互信任是

自信的一种表现。责任和奉献则意味着个人拥有良好的道德修养，它是获得崇高的爱情的基础。

二、树立正确的择偶观

择偶是否适当，关系到一生的幸福。在择偶时，应侧重考虑以下几个方面的因素。

(一) 志同道合，互相支持

主要指双方有共同的理想、共同的追求，对各自的发展道路能相互理解，对各自的工作相互支持，在生活中相互体贴，相互帮助。

恩格斯在谈到莉希·白恩士时指出："我的妻子也是一个地地道道的血统的爱尔兰无产者，她对本阶级的天赋的热爱，对我是无比珍贵的，在关键时刻，这种感情给我的支持，比起'有教养的''多愁善感的'资产阶级小姐的细腻和小聪明可能给予的还要多些。"对无产阶级事业的热爱和忠诚构成了恩格斯与莉希·白恩士坚实的爱情基础。真正持久的爱情，绝不仅仅是外貌的吸引，更重要的是情操、志趣和理想的和谐与一致。

(二) 相互协调，情投意合

每个人由于出身、经历及周围生活环境的不同，气质、性格也可能完全不同，但通过主观努力，双方可以相互适应，达到心理上的相互协调。比如，在情趣相投方面，两个人的信仰、观念、爱好、习惯等趋向一致，能够想到一处、说到一处、做到一处，能够互相欣赏、互相支持、互相需要。当两人相处时，性格相投，能够做到毫无掩饰、真正放松。

(三) 注重品德和人格特征

爱美是人的天性，一般人在择偶时都希望对方的相貌美丽动人。然而，比相貌更为重要的是一个人的品德和人格。生活并不是一帆风顺的，我们会遇到各种困难与坎坷，在家庭和事业出现危机时，理解会使创伤得以恢复，关怀会使危机变成坦途，信任会使孤独变成冷静，支持会使苦难变成磨炼。相反，徒有其表、人格卑俗之人，往往以牢骚、埋怨、怀疑、争吵来面对问题。家庭生活的朝夕相处会使美丽的外貌变得熟悉平常，但人格气质和知识风度却耐得住磨砺，守得住青春，具有持久的魅力。外在美只可取悦一时，内在美方可经久不衰。

(四) 不能盲目追求金钱和地位

不少人在择偶时很注重社会地位、家庭背景等物质条件。事实上，若是没有志向、道德和人品的修养作为基础，豪华富足的物质条件只能成为卑劣者诱捕猎物的陷阱，支撑不起真正的爱。金钱和地位应当由双方共同去努力，共同去创造。

双方更应忠于爱情，不能朝三暮四，要做到"八互"：互敬、互爱、互信、互助、互谅、互让、互勉、互学，携手共进，同舟共济，这样才能度过美好的一生。一旦组成家庭，双方就要有高度的责任感，不能以自我为中心，任性妄为，否则很难在未来的家庭里担负起自己的责任。

三、培养爱的能力

(一) 迎接爱的能力

1. 表达爱的能力

一个人心中有了爱之后，能否用恰当的方式和语言向对方表达自己的爱，这体现的是一种爱的能力。

喜欢一个人没有错，对方如何反应也是他（她）的权利。首先，爱要勇于表达，要让对方知道自己的心意。即使可能得不到回应，但让对方知道被一个人爱，这也是一种崇高的境界，不要给自己留下遗憾和懊悔。其次，要善于表达，要在适当的时间以适当的方式表达内心的爱。

💭 心理知识

爱的五种语言

作家苏岑说："懂你的人，会以你所需要的方式爱你，不懂你的人，会用他所需要的方式去爱你。"爱不是控制和索取，爱是理解和尊重。在《爱的五种语言》一书中，作者盖瑞·查普曼提出，人们用来表达爱的语言主要有五种。

第一种是肯定的言辞。给爱人一些鼓励、赞美的言语，往往能激发出对方的潜力。

第二种是精心的时刻。精心的时刻是两人同心，一起做些什么，并且给予对方全部的注意力。

第三种是接受礼物。礼物是我们表达和传递爱的媒介，是爱的视觉象征，赠送和接受礼物更会形成一种仪式感。

第四种是服务的行动。爱不仅需要甜言蜜语，更需要落实的行动。

第五种是身体的接触。身体的接触是亲密关系的表现与升华。

资料来源：查普曼. 爱的五种语言［M］. 杜霞，译. 北京：中国社会出版社，2023.

2. 接受爱的能力

一个人面对别人的施爱，能及时、准确地对这份爱做出判断，并做出接受、谢绝或再观察的选择，这也是一种爱的能力。

要具有接受爱的能力，就应懂得爱是什么，有健康的恋爱价值观，知道自己喜欢什么、需要什么、适合什么。当别人向你表达爱时，能及时、准确地对爱的信息做出判断，坦然地做出选择。

（二）拒绝爱的能力

1. 要有拒绝爱的勇气

当面对自己不愿或不值得接受的爱，或没有做好准备时，应有拒绝爱的勇气。在并不希望得到的爱情到来时，要果断、勇敢地说"不"，因为爱情来不得半点勉强和将就。如果优柔寡断或屈服于对方的穷追不舍，发展下去对双方都是不利的。

2. 掌握恰当的拒绝方式

（1）表现出对对方的尊重，感谢对方对爱的表达。表达爱是需要勇气的，要感谢对方对自己的欣赏和付出的感情。尊重真挚的感情既是对他人的尊重，也是对自己的尊重，要学会用理智的方式来维护他人和自己的尊严。

（2）坚定地表明态度，勇敢地说"不"。如果觉得对方不合适就要坚定地拒绝对方，要态度明确、表达清楚，避免给对方留下想象的空间，但拒绝的语气要温和，避免二次伤害。

（3）行动和语言要一致，不要让对方产生误解。即使是拒绝了对方，仍然可以有一些互动，但一定要说明白是怎样的一种互动方式。有些人怕对方受伤害，虽然语言上拒绝了对方，但是行动上还是与对方有较亲密的接触，如单独去看电影、吃饭等，反而容易使对方产生误解。

(三) 经营爱的能力

1. 解决爱的冲突的能力

爱的冲突一方面来自日常生活中的不一致或不协调；另一方面可能来自性格的差异。相爱的双方不是寻求两人的完全一致，而是看如何对差异之处进行协调、合作。爱需要包容、理解、体谅，需要用建设性的方式去解决冲突。沟通是非常有效的方式，恋人间需要有效的沟通，表达清楚自己的思想、感受和需要，伤害性的争吵或者冷战都不利于问题的解决。

● 心理实践

我的"爱情账户"

活动目的：学会理性思考，学会维护和经营爱情。

活动过程：

（1）尝试想象。想象一下：两个人确立了恋爱关系，就相当于在对方心里设立了一个"爱情账户"。每一次你让对方开心、让对方感受到爱，就是往对方的"爱情账户"中"存钱"；每一次你让对方痛苦，就是在从对方的"爱情账户"中"取钱"。在两个人相爱的过程中，如果对方一直向你的"爱情账户"中存钱，你却一直从对方的"爱情账户"中"取钱"，那么对方的"爱情账户"余额为零时，双方的关系就可能会出现问题。

（2）填写表格。试想一下，在你与恋人的相处中（没有恋爱经历的同学可以设想一下自己未来可能发生的情况），你有哪些"存钱"和"取钱"行为？

"存钱"行为	"取钱"行为

（3）交流分享。

资料来源：陈发祥，潘莉，黄志斌. 新编大学生心理健康教育：慕课版［M］. 北京：中国民主法制出版社，2023.

2. 保持爱情长久的能力

保持爱情的长久，需要多种能力的综合。约翰·戈特曼博士提出了维持幸福婚姻的5个法则。①真正熟悉和了解对方。越了解彼此的内心世界，彼此关系就越深厚。②培养对对方的喜爱与赞美，发自内心地觉得对方值得尊重、敬佩和喜爱。③彼此靠近而非远离，在每天的日常琐事中靠近彼此，保持心灵沟通。④让对方影响你。你越是认真地倾听对方的语言，考虑对方的建议，你就越有可能找到一个让双方都满意的解决方法。⑤解决可解决的问题。解决冲突时，要以温和开场，用妥协收场。即使你坚信自己是对的，也不能完全按自己的方式来处理事情，我们需要考虑对方的感受，找到一个双方都能接受的解决之道。

● 心理训练

我欣赏……

（1）从下面罗列的词语中，圈出你认为恋人具有的三个特征，如果超过三个，你也只能选择三个（下次再做这个练习时，你可以选择另外三个）。如果你很难选出三个，则可以把"特征"一词理解得宽泛一点，哪怕你只记得恋人做的一件事与此特征有关，你也可以把这个特征选出来。

钟情	敏感	勇敢	聪明	细心	慷慨	忠诚	诚实	强壮	精力充沛
性感	果断	有趣	迷人	幽默	支持	滑稽	体贴	多情	有创造力
快乐	得体	优雅	和蔼	顽皮	关爱	节俭	腼腆	仁慈	有条理
投入	活泼	保守	可靠	热心	温柔	机智	美丽	英俊	善于表达
自信	爱护	可爱	柔弱	强大	灵活	富有	沉着	务实	通情达理
小心谨慎		善于接纳		朝气蓬勃		无拘无束		善于合作	
足智多谋		喜欢运动		一位挚友		令人兴奋		计划满满	
有想象力		好伴侣		爱冒险		负责任		可信任	

（2）对自己选出的每个特征稍做思考，举出与该特征相符的实际事件，把这个特征和事件按照下面的格式写在你的笔记本上。

特征：_____

事件：_____

（3）与恋人分享你的答案，让对方知道这些让你高度重视的特征是什么。

资料来源：戈特曼，西尔弗. 幸福的婚姻[M]. 刘小敏，冷爱，译. 杭州：浙江科学技术出版社，2024.

心书推荐

《爱的五种语言》
[美] 盖瑞·查普曼

每个人都有爱与被爱的需要，都有一个情绪的爱箱也就是内心深处的一个需要被爱填满的情绪空间。但是，不同的人却使用不同的语言来表达和接收爱，以致这个爱箱常常不能被填满。

两性间许多误解、隔阂和争吵都是由于不了解或忽略对方的主要爱语造成的。当伴侣双方主动选择使用对方的主要爱语时，就能很好地发展彼此的亲密关系，并积极地处理两性关系中的冲突和失败。

本书带领读者跨越两性沟通的迷茫与阻隔，让读者了解如何填满自己和伴侣的爱箱，获得更好的亲密关系。

素养提升

歌德与《少年维特之烦恼》

歌德是世界著名的文学巨匠，但他的成功从某种意义上讲，却是失恋挫折的升华所带来的。歌德在参加一次舞会的路上认识了夏绿蒂，便一见钟情，爱上了她。他们一起跳舞，一起游戏，他太爱她了。但后来他才知道，夏绿蒂原来是他的好友凯士特南的未婚妻。歌德痛苦至极，他带着极大的痛苦离开了维兹拉，以满腔激情写了《少年维特之烦恼》，一举成名，轰动了整个欧洲。

资料来源：王坚，谢康，周宜，等. 大学生心理健康教育实践教程[M]. 苏州：苏州大学出版社，2022.

思考启迪

2022年10月,教育部在答复全国人大代表提出的建议时表示,鼓励高校加强恋爱心理教育。在价值观念多样化的当下,大学生的恋爱观也变得丰富多彩。恋爱的过程也是两个人互相接纳、互相认同的过程。恋爱并非与生俱来的技能,需要后天学习。大学生要建构和谐的恋爱关系,既要对自己有一个清晰、全面的认识,也要了解两性差异,学会和异性相处。

资料来源:陈发祥,潘莉,黄志斌. 新编大学生心理健康教育:慕课版[M]. 北京:中国民主法制出版社,2023.

心理测试

成人依恋量表

请阅读下列语句,并衡量你对情感关系的感受程度。请考虑你的所有情感关系(过去的和现在的),并回答有关你在这些关系中通常的感受。如果你从来没有卷入情感关系中,请按你认为的情感会是怎样的来回答。请在量表的每题之后的方格里勾选与你的感受一致的数字。

题 目	完全不符合	大部分不符合	有些不符合	不确定	有些符合	大部分符合	完全符合
1. 我发现与人亲近比较容易	1	2	3	4	5	6	7
2. 我发现要我去依赖别人很困难	7	6	5	4	3	2	1
3. 我时常担心恋人并不真心爱我	1	2	3	4	5	6	7
4. 我发现别人并不愿像我希望的那样亲近我	1	2	3	4	5	6	7
5. 能依赖别人让我感到很舒服	1	2	3	4	5	6	7
6. 我不在乎别人太亲近我	1	2	3	4	5	6	7
7. 我发现当我需要别人帮助时,没人会帮我	7	6	5	4	3	2	1
8. 和别人亲近使我感到有些不舒服	7	6	5	4	3	2	1
9. 我时常担心恋人不想和我在一起	1	2	3	4	5	6	7
10. 当我对别人表达我的情感时,我害怕他们与我的感觉会不一样	1	2	3	4	5	6	7
11. 我时常怀疑恋人是否真正关心我	1	2	3	4	5	6	7
12. 我对与别人建立亲密的关系感到很舒服	1	2	3	4	5	6	7
13. 当有人在情感上太亲近我时,我感到不舒服	7	6	5	4	3	2	1
14. 我知道当我需要别人帮助时,总有人会帮我	1	2	3	4	5	6	7
15. 我想与人亲近,但担心自己会受到伤害	1	2	3	4	5	6	7
16. 我发现我很难完全信赖别人	7	6	5	4	3	2	1
17. 恋人想要我在情感上更亲近些,这常使我感到不舒服	7	6	5	4	3	2	1
18. 我不能肯定,在我需要时,总找得到可以依赖的人	7	6	5	4	3	2	1

计分与评定:

本量表共有18个题目,包含亲近、依赖、焦虑3个分量表。亲近包括1、6、8、12、13、17题;依赖包括2、5、7、14、16、18题;焦虑包括3、4、9、10、11、15题。其中,

2、7、8、13、16、17、18 题为反向计分题目，其余题目为正向计分。

先计算 3 个分量表的平均分数，再将亲近和依赖维度合并，产生 1 个亲近依赖均分。根据两个维度均分，将依恋类型划分为四类，分别为安全型（亲近依赖均分 >3，且焦虑均分 <3）、先占型⊖（亲近依赖均分 >3，且焦虑均分 >3），拒绝型（亲近依赖均分 <3，且焦虑均分 <3）和恐惧型（亲近依赖均分 <3，且焦虑均分 >3）。

资料来源：彭凯平，孙沛，倪士光. 中国积极心理测评手册［M］. 北京：清华大学出版社，2022.

知识导图

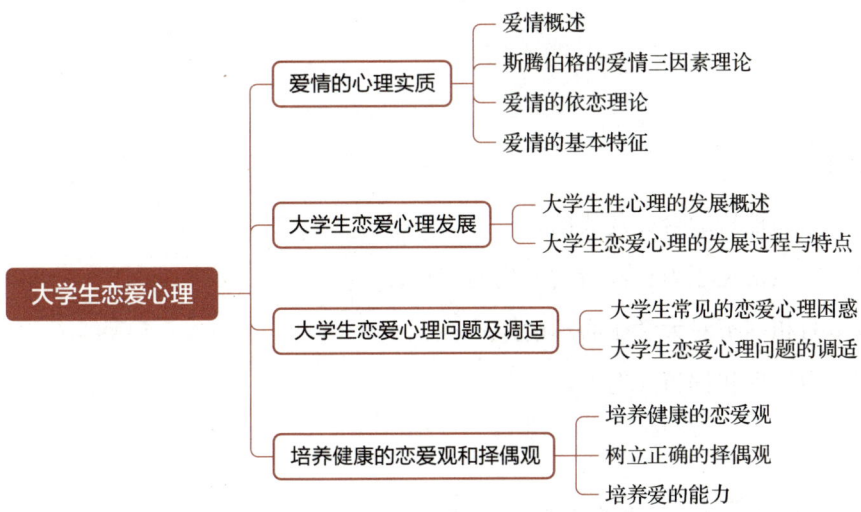

课后习题

1. 爱情的心理实质是什么？
2. 简述爱情的依恋理论，并分析自己的依恋类型。
3. 当自己身边的同学面临失恋的恋爱心理问题时，怎样帮助他走出心理困境？
4. 结合自己的实际，谈谈大学生应怎样树立正确的恋爱观。

参考文献

［1］贾楠，乔凯平. 心理与成长：大学生心理健康指导［M］. 北京：机械工业出版社，2021.
［2］米勒. 亲密关系：第 8 版［M］. 王伟平，译. 北京：人民邮电出版社，2024.
［3］戈特曼，西尔弗. 幸福的婚姻［M］. 刘小敏，冷爱，译. 杭州：浙江科学技术出版社，2024.

⊖ 先占型（preoccupied style）又称迷恋型，先占型的个体积极看待他人而消极看待自己，在关系中会显得过于关注和依赖他人，害怕被人抛弃。

第十一章　宝剑锋从磨砺出
——大学生压力管理与挫折应对

◉ 学习目标

（1）掌握压力和挫折的含义及成因；
（2）了解大学生常见压力和挫折的产生与特点；
（3）了解压力和挫折对大学生心理的影响；
（4）掌握压力管理和挫折应对方法。

◉ 案例导入

小李是某校大一学生，中学时代一直优秀的他到了大学更是充满激情与抱负，希望大显身手。他一进入大学校园便积极地投入学生会、班委会以及各类社团的岗位角逐中，最终几个岗位都竞选成功，小李既担任班上的副班长，又是学生会干事，还是校艺术团成员。小李干得非常起劲，一年后，小李晋升为学生会副部长和艺术团骨干。可是随着学业负担加重及学生工作强度加大，小李越来越觉得学业和学生工作难以应付、顾此失彼。首先，学业受到了影响，大二上学期成绩不理想，还有一门挂科；其次，人际关系受到了影响，由于过于繁忙，他缺席了寝室内很多集体活动，与室友有些生疏。小李感到压力很大，不清楚自己这么忙是为了什么。他想退出学生组织，又难以抉择，不知道要退出哪个，想到要放弃自己辛苦工作取得的成绩又觉得心有不甘，小李很矛盾。

资料来源：陈发祥，潘莉，黄志斌. 新编大学生心理健康教育：慕课版［M］. 北京：中国民主法制出版社，2023.

【思考】
（1）小李的压力来源有哪些？
（2）小李应该怎样缓解压力？

在现实生活中，大学生的学习和生活不可能一帆风顺，人的生命历程难免遇到风风雨雨、坎坷不平。压力、挫折既可以使人磨炼意志，变得坚强起来；也可使人遭受打击，消沉低落。因此，了解压力和挫折的性质、正确管理压力、正确对待挫折、提高挫折承受力，对大学生的健康成长具有重要意义。

第一节　压力和挫折概述

一、压力和挫折的含义

（一）压力的含义

压力这一概念最早是在 1936 年由加拿大著名内分泌专家汉斯·薛利（Hans Selye）博士提出的，因此他被称为"压力之父"。汉斯认为，压力是表现出的某种特殊症状的一种状态，这种状态是由生理系统中应对刺激的反应所引发的非特定性变化所组成的。

目前，国内比较普遍的关于压力的含义，是指由刺激引起的、伴有躯体机能以及心理活动改变的一种身心紧张的状态，即压力是在环境中受到种种刺激因素的影响而产生的紧张情绪。

压力好比胡椒、味精等作料，适量可调味，过量则有害。在生活中，有压力才有动力，某种程度的压力是必要的。正常的压力可以使个体保持奋发，保持高效的工作效率；如果压力过大，身心则可能会受到伤害。

● **心理故事**

一个你应该知道的关于"压力"的故事

上课时，老师突然拿起一杯水："各位认为这杯水有多重？"下边有人说 200 克，也有人说 300 克。"是的，它只有 200 克。那么，你们可以将这杯水端在手中多久？"老师又问。很多人都笑了，200 克而已，拿久一点又会怎么样！老师没有笑，他接着说："拿 1 分钟，各位一定觉得没问题；拿 1 小时，可能觉得手酸；拿 1 天呢？1 个星期呢？那可能得叫救护车了。"大家又笑了，不过这回是赞同地笑。老师继续说道："在准确无误的同样重量下，随着我们所拿时间的延长，我们会感到它的重量在发生变化。其实这杯水很轻，但你拿得越久，就觉得越沉重。这就像把压力放在身上，不管压力是不是很重，时间长了都会觉得越来越无法承担。我们要做的是放下这杯水，休息一会儿后再拿起，只有这样我们才能拿得更久。所以，我们所承担的压力，也应该在适当的时候放下，好好地休息一下，然后再重新拿起来，如此才能承担更久。"

说完，教室里响起一片掌声。压力谁都会有，我们该如何面对压力呢？这个问题很难回答，也许最好的办法就是别给自己太大的压力，或者，就像拿这杯水一样，适时地放一放，别让它越积越重。

资料来源：知乎，https://zhuanlan.zhihu.com/p/166401958。

（二）挫折的含义

挫折是指当个体的意志行为受到无法克服的干扰或阻碍，预定目标不能实现时所产生的一种紧张状态和情绪反应，也就是俗话所说的"碰钉子"。比如，人们准备去参加一次重要的会议，由于交通堵塞而不能按时到达，因此而产生一种内心烦躁不安的紧张状态和情绪反应。

挫折包含以下三层含义。

一是挫折情境，即干扰或阻碍意志行为的情境，如学生由于考试过于紧张没有正常发挥而高考落榜。

二是挫折认知,即个体对挫折情境的认知、态度和评价,这是产生挫折和如何对待挫折的关键。挫折情境能否构成挫折,在很大程度上取决于个体对挫折情境的态度和评价,同一挫折情境由于个体的志向水平不同,感受挫折的程度也是有区别的,如有的学生对60分的成绩非常满足,而有的学生对同样的成绩则会感到失落和沮丧。

三是挫折行为,即伴随着挫折认知而产生的情绪和行为反应,如愤怒、焦虑和攻击行为等。

当挫折情境、挫折认知和挫折反应同时存在时,便构成心理挫折。

心理知识

研究表明,动物在遭到挫折后会出现反应率暂时提高的现象(Amsel 和 Rossel,1952)。研究将白鼠分成两组,一组是强化组,一组是挫折组。实验要求它们穿越一个通道,研究人员会在这个通道的中间设置一个目标盒,在通道的尽头也设置一个目标盒,即通道上有两个目标盒。强化组的条件是在两个目标盒中都放有食物;挫折组的条件是不在第一个目标盒中放食物,只在第二个目标盒中放食物。实验结果表明,挫折组的白鼠比强化组的白鼠跑得快。

当然,人类对挫折的反应要比动物复杂得多。但是,这个实验表明了个体在受挫情境下可以出现努力奋进的行为。

资料来源:廖波. 普通心理学[M]. 北京:航空工业出版社,2016.

二、大学生的压力与挫折的关系

当同学们怀着梦想走进大学校园的时候,展现在大家面前的是一个崭新的世界。新的学习与生活环境让大家充满期待,同时也让大家感受到了新的挑战。如果能正确面对这些挑战,它们会成为生活中前行的动力;如果不善应对,则会变成压力。

挫折是人们在实现目标的过程中因受到阻碍而产生的紧张状态与情绪反应。个体的心理压力与遭受的挫折密不可分,生活中的挫折、失败则是大学生产生心理压力的主要来源。比如,在大学校园内,如果个体无法正确处理人际关系问题,就会产生挫折感,而挫折感会使个体产生人际交往压力。因此,如何正确认识与对待挫折,是个体合理进行压力管理、积极解决问题、克服困难、健康成长的关键所在。

三、挫折的性质与转化

(一)挫折具有客观性

在人的生活实践中,挫折是不可避免的,随时随地都有可能发生。正如古人所言:"人生不如意事十之八九。"人是具有社会性的,所以往往会受到社会、政治、经济、自然灾害等客观因素的制约,从而导致人的需要不能得到完全满足,产生挫折。可以说,挫折是个体生活中的一部分,每个人都会遇到各种挫折。纵观古今,许多有成就的科学家、文学家大都是从逆境和坎坷中磨砺出来的。

(二)挫折具有两重性

挫折具有两重性,既有利又有弊。一方面,如果挫折超过了个人的容忍力,可能使人产生痛苦、低落的情绪,并且行为上表现得比较消极,甚至引起躯体和精神上的疾病;另一方面,挫折又可以使人反思与总结,认识自己的不足,积累经验教训,还能磨炼人的意志,使人更加成熟、坚强。

挫折的消极性和积极性是相对的，是可以转化的。挫折的转化是指当人们遇到挫折时，以积极的态度，将挫折变为动力，以顽强的毅力继续奋斗，或重新调整目标，从而使需要或动机获得新的、满足的心理过程和实践过程，即减少挫折的消极因素，寻找挫折积极的一面，促使挫折产生的消极因素向积极方面转化。

● 心理实践

穿越"电网"

活动目的：在团体游戏中，体验团队协作，朝着一个目标不懈探索与尝试，从挫折和失败中总结经验，培养越挫越勇的韧劲，从而取得最终的成功。

游戏准备：

（1）所有学生分成若干小组，每组10人左右；

（2）在室外相对开阔的场地上进行；

（3）准备若干结实的长绳、报纸，以及防护用的软垫；

（4）游戏时间约30～50分钟。

活动过程：

（1）将长绳的两端系在2米高的栏杆上，在长绳上贴上用报纸剪成的"闪电"形状标识；

（2）每组学生要从"电网"的上端（也就是绳子上面）依次穿越到另一侧的安全地带；

（3）在穿越的过程中，学生身体的任何部位均不得触碰电网；如果不慎触碰到"电网"，则必须重来一次；

（4）可以借助同组其他人的身体，但不可借助其他任何工具；

（5）小组内所有学生全部顺利通过"电网"，即算成功；

（6）游戏结束后，各小组开展讨论。思考在游戏过程中遇到了什么困难，又是如何克服的？各小组派代表分享活动体会。通过这个游戏，学生可以认识到成功并非一帆风顺，有的目标即使付出了艰辛的努力，也难免会失败。在生活中，我们要重在体验付出的过程，从失败中总结经验，逐渐提高自己的耐挫力。

注意事项：

（1）此活动具有一定的危险性，应做好保护措施，在"电网"下方铺设防护软垫，避免受伤；

（2）可以根据实际情况适当地调整"电网"的高度，使学生既感觉有难度，又能通过努力完成；

（3）各小组可以推选出本组的团队领导，组织指挥整个团队，确保活动有条不紊地展开；

（4）本游戏有一定的难度，需要细心体会失败或成功时的感受，从失败中总结经验。

资料来源：刘邦春，刘婕，陆峥. 大学生心理健康手册［M］. 上海：上海社会科学院出版社，2023.

第二节 大学生压力和挫折的产生与特点

● 案例点击

小王，女，大学一年级学生，外省籍，上大学前没住过校，来到大学后因为生活琐事与宿舍其中一名女生发生争执，她感觉无法面对这个同学，不愿意回宿舍，而且宿舍同学都是本地人，她感觉自己融入不进去宿舍这个集体。其实自入学以来小王就感觉自己没能融入新环境，因为高中学习成绩非常优秀，报考的第一志愿是名牌大学，但因为不服从调剂被录取到普通大学，内心充满委屈不公，一度想退学复读，但由于家庭经济贫困，决定放弃退学想法。同时，由于学习效率低、学习方法不得当等原因，导致成绩比较落后。如此一来，没能在大学交到知心朋友、成绩不理想、平淡无奇的相貌、朴素的衣着、经济拮据的家庭，这一切都让小王很有挫败感，特别郁闷，这让她的睡眠也受到了影响，开始失眠。

一、大学生常见的压力和挫折的类型

挫折普遍存在于人生的各个领域，对于一个涉世未深而又渴望有所作为的大学生来说，挫折更是难以避免。大学生常见的压力和挫折有以下几种。

（一）学业压力与挫折

一些大学生是中学时代的佼佼者，但进入大学后，面对强手如林的同学，要想在学习与能力发展上获得双丰收，并不是一件容易的事。

与中学相比，大学的学习环境、学习任务、学习方法都发生了很大变化。大学的课程多，难度大，要求高，更大的差别是大学生强调自学和独立思考的能力，学习时间由自己掌握，教师很少像中学那样进行指导，一部分大学生因很难适应大学的学习节奏，从而产生学习压力。

此外，一些学生不能合理分配学习时间，不能正确处理学习科学文化知识与参加课外实践活动的关系，忙于参加各种社团、兴趣小组等，导致学习成绩下降；更有甚者学习被动，思想松懈，沉溺于网吧、游戏室，学习成绩一落千丈。

（二）人际交往压力与挫折

人际交往伴随人的一生，是人的基本需要之一。大学生重视人际交往，珍视友谊，但多数学生没有经历过宿舍集体生活，他们来自祖国各地，每个人的家庭背景、经济条件、生活阅历等各不相同，加之其生活阅历少、社会经验不足，缺乏人际沟通和交往技巧，容易造成人际关系紧张。

（三）恋爱挫折

大学生渴望接触异性，向往美好爱情，但在追求爱情的过程中，或多或少地会遇到种种挫折，如双方因个性特征、兴趣爱好不一致等原因终止恋爱关系，给一方或双方造成心理伤害，形成情感上的挫折。

（四）就业压力与挫折

"物竞天择，适者生存。"随着人才市场的建立和完善，"双向选择"成为大学生步入社会、寻找就业机会、展示英雄用武之地的主要途径和舞台。当前社会就业形势严峻，大学扩招后，毕业生供需矛盾十分突出；同时一些大学生就业期望值过高，对自己缺乏客观的评价，找不到适合自己的岗位，从而产生就业压力与挫折。

（五）生活压力与挫折

对一部分大学生来说，最大的压力莫过于生活的艰辛，包括因缺乏独立生活能力而产生的生活自理压力与挫折，因缴费上学和竞相消费及地域、城乡、家境等差异而产生的经济压力与挫折等。

二、影响大学生压力感的因素

1. 负性情绪

大学生情绪稳定性差，常会因一些小事导致整个人焦虑、烦躁，使得工作、学习和生活受到影响，感到压力重重。负性情绪主要体现在自卑感、抑郁性、强迫性、自主性和自罪感等方面。负性情绪严重影响人对压力的知觉和处理。

2. 自我效能

自我效能是指个体相信自己有能力达到预期目标的信念，即自信心和自信力。自我效能不仅会影响人们的毅力和努力程度，还会影响人们追求目标时的身体反应。自我效能高的人在进行困难的工作时焦虑较少、压力较小、免疫系统良好。

3. 经验

经验会影响人们对压力的感受，增加经验能够使人增强抵抗压力的能力。研究者对两组跳伞者的压力状况进行调查发现，有过100次跳伞经验的人不但恐惧感弱，而且会自觉地控制情绪；无经验的人在整个跳伞过程中恐惧感强，并且越接近起跳恐惧感越强。

4. 心理准备

对即将面临的压力事件是否有心理准备会影响人对压力的感受。心理学家曾对两组接受手术的患者进行实验。对其中一组患者在手术前讲明手术过程及后果，使患者在术前有心理准备，把手术痛苦视为正常现象并坦然接受；另一组不做特别介绍，患者对手术一无所知，对术后的痛苦过分担忧，对手术是否成功持怀疑态度。结果，术后有准备组比无准备组用的止痛药少，而且平均提前三天出院。由此可见，有应对压力的思想准备可以减轻压力。

5. 认知评估

认知评估在增加或缓解压力方面具有重要作用。同样的压力情境能使一些人苦不堪言，而一些人则能平静地对待，这与人们对压力的认知评估有关。个体面对压力时，在实际压力反应前，会先辨认和评估压力。在面对压力事件时，如果个体对压力威胁估计得过高，对自己应对压力的能力估计得过低，那么压力感就必然大，压力反应就大。例如，你正在家中安静地做着自己喜欢的事情，忽然听到走廊里响起一串脚步声，如果你认为是有事情发生，一定会去门镜看个究竟；如果你认为是自家有朋友来访，就会轻松愉快地准备开门；如果你认为是去邻居家串门的，则会继续静心做自己的事情。

人们对压力的认知评估一般分为两个阶段：初步评估和二级评估。初步评估是评定压力来源的严重性，二级评估是估量处理压力的可能性。如果压力过重，又无可以利用的应对压力的资源，人们必然会产生一种持续性的紧张状态。

6. 情绪差异

从某种意义上讲，压力本身就是紧张情绪。紧张释放实际上就是个体把紧张、困扰"打开"而不是"封闭"。紧张释放率反映的是个体对紧张情绪的释放程度。紧张释放率高的人较少存在压力。事实证明，面对压力，乐观、坚强、自信的人总是采取积极的处理方法，千方百计地战胜压力；悲观、性情软弱、缺乏自信的人，要么束手无策，要么消极逃避，被压力征服。有关研究也证明，开朗、果断者的各种压力均显著低于拘谨、犹豫者的同类压力。

7. 性别差异

心理学研究表明，面对压力，男性和女性的压力感高低存在差异。在个人自身压力方面，男性的压力感显著高于女性；在社会压力方面，女性的压力感显著高于男性；在恋爱、身体健康、适应和挫折方面，男性的压力感显著高于女性；在学业方面，女性的压力感显著高于男性；在人际交往方面，女性的压力感显著高于男性；在家庭方面，男性往往要比女性承担更多的期望，因此压力感也就更大；在就业方面，女性的压力感显著高于男性。

● 心理训练

呼吸练习

呼吸控制既可以作为一般的冥想方法，也可以解决压力问题。如果你需要镇静，请尝试下面的呼吸练习，这是医生和心理学家经常推荐使用的方法。当有压力时，进行常规的呼吸练习，你会发现很容易放松。

步骤：

（1）舒服地坐下或躺着；

（2）正常呼吸，看看呼吸有多深；

（3）有意识地呼吸，使腹腔扩张，再慢慢呼吸；

（4）如果感到有帮助，那就让深呼吸和浅呼吸交替一段时间，让身体了解深呼吸的感觉；

（5）当深呼吸让你感到舒服后，再继续做 10～20 分钟。吸气时，告诉自己正吸入平静与安宁；呼气时，告诉自己正呼出压力和紧张。

资料来源：英国 DK 出版社. 压力心理学［M］. 安林红，秦广萍，译. 北京：电子工业出版社，2019.

三、大学生挫折心理产生的原因

人的需要、动机是一种主观愿望，它同客观现实之间总是存在着这样或那样的矛盾。这种主观愿望和客观现实之间的矛盾是挫折心理产生的重要原因。大学生挫折心理产生的原因是多方面和复杂的，主要与自然环境、社会环境、学校环境、个人生理条件的限制、认知模式和动机冲突等多种因素有关。

（一）大学生挫折产生的客观因素

构成挫折的客观因素是指会给人带来限制与阻碍的个人自身因素以外的其他因素，这些因素使人的需要和目标不能得到满足和实现，因而产生挫折。

1. 自然环境因素

构成挫折的自然环境因素是指个人不能预料或控制的天灾人祸、时空限制、意外事件等，如地震、洪水、交通事故等。自然环境因素造成的挫折是每个人随时都可能遇到的，如自然灾害破坏，或由于噪声的干扰，无法安心学习等。

2. 社会环境因素

构成挫折的社会环境因素是指个人在社会生活中受到的各种人为因素的限制与阻碍，包括政治、经济、法律、风俗习惯等方面，如因为名额限制而不能入党、考研等。

3. 学校环境因素

有研究表明，大学生在从高考到入校后的两三年中，普遍会产生挫折感，且多数学生曾遭受三项以上的挫折，这主要涉及大学生的学习目标、政治目标、经济条件等。这些挫折的产生，除了与学生自身因素密切相关外，一个不可忽视的影响因素就是学校环境，主要表现在学习环境、学校管理制度及方式、教师的职业道德与业务能力、班集体氛围等。

（二）大学生挫折产生的主观因素

构成挫折的主观因素是指会给人带来限制与阻碍的个人的自身因素。

1. 个体生理条件的限制

个体因生理素质、体力、外貌、健康以及某些生理缺陷所带来的限制，导致活动的失败，从而无法实现既定目标。比如，因色盲而不能从事自己喜爱的医疗或美术工作；因身材矮小而不能成为职业篮球运动员等。

2. 认知模式

认知心理学认为，挫折的产生主要是由人们对挫折情境的认知，即对刺激事件的认识、评价、信念引起的。任何心理问题与心理障碍都有其认知根源，不健康的心理常常来源于不健康的认知。正如古希腊哲学家爱比克泰德所言："困扰人的并非事物本身，而是人对事物的看法。"

> **心理故事**
>
> 一念之差
>
> 有一天你正在校园里漫步，看见你的老师迎面走过来，似乎沉思着。你冲他笑笑，说了声"老师好"，可他却毫无表情地与你擦身而过。这时你可能挺不愉快，心想："我是不是哪里表现得不好，惹老师生气了？或者老师瞧不起我？"于是，在你和老师之间种下了一颗误会的种子。但假如你这么想："老师想什么呢？是不是没看见我！"你再半开玩笑地大声喊道："老师，你怎么没看见我啊？"于是一场可能的误会便被避免了，你心中不愉快的挫折感便烟消云散了。所以不同的挫折认知可能会引起不同的心理反应与体验。
>
> 资料来源：戴朝护. 大学生心理健康 [M]. 2版. 北京：北京大学出版社，2019.

3. 动机冲突

在现实生活中，人们的需要是多种多样的，常常会因多种需要而产生多个动机，并指向多个目标。当这些并存的动机相互排斥，或者由于条件限制不可能全部实现而必须有所取舍时，就形成了动机冲突。动机冲突常常导致部分需要和目标不能满足，于是就产生了挫折。常见的动机冲突主要有以下四种形式。

（1）双趋冲突：是指人们在有目的的活动中，同时有两个并存的、具有同样吸引力的目标，而这两个目标因条件所限又无法同时实现，从而产生的难以取舍的冲突情境。比如，有些学生在恋爱期间同时对两个异性有好感，但只能选择其中的一个而放弃另一个；有些学生既想做好社会工作，又不想影响学习等。

（2）双避冲突：是指人们同时遇到两个具有相同威胁性的目标，两者都想躲避，但因条件所限而必须选择其一，从而产生左右为难的冲突情境，如既不想努力学习，又怕考试不及格。

（3）趋避冲突：是指人们在面对同一目标时产生的互相矛盾的心态，即这一目标既具有吸引力，能够满足某些需要，同时又具有排斥力，会构成某些威胁。比如，考试时，有些学生因平时没有认真学习和复习而害怕考试不及格，于是就产生了作弊的想法，但又怕被监考老师发现受到校纪处分；有些学生想参加演讲比赛，但又怕失败有损自尊心。

（4）双重趋避冲突：是指人们同时遇到两个或两个以上的目标，而每一个目标又同时存在趋避冲突。例如，身处学习气氛不浓的宿舍，想认真学习，但又怕被舍友讥笑；想不理会他们，但又担心影响人际关系；想随大流，但又觉得虚度光阴，于心不安。再如，面对就业，若回家找工作，则有熟悉的人际关系和父母的照顾，生活会比较轻松，但是地方小，机会少，怕影响事业发展；若留在大城市，则机会多，对事业发展有利，但一切都要从零开始，会遇到很多困难。

第三节 压力和挫折对大学生心理的影响

一、大学生的压力反应

压力反应是指个体在压力下的反应。压力反应通常表现为生理反应、心理反应和行为反应三个方面。

（一）压力下的生理反应

一般来说，压力下的生理反应分为短期和偶然压力下的生理反应与长期压力下的生理反应。

短期和偶然压力下的生理反应是应急性、高水平压力。当个体遇到突如其来的急性、高水平压力威胁情境时，一系列的神经和腺体将被唤醒，提醒身体做好防御、战斗或逃跑准备，主要表现为心肌收缩力增强、心跳加速、血压升高、呼吸急促、脸色和皮肤发白、骨骼肌张力增强、瞳孔扩大、汗腺分泌旺盛等。这些生理反应可以动员和调集个体的各种潜在能量，提高个体的对抗能力和防御能力，使个体能够更有效地应对外界刺激。这是个体在短期和偶然压力下的适应性生理反应，反应的后果是身体疲劳。长期压力下的生理反应通常属于慢性、低水平压力。在长期压力状态下，个体的生理反应比较复杂，这种生理压力被称为"全身适应综合征"。

汉斯·薛利博士在 20 世纪 50 年代进行了压力实验，以白鼠为研究对象。研究成果将压力状态下身体的反应分成三个阶段。第一个阶段是警觉阶段。刺激的突然出现使个体情绪紧张，注意力提高，体温与血压下降，肾上腺分泌增加，进入应激状态。如果压力继续存在，身体就会进入第二个阶段，即抵抗阶段。身体企图对其所有受损的部分加以维护、复原，因而产生大量调节身体的激素。第三个阶段是衰竭阶段。压力存在得太久，个体应对压力的精力耗尽，身体各项机能的反应能力下降，适应能力丧失。由此可见，压力下的生理反应可以调动个体的潜在能量，提高个体对外界刺激的感受和适应能力，使个体更有效地应对变化。但过久处于压力状态会使人的适应能力下降。

（二）压力下的心理反应

压力下的心理反应分为适度压力下的心理反应和过度压力下的心理反应两种。

适度压力会引发或增强个体心理的正向反应，主要表现为意识处于觉醒状态、注意力集中、情绪被适当唤起、思维活跃且敏捷、精神振奋等。这是个体适应的心理反应，有助于个体应对环境和适应环境。例如，当以学习小组的方式进行学习、运动比赛、绩效考核等时，个体在适度竞争的压力下容易产生好成绩。

过度压力会引发个体心理的负向反应，主要表现为随着压力唤起程度的加深而产生消极情绪反应，导致个体感知、记忆力和思维水平下降，思维狭窄，注意力分散，不能恰当地认识与评价外界事物，自我评价降低，自尊心和自信心显著下降，依赖感、无助感和孤独感明显增强，表现出消极被动、无所适从的状态。考试恐惧症就是过度压力造成个体不适应的心理反应的典型例子。

（三）压力下的行为反应

个体面临压力时会有各种行为变化，压力下的行为反应可分为直接反应与间接反应两种。

直接反应是指个体在直接面对引起紧张的刺激时，为了消除刺激源而做出的反应，如路遇歹徒或与其搏斗或逃避。间接反应是指个体借助某些物质暂时减轻与压力体验有关的苦恼，如借酒消愁。轻度的压力会引起或增强正向的行为反应，如主动寻求他人支持、学习处理压力的经验和技巧。但如果压力过大、存在得过久，就会引发负向的行为反应，如谈话结巴、过度饮食、攻击行为、失眠等。

二、大学生的挫折反应

个体遭受挫折后，或强或弱、或多或少都会做出一定的反应。概括地讲，个体对挫折的反应表现为两个方面，即情绪性反应和理智性反应。

（一）情绪性反应

情绪性反应是指个体在遭受挫折时伴随出现的紧张、烦恼、焦虑等情绪反应。自然的情绪反应是正常的，但如果超出必要的限度，则会带来消极的后果。特别是当这种情绪强度过大，或持续时间过长时，往往会直接危害大学生的身心健康，使其心理活动失去平衡，严重影响其正常的学习与生活。

1. 攻击

攻击是情绪性反应中最常见的，是个体遭受挫折后发泄愤怒情绪的过激行为。攻击分为直接攻击和间接攻击。直接攻击是指将愤怒的情绪直接指向阻碍其实现目标的人或物，如大学校园里的打架斗殴等。间接攻击是指个体受挫后，如果不能直接攻击阻碍自己实现目标的对象，就会转向攻击其他替代物，如受到老师批评后，回到寝室对舍友发脾气或摔东西。

2. 焦虑

个体受到挫折后，情绪反应会比较复杂，包括自尊心的损伤、失败感的增加等，最终会形成一种紧张、不安、忧虑、恐惧等交织而成的复杂情绪，这种情绪被称为焦虑。适度的焦虑对提高学习和工作效率、激发潜能有一定的积极作用，但过度的焦虑是有害的，严重的焦虑会导致身心疾病，即发展为焦虑症。

3. 退化

退化是指个体在遭受挫折后，表现出与自身年龄、身份很不相称的幼稚行为，如装病、耍赖、蒙头大睡等。当个体遭受挫折后，如果以成人的方式面对挫折，就会产生心理上的紧张、焦虑和不安，为避免这种情况出现，个体往往会无意识地放弃已习得的成人的行为方式，恢复早期幼儿的方式加以应对，从而减轻内心的心理压力。

4. 冷漠

冷漠往往是受挫折者长期遭受挫折，或改善情境已无希望时表现出来的一种复杂的心理反应。从表面上看，受挫折者通常表现出一种"事不关己，高高挂起"的态度，但实际上蕴涵着一种压抑的愤怒。这种反应在缺乏民主、缺乏正常宣泄途径的环境下较容易产生。

5. 固执

固执是指个体受挫后，不去寻找积极的解决方法，而是采取刻板的方式，盲目地重复某种无效的动作或行为。比如，有的大学生因成绩滑坡，不理性地分析、寻找原因，只是一味地学习，甚至秉烛夜读，影响白天的学习，以致恶性循环，明知这样做不好，却仍固执地这样做；一位性格内向、不善交际的大学生，每当与陌生人坐在一起时，就会反复揉衣角，这种动作无助于他提高交往能力，但他仍重复地做着这一动作，这就是一种固执行为。

（二）理智性反应

理智性反应是指个体受挫后，能审时度势，面对现实，找出原因，采取积极有效的态度和行为来应对挫折。理智性反应主要包括坚定目标，再做努力；改变策略，再做尝试；化消极为积极，努力升华。挫折是不可避免的，关键在于怎样对待挫折。大学生应学会用理智的态度和积极的行为来对待各种挫折。

● 心理自测

你是如何应对压力与挫折的

你准备好迎接学习生活中的挑战了吗？你想了解自己是怎样应对压力与挫折的吗？请做下面的测试！它能帮助你了解自己在应对压力与挫折时更愿意选择积极的应对方式还是消极的应对方式。请如实、准确地回答下列问题，不要考虑"应该怎样"，而是按照你通常的做法回答。

题 目	不采用	偶尔采用	有时采用	经常采用
1. 通过工作、学习或其他活动解脱	1	2	3	4
2. 与人交谈，倾诉内心烦恼	1	2	3	4
3. 尽量看到事物好的一面	1	2	3	4
4. 改变自己的想法，重新发现生活中更重要的事情	1	2	3	4
5. 不把问题看得太严重	1	2	3	4
6. 坚持自己的立场，为自己想得到的斗争	1	2	3	4
7. 找出几种不同的解决问题的方法	1	2	3	4
8. 向亲戚、朋友或同学寻求建议	1	2	3	4
9. 改变原来的一些做法或自己的一些问题	1	2	3	4
10. 借鉴他人处理类似困难的办法	1	2	3	4
11. 寻求业余爱好，积极参加文体活动	1	2	3	4
12. 尽量克制自己的失望、悔恨、悲伤和愤怒的情感	1	2	3	4

(续)

题　目	不采用	偶尔采用	有时采用	经常采用
13. 试图休息或休假，暂时把问题（烦恼）抛开	1	2	3	4
14. 通过吸烟、喝酒、服药和吃东西来消除烦恼	1	2	3	4
15. 认为时间会改变现状，唯一要做的便是等待	1	2	3	4
16. 试图忘记整个事情	1	2	3	4
17. 依靠别人解决问题	1	2	3	4
18. 接受现实，认为没有其他办法	1	2	3	4
19. 幻想可能会发生某种奇迹改变现状	1	2	3	4
20. 自己安慰自己	1	2	3	4

计分与评定：

在上述20个条目中，1～12项为积极应对维度，13～20项为消极应对维度。在每一种应对方式项目后，列有不采用、偶尔采用、有时采用和经常采用4种选择（相应评分为1～4分），所有项目均为正向计分。测量指标是维度平均分，得分越高，表明采用该种应对方式的倾向越高。

三、挫折对大学生心理健康发展的影响

挫折普遍存在于人生的各个阶段，只要有追求、有欲望、有需求，就会有失败、有失望、有失落，尤其是对一个涉世未深而又渴望有所作为的大学生来说，挫折更是难以避免。巴尔扎克曾说："苦难对于天才是一块垫脚石，对于能干的人是一笔财富，对于弱者是一个万丈深渊。"挫折对大学生心理的影响，既有积极的一面，也有消极的一面。

（一）挫折对大学生心理的积极影响

1. 挫折有利于提高个体的认识水平

失败是成功之母，失败也是我们所需要的，它和成功一样有价值，在知道导致失败的方法以后就可以更快地找到实现成功的方法。当人们遭受挫折后，往往会总结经验，吸取教训，寻找解决问题的有效方法。"吃一堑，长一智"，挫折会使大学生学会反省、思考、总结、探索，不断提高自己的认识水平，在思想和行为上走向成熟。

2. 挫折能激发大学生的进取精神

牛顿曾说："如果你问一个善于溜冰的人怎样获得成功，他会告诉你：'跌倒了，爬起来。'这就是成功。"对于一个有志气的大学生来说，遭受挫折会唤起他的斗志，激发他的进取心。因此，挫折是使人迈向成功的催化剂。

3. 挫折能增强大学生的情绪反应能力和解决实际问题的能力

当大学生面临困难或挫折时，强烈的刺激会引起情绪亢奋、精力集中，使整个神经系统的兴奋水平提高，因而精神焕发，思维加快，情绪反应能力大大提高。同时，在解决困难和应对挫折的过程中，大学生可以从中学习到经验与方法，提高分析问题和解决问题的能力。

4. 挫折能增强大学生的承受力

人们对挫折的承受力大小与其过去生活中的挫折经验相关。不同社会阅历的大学生，其

挫折承受力也不同。受挫经验多、体验深的大学生，能在同逆境的搏斗中锻炼自己应对逆境、战胜困难、摆脱困境的能力，增强对挫折的承受力。

5. 挫折能磨砺大学生的意志

挫折在给人打击的同时又给人带来一定的压力，它能磨砺出人的意志和毅力。"自古雄才多磨难，从来纨绔少伟男"，历史上一帆风顺而又有大成就的人是少见的，真正出类拔萃的人，大都是那些历尽艰辛，在挫折中磨炼出坚强意志，在逆境中不懈奋斗的人。越王勾践卧薪尝胆三年，终报亡国之仇；罗斯福身有残疾，却凭借渊博的知识、睿智的头脑、自强不息的精神获得人民的拥护，连任四届美国总统。

● 心理实践

坦言：我错了

活动目的：体验遭受挫折的感受，端正遭受挫折后的态度。

活动过程：全体同学起立，老师发出口令"一"，同学们就集体向左转；老师发出口令"二"，同学们就集体向右转；老师发出口令"三"，同学们就集体向后转。在老师发出口令以后，谁做错了，就得蹲下，大声说"我错了"。开始时，节奏比较慢，然后越做越快。有人错得不明显，想蒙混过关，大家可以一起重复说："有人做错了，请承认。"直到那人承认错误蹲下为止。而此时要承认的，除了转错方向的错误，还有掩饰过错的行为，所以要比别人蹲得时间长一些。然后请一直都没有转错的同学谈感受：一直不错也是很累的。

活动总结：在人的一生中，谁都会遇到不如意的地方，都会犯这样或那样的错误，大家无须掩饰，坦言"我错了"也没有什么，反而会使自己轻松坦荡，关键是我们犯了错、遇到挫折后的态度是什么，以及如何去改正错误战胜挫折。

（二）挫折对大学生心理的消极影响

1. 影响个体实现目标的积极性

挫折使个体的情绪处于不安、烦恼等消极状态之中，过低估计自己的能力，过高估计各种困难，信心不足，从而降低个体的抱负水平，影响积极性，难以实现预期的目标。

2. 降低学习效率

学习是一种积极的思维活动，学习效率除受个体的智力水平和知识水平的制约之外，还与学习者的情绪状态、自信心等因素密切相关。大学生在遭受挫折后，自信心会降低，长期处于焦虑不安的情绪状态，使原有的思维能力受到影响，从而会降低学习效率。

3. 降低创造性思维活动的水平

个体遭受挫折会引起情绪紧张、苦恼、失望等消极反应。如果是重大挫折，则会引起情绪状态的剧变，会直接使神经系统，特别是大脑功能处于紊乱、失调状态，这样当然无法进行创造性思维活动。心理学研究表明，在不良的情绪状态下，大脑会释放一种使人身心疲劳的有害物质，从而影响个体对问题的分析和解决。

4. 有损于身心健康

大学生受挫后，整个身心都处于一种紧张、压抑和焦虑不安的状态。这种消极的心理能量如果长期得不到释放，就会损害身心健康，有时可能成为心理障碍，甚至成为精神疾病发病的诱因。

5. 导致性格改变和出现行为偏差

当大学生遭到重大挫折或持续挫折而又无法做出相应的调整时，就会出现性格改变的现象。同时，由于受挫的大学生处在应激状态下，感情易冲动，自控能力较差，不能正确评价自己的行为及其后果，可能会做出违反社会规范的行为。

世界上一切事物都是在曲折中不断发展前进的。挫折具有客观性，它是不依赖于人的意志为转移的客观存在。"人生不如意事十有八九"，挫折是人生的一笔财富。因此，大学生要尽量从积极的方面来对待挫折，充分发挥其积极影响，尽量减轻或避免其消极影响。

第四节　压力管理与挫折应对

人生并不完全是绚烂多姿的朝霞，它是由痛苦、磨难、幸福、快乐共同织成的一张网。当遭受挫折时，我们是气馁消沉，还是积极奋发？强者会选择后者，因为生活告诉我们：哭泣和哀叹只会使我们跌得更惨，伤得更重。

一、心理防御机制

心理防御机制是弗洛伊德精神分析学说的基本概念之一，是指当个体面临挫折或冲突的紧张情境时，在其心理活动中具有的自觉或不自觉地解脱烦恼，减轻内心不安，以恢复心理平衡与稳定的一种适应性倾向。

心理防御机制是人们应对挫折时的自我保护，可以帮助人们走出困境。心理防御机制既有积极的作用，也有消极的作用。积极的心理防御机制在缓冲心理挫折时，表现出自信、进取的倾向，有助于战胜挫折；而消极的心理防御机制大多表现出退缩、冷漠、逃避的倾向，虽然能暂时缓解内心冲突，但从长远看，会阻碍个体面对现实。

● 心理故事

狐狸的挫折应对

盛夏酷暑，一群口干舌燥的狐狸来到一个葡萄架下。一串串晶莹剔透的葡萄挂满枝头，狐狸们馋得直流口水，可葡萄架很高。

第一只狐狸跳了几下摘不到，于是从附近找来一个梯子，爬上去满载而归。

第二只狐狸跳了多次仍吃不到，找遍四周，没有任何工具可以利用，笑了笑说："这里的葡萄一定特别酸！"于是，心安理得地走了。

第三只狐狸高喊着"下定决心，不怕万难，吃不到葡萄绝不离开"的口号，一次又一次跳个没完，最后累死在葡萄架下。

第四只狐狸因为吃不到葡萄整天闷闷不乐，抑郁成疾，不治而亡。

第五只狐狸想："连个葡萄都吃不到，活着还有什么意义呀！"于是找个树藤上吊了。

第六只狐狸吃不到葡萄便破口大骂，被路人拿着棒子赶跑了。

第七只狐狸抱着"我得不到的东西也不让别人得到"的阴暗心理，一把火把葡萄园烧了，遭到其他狐狸的共同围剿。

第八只狐狸想从第一只狐狸那里偷、骗、抢些葡萄，也受到了严厉的惩罚。

第九只狐狸因为吃不到葡萄，气到发疯，口中念念有词："吃不到葡萄不吐葡萄皮……"

另有几只狐狸来到一个更高的葡萄架下，经过友好协商，利用叠罗汉的方法，成果共享，皆大欢喜！

请思考：这些狐狸分别是怎么应对挫折的？如果是你，你会选择哪一种？

资料来源：张萍. 大学生心理健康教育［M］. 重庆：重庆大学出版社，2022.

（一）积极的心理防御机制

1. 认同

认同是指当个体因遭受挫折而痛苦时，将自己想象为某一成功者，效仿其优良品质，学习其获得成功的经验和方法，从而使自己的思想、信仰、目标和言行更适合环境和社会的要求，增强自信心，减少挫折感。例如，大学生常常把一些历史名人、学术权威、英雄楷模、身边的优秀同学作为自己的认同对象，从他们的人生经历中吸取营养和动力，从而奋发进取。

2. 升华

升华是指当个体因遭受挫折而痛苦时，确立一个比较崇高、具有创造性和建设性的目标，借以弥补因受挫而丧失的自尊与自信，减轻痛苦。升华是最积极的行为反应，如贝多芬失聪而作《命运交响曲》；歌德遭受失恋的痛苦而在事业上发奋努力，写出名著《少年维特之烦恼》等。

3. 补偿

当由于主客观条件限制和阻碍使个体目标无法实现时，设法以新的目标代替原有的目标，以现在的成功体验去弥补原有失败的痛苦，称为补偿，即所谓的"失之东隅，收之桑榆"。例如，大学生失恋后，发奋学习，用优异的成绩来弥补失恋的痛苦。

4. 幽默

幽默是指当个体遭受挫折、身处逆境或面临尴尬时，用幽默的方式来化解困境，维护自己的心理平衡。这不仅是一种聪明的做法，也是心理素质较高的表现。例如，某著名女主持人在一次大型晚会上，上台的时候不小心摔倒，她起身说："我被观众的热情倾倒了！"

（二）消极的心理防御机制

1. 否定

否定是指个体拒绝承认发生的事情是事实，以减轻或逃避心理的痛苦。例如，有些人在听到亲人患绝症的消息时，一口回绝，坚持认为是医院诊断错了。

2. 合理化

合理化是指个体用看似合理的理由和事实来解释自己所遭受的挫折，以减轻或消除心理困扰。它的表现形式可以概括为"找借口""酸葡萄效应""甜柠檬效应"等。例如，有的同学考试不理想，以身体欠佳为借口来安慰自己，避免挫折感。

合理化能够暂时缓解内心冲突，保持暂时的心理平衡，但对心理发展更多的是起消极作用。因为合理化的"理由"往往是不真实的或次要的理由，起着自我欺骗和自我麻痹的作用，会影响个体实事求是地面对现实和做出积极改变。

> 心理知识

酸葡萄效应

在《伊索寓言》中，有一只饥饿的狐狸，它看到一串串晶莹剔透的葡萄，垂涎欲滴，但因葡萄架过高，三跌而不得食。它为了维护自己的面子，就对身边的动物说："葡萄味酸，非我所欲也。"可见，酸葡萄效应是一种通过否定其难以达到的目标的优越性，夸大渴望获得物品的缺点来维持心理平衡的一种防御手段。例如，有的同学落选学生干部，虽然内心很苦恼、很失望，却安慰自己"当了学生干部杂事太多，耽误学习，得不偿失"。

资料来源：欧阳辉，闫华，林征. 大学生心理健康应用教程[M]. 沈阳：辽宁教育出版社，2010.

3. 压抑

压抑是一种较常用的心理防御机制，是人们在遭受挫折后，把意识所不能接受的、使人感到困扰或痛苦的思想、欲望或体验压抑到潜意识中，不再想起，不去回忆，主动遗忘，以保持内心的安宁，使自己避免痛苦。在这种遗忘中，被压抑的东西并没有消失，往往会不知不觉地影响人们的日常心理和行为。

4. 投射

投射是指个体将自己内心某些不能为社会规范或自我良心所接受的感觉、态度、欲望、意念等转移到别人身上，认为别人有这种恶习或品质，以此来减轻自己的内疚和焦虑，逃避心理上的不安，即所谓的"以小人之心，度君子之腹"。

5. 反向

反向是指为了防止自认为不好的动机外露，采取与动机方向相反的行为表现出来，以掩盖自己的本意，避免或减轻心理应激。例如，有的学生内心很自卑，却总是以自傲自大的表现来掩盖自己的弱点。

反向行为虽然可以在一定程度上掩饰个体的真实动机，但是掩饰包含着压抑，长期运用会从根本上扭曲自我，使动机与行为脱节，造成心理异常。

二、积极应对压力和挫折

挫折是人生的必修课，没有人能够躲开它。既然无法避免，与其痛苦不堪地面对，不如面带微笑地积极面对，在挫折中成长、成熟。

（一）克服不良认知，正确对待挫折

很多学生在遇到挫折时都会产生很大的情绪波动，无法沉着冷静，主要原因是对挫折的不良认知，如"这根本不应该发生在我身上""我是最倒霉的"等。埃利斯的情绪 ABC 理论指出，引起挫折感的不是事件本身，而是人们对事件的看法和评价。对于同样的事情，不同的人会产生不同的反应。因此，击垮人的不是挫折本身，而是人面对挫折时所持有的看法和抱有的心态。当我们在每一次挫折中，尝试去发现它的积极面时，就会有合理的认知，许多问题终将迎刃而解。

作为当代大学生，首先要充分认识挫折的客观性。在人的成长过程中，不可能一帆风顺、尽如人意。挫折是生活的组成部分，人就是在不断战胜挫折中成长的。其次，大学生要认识挫折的两面性，树立正确的挫折观。一方面，挫折对人有消极的影响，会影响实现目标

的积极性，降低创造性思维水平，损害身心健康等；另一方面，挫折也有积极作用，挫折能增强情绪反应力量，增强容忍力，提高对挫折的认识水平。对于强者而言，挫折是一块垫脚石，能为成功铺垫阶梯。

● 心理训练

捕捉消极想法

我们所有人都会遇到挫折，你是否曾经有过这样的经历，认为事情发展比实际情况更糟？认知行为疗法认为我们可能具有让事情看起来比实际更糟的思维方式，即"认知扭曲"。认知扭曲包括：非黑即白的极端思维，如"我考试不及格，我很笨"；过分归纳思维，如"男朋友不回我电话，我连爱情都把握不住"等。如果你的思维中经常包含认知扭曲，不妨尝试下面的方法，具体步骤如下。

（1）找出困扰自己的想法，例如，"我承担的工作太多了，到期无法完成，这会让老师和同学们认为我很糟糕"。

（2）自问究竟多么认可这个想法，设定一个百分比，比如85%。

（3）自问这种想法是否扭曲。

（4）再仔细想想，换一些不同的说法，比如，"我之前都严格在截止日期前完成了工作"或者"这个工作的完成日期可以灵活些"。你可能仍有疑虑，尝试其他解释，看看是否合适。

（5）尽量冷静地看待证据。这些事实真的支持自己的悲观预测吗？有没有更令人鼓舞的证据呢？

（6）自问到底多么相信这个令人心烦的想法。答案不一定是"一点也不"。如果已经从85%下降到45%，那就是一个很显著的进步。

资料来源：英国DK出版社. 压力心理学［M］. 安林红，秦广萍，译. 北京：电子工业出版社，2019.

（二）客观分析，合理归因

归因是指个体按照主观感受或经验，对行为原因进行推测和判断的过程。一般情况下，挫折由客观因素（运气、任务难度）和主观因素（能力水平、努力程度）造成。人们把失败归因于何种因素，对以后的活动积极性有很大影响。

大学生应正确分析自己的归因模式，特别要避免两种错误的归因模式。一是有的学生总是把自己学习的成败归因于外在因素，如一个学生认为自己成绩不好主要是因为教师教学水平太低或是考卷难度太大，而不去努力克服困难。二是有的学生把失败归因于自身的能力过低，从而过多地抱怨和责备自己。这两种习惯性的归因，都不能找出真正原因，无助于战胜挫折。因此，大学生要学会从多方面收集信息，从事实出发，冷静、客观地分析自己失败的真正原因，从而对挫折进行恰当的反应，找出对策，转败为胜。

（三）总结经验教训

学会总结失败和挫折中的经验教训是提高挫折承受力的重要途径。一方面，要从失败中吸取教训，以积极的态度冷静地分析遭受挫折的主、客观原因，及时找出失败的症结所在，发现自己的弱点，排除障碍，毫不动摇地朝着预定的目标迈进；另一方面，要发现自己的优点和长处，从而振作精神，鼓起战胜挫折的勇气，树立信心，提高对挫折的承受力。

（四）调节抱负水平

抱负水平是指一个人在从事活动前，对自己所要达到的目标或成就的标准。它是人们进行成就活动的动力，而能否成功取决于抱负水平的高低是否适合个体的能力或条件。抱负水平过高或过低都不利于增强个体的自信心和自尊心。抱负水平过高，若达不到预定目标，就容易产生挫折感；在过低的抱负水平下，即使成功了，人们也不能产生成就感。所以，要使个体在活动中产生成就感又不至于受到挫折，就要设定适合自身能力水平的、具有挑战性的目标和标准。

（五）建立和谐的人际关系

研究表明，具有良好的人际关系和社会交往的人，其挫折承受力和社会适应能力更强。良好的人际关系可以为个体提供强有力的社会支持，可以提供亲密感、信任感、安全感和依附感。比如，知心朋友之间的倾诉和自我袒露类似心理减压过程，可以增进自我了解和接纳的程度，缓解挫折压力；可以使个体获得肯定，增强自信心，提高自尊心。

心理知识

谢谢你的陪伴

2011 年，一个加拿大裔美国人跟踪研究了志愿者在几天活动期间的压力荷尔蒙皮质醇水平。志愿者每日都对自己经历的所有消极事件做了详细记录。结果显示，当面对消极事件时，志愿者的皮质醇水平上升，但如果他们有最好的朋友陪伴，皮质醇则保持稳定。这说明当有一个值得信赖的朋友在场时，我们的身体对压力威胁的感知会降低。

得到朋友的支持非常令人欣慰，而给予别人支持也能降低我们的压力水平。2015 年，美国学者做了一项研究，在 14 天的课程中，参与者被要求记录经历过的紧张事件，以及他们何时为别人提供过帮助。结果显示，那些具有亲社会行为（即对他人友好）的人，感受到的压力明显要小。

当我们不知所措的时候，还要对别人友好，这似乎额外增加了自己的负担。事实上，这些亲社会行为可能是非常小的事，小到为别人打开一扇门，但它确实可以让研究参与者免受压力影响。一些慷慨或礼貌的姿态也能提升自己的情绪，使压力看起来不那么重要。

资料来源：英国 DK 出版社. 压力心理学 [M]. 安林红，秦广萍，译. 北京：电子工业出版社，2019.

因此，大学生要学会交往，建立和谐的人际关系，在遇到压力挫折后，应主动找自己的朋友、家人沟通，寻求他们的支持和帮助，以有效应对挫折。

心书推荐

《人生不设限》

［澳］力克·胡哲

《人生不设限》是力克·胡哲的自传。作者患有"海豹肢症"，天生没有四肢，他上学后饱受嘲笑，在想放弃生命的最后一刻选择活下去。他当选为中学学生会副主席，并获得大学本科双学位；他可以骑马、冲浪，用小脚发短信的速度一如常人；他喜欢用他的头和肩膀拥抱别人；他立志成为演说家，用自己的经历去激励他人；他走遍 34 个国家，演讲 1 500 余场，令无数人激动落泪；他的座右铭是"没手，没脚，没烦恼"。

没有一本书比力克的故事更能带给你希望！如果你怀疑自己的能力，力克说："当你怀疑自己能否实现人生的目标时，请信任那些愿意助你一臂之力以及能够指引你的人"。如果你觉得自己很糟糕，力克说："当我的父母看到我出生时那没手没脚的模样时，他们也不禁怀疑上帝到底在想什么。然而，今天我过着完全超乎我们想象的生活。我只能说，我的遭受奇迹可畏，你也一样"。如果你正面对人生的变化，力克说："在掌控你不想要或突然发生的变化时，第一步就是保持警觉，迅速认知到你即将进入一个新阶段——无论是好是坏，觉察到变化可以减轻压力"。如果你正打算放弃梦想，力克说："告诉自己再多撑一天、一个礼拜、一个月，再多撑一年吧，你会发现，拒绝退场的结果令人惊讶。只有拒绝再试一次的人才会被打败"。

● 素养提升

残奥高山滑雪运动员张海原：乐观积极，创造精彩生活

在北京2022年冬残奥会的高山滑雪女子大回转（坐姿）比赛中，45岁的张海原位列项目第六，完成了自己的冬残奥会首秀。虽然没能登上领奖台，但张海原收获了现场观众热烈的掌声和欢呼，也收获了宝贵的人生经历。她曾在2004年夏天勇夺雅典残奥会女子跳远F42级冠军，2022年又来到北京冬残奥会高山滑雪的赛场。张海原儿时因事故导致左腿粉碎性骨折，但热爱运动的她并没有就此颓废："我一样可以跑得更快，跳得更高！"这不是随便说说，热爱与勤练成为她的"翅膀"。从1996年开始，张海原在残疾人田径赛场找到了自己的赛道，在跳远、跳高、马拉松等项目中屡获佳绩。在2004年雅典残奥会上，张海原以3米67的成绩夺得女子跳远F42级金牌，同时将自己保持的世界纪录提高了17厘米。

2015年北京申请冬奥会成功后，张海原决定跨界跨项，转练残奥高山滑雪，在北京冬残奥会的赛场上继续自己的运动生涯。从夏季运动转到冰雪运动并不是一件容易的事。2016年，张海原加入中国残奥高山滑雪集训队。作为队里最年长的队员，张海原面临着体能的挑战。为了达到理想的水平，张海原一个技术动作要打磨上千次，摔倒、受伤更是家常便饭。

尽管在中国代表团运动员中年纪最长，尽管接触残奥高山滑雪的时间并不长，但张海原对自己很有信心，北京2022年冬残奥会，她原计划参加残奥高山滑雪的全部（5项）比赛，奈何遭遇肩部伤势，她不得不放弃对速度要求较高的滑降、超级大回转和全能3个项目，只参加回转和大回转两个项目。

"虽然没能实现双奥运冠军梦，但我每一次滑行都全力以赴，不想辜负自己多年的努力和国家的培养。"张海原说，"高山滑雪是勇敢者的运动，从事这项运动的所有运动员都值得钦佩。"

从雅典到北京，走过18年，张海原已不再需要奖牌证明自己，她的执着、顽强、乐观，早已超越胜负。"我希望通过自己的经历鼓舞更多残疾人朋友，希望大家勇敢地走向社会，乐观积极地面对生活。只要坚持不懈，每个人都可以创造属于自己的精彩生活。"

残奥高山滑雪运动员张海原以乐观的精神面对生活和挑战，这对你应对挫折带来哪些启示？

资料来源：李洋，刘硕阳. 残奥高山滑雪运动员张海原：乐观积极，创造精彩生活［N］. 人民日报，2022-03-15（15）.

● 思考启迪

2023年，习近平总书记在同团中央新一届领导班子成员集体谈话时指出："青年人有理

想、敢担当、能吃苦、肯奋斗,中国青年才会有力量,党和国家事业发展才能充满希望。"

资料来源:新华社,在中国式现代化建设中挺膺担当——习近平总书记同团中央新一届领导班子成员集体谈话时的重要讲话激励广大青年接续奋斗逐梦前行,2023-06-27。

请结合你对压力与挫折的认识,深入思考如何提高自身管理压力和应对挫折的能力,真正做到有理想、敢担当、能吃苦、肯奋斗,并为党和国家事业发展贡献力量。

心理测试

大学生压力量表

该量表用于测量大学生在大学校园里的压力类型与程度水平。

请就下列各题选择一个最符合你近几个月情况的答案,0 代表"没有压力",1 表示"轻度压力",2 表示"较大压力",3 代表"很大压力"。

题 目	没有压力	轻度压力	较大压力	很大压力
1. 渴望真(爱)情却得不到	0	1	2	3
2. 青春期成长	0	1	2	3
3. 同学关系紧张	0	1	2	3
4. 外形不佳	0	1	2	3
5. 身体素质不好	0	1	2	3
6. 同学间互相攀比	0	1	2	3
7. 居住条件差	0	1	2	3
8. 遭受冷遇	0	1	2	3
9. 社会上的各种诱惑	0	1	2	3
10. 晚上宿舍太吵	0	1	2	3
11. 没有人追或找不到男/女朋友	0	1	2	3
12. 没有人说真心话	0	1	2	3
13. 没有学到多少真本领	0	1	2	3
14. 独立生活能力差	0	1	2	3
15. 各种应酬有困难	0	1	2	3
16. 家庭经济条件差	0	1	2	3
17. 对有些科目怎么努力成绩也不好	0	1	2	3
18. 学习成绩总体不理想	0	1	2	3
19. 讨论问题时经常反应不过来	0	1	2	3
20. 考试压力	0	1	2	3
21. 同学间的竞争	0	1	2	3
22. 学习效率低	0	1	2	3
23. 每学期期末考试成绩排名	0	1	2	3
24. 完成课业有困难	0	1	2	3
25. 有些课程作业太多	0	1	2	3
26. 各种测验繁多	0	1	2	3
27. 累计两门以上功课考试不及格	0	1	2	3
28. 一门功课考试不及格	0	1	2	3
29. 当众出丑	0	1	2	3
30. 被人当众指责	0	1	2	3

计分与评定：

量表涉及 3 个压力维度。个人压力维度包括 1～16 题 16 个题目；学业压力维度包括 17～26 题 10 个题目；消极生活事件包括 27～30 题 4 个题目。本量表的理论分数范围是 0～90 分，分数越高表明压力越大。一般得分高于 45 分被认为高压力，反之，为低压力。

资料来源：申继亮，陈英和. 中国教育心理测评手册[M]. 北京：高等教育出版社，2014.

知识导图

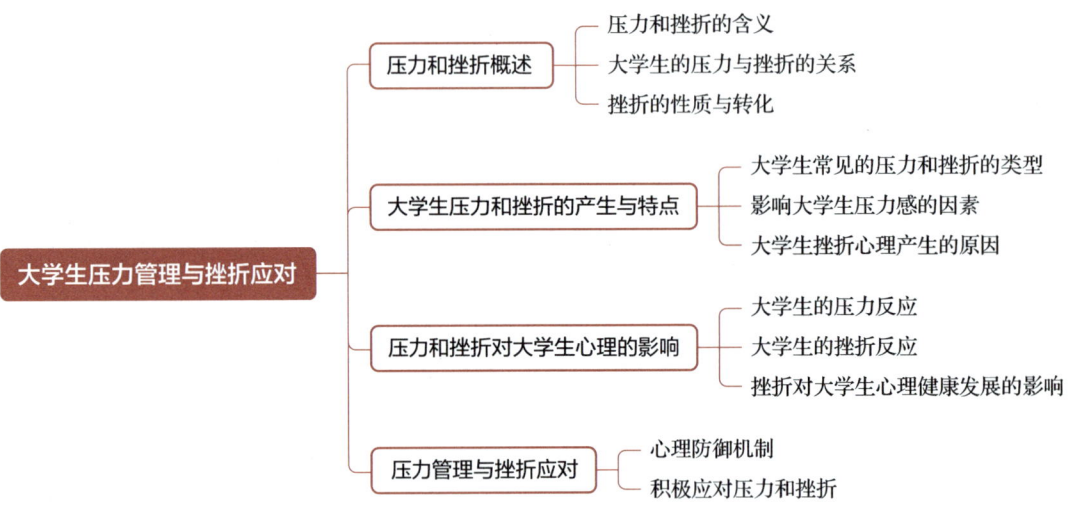

课后习题

1. 进入大学后，你都遇到过什么样的挫折？你是如何战胜它们的？
2. 在生活中遭受挫折时，自己常用的心理防御机制有哪些？
3. 挫折与成功、失败有什么关系？作为当代大学生，如何积极应对挫折走向成功？

参考文献

[1] 彭聃龄. 普通心理学[M]. 4 版. 北京：北京师范大学出版社，2012.
[2] 陈发祥，潘莉，黄志斌. 新编大学生心理健康教育：慕课版[M]. 北京：中国民主法制出版社，2023.
[3] 廖波. 普通心理学[M]. 北京：航空工业出版社，2012.
[4] 刘邦春，刘婕，陆峥. 大学生心理健康手册[M]. 上海：上海社会科学院出版社，2023.
[5] 戴朝护. 大学生心理健康[M]. 2 版. 北京：北京大学出版社，2017.
[6] 张萍，彭德珍，于婷. 大学生心理健康教育[M]. 重庆：重庆大学出版社，2022.
[7] 欧阳辉，袁忠霞. 大学生心理健康应用教程[M]. 沈阳：辽宁教育出版社，2011.
[8] 贾楠，乔凯平. 心理与成长：大学生心理健康指导[M]. 北京：机械工业出版社，2021.
[9] 英国 DK 出版社. 压力心理学[M]. 安林红，秦广萍，译. 北京：电子工业出版社，2019.

第十二章 生命的考验与成长
——大学生生命教育与心理危机应对

◉ 学习目标

（1）培养大学生认识生命、尊重生命、珍视生命；
（2）帮助大学生识别心理危机的信号；
（3）掌握心理危机应对策略，预防危机发生，确保生命安全。

◉ 案例导入

小杰的困扰

　　小杰，男，大二学生，学业成绩持续下滑，多门课程成绩不及格。他来自一个双职工家庭，父母均为业内知名专业人士，自小对他寄予厚望，口头禅常是："你的任务就是专心学习，其余的我们来处理"。在步入大学之前，小杰的学习成绩始终在班级前列，是老师口中的模范生，同学们学习的榜样，也是父母心中的骄傲。然而，由于过度的学业压力，他在高考中未能发挥出最佳水平，与自己心仪的高等学府失之交臂。当时，父母建议他复读一年，但小杰坚决反对，并和父母发生了激烈的争吵，双方长期处于冷战状态。

　　进入大学后，小杰感到迷茫，失去了学习和生活的方向感，对于自己的未来发展毫无头绪。他在校园里的人际关系相对淡漠，与同学和老师的交流仅限于必要的学习事务，未能与同学建立起深厚的友谊。他逐渐对学习产生了强烈反感，缺乏学习的内在动力，不清楚学习的意义所在，进而频繁逃课，将大部分时间花费在睡觉、玩游戏上，对考试不及格也显得漠不关心。

　　小杰觉得自己的人生仿佛一直在父母的规划和控制之下，他感到自己失去了自我，看不到个人的价值和存在的意义。

【思考】
（1）生命的本质是什么？
（2）生活的目的和意义体现在哪里？
（3）怎样发现并确立个人的存在意义和价值认同？

第一节 生命概述

生命,这一古老而深远的议题,构成了人类存在与发展的基石。深入探索生命的起源之谜,透彻理解生命的本质含义,全面把握生命的独特特征,以及精准掌握生命所承载的多样功能,是开展生命教育不可或缺的教学目标。只有完成这些教学目标学生才能更好地认识生命的奥秘,珍视生命的宝贵,进而培养出对生命的敬畏之心。这不仅是对生命本身的探索,更是对人类自身存在意义的深刻反思。

一、认识生命

(一)生命的内涵

生命是一个复杂而广泛的概念。从古至今,其定义在不同的学科和语境中都有所不同。

1. 古代生命观

在古希腊,哲学家面对生命的运动与变化,常常将那些尚未探明的运动源泉归结为一种被称为"力"的抽象概念。这一"力"的概念,后来被物理学等学科所借鉴,用以解释各种自然现象,如引力、电磁力等,尽管这些学科在"力"的研究上取得了显著成果,但对于古希腊哲学家所提及的"活力"或"生命力"这种更为本质且深奥的概念,至今未能给出确切的答案。

在中国古代,哲学家倾向于用"气"来描绘那些驱动生命运动与变化的未知原因。"气"被视为生命活动的根本,人的生存被视为"气"的聚集与运动。如古人所言:"人之生,气之聚也。聚则为生,散则为死……故曰:'通天下一气耳'。"这种"气"的概念虽然模糊,但不同学者根据自己的理解给出了各自的解释。东汉王充将生命的形成比作冰的凝结,认为"人之生,其犹冰也,水凝而为冰,气积而为人";三国时期杨泉将生命比作火的燃烧,强调生命的代谢过程,如"譬如火焉,薪尽而火灭,则无光矣。故灭火之余,无遗炎矣;人死之后,无遗魂矣",这些比喻都试图从自然现象中寻找生命的本质与规律。

古代生命观无论是古希腊的"力"还是中国古代的"气",都试图从哲学角度探讨生命的本质与运动规律,尽管这些概念在当时乃至后世都存在一定的模糊性和不确定性,但它们无疑为后人研究生命现象提供了宝贵的思想资源和启示。

2. 现代生命观

随着现代科学的兴起,各学科对生命的探索逐渐深入,从而形成了多样化的生命观念。在20世纪50年代之前,人们尝试从生命的共同表面特征中提炼出一个普遍适用的"生命"的定义,将其描述为具备与环境交换物质和能量、生长繁殖、遗传变异以及对刺激做出反应等特性的物质系统。这种定义确实为我们提供了对生命活动的一般认识。但是随着科学的进步,人们逐渐意识到其局限性,因为并非所有的生命形态都完全符合这些特征。

《不列颠百科全书》为了更全面地理解生命,从五个不同的角度进行了定义:生理学角度强调生命系统的各种生理功能;新陈代谢角度关注生命体与外部环境的物质交换;生物化学角度强调生命系统中核酸和酶蛋白的重要性;遗传学角度强调生命的进化过程;热力学角度则将生命视为一个通过能量流动和物质循环不断增加内部秩序的开放系统。这些角度不仅涵盖了人的生命,也包括了动植物等广泛的生命形态。

总的来说,生命是一个复杂而多样的概念,通常是指具有稳定的物质和能量代谢现象、能够回应刺激、具备自我复制能力的半开放物质系统。生命个体经历出生、成长和死亡的自然过程,而生命种群则在一代代个体的更替中通过自然选择和进化来适应环境。

尽管生命的定义多样且复杂，但更重要的是我们如何对待和认识生命。尊重和关爱生命，探寻生命的价值和意义，才是我们真正需要关注的。无论生命的形态如何，它们都值得我们珍视和保护，因为每一个生命都是独一无二的存在。

（二）生命的特性

1. 独特性

生命体，特别是人类，展现出无与伦比的独特性。正如世界上没有两片完全相同的树叶，每个人也都是独一无二的存在。个体拥有各自独特的思维方式和行为模式，这些特质塑造了不同的人生轨迹和不同的人生目标。正是这种独特性，让生命世界更加丰富多彩。

2. 有序性

生命遵循着一种有序且不可逆转的发展规律。从出生到成长，再到衰老和死亡，这是一个自然且不可抗拒的过程。生命的每一个阶段都有其特定的任务和意义，共同构成了生命发展的完整画卷。这种有序性不仅体现在个体生命的历程中，也贯穿于整个生物圈的运作之中。

3. 有限性

生命是有限的，既有开始也有结束。这种有限性使每一个生命都无比珍贵。每个人都在用有限的生命去追寻无限的价值和意义，努力在有限的时间里创造出更多的可能性和美好。正是这种对生命的珍视和追求，我们才要更加珍惜每一刻时光，努力活出自己的精彩。

4. 精神性

人的生命与动物的生命最本质的区别在于我们拥有精神性。这种特性使人类能够超越低等生物的局限性，用意识和主观能动性去改变环境、规划人生和创造价值。精神世界是丰富而又复杂的，它包含了情感、思想、价值观等多个方面。这些元素共同构成了人类的生命体验和意义，在追求物质满足的同时，也能享受到精神上的富足和幸福。

5. 社会性

人作为社会化的生物，其存在和成长都离不开社会的支持和影响。通过与他人建立联结，不仅能够展现自己的生命状态，还能追求生命更深远的意义，实现生命更大的价值。社会提供了交流和学习的平台，能够促进人类不断成长和进步，同时使人们在相互支持和帮助中感受到生命的温暖和力量。

（三）生命的功能

1. 新陈代谢

新陈代谢是生命体维持生命活动所必需的基本过程。它涉及生命体从外部环境中摄取营养物质，通过消化、吸收、利用和排泄等过程，将营养物质转化为生命体所需的能量，同时排出废物。这一过程不仅为生命体提供了必要的能量支持，还促进了生命体与环境的物质交换，维持了生命体的稳定。

2. 生长发育

生长发育是生命体从出生到成熟所经历的过程。其中，生长主要体现为生命体体积和质量的增加，伴随着细胞增殖、组织分化和器官发育的层级化演进过程；发育则是生命体结构和功能逐渐成熟和完善的过程，包括形态、生理、生化、遗传和行为等方面的变化。

3. 繁殖

繁殖是生命体产生后代、延续物种的基本功能。生命体通过繁殖，将自身的遗传信息传递给后代，确保物种的连续性和多样性。繁殖方式包括无性繁殖（如分裂、孢子等）和有性繁殖（如配子结合、受精等）。

4. 遗传与变异

遗传与变异是生命体遗传信息传递和变化的重要功能。遗传确保了生命体后代与亲代在遗传特征上的相似性，变异则为生命体的进化提供了原材料。遗传信息以DNA为载体，通过复制、转录和翻译等过程在生命体内传递。

5. 应激与适应

生命体能够感知外部环境中的刺激，如光照、温度、湿度、化学物质等，并做出相应的反应，如移动、改变生理状态、行为模式等，体现了生命的应激性与适应性，从而通过适应不断变化的环境，确保自身的生存和繁衍。

二、诠释生命

（一）生命意义

生命意义是一个解构人类存在的目的与意义的哲学问题，它涉及人类存在的根本价值和目标。生命意义通常被理解为个体或人类整体赋予生命以价值和目的的过程。它不仅是一个抽象的概念，更是一个与个体经历、信仰、价值观等紧密相连的实体。通过赋予生命以意义，人们能够找到自己的生活目标和方向，从而更加积极地面对生活中的困难与挑战。

1. 生命意义是追求目标、整合需求及实现目标的统一

当人们把时间和精力放到目标实现上时，生命意义就存在于目标追求之中，每个人的生命都有其存在的独特原因，在其独特存在的过程中，必须努力实现某些重要的目标。同时，人需要与外界建立和谐的关系，整合自己生理、精神与社会三方面的需求，树立有价值的目标，建立具有一致性的人生哲学，理解生命与世界的规律。生命意义还在于个体生命目标的实现程度上，实现目标会使个体产生成就感、满足感、价值感，对生活更有热情；相反，当个体的目标无法实现时，会产生焦虑、忧郁等不良情绪，从而缺乏生活的动力和方向。

2. 生命意义是认知、情感与动机的统一

从心理学角度进行定义，生命意义是由认知、情感与动机三方面构成的。认知是个体的信念系统，反映人对生命意义的观念、看法与认识；情感是伴随认知与动机而产生的情绪系统，是因目标实现而获得的成就感、幸福感、价值感，或因目标未实现而产生的挫败感、失望感等；动机是选择目标与决定行动的态度和价值观，生命动机越强的人，越可能选择积极的应对方式，自我效能感也越高。

3. 生命意义是独特性与稳定性的统一

每个人的生命意义都是独特的，每个人都有其不同的天赋、兴趣、气质、性格等，因此每个人的生命都被赋予了不同的意义。每个人生命意义的来源、生命意义的存在及生命意义的寻求方式都是有差异的，具体体现在人寻求生命意义时的动机强度、紧张程度，对生命意义的感受程度，生命意义的深刻程度，以及生命意义存在的重要程度、价值深度等都会有不同的偏向。虽然生命意义在不同时间、不同环境、不同阶段可能会发生改变，但其仍然

具有跨时间的相对稳定性，因为人类从未停止探索人生的意义。

心理故事

艾青对生命的感悟

我国现当代著名诗人艾青在年轻的时候就对生命进行过深入的思考，对于生命的种种神态，有着自己的独立见解。生命之活力，生命之光芒，在他的许多诗中都闪烁着光彩。例如，他在《诗论》里不时流露出对于生命的思考，他说："我们永远不能停止对于自然的歌唱，因为我们永远不会停止从自然取得财富的缘故——这有如我们永远爱着哺育我们的母亲一样。"

《生命》是艾青于 1937 年 4 月创作的现代诗。他用一首自己写的诗去定义生命意义，阐述了其对生命的理解。当时正值抗日战争全面爆发前夕，艾青也借这首诗，表达了对国家和民族的坚定信念。下面我们来欣赏这首诗：

有时
我伸出一只赤裸的臂
平放在壁上
让一片白垩的颜色
衬出那赭黄的健康
青色的河流鼓动在土地里
蓝色的静脉鼓动在我的臂膀里
五个手指
是五支新鲜的红色
里面旋流着
土地耕植者的血液
我知道
这是生命
让爱情的苦痛与生活的忧郁
让它去担载罢，
让它喘息在
世纪的辛酷的犁轭下，
让它去欢腾，去烦恼，
去笑，去哭罢，
它将鼓舞自己
直到颓然地倒下！
这是应该的
依照我的愿望
在期待着的日子
也将要用自己的悲惨的灰白
去衬映出
新生的跃动的鲜红。

资料来源：360 百科，https://baike.so.com/doc/2208567-2337088.html。

（二）获取生命意义的途径

著名心理学家、意义疗法创始人维克多·弗兰克尔认为有三种途径可以获得生命意义。

1. 创造性价值

创造和工作是与实现创造性价值相关的。发现生命意义的一个重要途径就是工作，工作将人的特殊性在对社会的贡献中体现出来，从而使人的创造性价值得以实现。然而，简单的机械工作是远远不够的，人们需要把握工作背后的意义和动机，才能从对工作的价值和意义的感悟中获取生命意义，积极的、有创造性的、有责任感的态度赋予工作以意义。

2. 经验性价值

获取生命意义的第二个途径与实现经验性的价值有关。人们通过体验某种事物，如工作的本质、文化或爱，实现经验性价值，从而发现生命意义。弗兰克尔认为，爱是深入人格核心的一种方法，它可以实现人的潜能，使人们理解到自己能够成为什么、应该成为什么，从而使原有的潜能发挥出来。爱可以让人体会到强烈的责任感，能激发人的创造性，在体验爱的过程中，发现生活的意义和价值。

3. 态度性价值

态度性价值体现在对不可避免的苦难所采取的态度上。弗兰克尔认为，人对命运的选择完全取决于人的态度，即使面对无法抗拒的命运力量，人们也可以选择自己的立场和态度。人们通过实现态度性价值，改变看待事物的角度，从中获得新的认识。当人们面对苦难时，重要的是用怎样的态度来面对苦难，用怎样的态度来承担苦难。弗兰克尔认为，许多症状都是由不良态度导致的，通过改变态度能使这些症状得到缓解。

● 心理训练

生命线

"生命线"，一条代表人一生长度的直线，从出生到死亡。一端是 0 岁，即以出生时刻为起点，另一端是预测的死亡年龄，即以死亡年龄为终点。预测死亡年龄给出了三个基本的依据：一是本人的健康状况；二是家族的健康状况；三是生活地域的平均年龄。在生命线上找出今天你的位置，写上今天的年龄和日期，并思考以下问题。

```
                       现在年龄
0 岁 ═══════════════════════╪═══════════════════════════════ $x$ 岁
```

请回想过去（从出生到现在年龄之间）的岁月里，特别令自己自豪的三件事情。

（1）_____
（2）_____
（3）_____

请回想过去的岁月里，特别令自己感受到挫折的三件事情。

（1）_____
（2）_____
（3）_____

设想一下，在未来的岁月里自己最想实现的三个目标。

（1）_____

（2）_____
（3）_____

第二节　大学生生命教育

一、生命教育的含义

1968年，美国著名的演讲者、作家与人生导师杰·唐纳·华特士提出了"生命教育"的概念，并在美国加利福尼亚州创办了"阿南达村"和"阿南达学校"来实践他的"生命教育"思想。生命教育的理念在中国虽起步较晚，但近年来得到了快速发展。早在2004年，辽宁省就制订了《辽宁省中小学生命教育专项工作方案》，标志着生命教育在中国的正式起步。2005年，上海市也发布了《上海市中小学生命教育指导纲要》，进一步推动了生命教育在中小学的普及。

何为生命教育，人力资源和社会保障部中国就业培训技术指导中心推出的职业培训课程《生命教育导师》中指出：生命教育是直面生命和人的生死问题的教育，其目标在于使人们学会尊重生命、理解生命的意义以及生命与天人物我之间的关系，学会积极的生存、健康的生活与独立的发展，并通过彼此间对生命的呵护、记录、感恩和分享，由此获得身心灵的和谐，事业成功，生活幸福，从而实现自我生命的最大价值。

生命教育是对生命的多层次认识，不仅要理解生命的意义，学会珍爱生命、尊重生命、敬畏生命，更要创造生命的价值；生命教育不仅让人们关注自身生命，更是要帮助人们关注、尊重、热爱他人的生命；生命教育不只是人类的教育，更是要让人们明白与生命的其他物种的和谐共存；生命教育不只是关心今日生命之享用，还要关怀明日生命之发展。

二、生命教育的内容

2010年，教育部正式公布实施的《国家中长期教育改革和发展规划纲要（2010—2020年）》中，明确提出要重视安全教育、生命教育、国防教育、可持续发展教育，这是"生命教育"一词首次正式出现在国家级纲领性文件中。

2021年，《教育部办公厅关于加强学生心理健康管理工作的通知》中明确要求学校注重安排形式多样的生命教育、挫折教育等，强调切实培养学生珍视生命、热爱生活的心理品质，增强学生的责任感和使命感。近年来，全国人大代表和政协委员也多次提议在学校中重视生命教育，并建议单独开设生命教育的相关课程。

大学阶段是青年世界观、人生观、价值观形成的关键时期，也是自我意识增强，情绪表现强烈，心理发展逐步成熟的过渡时期，这一阶段的生命教育尤为重要。生命教育倡导大学生学会认识、珍惜、尊重、享受、超越生命，提高生命质量，获得生命价值。大学生生命教育主要包括以下几个方面。

（一）生命意识教育

生命意识教育是大学生生命教育的核心，它强调大学生应认识到生命的短暂性、不可替代性和不可重复性，从而更加珍惜和尊重生命。通过生命意识教育，大学生可以认识到，人的生命只有一次，生命是宝贵的，要珍爱自己的生命；同时也要尊重他人的生命，包括动、植物的生命，以及自然界中其他生命的存在。只有心中怀有珍爱生命的意识，生命之火才会越烧越旺。维克多·弗兰克尔在《活出生命的意义》中强调，无论处境多么悲惨，我们都有责任为生命找出一个意义来。他认为，人类的生命无论在何种情况下都有其意义。因此，大学生应勇于面对挑战，在实践活动中探寻生命意义。

（二）生命价值教育

人的生命是生理、心理与社会的统一，人的生命价值则是自我价值与社会价值的统一。自我价值是生命活动在个体生存与发展的过程中所创造的价值，社会价值则是个体的生命活动对社会、对他人所创造的意义。生命价值教育让大学生学会在实践活动中如何正确看待个体生命，如何正确处理人与己、人与人、人与自然的关系，帮助大学生树立正确的世界观、人生观、价值观，明确人类生存的目的、价值和意义，激发大学生发现和探索生命价值。

● 心理故事

生命价值

在一次讨论会上，一位著名的演说家没讲一句开场白，手里却高举着一张 20 美元的钞票。在会议室里 200 个人的注视下，他问："谁要这 20 美元？"一只只手举了起来。

他接着说："我打算把这 20 美元送给你们其中的一位，但在这之前，请准许我做一件事。"他说着将钞票揉成一团，然后问："谁还要？"仍有人举起手来。

他又说："那么，假如我这样做又会怎么样呢？"他把钞票扔到地上，又踏上一只脚，并且用脚碾它。然后他捡起钞票，钞票已变得又脏又皱。他问："现在谁还要？"还是有人举起手来。

"朋友们，你们已经上了一堂很有意义的课。无论我如何对待这张钞票，你们还是想要它，因为它并没有贬值，它依旧值 20 美元。人生路上，你们会无数次被自己的决定或碰到的逆境击倒、摧残，甚至碾压。你们觉得自己似乎一文不值。但无论发生什么，或将要发生什么，你们永远不会丧失价值。不管是肮脏或洁净，衣着齐整或不齐整，你们依然是无价之宝。"

资料来源：王坚，谢康. 大学生心理健康教育实践教程［M］. 苏州：苏州大学出版社，2022.

（三）生命感恩教育

感恩教育是教育者运用有效的教育方法与手段对受教育者实施的包括识恩、知恩、感恩、报恩和施恩在内的教育内容的过程。感恩教育是大学生生命教育与道德教育的重要内容。感恩是一种生活态度，是一种美德。感恩能让我们感受到自然的美妙、生命的美好，使我们保持积极、阳光的心态；感恩能促进人与人之间的相互信任、相互理解、相互尊重，有利于良好人际关系的建立。常怀感恩之心使我们在不如意之时，能以更坦荡、更开阔的胸怀去应对生活中的不易。因此，学会感恩，会发现生命是美好的，是值得去热爱的。

● 心理训练

感恩日记

心理学家和感恩研究人员建议定期记录感恩日记，以便在面对生活压力时可以保持幸福感。下面是一些关于感恩日记的建议。

（1）做好时间规划，每天要记录的东西不用太多。事实上，研究表明每周只写一件事，而且坚持六周的人感觉更快乐，每周写三篇文章的人却没有这种快乐的感觉，因此，一周写一两篇就够了。

（2）有意识地做出决定，使自己更懂得感恩。你越投入，你的日记就越能使自己获益。

（3）注重质量，而不是数量。注意，详细写出感恩的原因，比写几句关于很多事情的话更有效。

（4）对人的感激胜过对事物的感激。

（5）注意那些令人惊喜的祝福，它们给人留下的印象远远超出你的预期。

总之，要欣赏生活中的美好事物，但不要忘记解决问题，为此设定合理的界限，欣赏自己的努力，这些也都是自我照顾的积极行为。

（四）生命责任教育

生命责任教育是指使人们践行某些职责，且对其有组织、有计划地施加影响的过程。"身体发肤，受之父母，不敢毁伤，孝之始也。"生命意味着一种责任，人活着不仅是为了自己，也是为了父母、家庭和社会。如果一个人随意处置自己的生命，逃避生命的责任，那是对父母、对家庭和对社会的一种不负责任的表现。生命因承担着对家庭、社会的责任而显得充实而有意义。当代大学生面临来自学业、就业、人际等多方面的压力，当遇到挫折时，会表现出焦虑、郁闷、失望，甚至无能为力，尤其是在没有人能帮助自己的时候，就会哀叹自己的不幸，逃避作为当事人的自己所应承担的责任。因此，要培养大学生的生命责任感，明确自己的责任和义务，让大学生认识到家庭对自己的养育之恩，并承担起孝敬父母的责任；要培养大学生的社会责任感，使他们能够积极参与社会公益事业，为社会做出贡献；要引导大学生树立报效国家的理想，为实现中华民族伟大复兴而努力奋斗。

● 心理实践

留舍最爱

活动目的：

（1）思考自己"生命中最重要的五样东西"，通过留与舍的决定，帮助学生明确自己的价值取向；

（2）在交流分享中，彼此启发、相互学习，完成价值观的重组。

活动过程：

（1）全班学生分成若干个6人小组，为每人发一张纸和一支笔；

（2）大家把自己"生命中最重要的五样东西"写下来，并在小组内展开交流；

（3）请每个人想一想，假如要从五样东西中舍去一样，自己会首先舍去哪一样？舍去的理由是什么？就这样每次舍去一样东西……直到最后只剩一样东西；

（4）小组内交流舍去的顺序和理由。

活动分享：

（1）分享自己做出留与舍决定时的心理感受；

（2）分享这个活动对自己的启示。

三、生命教育的意义

（一）生命教育是高校教育发展的必然要求

随着经济全球化、文化多元化和互联网技术的高速发展，广大学生获取信息、开阔视野获得了更加广阔的平台，但受享乐主义、拜金主义、极端个人主义等负面思想的影响，部分大学生的道德观念模糊、责任感下降。因此，迫切需要高校教育整合丰富的生命教育资源，对大学生进行全面、系统、科学的生命教育，引导大学生珍惜生命、关爱生命，帮助大学生完善人格、健康成长。

（二）生命教育是青年素质提升的基本准则

青年是社会主义伟大事业的建设者和接班人，他们的生命质量决定着国家和民族的前途与命运。高校开展生命教育有利于提高大学生的生存技能和生命质量，激发他们树立为祖国的繁荣富强而努力学习、奋发成才的志向；有利于培养大学生勇敢、自信、坚强的品格；有利于提高大学生的综合素养和综合能力。生命教育让广大青年更积极、健康、向上地生活，为社会进步、国家发展和人民幸福释放巨大的生命力量。

（三）生命教育是大学生健康成长的必要条件

现代社会物质生活的日益丰富和社会环境的纷繁复杂，使大学生的生理成熟期明显提前，极易导致生理、心理和道德发展不平衡现象的出现。长期以来，一些学生由于在生理发展过程中产生的困惑缺乏及时指导，加之难以应对无法预料且时有发生的隐性伤害，导致其出现思想困惑、心理困扰、行为问题等，不少大学生对生命感到迷茫，陷入前所未有的困境，对生命的存在产生怀疑，甚至想要轻易放弃。因此，生命教育应积极引导大学生正确理解其自身生理、心理发展规律，只有正确认识生命和生命意义，在面对激烈的竞争、巨大的压力及各种挫折时，才能正确且客观地看待和面对困难，勇于迎接挑战，积极健康地发展，提高生命质量，实现生命意义和价值。

第三节　大学生心理危机应对

一、大学生心理危机概述

（一）心理危机的概念

心理危机的概念最早是由美国心理学家卡普兰于1954年提出的。他认为，心理危机是当个体面临突然或重大生活事件（如亲人死亡、婚姻破裂或天灾人祸）时所出现的心理失衡状态。每个人都在努力使内心保持一种稳定的状态，使自身与环境稳定协调，当重大问题和剧烈变化使个体感到问题难以解决时，平衡则会被打破，个体的正常生活受到干扰，内心的紧张感不断积累，继而出现无所适从甚至思维和行为的紊乱，进入一种失衡状态，这就是心理危机。

心理危机也是一种认识，当个体认为某件事情或境遇自己无法应对时，就会产生紧张、焦虑、抑郁等情绪。如果问题得不到及时缓解或控制，就会导致个体认知、情绪和行为方面的功能失调与紊乱。某件事情或境遇能否对个体构成危机，主要看它对于个体的意义和影响有多大，个体是否拥有有效的社会支持系统，能否从过去的经验中获取解决问题的有效方法。因此，相同的事情或境遇不一定会对每个人都构成危机。

心理危机本质上是伴随危机事件的发生而出现的，是当个体找不到可利用的资源和有效的应对机制来处理问题时产生的一种心理失衡状态。心理危机往往是突发的、出人意料的，如果不能及时干预处理，就会出现心理失衡。

（二）大学生心理危机的内涵

大学生心理危机是指大学生个体或群体在面临某些重大或意外生活事件时，因感到无法应对、解决或处理这些事件而产生的严重心理失衡状态。这种状态可能导致大学生的认知、情绪和行为发生异常，进而影响其日常的生活、学习和社交。这一现象的核心要素可概括为以下三点。

首先，大学生面临某种导致心理压力的重大或意外事件，如亲人的突然离世、恋爱的挫败、学业的失利、躯体疾病等。这些事件对大学生的心理造成巨大冲击，使其陷入困境。

其次，大学生在面临这些压力时，会出现一系列生理和心理症状，但这些症状尚未达到精神疾病的诊断标准。这些症状可能包括焦虑、抑郁、失眠、食欲不振等，它们影响着大学生的日常生活和学习状态。

最后，大学生在面临困境时，感到自己无法依靠自身能力去解决。这种无助感使得他们更加焦虑和恐惧，进一步加剧了心理危机的程度。

当上述三种情况在个体身上同时发生时，我们可以认为该个体正处于心理危机的状态。这种状态不仅影响大学生的身心健康，还可能对其学业、生活、人际关系和未来发展产生深远的影响。

因此，大学生心理危机的识别和干预工作至关重要。学校、家庭和社会应共同努力，为大学生提供必要的支持和帮助，帮助他们度过困难时期，重建自信和希望。

（三）大学生心理危机的分类

1. 发展性心理危机

发展性心理危机是指大学生在成长阶段，由于生理、心理、环境等急剧变化而产生的心理危机。按照心理学家埃里克森的成长阶段理论，人生是由一系列连续发展的阶段组成的，每一个阶段都有其特定的身心发展课题，都存在一种对立过程，都存在心理危机。因此，发展性心理危机是能够预料的，如生命周期中不同发展阶段所遇到的重大问题，包括大学生入学不适、专业与兴趣不匹配、班干部竞选失利、评优落选、找不到合适的工作等都属于发展性心理危机。发展性心理危机被认为是个体成长过程中一种正常的人生经历，如果能顺利度过，将会促进大学生的心理发展与成熟。

2. 境遇性心理危机

境遇性心理危机是突如其来的、无法预料且难以控制的心理危机，如意外事故、自然灾害、重大躯体疾病等。境遇性心理危机的主要特点在于它是随机的、突然的、震慑性的、强烈的和灾难性的。心理危机发生后，如得不到及时、有效的帮助和支持，无法调动其自身的潜能重新建立和恢复危机水平前的心理水平，则易导致精神崩溃，产生伤害自己或攻击他人等不良后果。

3. 存在性心理危机

存在性心理危机是指大学生伴随着对重要的人生问题，如人生的意义、人生的目的、人生的责任等的思考而产生的内心的冲突和焦虑。对于大学生来说，是否出国、是否考研、是否创业等现实存在的问题都易使其产生心理危机。存在性心理危机的成功解决，对于大学生的世界观、人生观、价值观的形成具有重大影响。

4. 障碍性心理危机

某些心理障碍或心理疾病由于长期得不到疏导和解决，极易导致个体精神崩溃，从而引发心理危机。例如，抑郁、焦虑、恐惧、疑病、强迫等，这些是由精神疾病导致的心理危机；也有些是由行为异常导致的心理危机，如品行障碍、违法乱纪等；还有些是由于出现幻觉、妄想等异常症状的精神疾病导致的心理危机。

（四）大学生心理危机的成因

1. 主观原因

大学生心理危机的主观原因在于他们自身的发展阶段与心理状态。这一时期，大学生正处于人生的重要转折点，从青少年向青年过渡，面临着前所未有的挑战与压力。在学业方面，需要承担繁重的课程任务，追求优异的成绩，以应对未来的社会竞争。在就业方面，面对日益激烈的职场竞争，大学生常常感到迷茫与不安，担忧自己的就业前景与职业发展。在情感方面，大学生正处于情感探索与成熟阶段，可能会遇到失恋、暗恋等情感困扰，导致情绪波动与心理失衡。此外，环境适应与社交压力同样值得注意，大学生需要适应新的生活环境与学习方式，同时建立新的人际关系网络。在这个过程中，他们可能会遇到适应困难、人际冲突等问题，从而增大心理压力。

当这些压力与困扰累积到一定程度时，大学生易出现焦虑、烦躁、苦闷等消极情绪，甚至产生心理矛盾与冲突。如果这些负性情绪得不到及时调整，缺乏有效的心理辅导与社会支持，大学生就可能陷入情绪偏激的境地，容易产生攻击、逃避现实等不良行为。这不仅会影响大学生的学业与生活，对其身心健康也会造成长远的伤害。

2. 客观原因

大学生心理危机的客观原因是一个多维且复杂的体系，涵盖了家庭、学校和社会等多个方面。

家庭方面，父母离异、家庭变故等突发事件会给大学生带来深刻的心理冲击，影响他们的情绪稳定与安全感。同时，父母的教养方式也会对大学生产生不同的影响。过度溺爱或严厉控制都可能阻碍大学生的心理发展与成长，导致他们在面对困难时缺乏应对能力。

学校方面，教育体制、教学理念、校园文化等都会对大学生的心理产生深远影响。当教育过于注重成绩与竞争，而忽视了学生的情感需求与心理健康时，大学生可能会感到焦虑与挫败。此外，校园文化的缺失或不良氛围也可能加剧大学生的心理压力，当校园文化缺乏积极向上的精神引导，或者充斥着消极、内卷的氛围时，大学生可能会感到更加迷茫与焦虑。

社会方面，随着社会的快速发展与变革，大学生成长的环境日益复杂多变。社会风气、社会文化、社会舆论等都可能会为大学生带来心理压力。当大学生面对学业、就业、人际关系等多重挑战时，如果缺乏有效的社会支持，他们可能会陷入孤立无援的境地。此外，一些社交媒体对心理危机事件的过度渲染，增加了大学生心理危机的不确定性与复杂性，不仅未能提供有效的心理援助，反而可能会加剧大学生的心理恐慌与不安。

（五）大学生心理危机的发展阶段

一般来说，大学生心理危机会经历四个不同的阶段，即冲击期、防御期、解决期和成长期。

1. 冲击期

冲击期指的是在心理危机事件爆发当时或不久之后，个体往往会感到强烈的震惊、恐慌，不知所措。此时，恐惧与焦虑的情绪如同潮水般汹涌而至，成为这一时期最为显著的心理变化。

2. 防御期

防御期主要表现为想恢复心理上的平衡，控制焦虑和情绪紊乱，使受到伤害的认知功能恢复，但不知如何做。在此阶段，个体会启动心理防御机制，出现否认、退让、逃避、合理化等防御反应。

3. 解决期

进入该阶段，个体能积极采取各种方法接受现实，寻求可利用的各种资源，想方设法地解决问题，使焦虑减轻、自信增加、社会功能恢复。

4. 成长期

经历了上述三个阶段之后，个体在心理上变得更加成熟，并获得了应对危机的技巧，但仍会有人消极应对，出现种种不健康的心理状态。成长期也是心理危机发展的关键时期。

二、大学生心理危机的应对

◆ 案例点击

李华是一名大三学生，一直以来性格开朗、成绩优异、活动积极。有一天，他突然变得沉默寡言，学习成绩下降，也不参与班级的活动。室友们注意到，李华常常深夜难眠，白天精神恍惚，食欲不振，体重明显下降。

起初，李华试图自我调整，但情况并未好转。随着期末考试临近，他的焦虑情绪越发严重，开始出现逃避学习的行为，甚至缺席了多门重要课程的考试。辅导员在了解到这一情况后，立即与李华进行了深刻的谈话。谈话中，李华透露了自己内心的压力来源：家庭期望过高、学业负担沉重、人际关系紧张以及对未来就业的迷茫。这些压力交织在一起，使他感到无力应对，逐渐陷入了自我否定的深渊。

学院立即启动了心理危机干预机制，为李华提供专业的心理咨询，并鼓励他参与学校的心理健康讲座和团体辅导活动。同时，辅导员还与李华的家人进行了沟通，与他的家人共同为他营造一个更加宽松和支持的环境。经过一段时间的专业干预和自己的努力调整，李华的情绪逐渐稳定下来，开始重新规划自己的学习和生活，积极面对困难，并主动寻求帮助，重新找回了自信和笑容。

（一）大学生心理危机的识别

大学生心理危机的识别是一个综合多方面因素的过程，包括生理、认知、情绪、行为、人格等多个方面。

1. 生理方面

心理危机不仅会使大学生心理处于失调状态，也会导致一些生理症状的出现。当大学生陷入心理危机时，其生理机能会出现明显的变化，具体表现为由于神经系统的高度紧张而导致持续的头痛、头晕以及难以入眠或梦境纷扰；由于内分泌系统的紊乱而引起消化系统的异常，如胃痛、恶心、呕吐、腹胀、腹泻以及食欲不振等症状；由于呼吸系统的异常而出现胸闷气短、呼吸困难或窒息等情况。

2. 认知方面

认知是人最基本的心理过程，包括感觉、知觉、记忆、想象、思维、言语等。心理危机事件发生时，个体观察和判断事情更为简单化、片面化、易于偏激，爱钻牛角尖，听不进去他人的建议；看待问题更情绪化，缺乏理智，意气用事；自我期望过高、自我评价不合实际；沉默少语，或言语本身带有特定意义，令人费解。由于身心处于痛苦之中，导致个体记忆和知觉发生改变，注意力不集中，反应迟缓，难以区分事物的异同，做决定和解决问题的能力受到影响。

3. 情绪方面

情绪，作为个体心理状态的直观反映，其外显性在大学生心理危机中尤为显著。当大学生陷入心理危机时，他们的情绪状态会发生剧烈波动，表现出高度的紧张与焦虑，并伴随着强烈的丧失感和空虚感。当大学生的情绪突然发生显著变化，与平日里的表现大相径庭时，这往往预示着心理危机的临近。他们可能变得情绪低落，对生活失去热情与期待；或陷入持续的悲观失望之中，对未来充满迷茫与恐惧；也可能表现出明显的焦虑不安，仿佛被无形的忧虑所困扰；更有可能陷入忧郁苦闷的深渊，难以自拔。这些负性情绪的出现，不仅影响了大学生的日常生活与学习，更有可能成为他们心理危机的导火索，需要进行及时而有效的关注与干预。

4. 行为方面

心理危机中的行为表现是大学生为减轻或排解痛苦而采取的一种防御机制，陷入心理危机的大学生往往会做出回避、退缩、否认、攻击等消极的行为反应，具体表现为工作或学习能力显著下降，甚至到了无法集中精力进行正常学习或工作的程度。他们可能会选择躲避人群，对周围关心他们的人采取回避的态度，独自呆坐沉思，表现出一种情感上的麻木与疏离。在求助方面，他们可能会拒绝外界的帮助，将接受帮助视为软弱无能的象征，这种固执的自我封闭可能进一步加剧他们的心理失衡。心理危机中的大学生还可能出现行为与思维情感不一致的情况，其行为可能变得难以预测与理解，表现出过去从未有过的非典型行为。当大学生出现行为异常时，身边的同学、老师、家长应当高度警觉，及时关注他们的心理状态，提供必要的支持与帮助，以避免心理危机进一步恶化。

5. 人格方面

性格是个体在社会实践活动中形成的对人、对事、对己的稳定的、习惯化的思维与行为方式，是人格的重要组成部分。人格心理特征一旦形成，在没有重大外界变革的情况下，具有相对的稳定性。有些人平时性格开朗、生活态度积极乐观，当陷入心理危机时则可能会变得内向，如果平时性格内向，当陷入心理危机时，可能会更加内向，也可能性格会变得暴躁、易怒、抱怨一切事情，甚至认为社会对他不公平等。因此，如果一个人的性格发生突变，应当怀疑其心理活动出现了异常，如不及时干预和处理，易导致心理危机的出现。

（二）大学生心理危机的预防

大学生心理危机的预防指的是通过宣传教育，增强个体或群体的心理调适、危机识别与应对能力。科学完善的心理危机预防体系是守护大学生身心健康的重要保障。对于大学生心理危机的预防工作主要从以下几个方面着手。

1. 学校方面

（1）建立健全学生心理档案。心理档案是指大学生心理发展变化特点、心理测验结果、心理咨询与辅导记录等材料的集中保存，这些材料按照一定的程序排序，组成一个有内在联系的体系，如实反映大学生的心理面貌。因此，要针对大一新生开展心理普测，建立个人心理健康档案，并进行有针对性的回访、追踪；要针对全校学生每学期定期开展心理排查，时刻关注大学生中的特殊人群和重点高危人群的心理健康状况，并进行有针对性的心理咨询与辅导。

（2）建立健全预警指标体系和预警防控体系。心理危机的预警指标体系主要是指通过一系列的指标评判，有所选择或有顺序地关注、干预特定个体的一系列指标。

预警指标体系主要包括以下内容。

1）个体发展状态指标，包括学习动力、兴趣、成绩、信心、性格、气质和个体对挫折的应对方式等。

2）社会环境指标，包括与家庭成员的关系、家教环境、对学习和生活的满意度及对社会的认同度。

3）人际交往指标，包括与同学、老师的关系和对他们的满意度，对亲情、友情、爱情的看法和满意度。

4）负性情绪指标，包括负性情绪类型、强烈程度、持续时间、排解方式、刺激源、躯体症状。

此外，还应建立宿舍、班级、学院、学校、家庭、社会专业精神卫生机构六级预警防控体系，主要包括以下内容。

1）宿舍预警。寝室长、学生党员、学生干部要协助辅导员做好学生的日常心理关注和帮扶工作，及时向辅导员报告预警学生信息。

2）班级预警。班级学生干部、学生党员要充分发挥骨干作用，组织开展心理健康教育活动，关注学生心理状态，一旦发生异常情况，及时向学院和学校报告。

3）学院预警。学院要密切关注学生的日常心理和行为，定期谈心谈话，帮助学生解决心理问题和实际困难，一旦发生异常情况，及时向学校上报。

4）学校预警。学校要完善大学生心理健康教育体系，从教学、咨询、活动等途径优化学生心理品质；完善心理危机预警和干预机制，制订心理危机干预方案，指导学院做好预警学生的日常关注与相应的管理工作。

5）家庭预警。学生家长要向学校如实反馈学生的心理健康状况，要同学校一起做好心理危机的预防及干预工作，肩负起教育、监护的职责，在关心子女学业、身体健康的同时更加关注他们的心理健康，使他们身心健康成长、全面发展。

6）社会专业精神卫生机构预警。当遇到具有严重心理危机的学生时，要及时将其转介到社会专业精神卫生机构进行心理健康评估、诊断、治疗。

（3）建立健全危机干预组织机构。高校要成立大学生心理危机干预工作领导小组，专门负责应对心理危机突发事件。学校各个部门应统一认识，一切以服务学生为宗旨。打破学校管理部门条块分割问题，建立健全学生工作制度，组建有职有权、协调涉及学生工作各部门的机构，做到人员固定、经费保证、计划落实、措施得力。在学校的统一领导下，建立院系、学校心理中心与医院、社会专业精神卫生机构的联络和协作关系；及时调节当事人及其周围人员的情绪，注重危机事件的修复和处理。同时建立家校联动机制，及时发现和掌握学生的心理动态和目前承受的压力状况，尽量避免心理危机的不断恶化。

（4）建立健全心理危机干预预案。心理危机干预预案是当心理危机事件出现时，可以按预案所预定的处理方法、路径和程序来处理事件。建立健全心理危机干预预案是一种规范性措施，它是实施危机干预的基本依据，是危机干预取得成功的重要保证。高校需要制定完整的心理危机干预工作预案和工作流程，在危机干预过程中建立并完善心理危机的发现、监控、干预、转介和善后处理等体系，做到心理问题的早期发现，及时干预，有效控制；主动收集和掌握陷入心理危机学生的变化信息，做好监控防范工作。

（5）注重学生挫折教育。当代大学生在成长过程中往往享受着优越的生活条件与家庭无微不至的关爱，这在一定程度上减少了他们面对挫折的机会，导致其心理韧性相对薄弱。相较于前辈，当代大学生在遭遇挑战或逆境时，可能更容易感到困惑与无助。因此，加强挫折教育与挫折心理训练，对于提升大学生的挫折容忍力至关重要。挫折教育能够帮助学生在面对困难和挫折时，保持冷静与理智，积极寻找解决问题的方法，学会从失败中汲取教训。挫折心理训练不仅能够增强学生的实践能力与问题解决能力，还有助于培养学生的心理承受能力，使他们在未来的生活中，无论遇到何种挑战，都能以更加成熟、稳健的心态去面对，成长为更加坚强、自信的个体。

（6）开展丰富多彩的心理活动。充分利用大学生强烈的参与意识和活泼好动、乐于展示自我的天性，开展丰富多彩的心理活动，如现场心理咨询与测试、团体心理训练、心理知识讲座、心理影视沙龙、校园心理情景剧大赛、心理知识技能大赛、心理嘉年华、心理趣味运动会等多种形式的心理健康教育活动。开展这些活动不仅可以向广大学生普及心理健康知识，提高学生的心理健康意识，帮助学生正确认识心理问题和心理咨询服务，教育学生学会主动求助，并掌握心理调适方法，还能够充实大学生的校园生活，陶冶情操，提高思想觉悟，锻炼对环境的适应能力和人际交往技能，培养自信心和自豪感，适时地减轻和缓解学习、就业、人际等各种压力，提升自身心理素质。

2. 大学生自身方面

就大学生自身而言，他们既是心理危机的制造者，同时也是心理危机事件的受害者。尽管大学生心理危机事件的发生有各种各样的客观因素，但如何提高其自身心理素质，优化其心理品质是大学生心理危机预防的重要问题。

（1）关注自身的身心健康。大学生心理问题大多属于适应性或发展性的问题，只要拥有科学的健康观念，并掌握基本的自我调节方法，就能自觉维护心理健康。作为当代大学生，应具备一定的心理健康知识，时刻关注自身心理健康，这种关注应不分时期、不分阶段、贯穿整个生命历程。同时，大学生要尊重生命、爱护生命、善待生命，体会生命的意义和自身的价值。

（2）学会认识自我、悦纳自我。奥格·曼狄诺说："我是自然界最伟大的奇迹。自从上帝创造了天地万物以来，没有一个人和我一样……我是独一无二的造化。"每个人都有自己的独特性，真正认识自己的人，才是最有力量的人。因此，掌握心理知识至关重要，它能帮助个体深入了解自我，全面审视自我，客观评价自身优缺点。通过调整自我意识的发展偏差，能够塑造并促进自我意识的健全发展，为个人的成长与进步打下良好基础。

（3）增强自身的适应能力。改变能改变的，接受不能改变的。当无法改变世界或环境时，重要的是采取一种积极的生活态度，强化自身的适应能力。这意味着要及时调整心态，接纳现实，不怨天尤人，将精力集中在找到适合自己发展的道路与方法上。通过积极探索与实践，在既定的框架内创造出无限可能，让生活因自身的适应与努力而更加精彩。

（4）学会管理自身情绪。人有七情六欲，一个人的工作顺逆、事业成败、人际关系好坏，都会引发不同的情绪，切忌因某一小事而怒发冲冠或垂头丧气。大学生应掌握情绪管理的有效方法，准确感知自己的情绪，适当表达和宣泄自己的情绪，如找好友倾诉、运动、听音乐等。无论什么时候都要保持自身积极、乐观的情绪状态。快乐在于发现、在于体验、在于创造，谁拥有了快乐，谁的生命就会更璀璨。

（5）提升自身的人际交往能力。在现实生活中，我们离不开与人打交道，因此，良好的人际关系是我们心理健康、人生幸福的前提。在日常生活中，大学生应学会主动与人交往，在交往过程中要善于倾听、尊重别人、关心别人、理解别人、赞美别人。良好的人际交往会使自己快乐时有人分享，忧愁时有人分担。

（6）提高自身的耐挫折能力。人生并非坦途，而是一段充满挑战和难题的旅程。我们来到这个世界就是要不断地解决问题，通过解决问题才能实现自我价值。风雨随时可能降临，可能会考验我们的决心与勇气。面对这些挑战，如何挺立不倒，在于我们自身的抉择与内在力量的较量。唯有不断磨砺自我，方能在风雨中绽放光芒，书写属于自己的人生篇章。

（7）制定好自己的职业生涯规划。大学生应制定好自己的职业生涯规划，确保大学生活与未来职业发展紧密相连。在制定规划时，设定的职业发展目标要与个人的性格、专长和兴趣相匹配，同时兼顾长远发展的可持续性。此外，职业生涯规划务必基于现实考量，确保其切实可行，便于执行。通过精心规划，大学生能更有效地为未来的职业生涯奠定坚实基础。

（8）学会享受心理咨询。善待心理、提升心理品质、优化心理健康，心理咨询是最便捷、最有效的一个途径。大学期间一旦出现心理困惑或心理问题，应学会利用心理咨询，与心理咨询师进行沟通，探讨心理问题发生的根源，共同探讨解决问题的方法，并及时调整心理状态，提高个人的心理素质。大学生要正确看待心理疾病，要做到早发现、早治疗，若身边有人出现心理异常，要及时上报，使其得到及时、有效的帮助。

心理知识

心理韧性

韧性，英文为 resilience，原本是物理学概念，指物体受到外力挤压时回弹，后引申为面对严重威胁，个体的适应与发展仍然良好的现象，称为心理韧性。

关于心理韧性的概念，学术界至今还没有统一的认识，目前主要存在三种定义：结果性定义、过程性定义和品质性定义。

（1）结果性定义：重点从发展结果上定义心理韧性。比如，心理韧性是一类现象，这类现象的特点是当面对严重威胁时，个体的适应与发展仍然良好。

（2）过程性定义：将心理韧性看作一种动态的发展变化过程。比如，心理韧性是个体在危险环境中良好适应的动态过程；心理韧性表示一系列能力和特征通过动态交互作用而使个体在遭受重大压力和危险时能迅速恢复和成功应对的过程。

（3）品质性定义：将心理韧性看作个人的一种能力或品质，是个体所具有的特征。比如，心理韧性是个体能够承受高水平的破坏性变化并同时表现出尽可能少的不良行为的能力；心理韧性是个体从消极经历中恢复过来，并且灵活地适应外界多变环境的能力。

心理韧性对大学生的心理健康和整体幸福感具有深远影响。高心理韧性的学生更善于应对生活中的压力和挑战，能够快速从失败和挫折中恢复过来，使个体更有自信地去面对和解决问题，增强自我效能感。强大的心理韧性有助于个体与他人建立良好的关系，有效处理矛盾和应对人际压力；同时，强大的心理韧性可以降低患上抑郁症、焦虑症等心理疾病的风险。

心理韧性是一个人在面对逆境时的重要心理特质。通过积极培养和提升心理韧性，个体可以更好地应对压力、降低心理疾病风险，并为自己创造更加充实和幸福的生活。

资料来源：360 百科，https://baike.so.com/doc/4816217-5032730.html。

（三）大学生心理危机的干预

大学生心理危机的干预指的是在心理学理论的指导下，对陷入心理危机的学生采取明确有效的紧急应对方法或措施，使其从心理上解除带来心理压力的危机感，使症状得到缓解甚至消失，心理功能恢复到危机前的水平，并从中获得新的应对技能，以预防将来心理危机的发生。大学生心理危机干预不同于一般的心理咨询，具有及时性和迅速性，有效的干预行动是危机干预成功的关键。

1. 大学生心理危机干预的机制

大学生心理危机干预工作在学校大学生心理健康教育领导小组的统一领导下，由负责心理工作的相关部门及各学院组织实施。学校负责构建大学生心理危机干预体系，制订大学生心理危机干预方案，学院在学校方案基础上制定本学院的心理危机干预措施，更好地帮助有心理问题的学生渡过心理难关，及早预防、尽早发现、及时疏导、有效干预学生中可能出现的心理危机事件，减少学生因心理危机带来的伤害，促进学生健康成长，营造和谐的校园氛围。

此外，学校还要重视危机后的干预工作。一是对曾有过危机行为的学生进行危机后的干预，采取有效的方式帮助学生恢复创伤前的认知、情感和行为的功能水平，帮助学生真正从危机事件中恢复过来，防止恶性事件的再次发生。二是对危机知情人员的干预工作。知悉或目睹学生心理危机事件的发生会对危机学生周围人群带来较大的心理压力，他们可能会对危机学生的行为感到震惊、自责、痛苦，甚至恐惧，这些负性情绪会极大地影响他们的日常学习、工作与生活。学校可以使用支持性干预及团体辅导策略，协助经历危机的相关人员，如同学、家长、辅导员以及危机干预人员，正确处理危机遗留的心理问题，帮助学生尽快恢复心理平衡，尽量减少由危机造成的负面心理影响。

2. 大学生心理危机干预的对象

大学生心理危机干预的对象主要是存在心理危机倾向与处于心理危机状态的大学生。一般来说，他们在生理、情绪、认知、行为等方面会发生较大改变，暂时不能应对当下的生活模式。对于存在下列因素之一的学生，应将其作为心理危机高危个体予以重点关注。

（1）遭遇突然打击或受到意外刺激后出现心理或行为异常的学生，如家庭发生重大变故、身体发现严重疾病、感情受挫、与他人发生严重人际冲突等。

（2）学习压力、就业压力特别大以及无法适应环境导致出现心理或行为异常的学生。

（3）因严重网络成瘾或酒精依赖而影响学习及社会功能的学生。

（4）性格孤僻、经济严重贫困且出现心理或行为异常的学生。

（5）家庭成长环境严重不良者。

（6）有严重心理障碍或精神障碍的学生，如抑郁症、恐怖症、强迫症、癔症、焦虑症、精神分裂症等。

近期发出下列警示讯号的学生，应作为心理危机干预的重点对象及时进行危机评估与干预。

（1）谈论过轻生并考虑过轻生方法，包括在信件、日记、图画或乱涂乱画的只言片语中流露出死亡念头者。

（2）不明原因突然给同学、朋友或家人送礼物、请客、赔礼道歉、无端致以祝福、述说告别的话等行为明显改变者。

（3）情绪出现明显异常者，如异常烦躁、高度焦虑、恐惧，情绪异常低落，情绪突然从低落变为平静，饮食睡眠受到严重影响等。

3. 大学生心理危机干预的模式

目前，大学生心理危机干预的模式有以下几种。

（1）平衡模式。平衡模式认为，处于危机状态的求助者，其原有的应对机制和解决问题的方法无法满足他们的需要，通常处于一种心理失衡状态。因此，平衡模式下的危机干预工作重点放在了稳定求助者的情绪上，使其重新获得危机前的平衡状态。平衡模式适合早期危机干预。

（2）认知模式。认知模式认为，危机事件导致心理伤害的主要原因在于求助者对危机事件和危机事件的境遇存在错误理解，而不在于事件本身或与事件有关的事实。因此，认知模式指导下的危机干预是通过改变求助者的思维方式，帮助求助者认识到其认知中的非理性观念和自我否定成分，使其重新获得思维中的理性观念和自我肯定成分，从而使求助者获得应对现实生活中危机的控制能力。认知模式较适合心理状态基本稳定下来、逐渐接近危机前心理平衡状态的求助者。

（3）心理社会转变模式。心理社会转变模式认为，个体会受到先天遗传和后天学习的影响，个体不断地发展和成长，其外在环境也在不断变化，因此，应从内外两个方面分析求助者的危机状态。除了考虑求助者个人的心理资源和应对能力外，还应了解求助者的家庭、朋友、学校等多方面外在环境的影响。危机干预的目的在于，将个体内部适当的应对方式与社会支持和环境资源充分结合起来，使求助者有更多应对问题的方式可选择，帮助求助者获得对自己生活的掌控感。心理社会转变模式适合心理状态已经稳定下来的求助者。

（4）自我干预模式。自我干预模式认为，危机形成的主观原因之一是来自求助者自身力量的不足。因此，心理危机的化解应从求助者本身出发，关注求助者自身的资源，激发求助者内在动力，其自身因素在危机化解过程中具有举足轻重的地位。自我干预是心理危机干预最理想、最有成效的手段，能够有效帮助求助者成长，最大限度地保护求助者，避免其受到心理危机所带来的伤害。

（5）朋辈干预模式。朋辈干预模式指的是朋辈之间的相互教育、相互支持和相互帮助的一种干预模式，是一种新兴的，具有自我教育、自我管理、自我服务功能的干预模式。朋辈间具有相似的特点和问题，有共同语言，在情感上相互关心、安慰和支持，也能够提供解决问题的方法和建议，更容易相互理解和接受，引起共鸣；同时，朋辈间更易发现问题并及时上报，达到心理危机预防和提前干预的效果。

4. 大学生心理危机干预的步骤

当大学生陷入心理危机时，可使用危机干预六步法进行危机干预。

（1）确定学生问题。危机干预的第一步就是从学生角度出发，确定和理解学生的问题。在心理危机干预过程中，危机干预人员应围绕所确定的问题，使用倾听的技术，如尊重、真诚、共情、理解及接纳，尽量进行开放式提问，让学生更多地表达自己内心的想法，帮助危机干预人员获取更多信息，明确危机问题。

（2）保证学生安全。在心理危机干预过程中，危机干预人员应将保证学生安全作为首要目标，将学生本人和他人的生理和心理危险性降到最低。在危机干预人员进行危机评估、制订行动计划等整个过程中，安全问题都必须给予足够的重视。

（3）给予学生支持。危机干预的第三步强调与学生的沟通与交流，通过语言和非语言的方式让学生充分认识到和感受到危机干预人员是能够给予其关心和帮助的人，让学生相信自己是能得到帮助的，相信此时此刻此地"确实有关心、在乎我的人"。

（4）提出应对方式。陷入心理危机的学生的思维往往是受限的、狭窄的，不能恰当地判断什么是最佳的选择，认为问题是解决不了的，甚至是无路可走的。在这一步中，危机干预人员可以帮助学生认识到，有许多可变通的应对问题的思路可供选择，帮助学生探索可以利用的替代的解决问题的方法，促进学生积极地思考可获得的环境支持，如让学生知道有哪些人现在或过去能关心自己；为学生提供可利用的应对方式，如哪些行为、资源可以帮助自己战胜目前的危机；引导学生想出可运用的积极的思维方式，帮助其改变对问题的看法，减轻应激与焦虑水平。

（5）制订行动计划。危机干预人员要取得学生的信任，协助其制订现实可行的计划，包括整合可调动的个人、团体和有关机构等资源，提供及时、有效的援助；梳理学生当下能够采用的、积极的应对策略；共同商定符合其认知水平、具备可操作性且自愿落实的行动步骤。行动计划要以学生的应对能力为依据，注重切实可行，系统地帮助学生解决问题。制订行动计划时还要注意让学生感到计划是自己制订的,不是他人强加的,让其感受到独立与自尊。

(6)得到学生承诺。危机干预人员要引导学生对具体的、建设性的行动步骤做出明确承诺,这些行动必须源于学生自身意愿且具有可行性。如果制订计划环节执行到位,则取得学生的主动承诺将更为顺利。在干预结束前,危机干预人员应当确保获得学生真诚、清晰、明确的承诺。

以上六步是心理危机干预工作中相对直接和有效的方法,危机干预人员要将检查评估贯穿于整个六步干预过程中。同时,除了以上六步之外,还应启动有效的社会支持系统,如来自父母及其他亲人、老师、同学及其他社会支持人员的帮助。有调查表明,从他人获得的社会支持能起到增强陪伴支持和情感支持、提升亲密感和满意度等作用,这些对于陷入心理危机的学生具有重要意义和价值。

心书推荐

《活出生命的意义》
[美] 维克多·弗兰克尔

维克多·弗兰克尔是医学博士,同时也是维也纳医科大学神经与精神病学教授,担任维也纳神经综合医学院的首席专家长达25年,他创立了"意义疗法"及"存在主义分析",被称为继弗伊德的心理分析、阿德勒的个体心理学之后的维也纳第三心理治疗学派。弗兰克尔认为,努力发现生命的意义是人最主要的动力。

《活出生命的意义》这本书是美国国会图书馆评选的最具影响力的十本著作之一,被翻译成24种语言,全球销量达到千万册。弗兰克尔在这本书中记录了他在纳粹时期被关进奥斯维辛集中营的经历,他的父母、妻子、哥哥,全都死在毒气室中,只有他和妹妹幸存。弗兰克尔不但承受住了这炼狱般的痛苦,更将自己的经验与学术结合,开创了意义疗法,探讨了生命的意义和人类存在的自我超越,帮助人们找到绝处逢生的意义,也留下了人性史上最富光彩的见证。弗兰克尔认为,生命的意义并不是空洞的,而是具体的、独特的。生命的意义在每个人、每一天、每一刻都是不同的,所以重要的不是生命意义的普遍性,而是在特定时刻每个人特殊的生命意义。弗兰克尔一生对生命充满了极大的热情,他在67岁时开始学习驾驶飞机,并在几个月后领到驾照,在80岁时还登上了阿尔卑斯山。

资料来源:豆瓣读书,https://book.douban.com/subject/5330333/。

素养提升

雷锋精神的丰富内涵和时代价值(节选)

雷锋短暂的一生谱写了壮丽辉煌的人生篇章,树立起永恒的精神丰碑。雷锋精神体现着新中国成立后昂扬向上的时代风貌和精神状态,彰显着中国共产党人的初心使命,是弘扬伟大建党精神的生动写照,已经融入中华民族的精神血脉,成为人们所敬仰和追求的精神文化。雷锋精神是对雷锋事迹所蕴含的崇高品质的凝练升华,内涵丰富、意蕴深刻。

"人的生命是有限的,可是,为人民服务是无限的,我要把有限的生命,投入到无限的为人民服务之中去……"这句充满哲理的名言是雷锋崇高境界的真实写照,体现着服务人民、助人为乐的奉献精神,是雷锋精神的本质与核心。在生活和工作中,雷锋把生命中的每一分热、每一分光都无私地奉献给人民,将春天般的温暖带给同志。"我活着,只有一个目的,就是做一个对人民有用的人。"雷锋是这样说的,也是这样做的。从农村到机关,从工厂到部队，凡是雷锋走过的地方，都留下了数不清的好人好事。他帮助部队驻地周边农村的贫困群众、向辽阳灾区捐款、帮助公社积肥、为战友缝补衣服、辅导小学生学习……"雷锋出差一千里，好事做了一火车"的赞誉，就是他服务人民、助人为乐的生动体现。

实践证明，无论时代如何变迁，雷锋精神永不过时。雷锋精神是中华民族传统美德的集中体现，彰显了中国共产党人的先进本色，以其穿越时空的永恒价值滋润人们的心灵，激励人们奋发图强。新征程上，要深刻把握雷锋精神的时代内涵，让雷锋精神在新时代绽放更加璀璨的光芒。

资料来源：王炳林. 雷锋精神的丰富内涵和时代价值［N］. 经济日报，2023-03-05（11）.

◉ 思考启迪

习近平总书记多次强调"生命至上"的重要意义。习近平总书记在参加十三届全国人大三次会议内蒙古代表团审议时表示"人民至上、生命至上，保护人民生命安全和身体健康可以不惜一切代价"。习近平总书记在对防汛救灾工作作出的重要指示中表示，要"切实把确保人民生命安全放在第一位落到实处"。他多次在公开场合呼吁各国"我们应该携手努力，共同推进人与自然和谐共生，共建地球生命共同体，共建清洁美丽世界"。

习近平总书记关于生命的论述体现了对人民群众生命安全的深切关怀、对人与自然和谐共生的高度重视、对国家安全和人民安全的坚定维护以及对生命的尊重和珍视。这些论述不仅为中国的发展提供了重要的指导思想，也为全球的生命安全和环境保护贡献了中国智慧和中国方案。

◉ 心理测试

生命意义感量表

请花一些时间想一想，是什么让你的生活对你来说显得很重要。请如实、准确地回答下列问题，并从下列选项中选出最符合自己情况的答案，表中对应数字为各选项的得分，请记住这些是非常主观的问题，没有正确或错误的答案。

题　目	完全不同意	大部分不同意	有些不同意	说不清	有些同意	大部分同意	完全同意
1. 我很了解自己的生命意义	1	2	3	4	5	6	7
2. 我正在寻找某种使我的生活有意义的东西	1	2	3	4	5	6	7
3. 我总是在寻找自己的人生目标	1	2	3	4	5	6	7
4. 我的生活有很明确的目标	1	2	3	4	5	6	7
5. 我很清楚是什么使我的生活对我很重要	1	2	3	4	5	6	7
6. 我已经发现了一个令人满意的人生目标	1	2	3	4	5	6	7
7. 我一直寻找某样能使我感觉生活很重要的东西	1	2	3	4	5	6	7
8. 我正在寻找自己人生的目标和使命	1	2	3	4	5	6	7
9. 我的生活没有很明确的目标	7	6	5	4	3	2	1
10. 我正在寻找自己的生命意义	1	2	3	4	5	6	7

计分与评定：

该量表的10个题目中除第9题是反向计分外，其他题目均为正向计分。拥有意义感包括1、4、5、6、9题；寻求意义感包括2、3、7、8、10题。测量指标是维度平均分，得分越高，表明意义体验或意义寻求水平越高。

知识导图

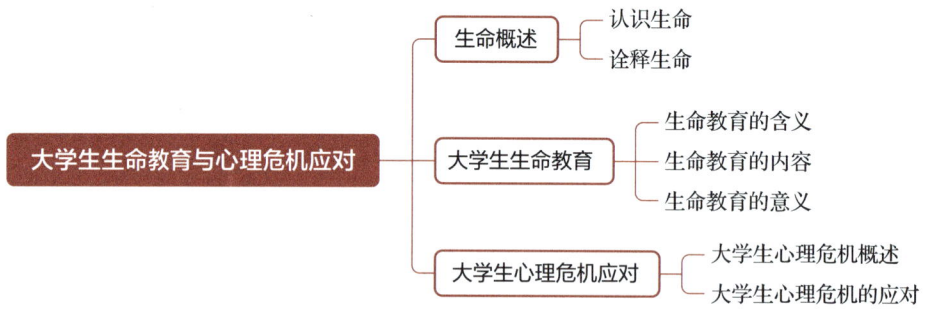

课后习题

1. 生命的核心意义何在？大学生应如何珍视并善待自身的生命？
2. 大学生有哪些表现可能预示着心理危机的存在？
3. 大学生应采取哪些措施来有效预防心理危机的发生？

参考文献

［1］贾楠，乔凯平．心理与成长：大学生心理健康指导［M］．北京：机械工业出版社，2021．
［2］彭凯平，孙沛，倪士光．中国积极心理测评手册［M］．北京：清华大学出版社，2022．
［3］文书锋，胡邓，俞国良．大学生心理健康通识［M］．3版．北京：中国人民大学出版社，2019．
［4］武光路，李剑锋．大学生心理危机的预防与干预［M］．北京：国防工业出版社，2016．
［5］英国DK出版社．压力心理学［M］．安林红，秦广萍，译．北京：电子工业出版社，2019．
［6］王坚，谢康．大学生心理健康教育实践教程［M］．苏州：苏州大学出版社，2022．
［7］罗贤，张文婷．大学生心理危机干预理论与应用［M］．青岛：中国石油大学出版社，2022．
［8］弗兰克尔．活出生命的意义［M］．吕娜，译．北京：华夏出版社，2010．